Therese Brunn

Würzburger Kochbuch für die gewöhnliche und feinere Küche

Praktische Anweisung zur Bereitung der verschiedenartigsten Speisen

Therese Brunn

Würzburger Kochbuch für die gewöhnliche und feinere Küche
Praktische Anweisung zur Bereitung der verschiedenartigsten Speisen

ISBN/EAN: 9783742896339

Hergestellt in Europa, USA, Kanada, Australien, Japan

Cover: Foto ©Lupo / pixelio.de

Manufactured and distributed by brebook publishing software
(www.brebook.com)

Therese Brunn

Würzburger Kochbuch für die gewöhnliche und feinere Küche

Würzburger Kochbuch

für die

gewöhnliche und feinere Küche.

Praktische Anweisung

zur

Bereitung der verschiedenartigsten Speisen

nebst

Speise-Zetteln und dergl. mehr.

Für Anfängerinnen, angehende Hausfrauen und Köchinnen.

Zuverlässige und selbstgeprüfte Recepte

von einer

praktischen Köchin.

Dritte verbesserte und vermehrte Auflage.

Würzburg, 1873.

Druck und Verlag von J. M. Richter.

Vorwort zur ersten Auflage.

Die große Zahl vorhandener Kochbücher führt wohl zur Frage, warum dieselben abermals um Eines vermehrt werden sollen, nachdem die Kochkunst bereits einen so hohen Grad der Vervollkommnung erreicht habe, und man in ganz Europa und Amerika ziemlich gleichartig koche.

In größeren Hotels, sowie in Eisenbahn- und Dampfschiff=Restaurationen ist das allerdings der Fall, nicht aber in bürgerlichen Haushaltungen, deren Küche sich mehr oder weniger nach örtlichen Verhältnissen, nach Klima, Landesprodukten und altem Herkommen richtet.

Eine Geschmacks-Verschiedenheit in der Speisen=Zubereitung erzeugt namentlich der vorherrschende Gebrauch eines Getränkes; man wird immerdar im Weinland etwas anders kochen als im Bierland oder im milch- und wasserreichen Gebirg, oder in den flachen, Branntwein liebenden Küsten=Gegenden. Die menschliche Gesundheitslehre und schon der Instinkt lehren diesen Unterschied.

Hieraus folgt nun auch die Entstehung und die Fortdauer einer besonderen fränkischen und würzburger Küche. Franken bildet bekanntlich geographisch wie auch im übrigen Orts- und Volkscharakter die Brücke zwischen Nord- und Süddeutschland. Es hat sich hier durch die Verschmelzung zweier Elemente ein Drittes gebildet, und aus dem allgemeinen öffentlichen Leben so zu sagen bis in das Innerste der Küche fortgepflanzt.

Dieselbe enthält, wie die geehrten Leserinnen bald finden werden, gewisse Eigenthümlichkeiten in Bereitung von Fleisch- und Mehlspeisen, Geflügel und Fischen, Gemüsen, Pasteten, Compoten, warmen Getränken u. s. w., welche kaum anderswo in Deutschland so vorkommen, und schon vor vielen Jahrhunderten vorzugsweise bei fürstlichen und kaiserlichen Gastmählern und Trinkgelagen angewendet wurden, wie denn noch heutzutage der Fremde gern in Franken weilt, weil er bei dem reichen und mannigfachen Natursegen dieses Landes für wenig Geld Vieles und Gutes bekommen kann.

Ebendeßwegen hat die Verfasserin dieses Buches kein anderes Kochbuch benützen, sondern nur ihre eigenen vieljährigen Erfahrungen niederschreiben können, in der Absicht und Hoffnung, damit vielen ihrer Landsmänninnen einen angenehmen Dienst zu erweisen. Die Billigkeit des Preises macht dasselbe auch Minderbemittelten zugänglich.

Würzburg, im Mai 1862.

Die Verfasserin.

Vorwort zur zweiten Auflage.

Die ungemein freundliche Aufnahme, welche der ersten Auflage dieses Kochbuches von allen Seiten zu Theil wurde, und die in verhältnißmäßig kurzem Zeitraume eine neue Ausgabe nothwendig machte, hat die Gediegenheit und die praktische Brauchbarkeit des Buches hinlänglich |dargethan. Die Unterzeichnete glaubt sich deßhalb mit Recht der Erwartung hingeben zu dürfen, daß auch diese neue Auflage, der sie in Bezug auf zweckmäßige Verbesserungen und vielfache Bereicherungen mit neuen und bewährten Küchenrecepten eine erhöhte Sorgfalt zugewendet hat, sich der gleichen Gunst von Seite des Publikums zu erfreuen haben wird.

Mit diesem Wunsche übergibt sie diese zweite Auflage ihres Buches der Oeffentlichkeit.

Würzburg, im November 1867.

Die Verfasserin.

Vorwort zur dritten Auflage.

Der überraschend schnelle Absatz, welchen das „Würzburger Kochbuch" auch in seiner zweiten Auflage gefunden, hat mir die Ueberzeugung verschafft, daß dasselbe vielseitig als ein höchst brauchbarer, für jede Haushaltung passender Rathgeber anerkannt worden ist, und glaubte ich dem Publikum meinen Dank für diese seine freundliche Anerkennung nicht besser bethätigen zu können, als indem ich die Brauchbarkeit des Buches bei einer neuen Auflage durch Vermehrung des Inhalts mit einer Reihe von neuen, erprobten Recepten und geeigneten Verbesserungen in der Form und namentlich auch durch Beigabe einer vergleichenden Tabelle des alten mit dem neuen Maße und Gewichte wesentlich zu erhöhen suchte.

Möge die Sorgfalt, mit welcher auch diese neue Auflage bearbeitet worden, in einer ferneren freundlichen Aufnahme ihre Belohnung finden.

Würzburg, im November 1872.

Die Verfasserin.

Inhalts-Verzeichniß.

Kalte Schalen.

Eingelegtes zu Suppen.

Gemüse.

II. Kalbfleisch.

III. Hammelfleisch.

Mehl- und Eierspeisen.

Seite

Blase. 1047. Aprikosen in Zucker. 1048. Halbe Aprikosen in Zucker. 1049. Aprikosen in Dunst. 1050. Aprikosen in Büchsen einzumachen 1051. Aprikosen in Arac. 1052. Aprikosen-Marmelade. 1053. Aprikosen-Marmelade anderer Art. 1054. Geschälte Pfirsiche. 1055. Pfirsiche in Arac. 1056. Reneclaubes in Zucker. 1057. Reineclaubes anderer Art. 1058. Reineclaubes in Arac. 1059. Mirabellen in Zucker. 1060. Mirabellen in Arac. 1061. Zwetschgen in Essig. 1062. Zwetschgen anderer Art. 1063. Zwetschgen in Essig dritter Art. 1064. Zwetschgen in Dunst. 1065. Zwetschgen in Blechbüchsen einzumachen. 1066. Zwetschgen-Marmelade. 1067. Zwetschgen-Marmelade mit Quitten. 1068. Zwetschgen-Gelee. 1069. Gute Marmelade. 1070. Weichseln in Essig. 1071. Weichseln in Essig anderer Art. 1072. Weichseln in Essig dritter Art. 1073. Kirschen in Zucker. 1074. Kirschen in Dunst. 1075. Weichseln in Dunst. 1076. Weichselsaft. 1077. Kornel-Kirschen. 1078. Kirschen-Marmelade. 1079. Quittenschnitz in Essig. 1080. Quittenschnitz in Wein. 1081. Quittenschnitz in Zucker. 1082. Quitten-Brod. 1083. Quitten-Gelee. 1084. Quitten-Marmelade. 1085. Gelbe Rüben in Zucker. 1086. Grüne Bohnen in Zucker. 1087. Grüne Bohnen in Zucker anderer Art. 1088. Pomeranzenschale in Zucker. 1089. Nüsse einzumachen. 1090. Bergamott-Birnen. 1091. Hagebutten oder Hiefen in Zucker. 1092. Hiefenmark. 1093. Melonen in Zucker. 1094. Melonen in Essig. 1095. Ananas einzumachen. 1096. Erdbeer-Marmelade. 1097. Erdbeer-Gelee. 1098. Trauben in Essig. 1099. Trauben in Zucker. 1100. Heidelbeeren. 1101. Heidelbeeren anderer Art. 1102. Heidelbeeren in Essig. 1103. Stachelbeeren in Essig. 1104. Stachelbeeren in Zucker. 1105. Johannisbeeren in Zucker. 1106. Johannisbeeren in Essig. 1107. Johannisbeer-Gelee. 1108. Johannisbeer-Gelee anderer Art. 1109. Himbeer-Gelee. 1110. Rosafarbiges Johannisbeergelee. 1111. Rohes Johannisbeergelee. 1112. Johannisbeersaft. 1113. Himbeersaft. 1114. Ausgegohrener Himbeersaft. 1115. Ausgegohrener Johannisbeersaft. 1116. Dreisaft. 1117. Preißelbeeren gewöhnlicher Art. 1118. Preißelbeeren in Zucker. 1119. Preißelbeersaft. 1120. Preißelbeer-Gelee. 1121. Aepfel-Gelee. 1122. Aepfel-Gelee mit Vanille. 1123. Süße Gurken. 1124. Zucker-Gurken. 1125. Senf-Gurken. 1126. Senf-Gurken anderer Art. 1127. Salz-Gurken. 1128. Ganze Gurken in Essig. 1129. Birnen zu trocknen. 1130. Brünellen zu machen. 1131. Zwetschgen ohne Steine zu trocknen. 1132. Aepfel zu trocknen. 1133. Heidelbeeren zu trocknen. 1134. Quitten zu trocknen. 1135. Champignons zu trocknen. 1136. Kürbis zu trocknen 349—378

Verschiedene Gemüse einzumachen und zu trocknen.

Einleitung.

Reinlichkeit, Sparsamkeit, Ordnung und Aufmerk=
samkeit, sind die unentbehrlichsten Eigenschaften einer Köchin
oder guten Hausfrau. Die Haupt=Bedingung, um wohl=
schmeckend und gut zu kochen ist Reinlichkeit der Hände,
Küchengeräthe und Tische, sowie große Reinlichkeit im
Waschen der Gemüse und in allem, was zum Kochen ge=
hört. Unreinlichkeit verbirbt nicht nur den Geschmack,
sondern wirkt auch auf die Gesundheit höchst schädlich und
nachtheilig. Auch die Sparsamkeit läßt sich bei jeder
Speise anwenden, das Uebermaß an Schmalz, Zucker
u. s. w. macht dieselben nicht wohlschmeckend, sondern ver=
birbt manches gute Gericht. Die Ordnung und Aufmerk=
samkeit ist beim Kochen unentbehrlich, und wird sich jede
gute Köchin befleißen, dieselben sich zur Gewohnheit zu
machen. Die Geschirre, worin die Speisen gekocht und
aufbewahrt werden, haben großen Einfluß auf die Ge=
sundheit, und können dieselben oft nachtheilig oder gar
sehr gefährlich werden, sowie die Speisen unschmackhaft
machen. Die irbenen Geschirre, auch die von Porcelan
Glas und Steingut sind die unschädlichsten, nur kann
man darin nicht Alles kochen. Geschirre von Eisen,
Kupfer oder Messing sind zwar sehr vortheilhaft zum
Kochen der Speisen, doch müssen dieselben sehr reinlich
gehalten werden und dürfen besonders saure Speisen
nicht darin stehen bleiben und erkalten, indem daraus
nachtheilige Folgen für die Gesundheit entstehen können.
Beim Kochen der Speisen gebe jede Köchin genau
Acht, daß dieselben nicht überlaufen, weil sie dadurch oft
ihre beste Kraft verlieren, daß sie weder zu schnell noch
zu langsam kochen oder braten, daß sie nicht an die Ge=
schirre anhängen, daß sie weder zu viel noch zu wenig
gekocht oder gebraten sind, und daß das Feuer ihnen
angemessen sei.

Das Wasser zum Kochen ist sehr verschieden; zum Kochen der Flußfische ist hartes, zum Kochen der Hülsenfrüchte weiches Wasser besser.

Die Gewürze wende man nach Belieben an, wie sie der Familie zusagen, in der Hauptsache kann man sich jedoch nach der Angabe richten.

Allgemeine Belehrungen.

Abrühren oder abtreiben heißt frische Butter so lange mit einem hölzernen Löffel nach einer Seite rühren, bis sie so weiß und schaumig, wie Rahm ist, desgleichen Zucker mit Eiern bis es Blasen wirft.

Aufziehen nennt man es, wenn ein Auflauf, Creme oder dergl. dadurch in die Höhe gezogen wird, daß man den genau passenden Deckel auf dem Geschirr mit Kohlen belegt, worunter natürlich auch Kohlen sein müssen.

Auflösen und Klären der Gelatine. Man legt 4 Loth gewaschene Gelatine einige Stunden in frisches Wasser, gießt dieses dann ab und bringt sie mit $\frac{1}{2}$ Maß Wasser auf's Feuer, wo man sie langsam in $\frac{1}{2}$ Stunden aufkocht und erkalten läßt. Hierauf schlägt man 4 Eiweiß mit $\frac{1}{2}$ Schoppen Wasser zu leichtem Schaum, mengt diesen nebst dem Saft einer Citrone und $\frac{1}{4}$ Schoppen Wein in die Gelatine, stellt dieses auf's Feuer, kocht es unter fortwährendem leichten Rühren einige Mal auf und stellt es bedeckt an einen warmen Ort, wo sich die Masse in einer halben Stunde scheidet, welche man durch eine ausgespannte Serviette preßt. — Zu den Cremes kann die Gelatine, auch ohne geklärt zu sein, verwendet werden; dann nimmt man zum Auflösen von 3 Loth Gelatine 1 Schoppen Wasser.

Assiette ist ein Teller in schöner, meist tiefer Form, mit Randverzierung.

Bavesen sind gefüllte Semmel.

Blanchiren heißt Etwas mit kochendem Wasser abbrühen oder abkochen. Man blanchirt Gemüse, wenn man

sie im Wasser aufkochen läßt; Fleisch, wenn man es vor=
her in Stücke gehauen, mit kaltem Wasser auf's Feuer
setzt und ehe es angefangen hat, zu kochen, wieder weg=
nimmt.

Braune Einbrenn. In eine Casserolle gibt man ein
Viertel Pfund Butter oder Schmalz, ist dieses zergangen,
6 Eßlöffel voll Mehl hinzu, welches man auf einem nicht
zu starken Feuer unter beständigem Rühren röstet, bis es
eine braungelbe Farbe erhalten hat, die durch das Mit=
rösten eines Stückchen Zuckers noch schöner wird. Dieses
füllt man mit etwas kalter Fleischbrühe auf und gebraucht
es zu Saucen, Gemüsen u. s. w. — **Weiße Einbrenn**
wird bereitet wie die vorhergehende, nur darf das Mehl
so lange rösten, bis es aufsteigt und keine Farbe annimmt.

Dressiren, aus Farce, Schmalz oder Butter einen
beliebigen Gegenstand herstellen. Das Dressiren des Ge=
flügels hat den Zweck, daß solches ein schönes Ansehen
bekommt.

Farce, Fülle ist ein klein gehacktes mit verschiedenen
Zuthaten vermischtes Fleisch oder Brod.

Fricassiren, etwas mit abgerührten Eiern einmachen,
z. B. Hühner, Tauben u. s. w.

Gerösteter Zucker. 2 Loth Zucker werden auf dem
Feuer beständig gerührt, bis er dunkelbraun geworden
ist, dann schnell ¼ Schoppen Wasser hinzugegossen, der
Zucker vom Feuer genommen, noch eine Weile gerührt
und in einem zugekorkten Glase zum Färben aufgehoben.
Mit einem Kaffeelöffel voll wird ¼ Maß schön gelb ge=
färbt. Um sich augenblicklich zu helfen, kann man eine
reine Feuerzange glühend machen, ein Stück Candiszucker
dazwischen halten und die herabfallenden Tropfen zum
Färben benützen.

Glace ist ein stark eingekochter Saft von Fleisch, um
demselben einen Glanz zu geben. Auch Bäckereien werden
mit Zuckerglace überzogen.

Grilliren, etwas in zerlassene Butter tauchen, mit
Weckmehl bestreuen und auf dem Feuer backen.

Hachee ist eine Speise von gekochtem fein gehacktem
Fleisch mit Zuthaten von Gewürz, Eiern u. dgl.

Kastanien zu verschiedenem Gebrauch. Man stellt dieselben, nachdem ein Kreuz in die Schale geschnitten ist, mit kochendem Wasser auf's Feuer und läßt sie fertig kochen, zieht dann die Schale und die braune Haut ab und gibt sie beim Anrichten in's Ragout. Zum Gemüse bratet man sie, nachdem sie gekocht worden, mit Butter und ein wenig Zucker gelb, doch nicht zu hart. Zum Dessert röstet man dieselben in einem Topfe mit etwas Salz unter öfterem Schütteln oder Rühren, bis sie weich sind, wozu ½ bis 1 Stunde erforderlich ist, reibt sie mit einem Tuch ab und gibt sie zugedeckt ganz heiß zur Tafel.

Krebs=Butter. Hierzu werden 10 Krebse mit kochendem Wasser ohne Salz auf's Feuer gestellt und 5 Minuten gekocht. Dann nimmt man das Fleisch aus den Schalen, macht alle Fasern und das Gehirn heraus, wäscht und stößt dann sämmtliche Schalen mit 6 Loth Butter im Mörser nicht ganz fein, setzt sie auf's Feuer, und rührt sie öfter um, bis die Masse roth wird und zu steigen anfängt. Dann gießt man ½ Maß Wasser hinzu, läßt es aufkochen und gießt es durch ein Haarsieb in eine Schüssel. Ganz kalt geworden, nimmt man die rothe Butter ab und verwendet sie. Das Wasser, welches den Geschmack der Krebse annimmt, gebraucht man zur Suppe, besonders wenn man statt Wasser, Fleischbrühe zu den Krebsen gießt.

Legiren ist, Eierdotter mit ein wenig Mehl, Rahm, Fleischbrühe oder Wasser tüchtig abrühren und dann an die Speisen thun, wie es angezeigt wird.

Mariniren. Fleisch oder Fische mit Pfeffer, Nelken, Lorbeerblättern, Zwiebeln und Salz in eine Schüssel legen und so viel Essig darüber gießen, daß das Fleisch damit bedeckt ist.

Mandeln zu stoßen. Diese werden in eine Schüssel gethan, worin sie, mit kochendem Wasser übergossen, eine Weile stehen bleiben. Dann schüttet man das Wasser ab, drückt die Mandeln aus den braunen Schalen und stößt sie in einem Mörser in kleinen Parthien mit etwas Wasser, Eiweiß oder Arac, je nachdem es vorgeschrieben ist. Trocken gestoßen werden die Mandeln ölig.

Paniren ist, eine Sache in eine flüssige Eiermasse oder zerlassene Butter tauchen und in Weckmehl umwenden, um sie dann in Schmalz oder Butter zu backen.

Sardellen-Butter. Man reinigt die Sardellen, ohne sie zu wässern, trocknet sie mit einem reinen Tuch ab und nimmt davon ½ Pfund zu ½ Pfund guter frischer Butter. Beides hackt man nun auf einem Brett recht fein, streicht es durch ein Haarsieb und hackt so fort bis alles durchgetrieben ist. Diese Butter verwendet man zu Butterbrödchen, sowie auch um Saucen, Fricassees und Ragouts einen Sardellen-Geschmack zu geben.

Semmel zu braten für Suppen und Klöße. Hiezu setzt man Schmalz auf's Feuer, läßt es heiß werden, gibt dann das in Würfel, Streifchen oder Figuren geschnittene Weißbrod hinein und rührt solches fortwährend so lange, bis es gelb geworden ist.

Schmoren oder dämpfen ist, Fleisch oder Gemüse in einem zugedeckten Tiegel in Butter oder Schmalz unter langsamem Zugießen von Fleischbrühe oder andern Zuthaten fertig kochen.

Spicken. Dieses gibt den Braten ein schönes Ansehen und macht dieselben saftiger. Der Speck zum Spicken muß gesalzen und recht fest sein; diesen legt man auf ein Brett, schneidet ihn mit einem scharfen Messer in dünne Scheiben, legt diese glatt auf einander und schneidet davon der Breite nach, dünne, gleichmäßige Streifchen. Hierauf steckt man mit der linken Hand ein Streifchen in die Spicknadel, zieht es mit der rechten so weit durch das Fleisch, daß es an beiden Seiten einen Finger breit heraussteht, das zweite Streifchen unmittelbar daneben und fährt so fort, bis man eine gleichmäßige Reihe Speckstreifen, welche eine gerade Linie bilden, durchgezogen hat, dann fängt man nebenan wieder eine Reihe an. Bei Hasen macht man so, fein gespickt, zu beiden Seiten des Rückgrats der Länge nach zwei Reihen herunter, also im Ganzen vier, außerdem sind auch zwei hinreichend. Bei Wildbraten, Geflügel u. dgl. geschieht das Spicken auf dieselbe Art.

Spinattropfen. Hiezu wäscht man einige Handvoll grünen fetten Spinat, und läßt ihn ablaufen, überhackt ihn einige Mal und stößt ihn dann. Nun preßt man ihn

durch ein Tuch gut aus, gießt den Saft auf einen Zinn=
teller oder in ein Casserole, stellt dieses auf einen Topf
mit kochendem Wasser, bis der Spinat gerinnt und das
Wasser sich von ihm scheidet, läßt letzteres durch ein Sieb
oder ein nasses Tuch ablaufen und gebraucht die Tropfen
nach näherer Beschreibung.

Geflügel zum Braten und Kochen herzurichten.

Alles Geflügel muß wo möglich ein oder mehrere
Tage vor dem Gebrauch geschlachtet werden. Ist es aber
nöthig das Geflügel bald nach dem Schlachten gebrauchen
zu müssen, so gebe man demselben 10 Minuten vor dem
Schlachten 1 Eßlöffel voll scharfen Essig ein, wodurch das
Fleisch viel mürber wird. Bei dem zum Braten bestimm=
ten Geflügel werden die Federn, so lange es noch warm
ist, trocken ausgerupft, dann wird es gesengt, wobei man
aber die Flammen nicht zu stark machen darf, damit es
nicht schwarz wird. Gänse und Enten werden nach dem
Sengen mit kochend heißem Wasser und Kleie rein abge=
waschen. Will man das Geflügel jedoch längere Zeit auf=
heben, darf es weder gewaschen noch ausgenommen wer=
den, indem es sonst roth würde.

Das zum Kochen bestimmte Federvieh wird gleich
nach dem Schlachten, damit es recht weiß wird, ¼ Stunde
in frisches Wasser gelegt. Hierauf faßt man es an den
Füßen, schüttelt es ab und taucht es so lange in kochen=
des Wasser, bis man findet, daß die Federn leicht ab=
gehen. Bei jungem Geflügel muß man sich vor dem Ver=
brühen hüten, weil dann die Federn nicht leicht herunter
zu bringen sind. Ist es gerupft, nimmt man es auf fol=
gende Art aus:

Welschen Hahnen und Kapaunen schlägt man vor
dem Ausnehmen den Brustknochen ein. Den jungen Hah=
nen drückt man mit dem Daumen den Brustknochen ein,
worauf man sie dann inwendig ganz gut ausnehmen kann.
Nachdem schneidet man dem erwähnten Geflügel die Füße
ab, sticht Augen und Ohren aus, zieht die Haut vom
Kamm, die hornartige Haut vom Schnabel, reißt die
Zunge aus, macht zwischen Hals und Flügel einen kleinen
Schnitt, greift mit dem Vorderfinger hinein und zieht den
Kropf nebst der Gurgel heraus; dann macht man unten

am Bauch einen kleinen Querschnitt, greift mit 2 Fingern, damit die Oeffnung nicht weiter reiße und die Galle nicht verletzt werde, hinein, und nimmt das Eingeweide behutsam heraus. Zugleich nimmt man das geronnene Herzblut weg, schneidet die Fettdrüse ab, sowie auch die Stelle, wo der Darm endet. Nun entfernt man vorsichtig die Galle von der Leber, schneidet den Magen, wo die weiße Haut sich zeigt, auf, und zieht die Haut ab. Will man das Geflügel braten, so wäscht man es einige Mal ab und dressirt es, je nach der Art desselben. Leber, Herz und Magen werden, wenn man solches nicht zum Füllen benützen will, in den Leib gelegt, indem sie da weniger austrocknen.

Dem Dressiren geht das Füllen voran, welches meistens nur bei zahmem Geflügel geschieht und bei allem außer bei Gänsen und Enten auf folgende Art: man greift mit dem Vorderfinger beim Halsschnitt hinein, sucht die Haut über der Brust von derselben zu lösen und die Oeffnung zu erweitern, steckt ein Stückchen Brobrinde in die offene Gurgelstelle, füllt die bestimmte Farce hinein und näht die Haut wieder zusammen.

Dem welschen Hahnen dreht man beim Dressiren die 2 Flügel nach dem Kopfe hin herum, daß sie flach auf dem Rücken liegen, schiebt die Beine in den Querschnitt hinein, und durch die zweite Oeffnung hinaus, dann legt man ihn auf den Rücken, dreht den Kopf herum und sticht denselben mit einem gespitzten Hölzchen fest, damit er eine gute Haltung bekommt. Darauf drückt man die Beine nach dem Kopfe hin nieder, wodurch die Brust hervortritt und steckt ein Hölzchen durch die Schlegel, daß dieselben sich fest anschließen. Zuletzt wird der Hahn gespickt oder demselben Speckscheiben auf die Brust gebunden.

Hühner, Kapaunen, Hahnen und Tauben werden ebenso hergerichtet, nur biegt man bei den drei ersten den Kopf am Rücken her und legt ihn unter den Flügel nach der Brust hin. Gänsen und Enten schneidet man Kopf und Hals, sowie auch die Beine im ersten Gelenk weg, haut die Flügel 2 Finger breit vom Körper ab, und gebraucht solches nebst Leber, Lunge, Herz und Magen zum Gänsepfeffer.

Fasanen und Rebhühnern läßt man in einigen Gegenden, um das Wild zu bezeichnen, beim Rupfen einige

Federn auf dem Kopfe sitzen, die man beim Zubereiten mit Papier umbindet. Die Füße werden nicht abgeschnit=ten, sondern nur die Sporen abgehauen und die obere Haut von denselben abgezogen, nachdem man sie vorher in heißes Wasser gehalten hat. Die Spitze der Flügel wird abgeschnitten, Leber und Magen werden nicht ge=braucht, die Flügel nach dem Kopfe hin umgebogen, die Beine im zweiten Gelenk von unten so gedreht, daß die Füße nach dem Kopf hin gerichtet sind, und ein gespitztes Hölzchen durch die Schenkel gestochen. Wildes Geflügel wird nie gebrüht, indem es dadurch zu viel an seinem Wildgeschmack verliert.

Schnepfen werden ebenso hergerichtet, jedoch nicht aus=genommen und der Schnabel in die Brust gesteckt.

Krammetsvögel und Lerchen steckt man die im Ge=lenk abgeschnittenen Beine kreuzweise durch die Augen=höhlen und nimmt erstere nicht aus.

Das Auslösen der Knochen des Geflügels geschieht meistens dann, wenn man dasselbe zu einer Geleeschüssel gebrauchen will. Ist dieses rein gerupft, macht man mit einem scharfen Messer der Länge nach über den Rücken, dicht an beiden Seiten des Rückgratknochens hin einen Schnitt und trennt nach beiden Seiten bis zur Brust das Fleisch rein vom Knochengerippe ab, wobei man die Haut nicht verletzen darf, und nimmt das Gerippe nebst dem Eingeweide heraus. Gewöhnlich wird das entbeinte Ge=flügel gefüllt, welches sehr gleichmäßig geschehen muß, damit dasselbe eine schöne gewölbte Form erhalte. Dar=nach wird die Haut zugenäht und nach Angabe bereitet.

Vom Anrichten und Auftragen der Speisen.

Beim Anrichten der Speisen ist darauf zu sehen, daß die Schüsseln nicht überladen, sondern rein zu Tische kom=men. Die Speisen müssen zierlich und mit einer gewissen Leichtigkeit in ihrer natürlichen Lage angerichtet werden, damit sie beim Erscheinen auf dem Tische die Eßlust an=regen; denn nichts benimmt mehr die Lust zum Essen, als bis zum Rande angefüllte Schüsseln. Eine Hauptbeding=ung bleibt es aber, daß die Speisen so heiß wie möglich aus der Küche kommen.

Suppen.

1. Wein-Suppe.

Nimm eine halbe Maß Wein, ebensoviel Wasser, verrühre sechs Eigelb recht glatt, gieße den Wein und das Wasser nach und nach daran, und thue Zucker und Zimmet dazu, bis es süß genug ist, stelle es auf's Feuer und lasse es unter beständigem Rühren dick werden, dann richte die Suppe über gebähte Schnitten an.

2. Braune Wein-Suppe.

Röste 2 Löffel voll Mehl in 6 Loth Butter braun, rühre dieses mit 1¼ Maß Wein und ¼ Maß Wasser glatt, gebe Zimmet, Citronenschale, 1—2 Nelken und Zucker hinzu, lasse Alles aufkochen, treibe es durch ein Sieb und richte es über gebähte Schnitten oder Mandelklößchen, mit 4 Eigelb in Wasser verklopft, an.

3. Wein-Suppe mit Milch.

Nimm einen Löffel voll Mehl, 4 Eigelb, zerrühre es glatt, gieße nach und nach einen Schoppen Wein daran sowie eine halbe Maß Milch, Zucker und Zimmet bis es süß genug ist, und lasse es auf dem Feuer unter beständigem Umrühren zum Kochen kommen, dann richte die Suppe ebenfalls über gebähte Schnitten an.

1

4. Gute Jus zu machen.

Verhacke Rinds- und Kalbsknochen so klein wie mög= lich, schneide Leber und etwas Jusfleisch in kleine Stückchen, gib dieses in ein paar Löffel voll Schmalz oder Fett nebst Zwiebel, gelbe Rüben, Sellerie= und Petersilienwurzel, lasse Alles gelb anziehen, gib von Zeit zu Zeit einen Löffel voll Fleischbrühe daran und lasse es wieder anziehen, damit sich die Kraft von den Knochen recht herauszieht. Ist Alles schön braun, alsbann fülle es mit guter Fleischbrühe auf und lasse es noch ein paar Stunden kochen. Man muß einen breiten Tiegel dazu nehmen, damit jeder Knochen Farbe bekommt. Diese Jus ist zu jeder Sauce sehr gut; sowie auch die Bratenjus durch dieselbe sehr verbessert wird.

5. Sago-Suppe.

Mache ungefähr 3 Schoppen gute Fleischbrühe siebend, lasse ¼ Pfund Sago unter beständigem Umrühren ein= laufen, und koche ihn unter öfterem Umrühren langsam, da= mit er nicht anbrennt oder knollig wird. Unterbreche das Kochen einige Mal mit einem Löffel voll frischen Wassers, wodurch er recht hell wird, und gib kurz vor dem An= richten gute Jus dazu.

6. Sago-Suppe von gewöhnlichem Sago.

Dieser Sago wird ebenfalls gekocht wie der erstere, nur mit dem Unterschied, daß derselbe beim Anrichten mit Eigelb legirt wird.

7. Sago-Suppe in der Milch.

Die Milch wird siebend gemacht und der Sago vor= sichtig unter beständigem Umrühren hinein gethan, damit er nicht knollig wird bis er kocht. Man läßt ihn eine Stunde lang kochen. Beim Anrichten kommt Zucker dazu und wird mit Eigelb legirt.

8. Sago-Suppe mit Wein.

¼ Pfund Sago kocht man in Wasser so lange, bis er recht dick und gequollen ist, gibt 1 Maß rothen Wein dazu, kocht ihn vollends weich, und gibt noch kurz vor dem Anrichten Zucker, Zimmet und feingeschnittene Citronenschale dazu.

9. Wirsing-Suppe.

Wenn man übriges Wirsing-Gemüse hat, kann man es dazu verwenden, außerdem muß der Wirsing gebrüht werden; er wird fein gewiegt und gestoßen, ein weißes Einbrenn gemacht und ein Stück geschnittene Zwiebel mit geröstet, der Wirsing und ein Mundbrod, letzteres geschnitten in Butter geröstet, dazu gegeben, mit Fleischbrühe gekocht, durchgetrieben und mit Eier und Rahm legirt, auch kommen gebähte Schnitten hinein.

10. Nudel-Suppe.

Zu dem Teig nimmt man zwei bis drei Löffel voll feines Mehl, etwas Salz und 2—3 ganze Eier, wirkt dieses unter einander zu einem Teig und arbeitet solchen so lange, bis er recht glatt ist; dann wird er zu mehreren Stücken geschnitten und ganz dünn aufgerollt, auf ein reines Tuch gelegt, bis er abgetrocknet ist, jedes Stück mit etwas Mehl bestreut, zusammengerollt, und recht fein geschnitten, vorsichtig in kochende Fleischbrühe gethan, damit sich die Nudeln nicht zusammenhängen, einigemal aufgekocht und beim Anrichten Jus hinzugegeben; doch nicht eher, weil die Suppe leicht trüb wird, wenn Nudeln darin gekocht sind.

11. Eine gute Kraft-Suppe.

Hiezu nimmt man 1 Pfund Rindfleisch vom Schenkel, 1 Pfund Leber, 1 Pfund Schweinefleisch, einige gute Mark-

knochen und eine alte Henne; schneidet und hackt Alles in
kleine Stücke, gibt es in einen großen breiten Tiegel, gibt
Schmalz oder Fett, Zwiebel, Selleriewurzel, gelbe Rüben
und Petersilienwurzel hinzu, läßt es gelb werden, füllt
von Zeit zu Zeit einen Löffel voll Wasser oder Fleisch=
brühe daran und läßt Alles schön braun werden, füllt es
alsdann mit Wasser oder Fleischbrühe auf, kocht dasselbe
noch 3—4 Stunden und treibt dieses durch ein Sieb. Mit
solcher Brühe kann man vieles kräftig und gut machen.

12. Kraft-Suppe an Fasttagen.

$\frac{1}{4}$ Pfund Butter wird mit 3 verschnittenen Zwiebeln,
3 Sellerieköpfen, 2 gelben Rüben, 2 Petersilienwurzeln,
4 Hand voll dürren Erbsen, ein paar Lorbeerblättern,
5—6 Nelken, einigen Pfefferkörnern, 4 Pfund ordinären,
in Stücken geschnittenen Fischen, ein wenig Muskatblüthe
und Salz zugedeckt so lange gedämpft, bis Alles eine gelb=
liche Farbe hat, worauf dann 6—8 Maß Wasser hinzu=
gegossen werden. Das Ganze wird zugedeckt 3 Stunden
gekocht, und die Suppe durch ein Haarsieb getrieben oder
besser noch durch eine reine Serviette gegossen, alsdann
abgefettet und zum Gebrauch verwendet.

13. Eier-Gersten-Suppe.

Es werden 2 Hand voll Semmelmehl mit 2 ganzen
Eiern vermengt, mit einer Maß guter Fleischbrühe siebend
angerührt und ein paar Mal aufgekocht; man kann auch
fein gewiegte Petersilie dazu thun und beim Anrichten et=
was Muskatnuß darauf reiben.

14. Leber-Suppe.

Man macht ein hellgelbes Einbrenn, nimmt Kalbs=
leber, häutelt sie ab und wiegt sie fein, gibt dieselbe, so=
wie etwas in Schmalz geröstetes Mundbrod in die Ein=

brenn, füllt Alles mit guter Jus und Fleischbrühe auf, läßt es kochen, treibt es durch ein Haarsieb, und richtet die Suppe über gebähte Schnitten oder Klößchen oder gebackene Erbsen an.

15. Panabel-Suppe.

Es werden 3 Mundbrode oder Semmel in Schnittchen geschnitten, in siedende Fleischbrühe gethan und aufgekocht, dann durch ein Haarsieb oder einen feinen Seiher getrieben und beim Anrichten mit Eigelb und süßen Rahm legirt. Nachdem die Suppe durchgetrieben ist, kann man noch ein wenig fein gewiegte Petersilie mitkochen.

16. Panabel-Suppe anderer Art.

Von 3 Mundbroden wird das Semmelmehl in einem Stück Butter etwas geröstet, mit Fleischbrühe aufgefüllt und eine Viertelstunde gekocht, etwas fein gewiegte Petersilie dazu gethan und beim Anrichten mit Eigelb legirt.

17. Sauerampfer-Suppe.

Nimm halb Sauerampfer und halb Körbelkraut, lese und wasche es rein, hacke dasselbe und röste es in einem Löffel voll Mehl und einem Stück Butter, fülle dieses mit guter Fleischbrühe auf und lasse es kochen. Beim Anrichten gibt man Eidotter und sauren Rahm hinzu, sowie auch gebähte Schnitten oder Klößchen.

18. Durchgetriebene Sauerampfer-Suppe.

Der Sauerampfer wird behandelt wie der erstere, nur kocht man Brod in Fleischbrühe, gibt es durch einen Seiher zu demselben, und richtet die Suppe mit Eidotter und saurem Rahm an.

19. Kartoffel-Suppe mit ausgestochenem Pfann-Kuchen.

Die Kartoffeln werden geschält und in Fleischbrühe weich gekocht, dann durch ein Haarsieb getrieben; von ge-backenem dünnen Pfannkuchen werden mit einem kleinen Ausstecher Fleckchen ausgestochen, so groß wie ein Groschen, und die Suppe mit angerichtet, auch kommt fein gewiegte Petersilie und Schnittlauch hinzu.

20. Kartoffel-Suppe anderer Art.

Die Kartoffeln werden geschält und in Stücke geschnit-ten; nun röste ein Stück fein geschnittene Zwiebel in Butter, thue die Kartoffeln hinein, fülle nach und nach Fleischbrühe daran, und lasse sie weich dämpfen, gib etwas in Schmalz geröstetes Mundbrod dazu und ist dieses verkocht, treibe Alles durch's Haarsieb und richte es über gebähte Schnitten an; auch gib kurz vor dem Anrichten fein gehackte Peter-silie hinzu.

21. Jus-Suppe mit Eierkäs.

Zerschlage 2 ganze Eier mit 4 Löffel voll saurem Rahm und ein wenig Salz, fülle es in eine mit Butter bestrichene Form und siede es in Wasser aus, stürze es und schneide es in Würfel oder mache mit einem kleinen Ausstecher beliebige andere Formen; außerdem kommen etwas gebähte Schnitten dazu, und die Jus wird darüber angerichtet.

22. Jus-Suppe mit gebackenen Erbsen.

Mache einen Schoppen Milch siedend, rühre so viel Mehl dazu, daß es ein fester Teig wird, und lasse ihn auf dem Feuer unter beständigem Rühren recht abtrocknen, salze ihn ein wenig und lasse ihn abkühlen; ehe er ganz

kalt wird, schlage 2 oder 3 Eier dazu und rühre ihn glatt,
sodann werden kleine Erbsen davon gemacht und in schwim=
mendem Schmalz gebacken. Die Jus wird darüber an=
gerichtet.

23. Einlauf-Suppe.

Es werden 2 bis 3 Eier mit eben so viel Löffel Mehl
recht klar verrührt, durch einen groben Seiher oder vor=
sichtig mit einem Löffel in die kochende Fleischbrühe laufen
lassen, und beim Anrichten Muskatnuß darüber gerieben.
Dieses ist fast wie Nudelsuppe, wenn es gut getroffen ist.

24. Reis-Suppe mit Jus.

Der Reis wird mit siedendem Wasser gewaschen, mit
einem Stück frischer Butter und siedender Fleischbrühe zu=
gesetzt und in einer Stunde weich gekocht; beim Anrichten
kommt noch gute Jus und etwas geriebener Parmesan=
käs dazu.

25. Legirte Reis-Suppe.

Der Reis wird gekocht wie der erstere, nur etwas
dünner und schleimig, und beim Anrichten mit Eigelb und
Rahm legirt.

26. Reis-Suppe mit Sauerampfer.

Der Reis wird in Fleischbrühe mit einem Stück Butter
weich gekocht, der Sauerampfer, nachdem er sauber gewa=
schen und fein gewiegt ist, in einem Stück Butter geröstet,
zu dem Reis gethan und beim Anrichten mit Eigelb legirt.

27. Italienischer Reis als Suppe.

Es wird eine halbe Zwiebel fein geschnitten, in frischem
Wasser gewaschen, in einem reinen Tuch ausgepreßt, mit
¼ Pfund Butter zum Feuer gestellt und weich gedämpft

³/₄ Pfund Reis daran gethan, durcheinander gemengt, ein
Schoppen Fleischbrühe dazu gegossen, zugedeckt und auf
schwachem Feuer eine gute Viertelstunde gedämpft, dann
wende ihn um, salze ihn gehörig und thue nach und nach
einen Löffel voll Fleischbrühe daran, damit er sich nicht an=
hängt; die Körner müssen ganz bleiben und er darf auch
nicht zu dünn sein; kurz vor dem Anrichten kommen 3 Löffel
voll geriebener Parmesankäs, Muskatnuß und eine Messer=
spitze voll Safran dazu, nach Belieben auch Knoblauch.

28. Schwarze Brod-Suppe mit Bratwürsten.

Das schwarze Brod wird dünn eingeschnitten, mit
Fleischbrühe aufgekocht, durch's Haarsieb getrieben, mit
Eigelb und saurem Rahm legirt; beim Anrichten werden
einige Bratwürste gebraten, in kleine Stücke geschnitten und
zur Suppe gethan.   Diese Suppe wird auch mit verlor=
nen Eiern gegessen.

29. Grüne Kern-Suppe.

¹/₂ Pfund gemahlene, gestoßene oder auch ganze Kern
werden in kochender Fleischbrühe 2—3 Stunden langsam
weich und schleimig gekocht, durch einen Seiher getrieben
und mit 2 Eigelb und 2 Löffel voll süßen Rahm ange=
richtet, alsdann Klößchen oder in Schmalz geröstete Wür=
fel Brod hinein gethan.

30. Französische Suppe.

Es werden Sellerie= und Petersilienwurzeln, gelbe Rü=
ben, Bori und Kartoffeln geschält, in Würfel geschnitten
und in guter Fleischbrühe einige Zeit gekocht, dann gibt
man fein gewiegte Petersilie, Selleriekraut, weißes Kraut,
etwas Blumenkohl und geschnittenen Wirsing hinzu, läßt
Alles mit einander weich kochen und kann beim Anrichten
noch kräftige Jus dazu geben.

31. Pfannkuchen-Suppe.

Es werden ganz dünne Pfannkuchen gebacken, drei Finger breite Streifen aufeinander gelegt und dann etwas gröber wie Nudeln geschnitten, einige Minuten in siebende Fleischbrühe gegeben und angerichtet; man kann auch noch Jus dazu nehmen.

32. Geröstete geriebene Suppe.

Es wird ein fester Nudelteig gemacht und auf dem Reibeisen gerieben, in Schmalz gelb geröstet, mit Wasser aufgefüllt, gesalzen und 1 Stunde gekocht, auch fein gehackte Petersilie hinzugegeben.

33. Geriebene Suppe in der Milch.

Es wird ein fester Nudelteig gemacht, auf dem Reibeisen gerieben und in der siebenden Milch, in welche man ein Stück Zucker und Zimmet gethan, gekocht und nach Belieben beim Anrichten mit Eidotter legirt. Diese Suppe darf nicht zu dick werden.

34. Geriebene Suppe.

Nachdem der Teig auf dem Reibeisen gerieben ist, gebe man ihn in gute kochende Fleischbrühe unter beständigem Rühren, damit es keine Knollen gibt, und lasse es ein wenig kochen. Beim Anrichten kann man einige Löffel voll Jus dazu geben, sowie auch feine Petersilie und Muskatnuß.

35. Butter-Suppe.

Schneide 1 Mundbrod oder Semmel zusammen und koche es mit 1 Maß Wasser, 1 Stück Butter, Salz und fein gehackte Petersilie, verrühre Alles gut und richte diese Suppe mit 2 Eiern und 2 Löffel voll saurem Rahm an.

36. Butter-Suppe anderer Art.

Das Wasser wird mit Butter, Lorbeerblatt, ein Stück Zwiebel und Salz gekocht, beim Anrichten mit Eigelb und saurem Rahm legirt, Lorbeerblatt und Zwiebel jedoch zurückgelassen und in Schmalz geröstete Bröckchen hinein-gethan.

37. Aepfel-Suppe.

Zehn bis zwölf gute Kochäpfel werden, nachdem sie geschält, geschnitten und vom Kernhaus befreit sind, mit ½ Maß Wasser, 1 Stück Zimmet und Citronenschale weich gedämpft, durch ein Sieb getrieben, und mit Wein oder süßem Most verdünnt, mit Zucker versüßt, aufgekocht und über in Schmalz gebackene Brodwürfel angerichtet und kalt auf den Tisch gegeben. — Wird diese Suppe warm gewünscht, kocht man ein Stück Butter hinein. Sollte sie aber zu dünn sein, röstet man zwei Löffel voll Mehl gelb und rührt die durchgetriebenen Aepfel damit ab.

38. Geröstete Gries-Suppe.

Lasse ein Stück Butter zergehen, thue den Gries da-zu und lasse ihn hellgelb rösten, salze ihn, fülle ihn mit Wasser auf, lasse ihn eine halbe Stunde kochen und thue noch etwas fein gewiegte Petersilie dazu; beim Anrichten wird die Suppe mit Eigelb legirt.

39. Gebrannte Mehl-Suppe.

Man röstet Mehl in Butter oder Schmalz schön braun, rührt dieses mit kochendem Wasser an, gibt Salz und nach Belieben etwas Kümmel hinein und richtet die Suppe über gebähte Schnitten an. Auch kann man das Mehl ohne Fett braun rösten, die Pfanne darf aber nicht fett sein, sonst hängt das Mehl an.

40. Weiße Bohnen-Suppe.

Die Bohnen werden rein gewaschen, mit kochendem
Wasser zugesetzt, weich gekocht, und durch's Haarsieb oder
einen feinen Seiher getrieben; mit einem Löffel Mehl und
einem Stück Butter ein weißes Einbrenn gemacht, dieses
mit einander aufgekocht und über gebähte Schnitten an=
gerichtet.

41. Erbsen-Suppe mit abgerührten Spätzchen.

Die Erbsen werden mit siebendem Wasser zugesetzt
und wenn sie recht weich sind, durch einen feinen Seiher
oder ein Haarsieb getrieben, mit Wasser aufgefüllt und
mit Salz, etwas fein gewiegte Peterſilie, Selleri und
Bori gekocht und eingebrennt. Rühre unterbeſſen 4 Loth
Butter ab, schlage 2 ganze Eier daran, nehme etwas
Salz, 4 Loth Mehl und noch ein wenig süßen Rahm
oder Milch dazu; dies alles wird mit einander recht fein
abgeſchlagen, kleine Spätzchen davon in die siebende Erbſen=
ſuppe gelegt und auskochen laſſen, dann ſogleich ange=
richtet.

42. Grüne Erbsen-Suppe.

Die grünen Erbsen werden mit einem Stück Butter
und Fleischbrühe weich gebämpft, ein Mundbrod in Schmalz
geröstet und hinzugegeben, mit noch etwas Fleischbrühe ge=
bämpft, durch's Haarsieb getrieben und über gebähte
Schnitten angerichtet.

43. Gute Linsen-Suppe.

Wenn die Linsen rein geleſen und gewaſchen ſind,
werden sie mit kochendem Wasser zugesetzt und von Zeit
zu Zeit mit kochendem Wasser nachgefüllt, damit sie nicht an=
brennen und ununterbrochen fortkochen; wenn sie weich

sind, werden sie verrührt, mit Wasser aufgefüllt, gesalzen und fein gewiegte Petersilie sowie Sellerie hinzugegeben, auch ein Stengel Bohnenkraut kommt hinein, das man aber beim Anrichten wieder herausnimmt. Zuletzt röstet man etwas Mehl in Butter schön braun und läßt es mit aufkochen.

44. Durchgetriebene Linsen-Suppe mit Reis.

Wenn die Linsen weich gekocht sind, werden sie durch's Haarsieb getrieben; der Reis wird mit Butter und Wasser ebenfalls weich gekocht, Alles zusammengegeben, gesalzen und mit fein gehackter Petersilie, Sellerie nebst einem Stück Butter gekocht. Beim Anrichten kann man Muskatnuß darauf reiben.

45. Wildpret-Suppe.

Das Fleisch vom übrigen Rehbraten wird fein gehackt und im Mörser gestoßen, in einem braunen Einbrenn mit einem Stück weißen Brod geröstet, damit sie recht gebunden wird, mit Fleischbrühe und Jus aufgefüllt und aufgekocht, dann durchgetrieben und über gebähte Schnitten angerichtet. Auch von Lerchen und übrigen Feldhühnern wird diese Suppe ebenso bereitet, nur stößt man dieselben mit den Knochen.

46. Froschschenkel-Suppe.

Die Froschschenkel werden in Butter weich gedämpft und sammt den Knöchlein im Mörser gestoßen. Ein Löffel Mehl wird mit einem Stück Butter geröstet, das Gestoßene dazu gegeben, sowie etwas weißes Brod und Salz, so viel nöthig ist; mit Wasser oder Erbsenbrühe aufgefüllt und kochen lassen, durch's Haarsieb getrieben und über ausge=stochenen Pfannkuchen oder gebackene Erbsen von gebrühtem

Teig angerichtet. Wenn man übrig gebliebene gebackene Froschschenkel hat, kann man sie ebenfalls dazu verwenden.

47. Krebs-Suppe.

Die Krebse werden in Salzwasser abgekocht, müssen aber recht schön roth sein, die Scheeren und Schweife ausgelesen, damit man sie beim Anrichten oben auf die Suppe thun kann, das schlechte putzt man weg, das übrige stößt man im Mörser zusammen. Nehme ein Stück Butter, gib einen Löffel voll Mehl sowie das Gestoßene hinzu und lasse es einige Zeit dämpfen, fülle Alles mit Fleisch= oder Erbsenbrühe auf; hat dieses gekocht, treibe es durch ein Haarsieb und richte diese Suppe über gebähte Schnitten mit Eigelb und süßem Rahm an. Auch kann man Klöß=chen hineingeben.

48. Fisch-Suppe.

Für 6 Personen nimmt man 1 Pfund Fische, nachdem diese geputzt, gewaschen und eingesalzen sind, wendet man sie in Mehl um und backt sie in Schmalz. Schneide einen Semmel, weiche diesen in 3 Eier und backe ihn schön braun. Stoße Alles im Mörser recht fein, röste Mehl nebst ein Stück Zwiebel in Butter gelb, gib das Gestoßene hinzu, fülle es mit Erbsenbrühe auf, lasse es kochen, treibe Alles durch ein Sieb und richte es über gebähte Schnitten oder Klößchen an.

49. Schnecken-Suppe.

Nachdem die Schnecken in Lauge abgekocht, geputzt und rein gewaschen sind, werden sie fein gehackt und im Mörser gestoßen. Mache ein weißes Einbrenn, gib das Gestoßene nebst etwas mürbem Brod und Wurzelwerk hin=zu, fülle Alles mit Erbsenbrühe oder Wasser auf und lasse es kochen. Treibe es durch ein Haarsieb und richte diese Suppe über gebähte Schnitten an.

50. Legirte Suppe mit gebähten Schnittchen.

Gute Fleischbrühe wird mit Eigelb legirt, je nachdem die Portion groß ist, doch darf sie nicht zu dünn sein und wird dann über gebähte Schnitten angerichtet.

51. Chokoladen-Suppe.

Röste ein paar Löffel voll Mehl in einem Stück Butter gelb, gib 3 Täfelchen geriebene Chokolade hinzu, fülle Alles mit Milch auf und lasse es unter beständigem Rühren aufkochen. Nach Belieben gebe man noch Zucker hinzu und richte die Suppe über gebähte Schnitten an.

52. Falsche Chokoladen-Suppe.

Man röstet in einem neuen Topf einige Löffel voll Mehl schön gelb, ohne Butter, schüttet Milch daran, etwas Zucker und gestoßenen Zimmet und läßt solches eine Zeit lang kochen. Dann richtet man sie über geröstete Schnitten mit Eigelb an.

53. Mandel-Suppe.

Nimm ³/₄ Pfund fein gestoßene Mandeln und koche sie in einer Maß Milch auf. Unterdessen mache mit Butter ein gutes Einbrenn, fülle es mit dieser Milch auf, sammt Zimmet und Zucker, bis es süß genug ist, dann lasse es durch's Haarsieb laufen und richte die Suppe über gebähte Schnittchen an.

54. Mehl-Suppe.

Nimm eine halbe Maß abgekochte Milch, zu dieser einige Löffel voll feines Mehl mit einem Eigelb angerührt und mit der Milch dünn verrührt und thue Zucker und

Zimmet nach Belieben daran. Ist dieses unter beständigem
Rühren aufgekocht, wird die Suppe über Brod-Schnittchen
angerichtet.

55. Hafergrütz-Suppe.

Röste ein Stück fein gewiegte Zwiebel in Schmalz
oder Butter weich, thue ein paar Hände voll Hafergrütze
dazu, röste sie hellgelb, fülle sie mit Fleischbrühe auf und
laße sie gut schleimig kochen. Nach Belieben kann diese
Suppe auch mit Eigelb legirt werden, will man aber nur
den Schleim davon haben, läßt man Alles durch das
Haarsieb laufen.

56. Bier-Suppe.

Man thut in eine Maß Bier etwas Zucker, Zimmet
und Citronenschale und setzt es zum Feuer. In etwas
Milch zerrührt man einige Eier und etwas Mehl, quirlt
das Bier, wenn es zu kochen anfängt, damit ab und rich=
tet die Suppe über in Würfel geschnittenes Brod an.
Statt der Milch kann man auch Wein nehmen.

57. Kirschen-Suppe.

Man nimmt saure Kirschen, macht aus einigen die
Steine, welche man im Mörser stößt und kocht sie mit den
Kirschen, Zwieback und etwas Citronenschale oder 2—3
Nelken in Wasser, bis sich das Kirschfleisch verkocht hat.
Dann rührt man es durch ein Sieb, und nachdem es wie=
der kocht, richtet man die Suppe mit Zucker, rothem Wein,
der nicht durchkochen darf, etwas Salz und Zimmet an.

58. Citronen-Suppe.

Man koche Weißbrod in Wasser ganz weich, rühre es
durch ein Haarsieb und lasse es wieder kochen, gebe Saft

und abgeriebene Schale einer Citrone, wenig Salz, Zucker
nach Belieben, etwas weißen Wein dazu und rühre die
Suppe mit 1—2 Eidotter ab.

59. Hagebutten-Suppe.

Die Hagebutten werden in Wasser mit etwas Weiß=
brod weich gekocht, durch ein Sieb gerührt, wieder zum
Kochen gebracht, Zucker und Zimmet, abgeriebene Citronen=
schale und Wein dazu gegeben.

60. Kloster-Suppe mit Wein.

Für 4—5 Personen stößt man ¼ Pfund Reis in
einem Mörser, siebt ihn durch, rührt ihn mit ¼ Maß
Wasser an, setzt ihn auf Kohlen, rührt fleißig, daß er nicht
klößig wird, thut, wenn er eine Weile gekocht hat, ¼
Maß weißen Wein, die Schale einer halben, abgeriebenen
Citrone nebst Zucker dazu. Ist der Reis zu dick gekocht,
so wird mit Wein nachgeschüttet. Vor dem Anrichten ver=
rührt man sechs Eigelb stark mit kaltem Wein, gießt die
gekochte Suppe langsam daran, richtet sie an und streut
etwas gestoßenen Zimmet darüber.

61. Blumenkohl-Suppe.

Der Blumenkohl wird zuvor sauber geputzt und in
Wasser aufgekocht, solches abgegossen und mit Fleischbrühe
einigen Petersilienwurzeln und gelben Rüben dazu ge=
dämpft. Wenn er weich wird, streut man einen Löffel
voll Mehl darüber, schüttet es zum öftern um, gießt noch
so viel Fleischbrühe daran, als zur Suppe nöthig ist, und
läßt es so lange kochen, bis der Blumenkohl weich ist.
Beim Anrichten verrührt man 2—3 Eigelb mit etwas von
dieser Brühe und bei dem Einschütten der Suppe thut
man vorher in Würfel geschnittene und in Butter geröstete
Weißbrodstückchen daran.

62. Zwetschen-Suppe.

Nachdem von den Zwetschen die Kerne ausgelöst sind, läßt man sie in Wein und Wasser zu gleichen Theilen mit einem Stück ganzen Zimmet kochen, treibt sie durch, läßt dann das Durchgetriebene mit geschnittenen Citronen= schalen und etwas Zucker wieder aufkochen und richtet es über gebähtes Weißbrod an.

63. Rindfleisch-Suppe.

Das Rindfleisch wird, nachdem es mehrmals gewaschen ist, in einem Topf mit Wasser und Salz zum Feuer ge= setzt, und wenn es kocht, abgeschäumt, Petersilie, Sellerie und etwas Bori daran gethan und gekocht bis das Fleisch weich ist; dann schneidet man Milchbrob in eine Schüssel, schüttet die kochende Fleischbrühe darüber und reibt etwas Muskatnuß daran; nach Belieben kann man auch einiges Eigelb daran nehmen.

64. Hühner-Suppe.

Man hackt das Fleisch einer alten Henne, und stößt die Beine sammt dem Fleisch und 12 geschälten Mandeln, sowie dem Gelben von zwei hart gesottenen Eiern in einem Mörser, thut alsdann das Gestoßene nebst einigen schön gelb gebähten Weckschnitten in einen Topf, gießt Hühner= brühe daran und läßt es mit Petersilien= und Sellerie= wurzeln eine Stunde lang kochen, treibt die Suppenbrühe durch einen Seiher, thut etwas frische Butter und Mus= katnuß daran, läßt es nochmals aufsieden und richtet es über gebähten Weck an; nach Belieben kann man auch Klößchen hinein thun.

65. Berg-Suppe.

Geriebenes schwarzes Brob läßt man mit so viel Butter, daß das Brod nicht zu trocken bleibt, mit etwas

Zucker, gestoßenem Zimmet und geriebener Citronenschale rösten, formirt es in der Schüssel zu einem Berg, und läßt es so erkalten. Unterdessen kocht man eine halbe Maß Wein mit eben so viel Wasser, als man zur Suppe nöthig hat. Mit Zucker und abgeriebener Citronenschale, Butter und Salz quirlt man das Gelbe von 4 Eiern und einen halben Löffel voll Mehl in etwas Wein und rührt vor dem Anrichten die Suppe damit ab; man schüttet dieselbe achtsam um den Berg herum und bestreut denselben mit Zucker und Zimmet.

Kalte Schalen.

66. Bier-Kalteschale.

$\frac{1}{2}$ Pfund auf Citronen abgeriebener Zucker wird in eine Terrine gethan, zugedeckt und $\frac{1}{4}$ Stunde stehen ge= lassen, alsdann kommen $\frac{1}{4}$ Pfund gewaschene Weinbeer und Rosinen, 6 Eßlöffel voll feines Weckmehl oder Zwie= back und etwas fein gestoßener Zimmet daran, der Saft der Citrone wird darauf gedrückt und eine Maß weißes Bier darüber geschüttet, kalt gestellt und servirt.

67. Wein-Kalteschale.

Diese wird zubereitet wie die Bier=Kalteschale, nur wird zu einer Maß Burgunder ein halber Schoppen Wasser genommen, man kann sie nach Belieben mit Zucker versüßen.

68. Heidelbeer-Kalteschale.

Man wäscht die Heidelbeeren rein ab, zerquetscht sie in einem Topfe, thut etwas geriebenes Schwarzbrod, einen

Theil Wasser und zwei Theile Wein, sowie Zucker und Zimmet dazu, und stellt sie an einen kühlen Ort.

69. Erdbeeren-Kalteschale.

Man wäscht die Erdbeeren, thut sie in eine Schüssel, gießt halb Wein und halb Wasser, welches man mit Zucker, worauf eine Citrone abgerieben, versüßt, darüber und stellt sie einige Zeit an einen kühlen Ort. Beim Anrichten gibt man gewöhnlich auf einen Teller noch besonders geriebenes Brod oder Zwieback, um nach Belieben davon zusetzen zu können.

70. Kirsch-Kalteschale.

Aus einem Teller voll saurer Kirschen werden die Steine gemacht und in ohngefähr einer Maß Wasser mit einem halben Eßlöffel voll gestoßener Kirschkerne sowie einigen Nelken eine viertel Stunde gekocht, durch ein feines Sieb getrieben, $^1/_3$ rother Wein, gehörig Zucker und Zimmet dazu gegeben, Zwieback dabei gereicht.

71. Himbeer-Kalteschale.

Nachdem die Himbeeren abgestielt sind, werden sie in einem Topfe zerquetscht, man drückt sie alsdann durch ein Tuch, gießt die Hälfte Wein sowie den Saft von einer Citrone hinzu, läßt Alles durch einen feinen Seiher laufen, versüßt es, und servirt es mit Mandelbröbchen.

72. Milch-Kalteschale.

Eine Maß Milch wird mit auf Citronen abgeriebenem Zucker sowie gestoßenen süßen und 2 bis 3 bitteren Mandeln gekocht, dann mit 2 bis 3 Eiergelb abgerührt und in die Terrine gegossen; nun belegt man sie mit dem von dem Eiweiß mit Zucker geschlagenen und in Milch gesot-

tenen Schnee und setzt sie an einen kühlen Ort. Man servirt sie gewöhnlich mit Oblaten, Zucker und Zimmet.

73. Aepfel-Kalteschale.

Borsdorfer oder andere gute Aepfel werden, nachdem
sie geschält sind, in Viertel geschnitten und nebst Citronenschale in Wasser weich gekocht; treibe sie dann durch den
Seiher, thue Wein und Wasser, kleine Rosinen, sowie abgezogene, fein geschnittene Mandeln hinzu, lasse sie erkalten
und bestreue sie mit Zucker und Zimmet.

74. Eierschaum-Kalteschale.

In eine Maß Milch gibt man 8 Loth an einer Citrone abgeriebenen Zucker, 2 Eßlöffel voll Pomeranzenwasser und ein Lorbeerblatt. Nachdem die Milch einige
Mal aufgekocht hat, werden 6 Eiweiß zu festem Schnee geschlagen, Klößchen davon abgestochen, in die Milch gelegt
und einige Mal aufgekocht, mit dem Schaumlöffel umgewendet und auf dieser Seite auch gekocht, alsdann behutsam herausgenommen und in die Terrine gelegt. Nun
werden die 6 Eigelb mit einem Schoppen Rahm, 4 Loth
gestoßenen Zucker, 2 Eßlöffel voll Pomeranzenwasser und
8 Stück grob gestoßenen Makronen verklopft und in die
kochende Milch gerührt, diese sogleich vom Feuer genommen, über den Eierschnee angerichtet, und an einen kühlen
Ort zum Erkalten gestellt.

75. Aprikosen-Kalteschale.

Es wird die Haut der Aprikosen abgezogen, die Steine
herausgemacht und erstere mit einigen Aprikosenkernen,
Zimmet und viel Zucker in Wasser nicht zu weich gekocht.
Nun wird die Hälfte der Aprikosen in eine Terrine gelegt, die übrigen mit der Brühe durch ein Haarsieb gerührt,

eben so viel weißer Wein hinzugegeben, und dieses mit Zucker versüßt auf die Aprikosen geschüttet. Man gibt Bisquit oder Zwieback dazu.

~~~~~~~~

Eingelegtes zu Suppen.

76. Reisklößchen.

Man dämpft 4 Loth Reis in guter Fleischbrühe weich, ist er abgekühlt kommt ein Ei und etwas geriebener Käse hinein, macht kleine Klößchen, wickelt sie in Ei und Weck= mehl, und backt sie in heißem Schmalz schön gelb.

77. Mandelklößchen.

Zwei gestrige abgeriebene Mundbrode werden in halb Wasser und halb Milch eingeweicht. Dann stoße 6 Loth abgeschälte Mandeln mit etwas Wasser fein, ist das Brod ein wenig geweicht, drücke es aus, rühre dieses nebst Man= deln, 4 Eiern, 4 Loth abgerührte Butter, 2 Löffel voll gestoßenen Zucker, Zimmet und fein gehackte Citronenschale gut durch einander. Aus dieser Masse forme runde Klöß= chen, backe sie in heißem Schmalz, und gib sie in eine Wein= oder Obstsuppe.

78. Reisklößchen mit Mandeln.

Ein Pfund Reis wird gebrüht, eine Stunde hinge= stellt und abgeschüttet, so viel kochende Milch aufgegossen, daß solche darüber geht; so läßt man ihn weich und dick einkochen, rührt hierauf 2 ganze Eier und 2 Eigelb nebst

2 Löffel voll zerlassener Butter hinzu, und läßt ihn erkalten. Nun werden ¼ Pfund abgezogene, mit einem Ei
gestoßene Mandeln, eine halbe Citrone auf Zucker abgerieben, und ein wenig Salz mit dem Reis gut verrührt.
Mache kleine runde Klößchen daraus, wickle sie in Weckmehl und backe sie in Schmalz gelb, dann gib dieselben
in Wein- oder Obstsuppe.

79. Gebackene Leberschnitten.

Ein Pfund gute Kalbsleber wird abgehäutelt, geschabt
und fein gehackt, hierauf in 6 Loth Butter und 2 Löffel
voll fein gehackte Zwiebel auf starkem Feuer geröstet, bis
kein Saft mehr daran ist. Ist sie erkaltet, wird sie im
Mörser gestoßen und durch ein Haarsieb getrieben. Dann
kommen 5 Eier, 2 Löffel voll Mehl, etwas Salz und
Muskatnuß hinzu, dies wird gut verrührt in eine mit
Butter bestrichene Form gefüllt, und im Ofen schön gelb
gebacken. Ist dieses mit dem Löffel ausgestochen oder in
eckige Stückchen geschnitten, richtet man es in kochender
Fleischbrühe sogleich an.

80. Hirn-Klößchen.

Man wiegt das Hirn fein, rührt ein Stück Butter ab,
schlägt einige Eier hinein, gibt das Hirn, Salz, Petersilie,
Muskatnuß, Citronenschale und Semmelmehl hinzu.

81. Hirn-Klößchen anderer Art.

Man heutelt ein Kalbshirn im lauwarmen Wasser
ab; weicht 2 abgeriebene Mundbrob in halb Milch und
halb Wasser. Ist das Wasser von dem Hirn abgelaufen,
röstet man es leicht in 6 Loth Butter, gibt die fest ausgedrückten Mundbrobe hinzu, und läßt es abtrocknen, thut
Alles in eine Schüssel, und verrührt es mit 4 Eiern,
Salz, Muskatnuß und fein gehackte Petersilie; legt die

Klößchen in kochende Fleischbrühe, und läßt sie einige Minuten kochen.

82. Butter-Klößchen.

In ¼ Pfund leicht abgerührte Butter werden nach und nach 5 Eier, Salz, 12 Loth Mehl, Muskatnuß und feiner Schnittlauch gerührt. Hierauf probirt man einige Klößchen, ob sie gut sind, läßt das Ganze eine Stunde stehen, taucht einen blechernen Löffel ein, sticht Klöße ab, und kocht sie in siebender Fleischbrühe eine halbe Viertel= stunde. Auch kann man solche in durchgetriebene Erbsen= suppe geben.

83. Gries-Klößchen.

In ¼ Maß kochender Milch gibt man 5 Loth Butter, einen kleinen Theelöffel voll Zucker, ein wenig Salz und 6 Löffel voll Gries, rührt dieses so lange auf dem Feuer, bis es sich von der Pfanne löst, läßt es erkalten, und ver= rührt dasselbe mit 5 Eiern, läßt das Ganze ½ Stunde stehen, und kocht die Klößchen eine Viertelstunde in sieden= der Fleischbrühe. Man kann die Hälfte auch in Schmalz backen, und die Suppe beim Anrichten mit feinen Schnitt= lauch bestreuen.

84. Gries-Klößchen anderer Art.

Man rührt ein Stück Butter mit 3 Eiern gut ab, gibt ein wenig Salz und so viel Gries hinein, daß der Teig nicht zu fest wird, läßt ihn einige Zeit stehen, sticht Klößchen ab und kocht sie in siebender Fleischbrühe ¼ Stunde.

85. Mark-Klößchen.

Drei frische Mundbrode werden abgerieben oder abge= schält, und in ganz kleine Würfel geschnitten oder gehackt;

zugleich wird von einem viertel Pfund Ochsenmark die eine Hälfte fein gehackt zum Brod gegeben, die andere Hälfte zerlassen und durch einen Schaumlöffel über dasselbe gegossen. Alles dieses verrührt man mit 6 Eiern, etwas Salz und Muskatnuß, läßt es eine Stunde stehen, formt Klößchen, legt sie in kochende Fleischbrühe und läßt sie kaum eine halbe Stunde kochen, hebt sie mit dem Schaumlöffel heraus und richtet die Fleischbrühe darüber an.

86. Gebackene Mark-Klößchen.

Diese werden wie die vorhergehenden gemacht, in heißem Schmalz schön gelb gebacken, und in der Fleischbrühe noch eine halbe Stunde gekocht.

87. Hühnerfleisch-Klößchen.

Hierzu nehme man eine gewaschene, rein geputzte Henne, schneide die Brust der Länge nach von den Knochen, befreie sie von der Haut, und löse alles Fleisch vom Gerippe. Dieses klopfe und hacke recht fein und stoße es im Mörser mit 2 Eiern und 2 Loth Butter. Alsdann weiche 2 abgeschälte Mundbrode in Milch, drücke sie aus, und dämpfe sie in 4 Loth Butter ab, gib 2 Eier, 2 Löffel voll Milch, Salz und Muskatnuß hinzu; rühre dieses mit dem Hühnerfleisch ab, lege kleine Klößchen davon in die kochende Fleischbrühe; sobald diese in die Höhe kommen, sind sie fertig.

88. Leber-Klößchen.

½ Pfund Kalbsleber wird fein gehackt und durch's Haarsieb getrieben, damit das Häutige zurückbleibt; nun rührt man 4 Loth Butter ab, schlägt 3 Eier hinein, gibt die Leber, etwas fein gehackte Citronenschale, Petersilie, Salz, Muskatnuß und Semmelmehl hinzu; letzteres läßt sich nicht bestimmen, da dasselbe immer noch anzieht, wenn es einige Zeit steht.

89. Gebackene Klößchen.

Man hackt gebratenes Fleisch recht fein, nebst etwas eingeweichte fest ausgedrückte Mundbrod. Man dämpft fein geschnittene Zwiebel in ein Stück Butter weich, gibt das Gehackte, feine Citronenschale, Petersilie, Salz, Mus= katnuß und einige Eier hinzu, ballt Klößchen, backt sie in Schmalz gelb und richtet eine gute Jussuppe darüber an.

90. Abgerührtes Butterbisquit in die Suppe.

Es werden 4 Loth Butter abgerührt, 2 Eidotter da= ran geschlagen und gut gerührt, 4 Loth Mehl, ein wenig süßer Rahm, Salz und das Eiweiß zu Schnee geschlagen, darunter gemengt, in einem Auflauf Förmchen gebacken, in Schnittchen geschnitten, und zu verschiedenen Suppen verwendet.

91. Kartoffel-Klöße.

Ein Ei groß Butter wird recht gerührt, 2 Eidotter, 1 Untertasse voll Semmelmehl, ebensoviel gekochte und ge= riebene Kartoffeln, Citronenschale, Muskatnuß und Salz dazu gerührt, und zuletzt der steife Eierschnee darunter ge= mischt. Man rollt kleine Klößchen davon, und läßt sie 10 Minuten in der Suppe kochen.

92. Schwamm-Klößchen.

2 Eiweiß gibt man in eine Obertasse, füllt den übri= gen Raum mit Milch, schüttet dieses in einen Tiegel, nebst 1 Obertasse Mehl und ein Stückchen Butter, rührt solches über dem Feuer, bis es sich vom Tiegel ablöst, und nach= dem es nicht mehr heiß ist, gibt man 2 Eidotter und Muskatnuß hinzu, sticht mit dem Löffel kleine Klöße davon in die kochende Suppe und läßt sie zugedeckt 10 Minuten kochen.

93. Weck-Klößchen.

Man rührt ein Stück Butter tüchtig ab, gibt 2 Eier und Muskatnuß hinzu, und unter beständigem Rühren das Semmelmehl. Die Masse muß sehr weich sein, sonst werden die Klöße fest.

94. Loth-Klöße.

2 Loth Wasser, 2 Loth Mehl, 2 Loth Butter werden unter einander gemischt, über's Feuer gerührt, bis es recht trocken ist, etwas abgekühlt 2 Eidotter, 1 Eiweiß und Muskatnuß dazu gegeben. Von dieser Masse werden mit einem Kaffeelöffel kleine Klößchen in die kochende Fleisch=brühe gegeben, und 10 Minuten gekocht.

95. Klöße von Eiweißschaum.

Man schlägt Eiweiß mit Zucker zu steifen Schnee sticht mit dem Löffel Klöße ab, legt sie auf die kochend heiß angerichtete Suppe, bestreut sie stark mit Zucker und Zimmet, und deckt sie schnell zu. Man gibt sie zu Wein=, Bier= und Milchsuppen.

96. Klöße von übrigem gebratenen oder gekochten Fleisch.

Man hackt übrig gebliebenes Fleisch recht fein, rührt dann eingeweichtes und ausgedrücktes Weißbrod mit einem Stück Butter über's Feuer ein wenig gelblich, vermischt es mit dem Fleisch, Salz und Muskatnuß, rollt kleine Klöße davon und kocht sie einige Minuten in der Suppe.

97. Fisch-Klößchen.

Die übrig gebliebenen Fische, gebackene oder blauge=sottene, werden fein gehackt, und ein Mundbrod in Milch eingeweicht, fest ausgedrückt; ein Stück Zwiebel in Butter

gebämpft, die Maſſe hinzugegeben, und ein wenig mitge=
röſtet, dann Salz, Muskatnuß, fein gehackte Peterſilie,
Citronenſchale und einige Eier hineingethan. Sollten die
Klößchen nicht halten, gibt man noch ein wenig Weckmehl
hinzu.

98. Eierkäſe in die Suppe.

2 Eier und 4 Löffel voll guter ſaurer Rahm werden
unter einander gerührt, in eine mit Butter beſtrichene Form
gefüllt, in Waſſer ausgekocht und mit dem Löffel Klößchen
davon in die angerichtete Suppe gethan.

Gemüſe.

99. Blauer Kohl (Kraut).

Nachdem das Kraut geſchnitten iſt, wie zum Salat,
ſetzt man es mit einigen Löffeln voll heißer Fleiſchbrühe
und Salz zum Feuer, läßt es eine Zeit lang unter öfterem
Umrühren zugedeckt dämpfen. Fängt es an weich zu
werden, begießt man es mit heißem Schmalz, oder Jus=
oder Bratenfett; iſt es beinahe fertig, gibt man rothen
Wein oder Eſſig hinzu und ſtäubt ein paar Meſſerſpitzen
voll Mehl daran, damit es ſchön gebunden bleibt und
keine Brühe hat.

100. Spargel.

Nachdem die Spargel geputzt und in Büſcheln ge=
bunden ſind, werden ſie in kochendem, geſalzenen Waſſer

weich gekocht, aber erſt eine halbe Stunde vor dem An=
richten, damit ſie recht ſchön grün bleiben. Unterdeſſen
werden zwei Löffel voll Mehl mit etwas friſchem Waſſer
glatt angerührt, 3 Eidotter, ein Stück friſche Butter, ein
wenig Salz und Fleiſchbrühe hinzugethan, auf's Feuer
geſtellt und bis zum Dickwerden fortwährend gerührt, nur
nicht mehr kochen laſſen. Die Spargel werden auf einer
Platte ſchön angerichtet und die Sauce darüber gegoſſen;
auch kann man dieſelbe extra dazu geben.

101. Spargel anderer Art.

Die Spargel werden abgekocht wie die vorhergehen=
den und beim Anrichten mit Butter aufgeſchmelzt; in der
Butter kann man auch etwas fein gehackte Peterſilie röſten.

102. Blumenkohl.

Der Blumenkohl wird geputzt, und eine halbe Stunde
vor dem Anrichten ſo ſchnell abgekocht, wie die Spargel,
ſchön auf eine Platte gelegt, daß er wie ein Blumenkohl=
Buſch ausſieht. Die Sauce, welche eben ſo gemacht iſt,
wie bei dem Spargel, nnd nach Belieben noch etwas Ci=
tronenſaft hinzu gethan, wird darüber gegoſſen. Dieſelbe
muß recht fein gerührt ſein, und ſich anhängen, damit ſie
den Blumenkohl bedeckt.

103. Blumenkohl anderer Art.

Der Blumenkohl wird wie der Vorhergehende abge=
kocht, auf einer Platte, welche die Hitze vertragen kann,
angerichtet, mit zerlaſſener Butter begoſſen, mit Parme=
ſankäſe beſtreut und in der Röhre ſchön gelb anziehen
laſſen.

104. Wachsbohnen.

Die Bohnen werden geputzt und in kleine 4 eckige

Stückchen geſchnitten, in kochendem Waſſer abgebrüht und in Butter mit etwas feingehackter Peterſilie und ein paar Löffel voll ſaurem Rahm weich gebämpft, dann ein Löffel voll Mehl und etwas Fleiſchbrühe hinzu gegeben, und noch ein wenig gebämpft, bis eine ganz kurze Sauce baran iſt.

105. Gebämpfte Bohnen.

Die Bohnen werden fein geſchnitzt und mit ſiedendem Waſſer abgebrüht. Dann läßt man in Schmalz oder Butter fein gehackte Zwiebel und Peterſilie ein wenig bämpfen, gibt die Bohnen mit Salz hinein, wendet ſie von Zeit zu Zeit um, und gibt öfter einen Löffel voll Fleiſchbrühe hinzu. So läßt man ſie zugedeckt weich bämpfen, thut ein paar Meſſerſpitzen voll Mehl einſtäuben, gibt noch einige Löffel voll Fleiſchbrühe oder Jus hinein nebſt Pfeffer und Muskatnuß. Sind ſie fertig, bürfen ſie keine dünne Sauce haben, und müſſen kräftig ſein.

106. Aufgeſchmelzte Bohnen.

Die Bohnen werden fein geſchnitzt, abgebrüht und in einer halben Stunde in kochendem Salzwaſſer ſchnell weich gekocht; damit ſie ſchön grün bleiben, koche man ſie erſt eine halbe Stunde vor dem Anrichten, gieße ſie ab und ſchmelze ſie mit heißem Schmalz auf, oder gebe eine Butter= ſauce bazu.

107. Champignons.

Von den Stielen, welche ſich übrigens nur bei den größeren befinden, wird das äußere Häutchen abgezogen, die Champignons in friſches, mit etwas Eſſig gemiſchtes Waſſer gelegt, damit ſie weiß bleiben und ſo gereinigt. Man bämpfe bavon 2 Teller voll in 6 Loth Butter, etwas

Salz und Muskatnuß weich, indem man inzwischen etwas Fleischbrühe nachgießt; in einer halben Stunde sind sie fertig, wo man sie dann mit Frikassee-Sauce begießt. Auch können die Champignons, wenn sie gedämpft sind, in jedes feine Eingemachte gelegt werden.

108. Gedämpfte Erbkohlraben.

Man läßt heißes Schmalz mit einigen Löffeln voll Zucker gelb anziehen, gibt die in Würfel geschnittenen Kohlraben, welche mit kochendem Wasser abgebrüht sind, nebst Salz hinein, deckt sie zu, wendet sie öfters um, und haben sie keine Brühe mehr, wird ein wenig Fleischbrühe hinzugegossen. Sind sie weich, kommt etwas Mehl sowie Fleischbrühe daran, und läßt man sie noch eine Weile dämpfen.

109. Kartoffelbrei.

Die Kartoffeln werden geschält, geschnitten und in Salzwasser weich gekocht, sogleich abgegossen, damit sie nicht so viel Wasser einsaugen, heiß durch's Haarsieb gestrichen und mit einem Stück Butter, Milch oder Rahm angerührt, bis sie die gehörige Dicke haben. Man rührt den Brei bis zum Anrichten fort, ohne ihn nochmals kochen zu lassen, wodurch er recht fein und gut wird. Hierzu können alle Braten und Cottelets gegeben werden.

110. Eingesetztes Kartoffel-Gemüse.

Die Kartoffeln werden gekocht, geschält und in Scheiben geschnitten, in eine mit Butter bestrichene Form eine Lage davon gegeben, hierauf etwas gehackter Schinken, gehackte hartgekochte Eier, geschnittene Bratwurst und saurer Rahm gethan und darüber wieder Kartoffeln, welche alle Mal mit ein wenig Salz und ein paar Löffel voll Buttersauce, die zuvor gemacht worden ist, begossen werden. So fahre fort bis die Form voll ist, und decke Alles mit Kartoffeln, worüber nochmals Buttersauce und saurer Rahm gegossen wird, zu. Stelle es in die Röhre, lasse es aufziehen, und gebe es alsdann mit der Form auf den Tisch.

111. Sauere Kartoffeln.

Die Kartoffeln werden abgekocht, geschält und geschnitten, fein gewürfelter Speck langsam ausgebraten, oder Schmalz genommen, reichlich fein geschnittene Zwiebel und Mehl darin dunkelgelb geröstet, mit Fleischbrühe angerührt, etwas Majoran, Salz, Pfeffer und die Kartoffeln hineingegeben, und Alles aufgekocht.

112. Gebratene Kartoffeln.

Schäle rohe Kartoffeln und schneide sie in Würfel oder nehme kleine, gleich große dazu. Lasse in einer Pfanne Butter oder Schmalz heiß werden, gib die Kartoffeln nebst Salz und etwas Fleischbrühe oder Wasser dazu, decke sie zu und lasse sie auf schwachem Feuer gelb werden; hierauf wende sie um und lasse sie zugedeckt vollends gelb und weich dämpfen.

113. Kartoffeln mit Petersilie.

Nachdem die Kartoffeln geschält und in Stücke zerschnitten sind, werden sie in Salzwasser abgekocht, sodann läßt man Butter braun werden, thut, wenn sie gehörig heiß ist, kleingehackte Petersilie hinein, etwas Fleischbrühe dazu und richtet die Kartoffeln damit an.

114. Kartoffeln mit Petersilie anderer Art.

Die Kartoffeln werden geschält und in Stücke geschnitten. Eine klein geschnittene Zwiebel läßt man in Fett dämpfen, thut einen halben Löffel voll Mehl hinzu, verdünnt es mit guter Fleischbrühe, thut Salz und Pfeffer daran und läßt die Kartoffeln darin gar kochen. Man thut dann noch klein gehackte Petersilie oder Majoran dazu.

115. Kartoffeln mit einer Buttersauce.

Dieselben werden geschält, in 4 Stücke geschnitten und in Salzwasser gekocht; sie dürfen aber nicht verkochen und der Schaum, welchen sie bekommen, wird abgeschöpft. Wenn sie weich sind, wird das Wasser abgeschüttet; dann dämpft man einen Löffel voll Mehl in Butter, thut feingehackte Petersilie daran, rührt dieses mit Fleischbrühe an, gibt die Kartoffeln nebst etwas Muskatnuß hinein, und läßt sie langsam kochen. Man darf sie nicht viel rühren, sondern rüttelt den Tiegel, salzt das Gemüse gehörig, und gibt nach Belieben beim Anrichten 2 Eidotter daran.

116. Salzkartoffeln.

Die Kartoffeln werden geschält, in vier Stücke zerschnitten, gewaschen und in Salzwasser abgekocht. Wenn sie gar sind, werden sie auf eine Schüssel gethan, etwas Fleischbrühe darüber gegossen, und klein geschnittene und in Butter geröstete Zwiebeln darüber geschüttet. Beim Kochen der Kartoffeln nimmt man so wenig Wasser als nur immer möglich.

117. Kartoffeln mit Buttermilch.

Die Kartoffeln werden mit Salz recht weich gekocht, alsdann das Wasser davon abgegossen, reichlich Buttermilch hinzugeschüttet und die Kartoffeln mit fein gewürfeltem, gelbgebratenem Speck noch eine Weile bei öfterem Umrühren gekocht. In Zeiten, wo diese nicht breiig kochen, kann etwas Mehl mit Buttermilch angerührt hinzugefügt werden.

118. Endivien-Gemüse.

Der Endiviensalat wird rein geputzt, gewaschen, weich blanchirt, ausgedrückt, und nicht zu fein gehackt, ein weißes Einbrenn gemacht, das Gemüse ein wenig damit geröstet, mit Fleischbrühe und saurem Rahm aufgefüllt und aufgekocht. Ebenso wird der Kopfsalat bereitet.

119. Kohlraben.

Die Kohlraben schmecken am besten, wenn sie noch jung sind, werden sie älter, so sind sie holzig und unschmackhaft. Will man die Kohlraben als Gemüse bereiten, schält man sie rein und schneidet sie in dünne Scheiben, nimmt das Herz von dem Grünen, schneidet es wie Nudeln, und wäscht jedes allein. Wenn das Wasser abgegossen ist, streut man unter die Scheiben etwas Salz, schwenkt sie unter einander, und läßt sie kurze Zeit so stehen; hiedurch verlieren sie den grasartigen, unangenehmen Geschmack. Man brüht dann das Grüne ab, und kocht jedes allein in Salzwasser weich. Hierauf nimmt man 1 Stück Butter, röstet darin Mehl ein wenig und rührt dieses mit Fleischbrühe an, läßt die Kohlraben sowie das Grüne darin aufkochen, und reibt beim Anrichten Muskatnuß daran.

120. Kohlraben gefüllt.

Diese werden geschält, oben ein Deckel abgeschnitten, ausgehöhlt, und in Salzwasser weich gekocht, mit einer guten Fleisch-Farce gefüllt, der Deckel darauf gedeckt, in einen Tiegel gesetzt, und in Butter oder Jusfett mit ein wenig Fleischbrühe gedämpft. Unterdessen mache eine gute Buttersauce, gib etwas Rahm hinein, stelle die Kohlraben auf die Schüssel und gieße die Sauce darüber, daß sie bis zur Hälfte damit bedeckt sind.

121. Roſenkohl.

Nachdem der Roſenkohl rein geputzt und gewaſchen
iſt, wird er in kochendem Waſſer blanchirt, damit er ſchön
grün bleibt und in Salzwaſſer nicht zu weich gekocht.
Mache mit einem Stück Butter und einem Löffel voll
Mehl ein weißes Einbrenn, röſte den Roſenkohl noch ein
wenig damit, wende ihn vorſichtig um, daß die Röschen
nicht zerſtoßen werden, gib Fleiſchbrühe, ſauren Rahm,
Salz und Muskatnuß hinzu und laſſe ihn aufkochen.

122. Roſenkohl anderer Art.

Wird wie der vorhergehende blanchirt, dann dämpft
man ihn in Butter, gibt nach und nach etwas Jus daran
und ſtäubt einige Meſſerſpitzen voll Mehl hinein, läßt ihn
kochen und gibt nach Belieben noch einen Löffel voll ſauren
Rahm dazu.

123. Römiſcher Kohl.

Das Grüne wird von den Stengeln abgeſtreift, die
Faſern ſo viel wie möglich davon abgezogen, in finger=
lange ſchmale Stückchen geſchnitten und in gut geſalzenem
Waſſer abgekocht. Hierauf läßt man Mehl in Butter
dämpfen, gießt gute Fleiſchbrühe daran, gibt Muskatnuß
dazu und läßt die Stengeln darin aufkochen. Beim An=
richten thut man einige Löffel voll ſauren Rahm hinein.

124. Römiſcher Kohl anderer Art.

Man nimmt die Stengel und Blätter, zieht die Fa=
ſern davon, ſchneidet die Stengel einige Male durch, und
hackt Stengel und Blätter fein, brüht es mit geſalzenem
Waſſer ab, ſchüttet es in einen Seiher und kaltes Waſſer
darüber, drückt es feſt aus, und verfährt auf obige Weiſe
damit.

125. Winterkohl mit Kaſtanien.

Wenn der Kohl rein geputzt und gewaſchen, wird er gebrüht und in kochendem Waſſer weich gekocht, mit friſchem Waſſer abgeſchwenkt, feſt ausgedrückt und fein gehackt. Es wird eine Einbrenn gemacht, feine Zwiebel hinein geröſtet, der Kohl hinzugegeben und noch mitge= röſtet, mit Fleiſchbrühe aufgefüllt und mit Salz und etwas Muskatnuß glatt verrührt. — Die Kaſtanien werden unterdeſſen gekocht oder gebraten, abgeſchält, in Schmalz und etwas Zucker gelb geröſtet, einige Löffel voll Jus daran gegeben und gedämpft, damit ſie ſaftig und glänzend werden. Beim Anrichten wird das Gemüſe damit garnirt.

126. Gefülltes Kraut.

Es wird eine Farce gemacht von einem Haupt Kraut, dasſelbe fein gehackt, mit einer fein geſchnittenen Zwiebel in Butter weich gedämpft; fein gehackter Kalbs= oder Schweinebraten und ein eingeweichtes, ausgedrücktes Mund= brod wird ebenfalls gut gedämpft, das Kraut dazu ge= geben nebſt Salz, Muskatnuß, Pfeffer, 2 Löffel voll ſauren Rahm und zuletzt zwei Eier. Unterdeſſen werden Kraut= blätter nicht zu weich blanchirt, die Farce in die Blätter zu kleinen Häuptchen eingewickelt, in Speck eingebunden und gedämpft. Beim Anrichten bindet man ſie auf und gibt folgende Rahmſauce darüber: 2 Kochlöffel voll Mehl werden mit ein wenig friſchem Waſſer glatt angerührt, 3 Eidotter daran geſchlagen, ein Stück Butter, etwas Fleiſchbrühe und ein Löffel voll ſaurer Rahm dazu ge= geben, und auf dem Feuer ſo lange gerührt, bis ſie dick iſt.

127. Eingeſetztes Hechtkraut.

Das Sauerkraut wird mit Fett weich gedämpft, dann in eine Form eine Lage Sauerkraut, hierauf eine Lage

ausgegräteter Hecht, oder wenn man übrig gebliebenen
Karpfen hat, und ein paar Löffel voll saurer Rahm darauf
gegeben, dann wieder Kraut und so fort bis die Form
voll ist, zuletzt kommt Kraut, saurer Rahm und Weckmehl
darauf, es wird in die Röhre gestellt und gebacken, als=
dann mit der Form auf den Tisch gegeben.

128. Gedämpftes Kraut.

Man entferne die äußern Blätter nebst den stärksten
Rippen, und schneide das Kraut fein und möglichst lang.
Hierauf wird es gebrüht, in Schmalz mit fein geschnittener
Zwiebel gedämpft und unter öfterem Umwenden Fleisch=
brühe nachgegossen und etwas Kümmel daran gegeben.
Ist es weich, gebe man etwas Mehl sowie Essig hinzu
und lasse es hernach aufkochen. Es darf keine Sauce haben.

129. Sauerkraut.

Man bringe das Sauerkraut mit Wasser oder Fleisch=
brühe zum Feuer und lasse es kochen, gebe hierauf ein Stück
Schweinefleisch hinein, rühre es öfter um, und lasse es
einkochen; nach Belieben kann man auch etwas in Butter
geröstetes Mehl und Wein daran geben. Das Kraut
muß frühe auf das Feuer gestellt werden, da es lange
zum Weichwerden braucht. Sollte es zu sauer sein, gieße
man etwas heißes Wasser darauf und drücke es aus, ge=
wässert aber darf es nicht werden.

130. Sauerkraut mit Kartoffelbrei.

Es werden einige Löffel voll Schmalz in einen Topf
gethan, das Sauerkraut und so viel Wasser= oder Fleisch=
brühe daran gegeben, daß dasselbe darüber geht. Dann
wird es weich gekocht und nach Belieben vor dem An=
richten geröstetes Mehl daran gerührt.

Die Kartoffeln zum Brei werden geschält, in Stücke geschnitten, gewaschen und weich gekocht, hierauf verrührt man sie zu Brei, und wenn derselbe gesalzen und angerichtet ist, wird zerlassene braune Butter oder geschnittene Zwiebel in Schmalz geröstet darüber gegeben.

131. Weißes Kraut.

Hiezu werden alle nicht zu harten Blätter nebst den weichen Stielen benutzt, gewaschen, gehackt, in kochendem, gesalzenem Wasser weich gekocht und auf einen Seiher gegeben. Dann macht man von Butter und Mehl eine helle Einbrenn, rührt diese mit Fleischbrühe an, gibt das Kraut nebst etwas Kümmel hinein und läßt es kochen.

132. Bayerisches Kraut.

Man nimmt dazu frisches Weißkraut, das wie Sauerkraut geschnitten und behandelt wird, nur muß man es gleich Anfangs mit etwas Essig oder weißem Wein begießen, und dann mit einer in Butter gelb gerösteten Zwiebel sowie dem nöthigen Salze zum Feuer bringen.

133. Linsen mit Reis und dürrem Fleisch oder Zunge.

Die Linsen werden weich gekocht, verrührt und durch ein Haarsieb getrieben, sollten sie nicht recht dick sein, werden sie eingebrennt, außerdem gibt man nur etwas Jusfett, Salz und Muskatnuß daran. — Der Reis wird mit einem Stück Butter und Fleischbrühe weich und dick gekocht. Beim Anrichten wird auf eine Schüssel eine Lage Reis gegeben, dann eine Lage abgekochtes fein geschnittenes Dürrfleisch oder Zunge und hierauf eine Lage Linsenmark, so wird fortgefahren, bis die Schüssel voll ist, das letzte muß Linsenmark sein; außen herum wird ein

Kranz von Reis gemacht, sowie in die Mitte ein Stern. Dieses sieht sehr hübsch aus und ist recht gut; als Beilage wird Schweinefleisch dazu gegeben.

134. Morcheln.

Nachdem die Morcheln, die kleinen sind die besten, ihres vielen Sandes wegen, mehrmals gewaschen sind, werden sie in 6 Loth Butter, mit einem Löffel voll fein= geschnittener Petersilie, eben so viel Zwiebel, ein wenig Salz und Muskatnuß weich gedämpft, hernach mit einem Eßlöffel voll Mehl eingestäubt, mit einem Schöpflöffel voll Fleischbrühe aufgefüllt, und noch eine Viertelstunde gekocht. Vor dem Anrichten gibt man einen Löffel voll Braten= oder Kraftbrühe nebst dem Saft einer halben Citrone daran und nach Belieben 2 bis 3 mit Wasser verklopfte Eigelb. Man darf sie nicht viel salzen, indem sie sonst zu sauer werden. Beim Anrichten werden sie mit Cottelets belegt. — Bei Anwendung zum Ragout werden die Mor= cheln nur in Fleischbrühe abgekocht; sowie die getrockneten zuerst mit siedendem Wasser übergebrüht und einige Mi= nuten stehen gelassen; letztere gibt man nur in Ragout.

135. Aufgeschmelzte Nudeln.

Es werden schöne Nudeln gemacht, und nicht gar zu fein geschnitten, kurz vor dem Anrichten in kochendem Salzwasser abgekocht, abgeseiht, und mit heißem Schmalz worin Weckmehl geröstet, aufgeschmelzt.

136. Pflückerbsen mit gelben Rüben.

Man dämpft die Erbsen mit Butter, etwas Fleisch= brühe, Salz, Zucker und fein gehackter Petersilie weich, und stäubt zuletzt einige Messerspitzen voll Mehl hinein, mit dem man es noch ein wenig dämpfen läßt. Eben so bereitet man die gelben Rüben, nur brauchen sie länger bis sie weich sind und werden deshalb extra gedämpft. Beim Anrichten kommen die Erbsen in die Mitte der Schüssel und die gelben Rüben außen herum.

137. Zuckererbsen.

Von den Schoten werden die Fäden abgezogen, man wäscht sie und läßt in einem Topfe ein Stück Butter heiß werden, thut hierauf die Zuckererbsen nebst klein geschnittener Petersilie und Salz hinein und läßt sie so eine kleine Stunde dämpfen; dann wird Fleischbrühe daran gegossen, Weißbrodmehl oder geröstetes Mehl nebst ein wenig Muskatnuß dazu gethan und so lange gekocht, bis die Erbsen weich sind.

138. Reis mit gehacktem Schinken.

Der Reis wird abgebrüht, abgegossen, mit 1 Stück Butter und Fleischbrühe zum Feuer gestellt; man gebe nach und nach noch einige Löffel voll Fleischbrühe hinzu und lasse ihn langsam weich kochen, damit er ganz bleibt; kurz vor dem Anrichten menge man mit der Gabel gehackten Schinken darunter, daß der Reis nicht verstoßen wird, salze ihn und gebe nach Belieben geriebenen Parmesankäs darunter.

139. Gelbe Rüben mit Spargelköpfen.

Die gelben Rüben werden in Butter und Fleischbrühe weich gedämpft nebst ein wenig Zucker, Salz und fein gehackte Petersilie. Die Spargelköpfe kocht man in Salzwasser weich, gibt sie hinzu, stäubt Alles mit etwas Mehl ein, und läßt es mit ein paar Löffeln voll Fleischbrühe aufkochen. Das Gemüse muß gebunden sein, und darf keine helle Sauce haben.

140. Gerührte Eier mit Spargelköpfen.

Nimm 2 Büschel Spargel, putze sie rein, und schneide die Köpfchen ab, soweit sie zart sind, in der Größe einer

Haselnuß, siede sie in Salzwasser weich, gieße sie ab, und lasse sie abtrocknen. Unterdessen verrühre 6 Eier mit einem halben Schoppen Rahm und ein wenig Salz, gib die Spargel hinzu, lasse dieses in heißes Schmalz laufen und unter beständigem Umrühren dick werden, aber ja nicht hart.

141. Spinat.

Der Spinat wird rein gelesen, gewaschen und in kochendem Wasser mit etwas Salz weich gekocht, sodann in einen Seiher gethan, mit kaltem Wasser abgeschwenkt, fest ausgedrückt und ganz fein gehackt; hierauf röstet man eine Zwiebel mit Mehl in Fett, thut den Spinat dazu, läßt ihn durchrösten und verdünnt ihn mit Fleischbrühe.

142. Englischer Spinat.

Der Spinat wird abgekocht, mit frischem Wasser abgeschwenkt, fest ausgedrückt, fein gehackt und durch ein Haarsieb getrieben; dann gibt man ihn nebst etwas guter Jus und Fett in einen Tiegel, thut Salz und ein wenig Muskatnuß hinein und läßt ihn aufkochen; er darf nicht zu dick sein und kein Mehl dazu kommen; kurz vor dem Anrichten rührt man ein gutes Stück frische Butter hinein, daß er ganz fein und schaumig wird, läßt ihn aber nicht mehr kochen, damit sich das Fett nicht in die Höhe zieht.

143. Trüffeln mit Wein.

So viel wie möglich gleich große Trüffeln werden in lauwarmen Wasser sorgfältig mit einer Bürste gerieben und gewaschen, damit alles Sandige rein heraus kommt, in einem Kastroll mit einer halben Flasche starken rothen Wein begossen, mit 2 Loth in Scheiben geschnittenen rohen Schinken, einer Zwiebel, einem Stückchen Knoblauch, einem Lorbeerblatt und mit einer kleinen Hand voll zusammen=

gebundener Peterſilie belegt, auf ſchwachem Feuer gut zu=
gedeckt ſo lange gekocht, bis man ſie mit einem ſpitzigen
Hölzchen leicht durchſtechen kann, alsbann mit dem Schaum=
löffel herausgenommen, ſobald ſie abgelaufen ſind, noch
heiß auf einer mit einer zierlich gefalteten Serviette be=
deckten Platte zu Tiſch gegeben und der übrige Saft extra
ſervirt. Die Trüffeln werden auch öfter in Scheiben ge=
ſchnitten und ein Ragout damit belegt oder in Saucen
und zu Farce verwendet.

144. Hopfen.

Der Hopfen wird abgeſchnitten, ſauber geputzt, ge=
waſchen, in kochendem, geſalzenem Waſſer weich gekocht
und zum Ablaufen in einen Seiher gethan; hierauf läßt
man einen Löffel voll Mehl in Butter anziehen, gießt
Fleiſchbrühe daran, legt den Hopfen hinein und läßt ihn
ein wenig mitkochen; man kann auch etwas Muskatnuß
darauf ſtreuen.

145. Wirſing.

Die äußeren Blätter werden entfernt, dann ſchneidet
man den Kopf durch, nimmt den Herzſtengel und die
dicken Rippen aus den Blättern und ſchneidet das Uebrige
des Kopfes in halbe Hand große Stücke, hierauf werden
dieſe gewaſchen und in kochendem geſalzenem Waſſer weich
gekocht, auf einen Seiher kaltes Waſſer darüber geſchüttet
und ausgedrückt; zuletzt röſtet man etwas Mehl in Butter
ganz hell, gibt den Wirſing hinein, röſtet ihn noch ein
wenig mit, rührt ihn mit guter Fleiſchbrühe an und läßt
ihn aufkochen.

146. Gefüllter Wirſing.

Man macht eine Farce von halb Kalbfleiſch, halb
Schweinefleiſch, welches roh ganz fein gehackt, geſtoßen und

durch ein Haarfieb getrieben wird; hierzu werden einige
Eier, Salz, Pfeffer und Muskatnuß gerührt, diefes in die
blanchirten Wirfingblätter eingewickelt, in Speck eingebunden
und in Jusfett gedämpft; der Speck wird beim Anrichten
weggenommen und eine kräftige Jusfauce darüber gegeben,
auf diefe Weife wird auch der gefüllte Kopffalat bereitet.

147. Gehackter Wirfing in Melonen-Form.

Der Wirfing wird abgekocht, mit kaltem Waffer ab=
gefchwenkt, ausgebrückt und nicht fehr fein gehackt. Laffe
ein Stück Butter mit einem guten Löffel voll Mehl an=
ziehen, röfte ein Stück fein gefchnittene Zwiebel damit
weich, gib den Wirfing dazu und laffe ihn noch ein wenig
mit röften, fülle Alles mit guter Fleifchbrühe und einem
Löffel voll fauren Rahm auf, falze es, nimm Muskatnuß
dazu und laffe es aufkochen; beftreiche eine Melonenform
mit Butter, belege fie mit Streifen von gehacktem Schinken,
gib kurz vor dem Anrichten den Wirfing hinein und ftürze
es dann um.

148. Gelbe Rüben.

Man fchneidet die Rüben in feine Streifen, wäfcht
fie und läßt fie in Butter mit Fleifchbrühe und Salz
weich dämpfen, auch kann man eine halbe Stunde vorher
einige gefchnittene Kartoffeln mitkochen; ift Alles weich,
gibt man etwas Mehl und feingefchnittene Peterfilie daran
und follte das Gemüfe zu bick fein, rührt man noch etwas
Fleifchbrühe hinein.

149. Gemüfegurken.

Man fchält die Gurken, nimmt das Kernhaus heraus,
fchneidet fie in beliebige Stücke und kocht fie in halb Effig
und halb Waffer mit Salz nicht zu weich. Unterdeffen
macht man mit einem Stück Butter und Mehl ein helles

Einbrenn, rührt es mit Fleischbrühe an, reibt Muskatnuß hinein und läßt die Gurken darin aufkochen. — Auch kann man die Gurken nur in Wasser, das jedoch kochend sein muß, ohne Essig kochen.

150. Eingemachte Bohnen.

Die eingemachten Bohnen werden gekocht; wenn sie weich sind, schüttet man sie in einen Seiher, gießt kaltes Wasser darüber und drückt sie gut aus; die gedörrten weißen Bohnen werden zugleich in einem andern Topf gekocht und das Wasser davon abgeschüttet; nun wird ein Kochlöffel voll Mehl in Butter oder Schmalz gelb geröstet, Fleischbrühe, Salz und Nelken dazu gegeben, die grünen und weißen Bohnen hineingeschüttet, untereinander gerührt und aufgekocht.

151. Weiße Rüben.

Man schält die weißen Rüben und schneidet sie in längliche Stückchen, wäscht dieselben und thut sie in einen Seiher, damit das Wasser wieder abläuft; unterdessen läßt man in einem Topfe Schmalz heiß werden und etwas schwarzes Brod darin braun rösten, dann werden die Rüben nebst gehörigem Salz dazu gethan und gedämpft, bis sie weich sind; es ist jedoch darauf zu achten, daß sie nicht anbrennen; sind sie schön braun, so wird Mehl hinein gestreut und gedämpft, bis das Mehl angezogen hat, dann etwas Fleischbrühe sowie Pfeffer hinein gethan und mit einander gekocht.

152. Schwarzwurzeln.

Diese Wurzeln werden, sobald sie gereinigt sind, in lauwarmes Wasser, mit etwas Mehl und Essig vermischt, gegeben, damit sie schön weiß bleiben. Nachdem werden sie in kochendem, gesalzenem Wasser weich gekocht und auf einen

Seiher geschüttet; mit einem Stück Butter und Mehl ein hellgelbes Einbrenn gemacht, mit Fleischbrühe angerührt und die Wurzeln damit aufgelocht; beim Anrichten kann man einige Eigelbe und etwas Muskatnuß daran rühren.

153. Lattich- (Manchel-) Gemüse.

Man putzt das Grüne davon ab, zieht von den Stielen sorgfältig die Fäden, schneidet sie in fingerlange Stücke und legt sie in frisches Wasser. Hierauf kocht man sie in Salzwasser ziemlich weich und seiht und schwenkt sie mit frischem Wasser ab. Nun thut man in ein Kastroll ein Stück Butter und ein wenig Speck, gibt das Gemüse dazu und läßt es mit einander anziehen, thut dann einen Löffel voll sauren Rahm, etwas Jus und ein wenig Parmesankäse hinzu und läßt es weich dämpfen. Beim Anrichten streut man nochmals Parmesankäse darüber.

154. Artischoken.

Von den Artischoken schneidet man die Stengel ab sowie auch alle Spitzen an den Blättern, legt sie in's Wasser und klopft sie auf einem Brette aus, damit nichts Unreines zwischen den Blättern bleibt. Dann werden sie in einem Topfe weich gekocht und hierauf der Pelz davon herausgenommen. Unterdessen macht man eine Buttersauce mit Muskatenblüthe daran, thut die Artischoken auf eine Schüssel, gießt so viel Sauce als möglich in jede Schote und läßt sie alsdann auf Kohlen etwas anziehen.

155. Gefüllter Salat.

Man schneidet die äußeren unreinen Blätter und Wurzeln vom Kopfsalat ab, und läßt ihn, nachdem er sauber gewaschen ist, in gesalzenem siedenden Wasser eine Minute kochen, legt ihn alsdann auf einen Seiher, gießt kaltes Wasser darüber, läßt es ablaufen, legt den Salat auf eine flache Schüſſel und breitet die Blätter ſchön aus; das Innere wird gehackt und mit klein geſchnittenen Zwiebeln in Butter gedämpft. Die Farce wird wie zum gefüllten Kraut zubereitet, der Salat damit gefüllt und mit Fäden gebunden, nun die Häuptchen geordnet, eines dicht neben das andere, und friſche Fleiſchbrühe daran gegoſſen. Eine halbe Stunde vor dem Anrichten wird die Brühe vom Salat mit in Butter hellgelb geröſtetem Mehl ſchön glatt angerührt, Muskatblüthe, Pfeffer, wenn nöthig auch etwas Salz daran gethan, und wenn es hinlänglich gekocht hat, die Fäden abgeſchnitten.

156. Purée von weißen Bohnen.

Nachdem die Bohnen weich gekocht, verbrückt und durch's Haarſieb getrieben ſind, werden ſie mit einer weißen Einbrenn verbunden, Salz, Jus und Jusfett daran gerührt, damit Alles ſchmackhaft wird. Hierzu kann man geräuchertes Fleiſch geben.

157. Sauerampfer-Purée.

Nachdem der Sauerampfer fein gehackt iſt, läßt man ihn in einer weißen Einbrenn ein wenig röſten, füllt Jus auf und läßt ihn mit einem Löffel voll ſauren Rahm kochen. Beim Anrichten legirt man ihn mit Eidotter und mit einem Löffel voll Rahm und belegt ihn mit Carbonaden.

158. Purée von Feldhühnern.

Hat man übrige gebratene Feldhühner oder Ragout, ſo nimmt man das Fleiſch von den Knochen, hackt es und ſtößt es nebſt den Knochen im Mörſer fein. Unterdeſſen macht man mit einem Stück Zucker ein braunes Einbrenn, füllt es mit Fleiſchbrühe auf, gibt das Geſtoßene mit der Bratenjus, etwas rothen Wein, ein wenig Citronenſaft und nach Belieben einige Tropfen Eſſig daran, läßt Alles gut

durchkochen und treibt es durch's Haarsieb; beim Anrich=
ten garnirt man es mit gerollten Pfannkuchen. Auf diese
Weise werden alle Purée's von Wildpret, Lerchen und
andern Vögeln zubereitet.

159. Purée von Krammetsvögeln.

Jeder Vogel, nachdem er geputzt und ausgewaschen
ist, wird mit einem Stückchen Speck eingebunden, dieselben
in einem Tiegel mit Zwiebeln, etwas Wurzeln, Citronen,
Salz, Lorbeerblättern und Schmalz zum Dämpfen auf's
Feuer gestellt, öfters umgewendet und mit einem Löffel
voll Fleischbrühe begossen. Sind die Vögel weich genug
und hat die Sauce eine gelbe Farbe, werden sie heraus=
genommen, die Brust abgelöst in einen Tiegel mit etwas
Fleischbrühe warm gestellt. Unterdessen macht man ein
braunes Einbrenn von einem Löffel voll Mehl, einem
Stück Schmalz und ein wenig Zucker, rührt den Saft, so=
wie die übrigen fein gestoßenen Knochen der Vögel, etwas
Wein und ein wenig in Schmalz geröstetes Mundbrod
hinzu, läßt Alles aufkochen, treibt es durch ein Haarsieb
und richtet es an. Die Brust der Vögel legt man schön
geordnet darauf und glasirt sie mit Bratensauce.

160. Purée von Kalbfleisch.

Nimm Kalbsbraten, und wenn man hat, auch etwas
Schweinebraten, hacke und stoße ihn fein, gib ihn in ein
weißes Einbrenn, nebst etwas Wein, Citronensaft, Fleisch=
brühe und ein wenig Jus, lasse Alles mit einander kochen,
treibe es durch ein Haarsieb und garnire dieses beim An=
richten mit verlornen Eiern.

Auflagen zu Gemüſen.

161. Gebünſtete Kalbsleber.

Man zieht der Leber die Haut ab, beſtreut ſie mit Salz und Pfeffer, ſchneidet Speck in Würfeln und ſpickt ſie damit, thut in einen Tiegel Butter, Zwiebel und Citronenſchale, legt die Leber darauf und auf dieſe nochmals ein Stück Butter, läßt ſie ſo lange dämpfen bis kein Blut mehr heraus geht, ſchüttet dann etwas Weckmehl ſowie ſauren Rahm daran und läßt es gut einkochen.

162. Gebackene Kalbsleber.

Die Kalbsleber wird abgehäutet, gewaſchen, zu dünnen Stückchen geſchnitten und einige Stunden in Milch gelegt, hierauf wird ſie in Mehl, Salz und Pfeffer gewälzt und in heißer Butter oder Schmalz ſchnell gelb gebacken; längeres Backen macht die Leber trocken und hart.

163. Gebackene Kalbsfüße in Weinteig.

Man rührt Mehl mit Wein an, jedoch nicht zu dünn, gibt etwas heißes Schmalz dazu und den Schnee von einigen Eiern; die Kalbsfüße werden weich gekocht, klein geſchnitten, in den Teig eingetunkt und in heißem Schmalz gebacken.

164. Fleiſchkugel.

Es wird 1 Pfund Kalbfleiſch und 1 Pfund Schweinefleiſch ganz fein gehackt, dann gehörig geſalzen, etwas fein geſchnittene Citronenſchale, Muskatnuß und Pfeffer darunter gemengt, zu einer runden Kugel geballt und in Butter

und Jus fertig gedämpft; beim Anrichten wird ſie mit
dem Saft, den ſie zieht, begoſſen.

165. Schweins-Carbonaden.

Zu dieſen nimmt man gewöhnlich ſolche ohne Rippen,
ſchneidet ſie nur Meſſerrücken dick, klopft ſie ein wenig
mit einem breiten Meſſer, thut Salz und Pfeffer darauf,
panirt ſie in Eier und Weckmehl und backt ſie in Schmalz.

166. Carbonaden von Kalb- und Schweinefleiſch.

Man nimmt halb Kalb= und halb Schweinefleiſch
dazu, hackt dies zuſammen recht fein, formirt ſie ſchön
rund, ungefähr einen Finger dick, und beſtreut ſie mit
Salz; ſie werden ebenfalls in Eier und Weckmehl panirt
und in Schmalz gebacken.

167. Gehackte Schweins-Carbonaden.

Dieſe nimmt man mit Rippen, ſchält das Fleiſch bis
zur Hälfte von den Rippen, hackt es recht fein, formirt
ſchöne Carbonaden daraus, thut Salz und Pfeffer daran,
panirt ſie in Eier und Weckmehl und backt ſie in Schmalz.

168. Kalbs-Schnitzchen.

Man ſchneidet von einem Kalbsſchlegel, und zwar von
dem dicken Theile, handbreite, fingerdicke Stücke, klopft
dieſe gut, beſprengt ſie mit Waſſer, beſtreut ſie mit Weck=
mehl und Salz und legt ſie auf einander. Vor dem Ge=
brauch bratet man ſie in Schmalz in einer flachen Pfanne
über ſchnellem Feuer, ſo daß die unten liegende Seite in
längſtens zwei Minuten eine ſchöne Farbe erhält, ebenſo
auch die andere Seite und richtet ſie an. Nun gibt man
in die Pfanne noch einige Löffel voll Wein und Eſſig, et=
was fein geſchnittene Citronenſchale, ein klein wenig Pfeffer,

und Salz, läßt dieses zur Hälfte einkochen und gießt es über die Schnitzchen.

169. Kroket.

Uebrig gebliebener Kalbs= oder Schweinebraten wird fein gehackt, ein Mundbrod eingeweicht und fest ausgedrückt dazu genommen, hierauf ein Stück feingeschnittene Zwiebel sowie Petersilie und ein Löffel voll Mehl in einem Stück Butter oder Schmalz geröstet und das gehackte Fleisch noch ein wenig mitgeröstet; dann ein oder zwei Eßlöffel voll Jus oder Fleischbrühe, Salz, Muskatnuß und zuletzt ein paar Eier dazu gegeben, je nachdem die Masse groß oder klein ist; alle Mal ein Eßlöffel voll davon auf ein Brett gelegt, damit sie abkühlt und man sie schön ballen kann, ehe sie jedoch ganz kalt wird, muß man sie glatt machen, formt runde oder lange Kroket, wickelt sie in Eier und Weckmehl ein und backt sie in schwimmendem Schmalz.

170. Gebackene Hühner.

Nachdem die Hühner gereinigt und ausgenommen sind, werden sie in schöne Stückchen geschnitten und einige Stun=den in Milch gelegt, dann herausgenommen, mit einem reinen Tuch abgetrocknet und in Mehl umgewendet; nun verkleppert man ein paar Eier mit Salz, taucht die Hühner hinein, bestreut sie mit Weckmehl und backt sie im Schmalz.

171. Rindfleischwurst.

2 Pfund Rindfleisch (ungesottenes Schwanzstück) wird mit ¼ Pfund Speck fein gehackt, Salz, Pfeffer, 3 Eier und etwas Mehl dazu gethan, diese Masse dann in eine dicke Wurst formirt und gebraten, unterdessen etwas Wein und Fleischbrühe daran gethan, damit es eine gute Sauce

4

gibt und nach Belieben fein gehackte Kapern darauf ge=
streut. Diese Wurst ist sehr gut kalt aufgeschnitten.

172. Farce=Würste.

1 Pfund Kalbfleisch hacke man mit 5 Loth Mark,
etwas Petersilie, Chalotten, 3 gekochten und 3 rohen
Eiern fein, salze es, bestreue ein Nudelbrett mit Weckmehl,
gebe die Farce darauf und formire Würstchen daraus,
welche man in Eier umwendet, mit Weckmehl bestreut und
im Schmalz backt.

173. Schweinefleischwurst.

2 Pfund Schweinefleisch wird mit Zwiebeln, Citronen,
Nelken, Lorbeerblättern und Wurzeln weich gedämpft, es
muß jedoch schön weiß bleiben, dann die Schwarte davon
abgenommen und das Fleisch fein gehackt, gestoßen und
durch's Haarsieb getrieben, weißer Pfeffer, Salz, sowie der
Saft von dem Fleische dazu gethan, gehörig durcheinander
gemengt und eingefüllt. Bevor man die Wurst aufschnei=
det, muß man das Messer in heißes Wasser tauchen.

174. Italienische Würste.

Hacke 1½ Pfund gutes Ochsenfleisch, 2½ Pfund
Schweinefleisch, 4 Loth Salz und ½ Loth Pfeffer; 1 Pfd.
Speck schneide in Würfeln darunter, vermenge Alles recht
gut mit einander und fülle es in gute frische Rinderdärme;
diese Würste werden am heißen Ofen getrocknet und nicht
in den Rauch gehängt.

175. Würste von übrigem Fleisch.

Man hackt Kalb= oder anderes Fleisch mit Petersilie,
Citrone, Majoran, Salz, Pfeffer, etwas Speck oder Nieren=
fett und in Milch geweichte, wieder ausgedrückte Mund=
brod fein, gibt so viel Eier daran, daß es ein nicht zu

dünner Teig wird, streut Weckmehl auf ein Nudelbrett, gibt den Teig darauf, formirt Würste daraus und backt sie schön und langsam aus dem Schmalz.

176. Bratwürste.

1 Pfund von den Knochen befreites, nicht zu fettes Schweinefleisch und 1 Pfund wohl abgehäutetes Kalbfleisch vom Schlegel, welches man, wenn es noch warm ist, mit Wasser bespritzt, mit einem Eßlöffel voll Salz bestreut und gut klopft, wird zusammen unter öfterem Bespritzen mit kaltem Wasser ganz fein gehackt, hierauf in eine Schüssel gethan, ein Kaffeelöffel voll fein geschnittene Citronenschale ein halber Kaffeelöffel voll geriebene Muskatnuß und eine Messerspitze voll Nelken beigefügt und mit einem Schoppen Wasser gut abgerührt. Unterdessen weicht man zwei abgeschälte Mundbrode in Fleischbrühe, nimmt solche, wenn sie gut durchgeweicht sind, mit 4 Loth Butter auf's Feuer und kocht sie zu einem dicken Brei, welchen man nach dem Erkalten zum Fleisch gibt und das Ganze mit 4 Eiern nochmals gut abrührt, in Bratwurstdärme füllt und in Schmalz bratet. Man kann dieses als Farce auch zum Füllen von Wirsing oder Weißkraut verwenden.

177. Hirnwürste.

Von einem gekochten Hirn zieht man die Haut herunter, rührt Butter mit 3 Eiern ab, rührt das Hirn mit ein wenig Salz darunter und bereitet folgenden Teig: Man gibt auf ein Nudelbrett 2 Hand voll Mehl, macht in der Mitte ein Loch, rührt 2 Eier, 2 Löffel voll sauren Rahm, 2 Loth Butter und ein wenig Salz hinein, verarbeitet dieses zu einem Teig, wie den Nudelteig, rollt ihn dünn aus, schneidet längliche Stückchen davon, streicht das Abgerührte darauf, rollt es zusammen, wendet es in Eier um, bestreut es mit Weckmehl und backt es im Schmalz.

178. Schinkenwürste.

Man hackt ¼ Pfund Schinken recht fein, gibt eine
Hand voll Weckmehl, 2 Eier und fein geschnittene Citronen=
schalen hinzu und rührt alles untereinander, schneidet Ob=
laten in fingerlange Stückchen, feuchtet sie mit Wasser
etwas an, legt von der Farce darauf, schlägt die Oblaten
über einander, wendet sie in Eier um, bestreut sie mit
Weckmehl und backt sie in heißem Schmalz.

179. Nierenschnitten.

Man hackt 3 Kalbsnieren mit ein wenig Nierenfett
ganz fein, gibt in Milch geweichte, wieder ausgedrückte
Mundbrod, 3 Eier, Muskatnuß, Salz und etwas Rahm
daran, rührt Alles unter einander, streicht es auf Weck=
schnitten, bestreicht dieselben mit Eiern, bestreut sie mit Weck=
mehl und backt sie in heißem Schmalz.

180. Hirnschnitten.

Man röstet Schnitten von Milchbrod, wäscht und
reinigt ein Kalbshirn, rührt es in eine Schüssel so fein wie
Teig ab, schlägt 2 Eier dazu, thut 4 Eßlöffel voll süßen
Rahm, etwas Salz und Muskat hinzu, legt ein wallnuß=
großes Stück Butter in eine Pfanne, läßt sie zergehen,
rührt das abgerührte Hirn daran und läßt es unter be=
ständigem Umrühren dick werden, es ist jedoch darauf zu
achten, daß es sich nicht scheidet; alsdann legt man es auf
das geröstete Milchbrod und die Hirnschnitten sind fertig.

181. Gebackene Sardellen.

Es werden schöne und rein gewaschene Sardellen ge=
nommen, der Länge nach von einander geschnitten, die
Gräten herausgezogen, jede Hälfte in Ei und Weckmehl
umgewendet und mit Parmesankäse vermischt, schnell aus
dem Schmalz gebacken.

182. Gänseleber.

Man spickt die Leber mit Zimmt und Nelken, legt sie in einen Tiegel mit Zwiebeln und Butter, deckt die Leber mit Speck zu und läßt sie so auf Kohlen unten und oben gar werden, dann röstet man ein wenig Zucker und Mehl in Schmalz gelb, füllt Fleischbrühe und Citronensaft auf, gibt den Saft von der Leber dazu und läßt es aufkochen.

183. Frikabellen.

Uebrig gebliebenes Rind=, Hammel= und Kalbfleisch sowohl einzeln, als zusammen, hackt man recht klein, thut ein halbes Pfund Bratwurstfülle nebst zwei in Wasser eingeweichte und wieder gut ausgedrückte Milchbrödchen (12 Lth.), 2 Eier, Salz, etwas Pfeffer und Nelken hinzu, mengt alles untereinander, macht davon in der Form eines Eies nur etwas größere Klößchen und backt sie in Butter oder Schmalz.

184. Gebratene Frikabellen.

Hiezu nimmt man 1 Theil Rindfleisch, 1 Theil Kalb= und 1 Theil Schweinefleisch, welches recht fein gehackt wird, gibt zu 1½ Pfund Fleisch 4 Eier, Salz, Muskat= nuß, Nelken, fein geschnittene Zwiebeln, Petersilie und 2 geriebene Milchbrod; dieses wird untereinander gemischt zum runden Ball geformt, mit der nassen Hand recht glatt gemacht, in heiße Butter oder Schmalz gelegt, auf beiden Seiten dunkelgelb gebraten und mit etwas Fleischbrühe fertig gedämpft, wozu man 1½ Stunden nöthig hat.

185. Gebackenes Kalbshirn.

Nachdem das Gehirn gehäutet und in Salzwasser weiß gewaschen ist, thut man es in einen Seiher, damit es trocken abläuft; nimmt geklepperte Eier, wälzt das Gehirn darin

um, bestreut es mit Weckmehl und Salz und backt es
dann im Schmalz.

186. Kalbs-Cot6letts mit Schweinefleisch-Farce in Papier.

Die Cotéletts werden fein gehackt, gesalzen, in Eier
und Weckmehl panirt und im Schmalz hellgelb gebacken;
hierauf wird folgende Farce gemacht: Rohes Schweinefleisch wird fein gehackt und gestoßen durch's Haarsieb getrieben, Salz, etwas Pfeffer, feine Citronenschale und
Muskatnuß darunter gerührt, die Cotéletts auf beiden
Seiten damit bestrichen und in weiße Papierformen, welche
geschnitten und mit Butter bestrichen sind, gelegt, daß sie
unten und oben bedeckt sind, außen herum wird das Papier etwas umgebogen, in einen flachen Tiegel eine halbe
Stunde vor dem Anrichten in die Röhre gestellt und
sammt den Papieren servirt.

Saucen.

187. Bechamelle-Sauce.

Man belegt den Boden eines Casserolls mit ¼ Pfd.
Butter, 2 Zwiebeln, einer halben Selleriewurzel, 1 gelben
Rübe, alles zerschnitten, 2 Lorbeerblättern und 1 Stück
Citronenschale; nun schneidet man 1 Pfd. Kalbfleisch und
½ Pfd. Schinken in Würfeln, bedeckt damit das Ganze,
läßt es ein wenig anziehen, gibt einen Schöpflöffel voll
Fleischbrühe, etwas Salz, Citronenschale und Muskatblüthe
dazu und dämpft es zugedeckt auf gelindem Feuer so lange,
bis der Saft ganz eingekocht ist, dann stäubt man 3 Koch=

löffel voll Mehl hinein, röstet Alles noch ein wenig, rührt 3 Schoppen kochenden süßen Rahm dazu und läßt dieses unter beständigem Rühren ziemlich dick einkochen, treibt es durch's Haarsieb und hebt die Sauce zu weiterem Gebrauche in einem irdenen Geschirr auf; während des Erkaltens rührt man sie noch öfter um, damit sie keine Haut bekommt. Sie muß eine gelbe Farbe haben, außerdem gibt man noch etwas Jus daran.

188. Milch-Sauce mit Citronen.

Rühre einen Eßlöffel voll Mehl und 5 Eidotter mit einer halben Maß Milch oder Rahm glatt an, gib 6 Loth an einer Citrone abgeriebenen Zucker hinzu, lasse dieses unter fortwährendem Schlagen mit dem Schneebesen auf dem Feuer bis vor's Kochen kommen, seihe es durch's Haarsieb und richte es sogleich an.

189. Vanille-Sauce.

$^1/_2$ Maß Milch wird mit einem Stückchen Vanille eine Viertelstunde langsam gekocht und eben so lange zugedeckt stehen gelassen; nun rührt man einen Eßlöffel voll Mehl mit einem kleinen Schoppen Milch glatt, gibt 5 Eidotter, Zucker und die etwas erkaltete Vanille-Milch hinzu, rührt Alles beständig mit dem Schneebesen bis es kochend ist und richtet es durch ein Haarsieb an. Man kann auch die Vanille mit Zucker stoßen und dazu geben.

190. Mandel-Sauce.

4 Loth süße und 6 Stück bittere abgezogene Mandeln werden mit Milch fein gestoßen in einer halben Maß gute Milch einige Mal aufgekocht, eine Viertelstunde hingestellt, durch ein Sieb gegossen und übrigens wie die Vanille-Sauce bereitet.

191. Zimmet-Sauce.

Man bereitet dieselbe wie die Vanille-Sauce, nur wird statt der Vanille ein fingerlanges Stück Zimmet in der Milch gekocht.

192. Chocolade-Sauce.

6 Loth geriebene Chocolade wird mit einem Schoppen Milch unter beständigem Umrühren gut gekocht und hierauf noch ein Schoppen Milch hinzugegossen, ist dieses nochmals aufgekocht, läßt man es eine Viertelstunde stehen. Unterdessen rührt man einen Eßlöffel voll Mehl mit einem kleinen Schoppen Milch, 4 Eidottern und Zucker glatt an und behandelt sie wie die Vanille-Sauce.

193. Zwiebel-Sauce.

Die Zwiebeln werden in längere Stückchen geschnitten, in Fett weich gedämpft, dann geriebenes Milchbrod dazu gethan und härtlich geröstet, Fleischbrühe daran gegossen und die Sauce noch ein wenig damit gekocht. Man gibt sie zu gekochten Enten und Schweinefleisch.

194. Kalte Sauce über Rindfleisch.

Man nimmt ein paar Löffel voll starken süßen oder jungen sauren Rahm, einen Löffel voll Provenceröl, etwas kleingehackte Zwiebeln, Pfeffer, Petersilie, Sardellen, Milchbrodkrumen und ein hartgesottenes, kleingehacktes Eigelb, rührt Alles gut untereinander und gibt es kalt auf den Tisch.

195. Rothe Wein-Sauce.

Lasse ½ Maß rothen Wein, ¼ Pfund Zucker, einige Stück Zimmet, die Schale einer halben Citrone und 2 Eßlöffel voll Himbeer- oder Johannisbeer-Gelee zugedeckt bis zum Kochen kommen, rühre etwas Mehl mit kaltem Wasser an, gib davon so viel zum Wein, daß die Sauce etwas gebunden wird und schütte sie sogleich in eine Sauciere.

196. Hagebutten-Sauce.

Eine Hand voll rein gewaschene Hagebutten wird mit ½ Maß Wasser ¼ Stunde gekocht, durch einen feinen Seiher getrieben, mit weißem Wein, Zucker und Zimmet durchgekocht und so viel Mehl oder Stärke mit Wasser aufgelöst daran gerührt, daß die Sauce dicklich wird.

197. Senf-Sauce zu Fischen.

Ein Stück abgeklärte Butter, einige Eßlöffel voll Senf, halb Fischwasser, halb Wasser wird mit 1 bis 2 Kaffee= löffel voll Stärkmehl, welches mit etwas kaltem Wasser aufgelöst wird, gekocht, mit 1 Eidotter und 1 Stück roher Butter abgerührt.

198. Geschlagener Weinschaum.

Zwei ganze Eier, 6 Eiergelb, 8 Loth an einer Citrone abgeriebener Zucker, 2 Schoppen weißer guter Wein und der Saft einer halben Citrone werden auf dem Feuer mit einem Schneebesen so lange geschlagen, bis sich ein zarter dicker Schaum bildet und die Sauce aufsteigen will, worauf sie vom Feuer genommen und noch eine Zeitlang geschlagen wird. Zeigen sich auf der Oberfläche des Schaumes schmale wie Oel aussehende Streifen, so ist man sicher, daß sie fertig ist. Der Geschmack wird durch das Hinzugeben eines Eßlöffels voll Rum oder feinem Liqueur sehr erhöht.

199. Weiße Wein-Sauce.

Zwei kleine Kochlöffel voll Mehl werden mit einem halben Schoppen Wasser und 4 Eidottern glatt angerührt, ½ Maß Wein daran gegossen und mit Zucker, ein Stück Citronenschale, Zimmet und 2 Loth Butter unter fort=

währendem Rühren aufgekocht, durch's Sieb gegossen und über Pudding angerichtet.

200. Wein-Sauce auf englische Art.

Zu einem Eßlöffel voll feinem Mehl gibt man 4 Loth Zucker, 4 Loth Butter, einige Körnchen Salz, etwas Muskatnuß, rührt dieses mit einem Schoppen Wasser nach und nach glatt an und gibt eben so viel Madeira hinzu; rührt Alles auf dem Feuer zu einer Sauce gut ab und läßt sie bis zum Kochen heiß werden, aber nicht kochen.

201. Weiße Wein-Sauce mit Rum.

¼ Maß Wein wird mit 1 Kaffeelöffel voll feines Mehl, 2 ganzen Eiern, von einer Citrone Saft und Schale und 3 Eßlöffel voll Zucker gut angerührt; dieses unter beständigem Schlagen mit einem Schaumbesen bis vor's Kochen gebracht, 1 Glas Rum durchgeschlagen und sofort angerichtet.

202. Kalte Punsch-Sauce.

Dieselbe wird ebenso bereitet wie die vorhergehende, nur nehme man statt 2 ganze Eier 3—4 Eidotter, rühre die Sauce bis vor dem Kochen und mische kalt ein Glas Arrac durch.

203. Rosinen-Sauce.

In 4 Loth Butter wird ein Löffel voll Mehl langsam braun geröstet, mit einem Schoppen Wasser glatt angerührt, eine halbe Maß Wein, 4 Loth Weinbeeren und Rosinen, 1 Stück Zimmet und Citronenschale hinzugegeben und nach mehrmaligem Aufkochen angerichtet. Diese Sauce eignet sich gut zu Mehlspeisen im Ofen und aus dem Schmalz gebacken.

204. Speck-Sauce.

Fein gewürfelter Speck wird langsam dunkelgelb ge-
braten, die gebratenen Speckwürfel nimmt man dann
heraus und rührt je nach der Portion der Sauce 1 bis 2
Löffel voll Mehl hinein, läßt sie mit kochendem Wasser,
Essig, etwas Pfeffer und Salz durchkochen, und gibt beim
Anrichten die Speckwürfel hinein oder dazu.

205. Sauerampfer-Sauce.

Der Sauerampfer wird gewaschen und ziemlich fein
gehackt, dann läßt man ein Stückchen Butter zergehen,
dämpft ihn darin, streut einen oder je nachdem es viel
Sauerampfer ist, 2 Löffel voll Mehl darauf, und hat dies
noch eine Weile mitgedämpft, füllt man es mit guter
heißer Fleischbrühe auf, thut Salz, Muskatnuß, nach Belieben auch etwas ungekochtes dürres Fleisch dazu und
läßt es damit eine Viertelstunde kochen. Diese Sauce paßt
zu Rindfleisch oder gebratenem Geflügel. Man kann auch
einige Eigelb daran rühren.

206. Holländer-Sauce zu Hecht.

Man rühre 2 Loth Butter schaumig, schlage 3 Eidotter, eins nach dem andern hinein, rühre 1 Messerspitze
voll Mehl und 3 Eßlöffel voll sauren Rahm dazu, stelle
dieses auf's Feuer und rühre es fortwährend, bis es anfängt dick zu werden, vermische noch Citronensaft und den
Saft von gebratenem Hecht damit und richte die Sauce an.

207. Kalte Häring-Sauce.

Man nimmt einen Milchner, wäscht und grätet ihn
aus, stößt ihn mit 3 hartgesottenen Eiern nebst ein wenig
Chalottenzwiebeln im Mörser fein, treibt Alles sammt der
Milch durch's Haarsieb, nimmt noch einen geschabten Vors-

borfer Apfel dazu und macht die Sauce mit Essig, Oel und Pfeffer an. Sie ist zum Rindfleisch und kaltem Bra= ten sehr gut.

208. Petersilien=Sauce.

Butter und Mehl wird zusammen gedämpft, Fleisch= brühe oder Wasser und Salz dazu gegeben, und nach dem Durchkochen ein gutes Stück frische Butter und feingehackte Petersilie durchgerührt.

209. Austern-Sauce.

Nehme eine Anzahl Austern, löse sie aus, nehme die Bärte hinweg und behalte den Saft davon zurück; lasse in einer Casserole Butter zergehen, dämpfe die Austern ein wenig darin, thue fein geriebenes Milchbrod und Cit= ronenschale dazu und lasse Alles zusammen noch etwas dämpfen; dann gebe Fleisch= oder Bratenbrühe, Citronen= saft, den Saft von Austern, Wein und Muskatnuß hinzu und lasse Alles miteinander ein wenig aufkochen. Diese Sauce wird gewöhnlich zu gebratenen Kapaunen gegeben.

210. Kirschen- oder Weichsel-Sauce.

Man steint 1 Pfund Kirschen und 1 Pfund Weichseln aus, stößt die Kerne in einem Mörser, gibt das Fleischige nebst ein Stück Zimmet, Citronenschale, 2 Schoppen Wasser und ein zerschnittenes Mundbrod hinzu, läßt es eine Stunde kochen und verdünnt es mit 2 Schoppen guten, am besten rothen Wein nebst einem Schoppen Wasser, treibt Alles durch ein Sieb, thut Zucker und 3 Loth Butter dazu und rührt es beständig bis vor's Kochen. Kochen darf die Sauce nicht; sollte sie zu dick sein, wird mit Wein nach= geholfen; auch zwei Eßlöffel voll Kirschwasser vor dem Anrichten hinein gegeben, macht derselben einen guten Geschmack.

211. Sauce von getrockneten Kirschen.

Ein Pfund gedürrte Kirschen werden in einem Mörser gestoßen und ganz nach der vorhergehenden Sauce gemacht; da man jedoch die Kirschen nicht auskernen kann, müssen sie ganz gestoßen werden.

212. Kirschen=Sauce.

Man stoße die Kirschen sammt den Kernen, koche sie eine Viertelstunde mit Wasser, einigen Nelken und Citronen= scheiben und rühre sie durch einen groben Seiher; dann lasse man die Sauce wieder kochen, gebe Zucker, gestoßenen Zimmet sowie etwas Nelken hinzu und rühre so viel Stärk= mehl mit etwas Wasser durch, daß die Sauce recht ge= bunden werde; man kann auch etwas Arac daran thun.

213. Aepfel=Sauce.

Man schäle reife Aepfel, zerschneide und wasche sie, thue sie in eine Casserole mit einigen abgezogenen und gestoßenen Mandeln und Citronenschale, koche und ver= rühre sie fein, bringe sie dann wieder mit einem Glase Wein, Zucker, kleinen Rosinen und Zimmet auf's Feuer und koche alles gut durch; zuletzt verdicke man sie noch durch einen halben Löffel voll Mehl, damit die Brühe sich nicht von den Aepfeln trennt.

214. Sardellen=Sauce zu Rindfleisch.

Vier Loth gewässerte und ausgegrätete Sardellen, einige Chalotten, etwas Petersilie, die Schale und das Mark von ungefähr einer halben Citrone hackt man recht fein, röstet Mehl in Butter gelb, läßt das Gehackte darin dämpfen, gießt so viel Fleischbrühe hinzu, daß die Sauce nicht zu dick wird, und thut vor dem Anrichten noch Mus= katnuß dazu.

215. Braune Sarbellen-Sauce.

Das Mehl wird in Butter schön braun geröstet, mit Fleischbrühe verdünnt und Nelken, Citronen und etwas Wein daran gethan; die Sarbellen werden von den Gräten abgelöst, einige Zeit in frisches Wasser gelegt, damit sich das Salz herauszieht, fein gehackt oder geschnitten und mit dem Uebrigen aufgekocht.

216. Spargel-Sauce.

¹⁄₂ Eßlöffel voll Mehl, 2 Eidotter, 1 Eßlöffel voll dicker saurer Rahm, etwas Muskatnuß und so viel Spargel= wasser oder Fleischbrühe, bis die Sauce die gehörige Dicke bekommt, wird auf dem Feuer bis vor's Kochen stark ge= rührt und dann über Spargel, Carviol u. s. w. angerichtet.

217. Braune Ragout-Sauce.

Eine braune Einbrenn wird nach und nach mit guter Fleischbrühe, Bratenbrühe oder Kraftbrühe angerührt, mit einer mit 2 Nelken besteckten Zwiebel, Lorbeerblatt, ein Gläschen Wein, etwas Essig, nach Belieben ein wenig Muskatblüthe und einiges Wurzelwerk gut durchgekocht, durch ein Haarsieb getrieben und zu vielen Ragout=Saucen verwendet.

218. Weiße Ragout-Sauce.

Diese bereitet man wie die vorige, jedoch muß eine weiße Einbrenn gemacht werden; will man sie zu Gemüsen verwenden, so darf weder Wein noch Citrone hinzukommen und dieselbe nur mit Fleischbrühe aufgefüllt werden.

219. Fricassee-Sauce.

Vier Eidotter werden zuerst mit 2 Löffel voll kaltem Wasser und dann mit einem nußgroßen Stückchen Butter abgerührt, 2—3 Schöpflöffel voll weiße, mit Citronensaft abgeschärfte heiße Einmach-Sauce daran gegossen, alles abgerührt, und durch ein Sieb getrieben. Man verwendet dieselbe zu Spargel, jungen Hühnern, Kalbfleisch, Carviol. Will man sie zu etwas Gebackenem gebrauchen, nämlich zu Bries, Kalbsfüßen u. dgl., so muß die Sauce ganz kalt sein und dicker, deshalb nimmt man einige Eidotter und Mehl mehr dazu.

220. Trüffel-Sauce.

Nachdem 2 Löffel voll Mehl in 6 Loth Butter oder Schmalz gelbbraun geröstet sind, werden sie mit guter Fleischbrühe und einem Glase rothen Wein abgerührt, 4 bis 6 Trüffeln fein geschält, geschnitten, im Mörser gestoßen und hinzu gegeben nebst Salz, 2 Löffel voll Kraft- oder Bratenbrühe, ein wenig Pfeffer und Citronensaft. Alles wird noch eine halbe Stunde gekocht, das Fett abgenommen und die Sauce zu Ragout verwendet.

221. Kapern-Sauce.

Es wird ein braunes Einbrenn gemacht, ein Stück fein geschnittene Zwiebel damit geröstet, mit Fleischbrühe und einem Löffel voll Essig angerührt und aufgekocht, dann mit zwei Eßlöffeln voll Kapern, etwas Pfeffer und Salz nochmals gekocht, das Fett abgenommen und angerichtet.

222. Champignons-Sauce.

Eine Hand voll gewaschene Champignons werden fein geschnitten, ebenso eine halbe Zwiebel; dieses in 4 Loth Butter weich gedämpft, mit einem Kochlöffel voll Mehl gestaubt, mit guter Fleischbrühe angerührt, mit Salz und Muskatnuß gewürzt und eine halbe Stunde langsam gekocht, etwas Citronensaft hinzugethan und angerichtet. Zu Eingemachtem eine sehr gute Sauce.

223. Champignons-Sauce anderer Art.

Man bereitet eine weiße Einbrenn-Sauce, gibt die gewaschenen zerschnittenen Champignons hinein und kocht sie eine halbe Stunde.

224. Madeira-Sauce.

In einen Tiegel wird ein Stück zerlassene Butter, eine halbe Selleriewurzel, eine gelbe Rübe, eine Petersilien= wurzel, eine Zwiebel, ein Stückchen Speck, alles zerschnitten nebst einem Loorbeerblatt gethan; dieses läßt man mit einem Schöpflöffel voll Fleischbrühe zugedeckt einbraten, bis es kurz und gelb geworden ist, dann wird es mit einem Schöpflöffel voll brauner Einmachsauce und eben so viel Fleischbrühe dicklich eingekocht, das Fett abgenommen und durch ein Sieb getrieben, abermals auf's Feuer gestellt, nußgroß Butter, ein Glas Madeira und der Saft einer halben Citrone daran gegeben und unter fortwährendem Aufziehen mit dem Löffel nochmals heiß gemacht; man gibt die Sauce zu gebratenem Rindfleisch.

225. Meerrettig mit Fleischbrühe.

Man schabt ihn rein, reibt ihn auf einem Reibeisen und reibt hierauf hartes weißes Brod darauf, thut beides in einen Tiegel mit Fleischbrühe, Zucker, Butter und etwas Muskatnuß und läßt es eine Viertelstunde kochen.

226. Meerrettig mit Milch.

Man schabt und reibt ihn, wie den vorhergehenden nebst etwas weißem Brod, gibt beides in einen Tiegel und rührt es mit kalter Milch, einem Löffel voll Mehl und einer kleinen Hand voll fein gestoßener Mandeln an, gießt hierauf so viel kochende Milch daran, bis es die gehörige Dicke hat, gibt Zucker nach Belieben hinein und läßt es unter beständigem Umrühren aufkochen. Beim Anrichten kann man ein wenig gestoßenen Zimmet oder Muskatblüthe darauf streuen. Es wird dieses zum Rindfleisch als Gemüse gegeben.

227. Rohe Rettig-Sauce.

Man wasche und schäle die Rettige ganz fein, reibe sie auf einem Reibeisen, vermische sie mit Salz und lasse sie eine Stunde stehen, dann drücke man sie aus, bestreue sie mit Pfeffer und gebe Essig und Oel dazu.

228. Salat-Sauce.

Man rühre drei hartgekochte Eidotter mit Essig fein, gebe Oel und Salz, auch nach Belieben etwas Zucker hinzu.

229. Weiße Sauce zu gekochter Ochsenzunge oder Rindfleisch.

Man lasse eine geschnittene Zwiebel und Mehl in Butter gelb dämpfen, rühre dazu von der Brühe, worin die Zunge weich gekocht ist oder Fleischbrühe, 2—3 Lorbeerblätter, etwas Pfeffer, Muskatblüthe und einige Citronenscheiben, nach Belieben ein Paar gehackte Sardellen und etwas weißen Wein oder in feine Würfel geschnittene eingemachte Gurken.

230. Gurken-Sauce.

Man schält Gurken, nimmt die Kerne heraus, schneidet sie in Stücke und dämpft sie mit Zucker, Essig und ein wenig Salz; hierauf macht man eine gelbe Einbrenn, rührt sie mit Fleischbrühe an, gibt noch ein wenig Essig, Gewürz und Lorbeerblätter hinein, läßt es kochen und seihet es durch, gibt die Sauce dann auf die Gurken und kocht dieses nochmals auf. — Man gibt sie zum Rindfleisch, Hammelfleisch u. s. w.

231. Rum-Sauce.

Man läßt ¹/₂ Maß Wasser, ¹/₂ Maß weißen Wein, 9 Loth Zucker und Zimmet gut kochen, gibt dann ein Glas Rum hinein, rührt 2 Löffel voll Mehl mit 2 Löffeln voll Wasser und 3 Eidottern gut ab, rührt dieses dazu und läßt Alles unter beständigem Rühren aufkochen.

232. Sauce von übrig gebliebener Brühe eingemachter Zwetschen.

Man vermische die Brühe zur Hälfte mit Wasser, rühre, wenn sie kocht, etwas Stärkmehl mit Wasser angerührt hinzu, und gebe die Sauce zu kalten Reis= und Griesspeisen.

233. Sauce von getrockneten Zwetschen.

Man macht aus ¹/₂ Pfund getrockneten gut abgebrüh= ten Zwetschen die Kerne, zerstößt den dritten Theil im Mörser und kocht beides mit ¹/₃ Maß Wasser so lange, bis die Zwetschen weich sind; dann treibt man sie durch ein Sieb, gibt weißen Wein, Citronensaft und Schale, Zucker und Zimmet hinzu und läßt es aufkochen. Sollte die Sauce nicht dick genug sein, rührt man noch ein Löffel= chen voll Stärkmehl dazu.

234. Schaumsauce von Himbeer- oder Johannis- beersaft.

Vier stark geschlagene Eier, 2 Kaffeelöffel voll Mehl, ¹/₂ Maß frischer Himbeer= oder Johannisbeersaft und Zucker wird auf dem Feuer mit einem Schaumbesen so lange stark geschlagen, bis es steigt, kochen darf es jedoch nicht. Zu eingekochtem Saft kann man ein Dritttheil weißen Wein oder Wasser beimischen.

Fleischspeisen.

I. Rindfleisch.

235. Rindfleisch zu kochen.

Das Rindfleisch muß im Sommer wenigstens 1 Tag, im Winter 2 Tage alt sein, dann wird es vor dem Waschen recht geklopft, damit es mürbe wird und mit kaltem oder kochendem Wasser auf's Feuer gestellt, doch hat die Erfahrung gelehrt, daß letzteres vorzuziehen ist, indem dadurch weniger der Saft ausgezogen und zugleich ein früheres Weichwerden befördert wird. Zu dem frischen Fleische gebe man gleich das gehörige Salz und lasse es, ist es mit kaltem Wasser hingesetzt worden, rasch bis vor's Kochen kommen, schäume es dann sorgfältig ab, gebe das gewöhnliche Gewürz und von allen Arten Wurzeln und Zwiebeln hinein und lasse dasselbe zugedeckt weder zu langsam noch zu stark 3—4 Stunden, nachdem das Stück klein oder groß ist, kochen. Nach einigen Stunden schöpft man das Fett ab und sollte Brühe eingekocht sein, so muß man kochendes Wasser nachgießen, welches man jederzeit bereit halten muß. Beim Anrichten belegt man das Fleisch sowie den Rand der Schüssel mit Petersilie oder gibt eine Sauce dazu.

236. Rindfleisch auf französische Art.

Man wasche ein mageres Stück Ochsenfleisch, klopfe es mürbe, reibe es mit Salz und Pfeffer ein und spicke es mit länglichen Speckstreifen, welche zuvor in ganz fein gehackter Petersilie, Chalotten, Zwiebeln, Salz und Pfeffer umgewendet werden müssen; dann bedecke man den Boden und die Seiten eines Tiegels mit dünnem Speck, bestreue ihn mit Gewürz, vertheile darauf eine Zwiebel, Nelken, einige Lorbeerblätter, Petersilie, Körbelkraut und gelbe Rüben, lege das Fleisch hinein, gebe reingewaschene Kalbs= füße dazu, gieße 9 Löffel voll Fleischbrühe daran, decke den Tiegel recht fest zu und lasse es 2 Stunden auf schwachem Feuer dämpfen. Ist es bald fertig, gieße man Wein und Weinessig daran, lasse es noch eine Weile zugedeckt fort= dämpfen, nehme dann das Fleisch heraus, schlage Eiweiß zu Schnee und rühre es an die Brühe, damit sie klar wird, und lasse dieselbe durch's Haarsieb laufen; unter= dessen reinige den Tiegel, gieße die durchgelaufene Brühe wieder hinein, lege das Fleisch dazu und lasse es noch eine Weile dämpfen.

237. Rindfleisch auf italienische Art.

Dieses muß Schwanzstück sein und kann man es nach Belieben spicken; alsdann nehme man ein Stück Speck, thue ihn nebst ein wenig Knoblauch, Basilikum, Thymian, 3—4 Nelken, einigen Körnchen Pfeffer in einem Mörser und stoße dieses, gebe es in ein Geschirr, wo das Fleisch knapp hineingeht, thue ein wenig Salz, ein paar Zwiebeln und Lorbeerblatt darauf, decke es zu und lasse es auf gleichem Feuer unter öfterem Umwenden dämpfen; fängt das Fleisch an gelb zu werden, gieße man Fleischbrühe daran und lasse es weich werden. Das Fleisch wird mit der Sauce angerichtet, jedoch das Fett abgenommen.

238. Rindfleisch anderer Art.

Hierzu nimmt man Brustkern und kocht ihn bis er weich ist, dann legt man ihn in eine Bratpfanne, bestreut ihn mit Pfeffer, Salz und feinen Kräutern, bestreicht ihn mit Fett oder Butter, bestreut ihn mit Weckmehl und be= streicht denselben nochmals mit Butter, stellt das Fleisch in die Bratröhre und läßt es schön gelb werden. Man gibt eine Chalottensauce dazu.

239. Rindfleisch mit feinen Kräutern.

Man schneide Chalottenzwiebeln, Petersilie, Thymian, Basilikum, Bertram und Kapern fein, gebe dieses in einen Tiegel, wo das Fleisch hineingeht, dämpfe es in etwas Butter und lege halb weich gekochtes Rindfleisch mit Salz und Pfeffer bestreut darauf, lasse dasselbe auf gleichem Feuer weich dämpfen und gebe unterdessen öfters einige Löffel voll Fleischbrühe daran. Ist es Zeit zum Serviren, gebe man noch ein paar Löffel voll guten Senf, etwas Kräuteressig und Citronensaft dazu und richte das Fleisch in dieser Sauce an; jedoch darf dieselbe nicht zu dünn sein,

240. Gedämpftes Rindfleisch.

Man klopfe ein fleischiges Stück Rindfleisch recht stark, wasche es sauber und spicke es mit Speck und Citronen= schalen, dann lege man in eine Casserole auf den Boden kleine Hölzer, etwa einen halben Finger dick, das gespickte Fleisch darauf, salze es nicht zu stark, gieße Fleischbrühe und Essig, nach Belieben auch Wein dazu, bis die Brühe in der Casserole so hoch als das Fleisch geht, thue etliche geschälte, mit Nelken besteckte Zwiebeln, einige Lorbeer= blätter, Citronenscheiben und ein Stück Speck hinein und lasse es zugedeckt kochen bis es weich ist. Nun gießt man die Brühe herunter, schöpft das Fett davon wieder in das Geschirr, in welchem das Fleisch gedämpft wurde, läßt es heiß werden, bestreut das Stück Fleisch mit Mehl und legt es hinein, damit es gelb wird, gießt dann die vorige Brühe durch einen Seiher wieder daran und läßt es noch etwas kochen. Im Falle die Sauce nicht braun genug ist, kann man ein wenig Zucker daran brennen. Wer das Saure liebt, kann eine halbe Stunde vor dem Anrichten

noch ein wenig Eſſig oder Citronenſaft daran thun, und
alsdann das Fleiſch mit geſchnittenen Citronenſchalen be=
ſtreut auf den Tiſch geben.

241. Geklopftes gewickeltes Rindfleiſch.

Hierzu nimmt man Schwanzſtück, ſchneidet davon über
quer Meſſerrücken dicke Blättchen, klopft ſie mit einem
breiten Meſſer, ſalzt und pfeffert ſie, belegt ſie mit fein
geſchnittenen Zwiebeln und Speck, rollt ſie zuſammen, um=
wickelt dieſelben mit Bindfaden, legt ſie hierauf in einen Tiegel
nebſt etwas Zwiebel, Speck, Butter, gelbe Rüben, Sellerie=
und Peterſilienwurzeln, Lorbeerblatt und Citronenſchale,
deckt ſie zu und läßt Alles dämpfen bis es gelb geworden
iſt, thut alsdann einige Löffel voll ſauren Rahm und
einen Schöpflöffel voll Fleiſchbrühe daran und läßt die
Rollaben vollends weich dämpfen; richtet ſie an und gießt
die Sauce durch's Haarſieb darüber.

242. Gewickeltes engliſches Rindfleiſch.

Löſe aus einem guten Nierenſtück die Knochen heraus,
klopfe es, lege ein Stück Zwiebel mit einigen Nelken beſteckt,
ein Lorbeerblatt, Citronen, Salz und Pfeffer darauf, rolle
es zuſammen und umwickle es feſt mit Bindfaden; gebe es
in eine Bratpfanne, die einen Deckel hat, nebſt Wurzeln,
Zwiebeln, etwas Eſſig und Wein, das Fleiſch darf jedoch
nicht zu ſcharf werden, laſſe es dann weich braten und
dämpfen, gieße öfters ein wenig Fleiſchbrühe daran, und
$\frac{1}{2}$ Stunde vor dem Anrichten gebe in Schmalz geröſtetes
Mundbrod hinzu und nach Belieben ſauren Rahm. Die
Sauce wird durch's Haarſieb getrieben und extra gegeben.

243. Engliſches Rindfleiſch ſüß gebraten.

Dieſes muß auch ein Nierenſtück ſein, woraus die
Knochen jedoch nicht gelöſt werden, und welches nicht ge=

wickelt wird. Dasselbe wird eben so gebraten, wie das vorhergehende, nur darf kein Wein und Essig dazu kommen.

244. Beitzfleisch.

Hiezu nimmt man Schwanzstück, klopft es und wäscht es mit warmem Wasser, begießt dasselbe mit heißem Essig und gibt noch so viel Essig und Wein kalt daran, bis das Fleisch damit bedeckt ist, stellt es an einen kühlen Ort, und läßt es 8 Tage stehen. Hierauf stellt man es gesalzen, aber ohne den Essig auf's Feuer, da das Fleisch schon von demselben genug an sich gezogen hat, gibt Zwiebel, Citronen, Lorbeerblatt, Wurzeln und Wasser oder Fleischbrühe dazu, und läßt es weich kochen; alsdann macht man ein braunes Einbrenn, füllt dasselbe mit der Brühe auf und läßt es durchkochen, treibt die Sauce durch einen Seiher, schneidet das Fleisch in Stücke und richtet sie darüber an.

245. Boeuf à la mode.

Man nimmt hierzu ein Stück Fleisch ohne Knochen, besonders aus den Lenden, oder von einem jungen Ochsen das Schwanzstück, legt es mehrere Tage in Essig, besteckt es dann mit fingerlangen Stückchen Speck recht dick, legt breite, dünne Stückchen Speck, oder einige rein gewaschene Speckschwarten in einen Tiegel und das Fleisch darauf, gibt Zwiebel, ganzen Pfeffer, Nelken, Muskatblüthe, Lorbeerblätter, eine gelbe Rübe und ein Stückchen schwarze Brodrinde hinzu, thut so viel Wasser, Essig und Salz daran, daß es nicht an Brühe mangelt, deckt den Tiegel recht fest zu und läßt Alles drei Stunden auf gelindem Feuer kochen. Alsdann röstet man Mehl in Butter schön braun, füllt dieses mit der Brühe von dem gekochten Fleisch auf, läßt es kochen und richtet die Sauce durch einen Seiher zum Fleisch an.

246. Boeufsteaks.

Der abgelegene Lendenbraten wird mit einem feuchten Tuche abgeputzt, oben abgehäutet und nach Belieben das an der Seite befindliche Fett, der sogenannte Riemen, weggenommen, worauf in der Quere fingerdicke Scheiben abgeschnitten und mit einem flachen Messer ein wenig ge= klopft werden, daß sie dann runde Schnitten bilden. Diese werden mit Salz und Pfeffer auf beiden Seiten bestreut, in zerlassene Butter getaucht, auf einander gelegt und ein paar Stunden hingestellt, wodurch sie beim Braten viel mürber werden; hierauf in Butter auf gutem Feuer in 6—8 Minuten auf beiden Seiten schnell gebraten. Wenn beim Daraufdrücken kein rother Saft mehr hervorbringt, sind sie fertig, während sie dennoch saftig sein müssen. Man gibt sie zu gerösteten Kartoffeln oder Kartoffelpurée.

247. Rost-Beaf.

Man nimmt dazu am besten ein Rippenstück, klopft, wäscht und bratet es, nachdem es vorher gehörig gesalzen wurde, unter recht fleißigem Begießen, damit es recht mürbe wird. Am Anfange giebt man etwas Wasser daran, wird die Brühe dann weniger, so gießt man wieder etwas nach. Unterdessen läßt man ein Stück Butter gelblich werden, thut in Wasser weich gekochte Kartoffeln, nachdem sie abgeschält sind, hinein, und bratet sie braun, nimmt sie alsbann aus der Butter oder gießt solche in einen anderen Tiegel, thut einige Löffel voll Mehl dazu, röstet es gelbbraun, gibt etwas Fleischbrühe, Nelken, Gewürz, Citronenschale und Citronensaft dazu, gibt die Bratensauce, von der man zuvor das Fett genommen hat, daran, und rührt von diesem allen eine dickliche, angenehm schmeckende Sauce ab. Den begossenen Braten richtet man an, garnirt ihn mit den warm gehaltenen Kartoffeln rund herum recht zierlich und gibt die Sauce extra dazu.

248. Lendenbraten.

Man ziehe dem Lendenbraten von der Außenseite die Haut ab, wasche ihn, reibe ihn mit Salz und Pfeffer ein, spicke ihn auf beiden Seiten mit Speck und lege ihn einige Tage in Essig mit Zwiebeln und Lorbeerblättern. Dann brate man ihn in einer Pfanne und begieße ihn öfter mit seiner eigenen Sauce und saurem Rahm bis er beinahe fertig ist. Hierauf gebe man ihn auf eine Schüssel, bestreiche ihn auf beiden Seiten mit Eiern, bestreue ihn mit Weck= mehl, lege ihn in eine mit Butter bestrichene Pfanne, begieße denselben mit zergangener Butter und lasse ihn schön braun werden. Wenn er fertig ist, lege man ihn auf eine Platte gebe die Sauce durch einen Seiher darüber oder richte sie extra an.

249. Lendenbraten auf Hasenart.

Man ziehe einem schönen Braten die Haut ab und spicke ihn wie einen Hasen, salze und würze ihn, lege ihn in eine Bratpfanne mit etwas Essig und lasse ihn auf beiden Seiten unter öfterem Betropfen mit Butter schön braten. Zuletzt begieße man den Braten mit saurem Rahm und lasse die Sauce kurz einkochen. Beim Anrichten gebe man denselben auf eine Platte und gieße die Sauce darüber.

250. Rindsbraten.

Nimm ein Schwanzstück, hänge dasselbe 2—3 Tage im Keller auf, wasche und klopfe es mürbe, reibe es mit Salz und Pfeffer ein, spicke es recht dick mit Speck, be= streue es mit Mehl und brate es hierauf in einer Brat= pfanne mit Butter. Wenn es braun ist, gieße Fleischbrühe und ein wenig Essig daran, gebe Kapern dazu und lasse den Braten dämpfen, bis er weich genug ist; dann richte

biesen an, gieße bie Sauce, welche nicht zu viel sein barf,
barüber unb belege ihn mit Citronenscheiben.

251. Zwiebelbraten.

Ein schönes Stück Rindfleisch, am besten Schwanzstück
wird geklopft unb weich gekocht, bann in Stücke geschnitten,
jedoch so, baß bas Fleisch auf einer Seite ganz bleibt.
Hierauf wird zu 4 Pfunb Fleisch eine Farce gemacht von
12 Loth geschnittenem Speck, Zwiebel, Petersilie, Kapern
unb Sarbellen, Salz, Pfeffer unb Muskatnuß, Alles recht
fein gehackt, biese zwischen bas Fleisch gestrichen, basselbe
mit einem Binbfaden fest umwickelt, mit ein wenig Fleisch=
brühe in ber Röhre gebraten unb zuletzt etwas geröstetes
Mehl baran gethan, bamit es eine gute Sauce gibt. Auch
kann man ein wenig sauren Rahm unb Citronensaft hinzu
geben.

252. Rostbraten.

Von einem Schwanzstück schneibe man zwei fingerbicke
spannenlange Stücke, klopfe sie auf beiben Seiten recht
mürbe, wasche unb trockne sie ab, reibe sie mit Salz, Pfeffer
unb Nelken ein, begieße sie auf beiben Seiten mit zerlas=
sener Butter ober Schmalz, lasse sie auf bem Rost lang=
sam braten unter öfterem Umwenden unb Betropfen mit
Butter, zuletzt aber mit Citronensaft. Man barf bas Fleisch
nicht länger braten, bis es nicht mehr blutig ist; auch
kann man Weckmehl ober Mehl barauf streuen, es bann
mit Butter nochmals betropfen unb schön braun werben
lassen. Bratet man es in einer Pfanne, bleibt bas Fleisch
saftiger.

253. Gebämpfte Rindsniere.

Nachbem bie Niere gewaschen, geputzt unb in bünne
Stücke geschnitten, bestreut man sie mit Pfeffer unb be=

sprengt sie mit Essig, doch darf sie nicht gesalzen werden, sonst wird sie hart. Eine Stunde darnach läßt man Schmalz zergehen, dämpft die Nieren darin, bestreut sie mit Mehl, läßt sie noch ein wenig dämpfen und gießt gute Fleisch= brühe daran. Sieht man kein Blut mehr, gibt man die Niere auf eine Platte; die Sauce läßt man mit Salz, Pfeffer, Zwiebel und Citronenschale aufkochen und richtet sie darüber an.

254. Suppenfleisch in einer Sauce.

Man setze das Fleisch etwas zeitiger wie gewöhnlich auf's Feuer und schneide es, wenn es weich ist, in Stück= chen. Hierauf lasse man in Butter feingeschnittene Zwiebel gelbbraun werden, gebe Mehl hinein, mache auch dieses bräunlich und rühre es mit Fleischbrühe zu einer Sauce an. Dieselbe würze man mit einigen Nelken, Lorbeer= blättern, etwas Pfeffer, gebe wenn nöthig noch etwas Salz und 1 bis 2 Eßlöffel voll süßen Rahm hinzu, lasse das Fleisch auf gelindem Feuer ½ Stunde darin dämpfen und gebe nach Belieben noch ein wenig Essig hinein.

255. Grilladen von Suppenfleisch.

Das übrig gebliebene gekochte Fleisch wird in Scheiben geschnitten, eine Nacht in Essig gelegt, in Eier, Salz und Muskatnuß getaucht, mit Weckmehl bestreut und im Schmalz leicht gebacken, wobei es nicht austrocknen darf.

256. Ragout von Suppenfleisch.

Man schneide das Fleisch in Stücke, mache ein gelb= braunes Einbrenn mit fein geschnittenen Zwiebeln, rühre dieses mit Fleischbrühe oder Wasser und Bratenbrühe an, gebe etwas Pfeffer, Nelken, 2—3 Lorbeerblätter und etwas abgeschälte, in feine Scheiben geschnittene eingemachte Gur=

ten, oder sehr wenig Essig zur Sauce, lasse dieselben weich kochen und das Fleisch nur wenig darin dämpfen. Will man Braten zum Ragout nehmen, lasse man denselben nur langsam heiß werden, durch das Kochen würde er zähe werden.

257. Hachee von Suppenfleisch.

Das übrig gebliebene Fleisch wird fein gehackt, alsdann macht man ein gelbbraunes Einbrenn mit Zwiebeln, gibt Fleischbrühe daran nebst Salz, Pfeffer, Nelken und ein wenig Essig und läßt das Fleisch darin aufkochen.

258. Gollasch-Fleisch.

2 Pfund gutes Rippenstück oder Lendenbraten werden in würfelförmige Stücke geschnitten, dann 2—3 Zwiebeln geschnitten, 12 Loth Butter oder gutes Schmalz heiß gemacht, die Zwiebeln nebst dem Fleisch hineingelegt, Pfeffer, Salz und Kümmel dazu gegeben und unter mehrmaligem Umrühren weich gedämpft, dann etwas Mehl darüber gestäubt, etwas Essig und Fleischbrühe oder Wasser daran gethan und gut durchgekocht.

259. Ragout von Zunge.

Man nimmt eine schöne Zunge, klopft sie gut und kocht dieselbe in Salzwasser weich, zieht die Haut ab und schneidet dünne runde Scheiben davon, bestreicht einen Tiegel mit Butter, bestreut ihn recht tüchtig mit Weckmehl oder Mehl, gibt ganz fein gehackten Sauerampfer, Zwiebel, Petersilie, Körbel, Kapern und Citronenschale hinein, legt die Zunge darauf, salzt sie und gibt 2—3 Löffel voll sauren Rahm dazu, deckt den Tiegel fest zu und läßt sie eine Viertelstunde kochen, alsbann thut man ein wenig gute Fleischbrühe oder Jus daran, läßt das Ganze aufkochen und richtet es an.

260. Zunge mit Fricasseesauce.

Man kocht die Zunge in Salzwasser weich, häutet sie ab, schneidet sie der Länge nach von einander und macht etliche Schnitte hinein, aber nicht ganz durch. Dann röstet man in Butter einen Löffel voll Mehl mit Zwiebeln gelb, füllt dieses mit Zungenbrühe auf, gibt Citronenscheiben, Muskatblüthe, etwas fein gestoßenen weißen Pfeffer, auch nach Geschmack ½ Glas weißen Wein daran und wenn dieses kocht, legt man die Zunge hinein und läßt sie noch ¼ Stunde mit kochen; hierauf richtet man sie an und rührt die Sauce mit 2 Eidottern ab. Nach Belieben kann man auch einen Geschmack von Sardellen daran geben.

261. Gebackene Zunge.

· Dieselbe wird in Salzwasser weich gekocht, abgehäutelt und gespalten, dann bestreicht man sie mit zerlassener Butter, bestreut sie mit Weckmehl und Salz und backt sie in Butter schön gelb, wobei sie jedoch nicht austrocknen darf, sondern ganz saftig bleiben muß. Man gibt dieselbe zum Gemüse oder in einer Sauce.

II. Kalbfleisch.

262. Kalbsbraten.

Wenn das Bein vom Schlegel abgehauen ist, legt man diesen eine halbe Stunde in's Wasser damit er auszieht, und läßt ihn hierauf ablaufen. Alsdann macht man in der Bratpfanne Butter heiß, legt den mit Salz eingeriebenen Braten auf die gute Seite hinein, läßt ihn langsam gelblich braten, wendet ihn um und läßt ihn so liegen, gibt einige Zwiebeln, eine gelbe Rübe, ein Lorbeerblatt und einen Löffel voll Fleischbrühe hinein, deckt ihn mit Papier zu und läßt ihn unter öfterm Begießen langsam braten. Iſt er angerichtet, treibt man die Sauce durch einen Seiher und gibt ſie beſonders dazu. Der Kalbsbug kann ebenſo gebraten werden, jedoch muß man den Kno= chen erſt herausſchneiden.

263. Geſpickter Kalbsbraten.

Der Braten wird recht geklopft, mit kochendem Waſſer begoſſen und mit Speck geſpickt; hierauf legt man ihn eine Viertelſtunde in's Waſſer und läßt ihn dann ablaufen; thut in eine Bratpfanne einige Hölzchen und Speckſchwarten, legt den Braten mit einigen Zwiebeln, Lorbeerblättern, ein wenig Thymian und Salz hinein, begießt ihn mit Butter oder gutem Bratenfett, thut einen Löffel voll Fleiſchbrühe daran, legt einen naßgemachten Bogen Papier darauf und läßt ihn unter öfterm Begießen 2—2¹⁄₂ Stunden langſam braten. Iſt der Braten angerichtet, treibt man die Sauce durch einen Seiher, nimmt das Fett herunter und gibt ſie beſonders dazu.

264. Geſpickte Kalbskeule in einer Rahmſauce.

Die Keule wird gut geklopft und abgehäutet; unter= deſſen wird ein Glas Eſſig mit Salz, Pfeffer, Nelken, eine halbe Zwiebel und etwas Citronen ¹⁄₄ Stunde ge= kocht, dieſes über dieſelbe gegoſſen und 1 Stunde ſtehen gelaſſen. Nachdem wird das Fleiſch geſpickt und in einer Bratpfanne oder Tiegel, worin vorher Butter zerlaſſen wurde unter öfterm Begießen weich gedämpft. Hierauf wird das Fett von der Sauce genommen, ¹⁄₂ Schoppen Rahm und etwas Mehl daran gerührt, und wenn dieſes gekocht hat, über den Braten gegoſſen.

265. Saurer Kalbsbraten.

Man klopft und häutet den Braten, ſpickt ihn recht dick und legt ihn in eine große Schüſſel, unterdeſſen läßt man in einem Tiegel 3 Schoppen Essig, Zwiebeln, Lorbeerblätter, ganze Nelken, Pfefferkörner und Salz zusammen kochen, gießt es kochend über den Braten, deckt ihn mit Papier oder einem Tuch zu und läßt ihn 5—6 Tage unter öfterm Umwenden stehen. Will man ihn braten, legt man einige Hölzchen in die Bratpfanne, Speckschwarten darauf, dann den Braten, begießt ihn mit Butter, gibt die Zwiebeln und das im Essig liegende Gewürz dazu, nebst ein Stück schwarze Brodrinde und eine gelbe Rübe, deckt ihn zu und läßt denselben unter öfterem Begießen langsam braten. Man darf ihn nicht umwenden, damit der Speck immer oben bleibt, weil der Braten sonst sein Ansehen verliert. Die Sauce treibt man durch einen Seiher, nimmt das Fett davon und legt auf den Braten einige Citronenscheiben, oder thut etwas sauren Rahm in die Sauce.

266. Kalbsnierenbraten.

Nachdem der Braten gewaschen ist, wird er gut gesalzen, einige Lorbeerblätter, Zwiebeln, Citronenschalen, etwas Butter oder Schmalz dazu gegeben und unter öfterm Begießen schön gelb gebraten.

267. Gefüllter Kalbsschlegel.

Salze einen Kalbsschlegel ein, schneide ihn auf der inneren Seite auf und löse etwas Fleisch und die Beine heraus, damit es eine Höhlung gibt; dann mache folgende Farce: hacke das ausgelöste Fleisch mit 2 Briesen, 2 Eiern, Citronenschale, Salz und Petersilie fein, unterdessen lasse 4 Loth fein geschnittenen Speck in einem Tiegel anlaufen, gebe das Gehackte hinein und lasse es unter öfterem Umrühren dämpfen, bis das Fleisch weich ist. Hierauf rühre 2 Loth Butter mit 3 Eiern und einer Hand voll Weckmehl gut ab, rühre das Gedämpfte darunter und fülle

ben Schlegel damit, nähe ihn zu, lege ihn in die Brat=
pfanne und betropfe ihn öfter mit Butter und Citronen=
saft. Wenn er schön hellbraun und weich gebraten ist,
lege ihn auf eine Platte, gieße die Sauce darüber oder
gebe sie extra und belege den Braten mit Citronenscheiben.

268. Gefüllte Kalbsbrust.

Die Brust wird zusammengedrückt, damit der Wind
herausgeht, dann schneidet man sie inwendig von einander,
doch so, daß sie ringsum zu bleibt und im Braten die
Fülle nicht herausgeht, legt sie in Wasser, wäscht sie und
salzt sie ein. Hierauf macht man folgende Farce: man
weicht Milchbrode in Milch oder Wasser ein und drückt
sie fest aus, dämpft in Butter eine fein gehackte Zwiebel,
etwas Petersilie, gibt das Milchbrob hinzu bis es heiß
ist, läßt es abkühlen, thut Salz, Muskatnuß und 3 Eier
dazu, rührt Alles gut durch, füllt die Brust damit und
näht sie zu; legt sie in eine Pfanne, begießt sie mit Butter,
gibt eine Zwiebel und einen Löffel voll Fleischbrühe daran,
deckt sie zu und läßt sie unter öfterem Begießen langsam
braten. Wird sie angerichtet, zieht man den Faden heraus
und gibt die Sauce besonders dazu.

269. Gewickeltes Kalbfleisch als Braten.

Man schneide von einem gespaltenen Kalbsschlegel die
Knochen und das Häutige weg, klopfe ihn und reibe den=
selben mit Salz ein; auf die innere Seite lege man dann
eine Zwiebel, Citronenschale, Butter und ein wenig Mus=
katblüthen, rolle ihn fest zusammen, umbinde ihn mit
Bindfaden und spicke ihn. Hierauf lege man denselben in
eine Bratpfanne nebst Wurzeln, Zwiebeln, Butter und
sauren Rahm und brate ihn unter öfterem Begießen mit
Jus. Zuletzt gebe man eine Hand voll in Schmalz ge=

röſtetes Weckmehl daran, und richte die Sauce durch ein Haarſieb an.

270. Gewickeltes Kalbfleiſch.

Von einem Kalbsſchlegel werden 3 Finger breite und noch einmal ſo lange Stückchen geſchnitten und mit einem Meſſer gut geklopft. Hierauf macht man eine Farce von dem Fleiſch, was beim Schneiden der Stückchen abfällt, hackt dieſes mit etwas friſchem Nierenfett recht fein, gibt Salz und ein wenig Pfeffer dazu und rührt es mit einigen Eiern, ſüßem Rahm und Weckmehl gut untereinander. Nun ſtreicht man auf jedes Stück Fleiſch einen Löffel voll von der Farce, wickelt es zuſammen und umbindet es mit einem Faden; läßt in einem Tiegel Butter zergehen, legt die Rollen neben einander und läßt ſie zugedeckt ſo lange dämpfen, bis ſie weich und gelb ſind. Alsdann gibt man an die Sauce ſauren Rahm, Citronenſchale und Saft, läßt ſie auffochen und richtet ſie über die Rollen an.

271. Kalbsſchnitzchen.

Von einem Kalbsſchlegel ſchneide man handgroße fingerdicke Schnitten ab, waſche und klopfe ſie mit einem Beil oder Klopfholz auf beiden Seiten, ſalze ſie ein und laſſe ſie eine Weile ſtehen; dann trockne man ſie ab, ſpicke ſie ein wenig mit Citronenſchnitzchen und tropfe etwas Citronenſaft darüber; hierauf lege man die Schnitzchen in eine Pfanne, in welcher Schmalz oder Butter zerlaſſen wurde, laſſe ſie langſam eine halbe Stunde auf beiden Seiten ſchön hellbraun braten und gebe alsdann ſauren Rahm darauf; iſt dieſes zuſammen heiß geworden, richte man die Kalbsſchnitzchen an, gieße die Sauce darüber und beſtreue ſie mit fein geſchnittener Citronenſchale.

6

272. Kalbfleisch-Farce.

Nimm ½ Pfund abgehäutetes trockenes Kalbfleisch, hacke es mit frischer Butter und eben so viel Weck, von dem die Rinde abgeschnitten, und welche auf dem Feuer in ein wenig Butter und Milch abgetrocknet sind, so daß sie wie ein Kloß werden, recht fein, treibe Alles durch's Haarsieb, gib Salz, ein wenig Pfeffer, frischen feinge= schnittenen Speck, Petersilie, 2 Eier und 2 Eidotter hinzu und vermenge es mit einander. Will man Würstchen aus dieser Farce machen, fülle man dieselbe in Bratwurst= därme, mache sie fingerlang, koche sie ein wenig in Wasser, backe sie in Schmalz gelb und gebe beim Anrichten etwas Jus daran. Will man die Farce zu gefülltem Kraut oder Wirsing nehmen, so lasse man den Speck weg, thue noch fein gehackte Zwiebel dazu und mache eine gute Jussauce über das Gemüse; auch zu Suppenklößchen ist dieselbe sehr gut.

273. Gedämpftes Kalbfleisch.

Das Kalbfleisch schneide man in Stückchen, klopft solche gut und reibt sie ein wenig mit Salz ein, legt sie in eine Casserole mit einem Stück Butter, Thymian, Ba= silikum, klein geschnittenen Zwiebeln, Petersilienwurzeln und Sellerie und läßt sie bräunlich dämpfen, nimmt sie dann heraus, thut noch ein paar Löffel voll Mehl mit einem Stückchen Butter in die Casserole und läßt Alles braun rösten; nun gießt man etwas Rindfleischbrühe dazu, drückt den Saft von einer Citrone hinein, gießt die Sauce durch einen Seiher und läßt sie mit dem Fleische noch einmal aufkochen.

274. Kalbfleisch mit Sellerie.

Wasche das Fleisch etlichemal aus frischem Wasser rein heraus, lege es in eine Schüssel, gieße siedendes Wasser darüber, decke es zu und lasse es eine halbe Stunde stehen, dann lege es auf einen Deckel, damit es abläuft, gebe ein Stück Butter in eine Casserole, lasse sie heiß werden, thue das Fleisch nebst Salz hinein, decke es zu und lasse es eine Viertelstunde auf Kohlen dämpfen; nun bestreue es mit so viel Mehl als nöthig ist, schüttle es einige Mal um und lasse dasselbe noch eine Weile dämpfen, gebe aber darauf Acht, daß es nicht anhängt; gieße alsdann ein wenig siedende Fleischbrühe darüber und wenn das Fleisch wieder im Kochen ist, thue auf zwei Pfund zwei große Selleriewurzeln, sauber geschabt, gewaschen, in 4 Theile geschnitten hinzu, reibe nach Gutdünken Muskatnuß daran und lasse es so lange kochen, bis das Fleisch und die Wurzeln weich sind.

275. Kalbfleisch, braun in Speck.

Hacke eine Kalbsbrust in Stücke und lege sie in Wasser, schneide Speck in Würfel und lasse ihn braun braten, dann rühre etwas Mehl hinzu, damit es in dem Speck braun röste; lege nun das Fleisch in den gebratenen Speck und lasse dieses darin braun werden, dann gieße Brühe oder Wasser dazu, thue etwas Kapern, Champignons, Salz und Citronenscheiben daran und lasse Alles in dieser Brühe aufkochen und richte es an.

276. Kalbfleisch mit Citronensaft.

Lasse das Fleisch etliche Male aufkochen, mache die kleinen Knochen und die Haut davon, lege es in einen Tiegel, gieße kräftige Brühe dazu und thue ein paar Lor= beerblätter, ganzen Pfeffer, Muskatblüthe, eine ganze Zwiebel, Butter, Salz und Citronenschale hinein und lasse es weich kochen; dann thue Weckmehl und ein gutes Theil Citronensaft dazu.

277. Kalbfleisch mit Sardellen.

Das Kalbfleisch wird in Stückchen geschnitten, ge=
waschen und in gesalzenem Wasser eine halbe Stunde ge=
kocht, dann wird das Fleisch in einen Topf gelegt, zu 2
Pfund Fleisch 4 Loth Butter und 4 bis 6 Loth gewässerte
und ausgegrätete Sardellen, die Schale und der Saft
einer halben Citrone und etwas geriebene Muskatnuß
gethan, sowie ein Schöpflöffel voll von der Brühe, in der
das Fleisch gekocht wurde, und dasselbe noch eine halbe
Stunde gekocht. Die Brühe muß kurz eingekocht sein.

278. Gedämpfte Kalbsrippen.

Schneide die Rippen glatt ab, klopfe sie mürbe und
hacke die Knochen zur Hälfte ab, dann lege sie in einen
dick mit Butter bestrichenen Tiegel, bestreue sie mit Salz,
Muskatnuß und gebe noch Butter, Citronenscheiben, etwas
Weckmehl, sodann etwa zu 3 Pfund Fleisch nicht ganz
$\frac{1}{4}$ Maaß halb Wasser, halb Wein daran. Nun decke
man den Tiegel zu, lege ein feuchtes Tuch darauf, damit
der Dampf nicht herausgeht und lasse es auf Kohlen
langsam dämpfen.

279. Fricassee von Kalbfleisch.

Man schneidet die Brust in kleine Stücke, wäscht sie
und legt sie eine Weile in warmes Wasser, damit das
Fleisch schön weiß wird. Dann legt man dasselbe in
einen Tiegel, worin Butter heiß gemacht ist, gibt Salz,
einige mit Nelken besteckte Zwiebeln, Petersilie, Lorbeer=
blatt, etwas Muskatblüthe und einige Stengel Thymian
dazu, deckt den Tiegel nun zu und läßt es dämpfen;
hierauf streut man einige Löffel voll Mehl darauf, läßt
es so lange dämpfen, bis es sich unten anhängen will,
gießt heiße Fleischbrühe nebst ein Glas Wein hinein, thut

Citronenschale, einige Pfefferkörner und etwas Muskatnuß dazu, und läßt es kochen, bis es recht weich ist. Beim Anrichten quirlt man die Sauce mit 3 bis 4 Eidottern ab.

280. Fricassee anderer Art.

Das Fleisch wird mit nicht zu viel kochendem Wasser und Salz auf's Feuer gestellt, geschäumt, Lorbeerblatt, Zwiebel und Pfeffer hineingegeben und weich gekocht. Alsdann Mehl in Butter hellgelb geröstet, mit der Brühe aufgefüllt, das Fleisch noch ein wenig mitgekocht, ein Glas Wein daran gegeben und beim Anrichten mit 1 bis 2 Eigelb abgerührt.

281. Fricandeau als Ragout.

Es wird ein schönes Stück von einem Kalbsschlegel geschnitten, ein wenig geklopft, abgehäutet und gespickt, dann dasselbe in Butter mit Zwiebeln, gelben Rüben, Sellerie und Petersilienwurzeln und ein Stück Citronen unter öfterem Umwenden, damit es sich nicht anhängt, schön gelb und weich gedämpft; hierauf wird ein hellgelbes Einbrenn gemacht, mit guter Fleischbrühe und Jus aufgefüllt, der Saft von dem Fleisch nebst etwas Wein dazu gegeben, gut aufgekocht und durch ein Sieb über das in Stücke geschnittene, wieder ganz zusammengelegte Fleisch angerichtet. Man kann dies mit Trüffeln, Champignons oder Morcheln garniren.

282. Braungedämpfte Kalbsbrust.

Löse die Rippen heraus, wasche die Brust rein, salze sie, lasse in einem Tiegel Butter heiß und ein wenig Zucker darin braun werden, gebe eine Hand voll Zwiebeln daran, trockne die Brust ab, lege sie hinein und lasse sie auf beiden Seiten schön braun dämpfen; hernach gieße Jus

barüber, decke ſie zu und laſſe ſie weich dämpfen. Iſt die
Bruſt fertig, gebe ſie auf eine Schüſſel, gieße die Sauce
durch einen Seiher barüber, brücke Citronenſaft barauf
und beſtreue ·ſie mit klein geſchnittener Citronenſchale.

283. Gefüllte Kalbsherzen.

Für 2 mit feingeſchnittenem Speck ringsum geſpickte
Herzen macht man folgende Farce: Man hacke 4 Loth
Speck mit einer Zwiebel fein, gebe eine Hand voll ge=
riebenes ſchwarzes Brod, 16 verbrückte Wachholderbeeren,
Salz, Pfeffer und etwas geſtoßene Nelken hinzu und fülle
die Herzen damit, ſo viel in die Oeffnung hineingeht,
bann laſſe man Butter zergehen, ſtelle die Herzen aufrecht
hinein, beſtreue ſie mit Salz, Pfeffer und Nelken und laſſe
ſie zugedeckt dämpfen; ſind ſie ſchön gelb, nimmt man bas
Fette ab, thut etwas Fleiſchbrühe, ein Glas Wein, Cit=
ronenſaft, fein geſchnittene Citronenſchale und ein Lorbeer=
blatt hinzu, und läßt ſie zugedeckt langſam kochen bis ſie
weich ſind.

284. Geſpickte Kalbsherzen.

Die Kalbsherzen ſchneibet man in der Mitte von
einander, ſpickt ſie rings herum mit Speck und läßt ſie
in Schmalz, mit Salz, Pfeffer und Nelken beſtreut, ſchön
gelb dämpfen; bann gießt man etwas Fleiſchbrühe und
ein wenig Eſſig hinzu, gibt ein Stück ſchwarze Brobrinde
baran und läßt ſie ſo vollends weich kochen.

285. Gedämpfte Leber.

Die Leber wird gewaſchen, von der Haut und ben
Sehnen befreit, in fingerbicke Scheiben geſchnitten, mit
Salz und Pfeffer beſtreut, in Mehl umgedreht und zuge=
beckt in viel Butter ungefähr $\frac{1}{4}$ Stunde bei einmaligem
Umwenden vorſichtig gedämpft; iſt ſie weich, gibt man

eine Taſſe kaltes Waſſer dazu, deckt die Pfanne raſch zu, läßt ſie noch einige Minuten raſch bämpfen und richtet ſie in ihrer Sauce ſchnell an.

286. Gedämpfte geſpickte Kalbsleber.

Man häute eine gewaſchene Kalbsleber ab, pfeffere und ſpicke ſie recht gut, laſſe in einen Tiegel Butter heiß werden, lege die Leber, das Geſpickte nach unten, hinein, damit der Speck ſchön braun wird, ſtäube etwas Mehl, klein geſchnittene Zwiebeln und Citronenſchale daran und laſſe ſie ſchön braun bämpfen; dann gebe man gute Fleiſchbrühe, ein wenig Eſſig oder Citronenſaft dazu, reibe Muskatnuß darauf und laſſe ſie auskochen, gebe ſie auf eine Schüſſel und treibe die Sauce durch ein Haar= ſieb darüber.

287. Gefüllte Kalbsleber.

Iſt die Leber abgehäutet, ſo ſchneide ſie blätterig, doch ſo, daß ſie auf den zwei Seiten wie eine Taſche an= einander hängt; dann ſtreue ſie mit Salz ein, röſte klein gehackten Speck, Weckmehl und Peterſilie, gebe ein wenig Pfeffer und Muskatnuß dazu und rühre dieſes mit einigen Löffeln voll Rahm und einigen Eiern gut untereinander, fülle zwiſchen jedes Blatt der Leber etwas davon hinein und umwickle dieſelbe mit einem Kälbernetz; nun beſtreiche einen Tiegel mit Butter, laſſe die Leber auf beiden Seiten darin braun werden, mache eine Citronen= oder Zwiebel= ſauce und laſſe ſie darin noch eine Viertelſtunde kochen.

288. Geſchwungene Kalbsleber mit Kräutern.

Nachdem die Kalbsleber von der Haut befreit iſt, wird ſie in Finger dicke Scheiben geſchnitten, dieſe mit Salz und Pfeffer beſtreut und in Mehl umgewendet. Unter=

dessen wird in einem flachen Casserolle oder Tiegel 6 Loth frische Butter, 2 Eßlöffel voll fein gehackte Petersilie, Champignons und Chalotten zu gleichen Theilen einige Augenblicke gedämpft und die Leberschnitten auf beiden Seiten leicht darin gebraten. Hierauf schütte man die überflüssige Butter davon ab, gebe etwas Citronensaft, einen Löffel voll Bratensauce und einen Löffel voll Ein= machsauce dazu, rühre das Ganze gut bis zum Kochen untereinander, lasse die Leber noch 5 Minuten langsam darin aufkochen und richte sie dann auf einer Platte im Kranze an.

289. Gebackenes Kalbshirn.

Nachdem das Hirn rein gewaschen und abgehäutet ist, wird dasselbe gesalzen, in verkleppertem Ei und Weckmehl umgewendet und in Schmalz schön gelb gebacken.

290. Ragout von Kalbshirn.

Dasselbe wird ganz rein gewaschen, die feinen Häute abgezogen und in Wasser mit Salz, einigen Zwiebeln, Nelken, etwas Pfeffer und Essig weich gekocht; dann röstet man einen Löffel voll Mehl in Butter gelb, rührt von der Brühe hinzu, gibt das Hirn, einige Citronenscheiben und etwas Wein hinein, läßt dies ein wenig kochen und rührt die Sauce mit 1—2 Eigelb ab.

291. Bries=Ragout mit gefüllten Kalbsohren.

Die Kalbsohren werden in Salzwasser halb weich ge= kocht, einige Schnittchen hinein geschnitten, damit sie eine Frisur bekommen, sodann mit einer kräftigen Farce ge= füllt und mit den Briesen, die vorher blanchirt, abge= häutet und gespickt worden, in Butter, Citronen, Wurzeln und Zwiebel unter öfterem Umwenden weich gedämpft; hierauf wird ein weißes Einbrenn gemacht, mit Fleisch=

brühe angerührt, etwas Wein und die Sauce von den
Ohren und Briesen dazu gethan, aufgekocht, durch ein
Sieb getrieben und mit Eidottern legirt. Die Ohren und
Briese werden in der Sauce angerichtet. Auch kann man
zu letzterer nach Belieben noch Krebsbutter nehmen und
die Schüssel mit Krebsschweifen garniren.

292. Kalbsbriese.

Man putze und koche die Briese in gesalzenem Wasser
nicht ganz weich und schneide sie in runde Stücke; hierauf
lasse man Butter in einem Tiegel zergehen und röste zwei
Löffel voll Mehl gelblich darin, fülle es mit guter Fleischbrühe und ein wenig Wein auf, gebe Krebsbutter und
etwas geriebene Muskatnuß daran und lasse Alles zusammen aufkochen; dann lege man die Briese hinein und
lasse sie fertig kochen.

293. Gefüllte Kalbscoteletts.

Sechs Coteletts richte man her wie gewöhnlich, koche
4 schöne Kalbsbriese und hacke sie; dann weiche man 2
Mundbrode ein, gebe etwas Butter und 3 Eier dazu, sowie Petersilie, Chalotten, Citronenschale und Muskatnuß,
rühre Alles gut untereinander und dämpfe es in einem
Tiegel mit Butter. Man bestreiche nun jedes Cotelett
mit einem Löffel voll von dieser Farce und backe sie im
Schmalz.

294. Gespickte Coteletts in Fricassee-Sauce.

Man spicke Kalbscoteletts auf einer Seite, salze sie,
bestreiche einen Tiegel mit Butter und lasse dieselben darin
auf beiden Seiten schön braun werden; dann stäube man
etwas Mehl darauf und lasse sie noch ein wenig anziehen,
gieße gute Fleischbrühe hinzu, gebe Muskatnuß und Citrone

daran, laſſe ſie gut auskochen und rühre die Sauce mit
Eidottern ab.

295. Kalbsgekröſe zu kochen.

Das Kalbsgekröſe legt man in warmes Waſſer, wäſcht
es, reibt es mit Salz ab, und wäſcht es noch einigemal,
bis das Waſſer hell bleibt; nun läßt man es ungefähr
eine halbe Stunde in kaltem Waſſer liegen, wäſcht es
abermals, ſetzt es in einen Topf mit kochendem Waſſer
und Salz zum Feuer und läßt es kochen, bis es weich
iſt. Dann werden 3 Kochlöffel voll Mehl in Butter oder
Schmalz weißgelb geröſtet, mit 1 Maß Fleiſchbrühe ange=
rührt, ein Glas Wein oder Eſſig daran gegoſſen, eine
Zwiebel, ein paar Lorbeerblätter, Muskatnuß etwas Ing=
wer und kleingeſchnittene Citronenſchale dazu gethan und
das Gekröſe noch eine halbe Stunde darin gekocht.

296. Gebackenes Kalbsgekröſe.

Iſt das Gekröſe geputzt und gewaſchen, wird es in
Waſſer mit Salz, Citronenſchalen, Zwiebeln, Lorbeer=
blättern, einem Stückchen Speck ſowie etwas Mehl weich
gekocht, hierauf nimmt man es heraus, drückt es aus und
ſchneidet Stückchen davon, wickelt dieſe auf, taucht ſie in
einem verklepperten Ei, beſtreut ſie mit untereinander ge=
miſchtem Weckmehl, weißem Mehl und Salz und backt ſie
im Schmalz.

297. Kalbszunge mit Sauce.

Man kocht die Zunge in Salzwaſſer weich, löſt die
weiße Haut ab und ſchneidet ſie der Länge nach von
einander. Zur Sauce röſtet man in einem Stück Butter
einen Löffel voll Mehl hellgelb, gießt Wein und Waſſer
daran, thut ein Stückchen Zucker, ein wenig klein geſchnit=
tene Citronenſchale und reingewaſchene kleine Roſinen da=

zu, läßt dieses eine Viertelstunde kochen, quirlt die Sauce mit 2—3 Eidottern ab und richtet sie über die Zunge an.

298. Kalbsfüße zu kochen.

Nachdem die Kalbsfüße gebrüht und gereinigt sind, werden sie gewaschen und mit siedendem Wasser und Salz nicht ganz weich gekocht, da man sie erst in der zubereiteten Brühe auskochen läßt. Zu 3—4 Füßen röstet man ebensoviel Löffel voll Mehl in Butter hellgelb, rührt es mit heißer Fleischbrühe an, thut etwas feingeschnittene Petersilie, Muskatnuß und Ingwer dazu und läßt die Füße in dieser Sauce weich kochen. Sollen die Kalbsfüße jedoch sauer gekocht werden, so wird das Mehl braun geröstet, zu der Fleischbrühe ein Glas Weinessig gegossen, eine Zwiebel, Lorbeerblätter, Citronenschale und Saft, sowie etliche gestoßene Gewürznelken und vier Pfefferkörner hinein gethan und die Füße, wie bereits erwähnt, darin gekocht.

299. Gebackene Kalbsfüße.

Die Füße werden abgekocht und hierauf die Knochen herausgelöst. Sind sie erkaltet, taucht man sie in einen dicken Pfannkuchenteig und backt sie im Schmalz schön gelb.

300. Lungenmus.

Man hackt eine in Salzwasser abgekochte Lunge mit Citronenschale, und, wenn man will, mit einem Stückchen Zwiebel und etwas Petersilie klein, läßt sie in zerlassener Butter eine Weile dämpfen, thut dann einen Löffel voll Fleischbrühe mit ein wenig Salz hinzu, quirlt einige Eigelb mit einem Löffel voll Mehl, Wein oder Essig und Muskatnuß zusammen, rührt es an das Gedämpfte und richtet es, wenn es angezogen hat, an.

301. Ragout von gekochtem Kalbskopf.

Man kocht den Kalbskopf weich, löst die Knochen heraus und schneidet schöne Stückchen davon; alsdann bestreiche man eine Auflaufform gut mit Butter, bestreue sie dick mit Weckmehl und lege den geschnittenen Kalbskopf nebst fein gehackter Zwiebel, Salz, Pfeffer, Petersilie, Citronenschale und Saft, ein wenig Essig und etwas in Butter geröstetes Weckmehl hinein, gieße einen Löffel voll gute Fleischbrühe daran und lasse Alles in der Röhre aufkochen. Es muß eine piquante Sauce geben und wird das Ragout mit der Form servirt.

302. Einen Kalbskopf mit der Haut.

Der Kalbskopf muß ganz gebrüht, sauber geputzt und die Haut unten ein wenig zusammengenäht werden, damit sie schön bleibt; alsdann wird derselbe in Salzwasser weich gekocht, auf eine Schüssel gestellt, mit gebratenen Zwiebeln und Wurzeln garnirt und eine gute gelbe Sauce dazu gegeben.

303. Gebackener Kalbskopf.

Nachdem der Kopf weich gekocht ist, löst man die Knochen heraus und schneidet das Fleisch in Stücke, salzt und pfeffert diese, taucht sie in verklepperte Eier und Weckmehl und backt sie im Schmalz schön gelb.

304. Grilladen von Kalbsbraten.

Es werden von kaltem Braten fingerdicke Scheiben geschnitten, in Eier und Muskatnuß getunkt, in Weckmehl umgewendet und in heißem Schmalz, nachdem man etwas Salz darüber gestreut, möglichst schnell schön gelb gebacken; geschieht dies langsam, so werden die Grilladen trocken und hart.

305. Eingeschnittener Braten wie frischer.

Man schneidet den Braten zu Scheiben, legt diese in eine tiefe Schüssel, gibt die Bratenjus nebst dem Fett darüber und wenn nöthig auch ein wenig Salz; dann deckt man die Schüssel fest zu und stellt sie in einen heißen Ofen oder über kochendes Wasser. Je nach der Hitze gehört zum Heißwerden ½ bis 1 Stunde, und muß das Fleisch unterdessen oft mit der Jus begossen werden.

306. Fricadellen von gekochtem Kalbfleisch.

Das Fleisch wird in feine Würfel geschnitten, in Butter und Mehl hell geröstet, etwas Fleischbrühe oder Wasser, doch nicht zu viel, da die Sauce dick sein muß, Salz und Citronenschale dazu gegeben, mit einem Eigelb abgerührt, das Fleisch darin durchgekocht und dieses zum Kaltwerden auf eine Schüssel gelegt. Dann wird ein Ei mit etwas Salz geschlagen, mit viel Weckmehl vermischt, die kleinen Bällchen, welche von der kalten Masse geformt sind, darin umgedreht und in heißem Schmalz hellbraun gebacken. Man kann auch die Schüssel mit Zweigen von Petersilie, welche zuvor im Schmalz gebacken sind, verzieren.

307. Nierenschnitten.

Die gebratene Niere mit ihrem Fett nebst etwas Kalbsbraten und Petersilie wird fein gehackt und mit 2 Eiern, etwas Salz und Muskatnuß unter einander gemischt; dann macht man Scheiben von Mundbrod in Milch weich, bestreicht sie dick mit dieser Masse, streicht sie glatt, bestreut sie mit Weckmehl, läßt die untere Seite in heißer Butter gelb backen und legt sie noch einige Minuten auf die Nierenseite. Als Nachgericht werden die Nierenschnitten mit Zucker bestreut, als Beilage aber ohne Zucker gegeben.

III. Hammelfleisch.

308. Hammelsbraten.

Der Braten wird geklopft, über Nacht in Essig ge=
legt und mit etwas Knoblauch gespickt; dann legt man
denselben in die Bratenpfanne, giebt Zwiebel, Lorbeer=
blätter, gelbe Rüben, Sellerie= und Peterſilienwurzel,
etwas ganzen Pfeffer, Citrone, ein paar Blättchen Salbei
und Salz dazu, und ſo viel Waſſer daran, daß der Bra=
ten zur Hälfte damit bedeckt iſt, läßt ihn einige Stunden
unter öfterem Begießen braten und wendet ihn um; iſt
derſelbe halb fertig, begießt man ihn mit ſaurem Rahm
und giebt Acht, daß der Braten, ſowie die Sauce eine
ſchöne dunkelgelbe Farbe erhält. Iſt er weich, treibt man
die Sauce durch ein Sieb.

309. Hammelfleiſch zu kochen.

Zum Kochen wählt man am Liebſten ein Stück von
den Rippen, weniger Kern aus der Keule, doch muß
letzteres in Ermangelung des anderen auch gehen; man
läßt es, wie das Rindfleiſch, wenn es geſchlachtet iſt, einige
Tage hängen; alsdann wäſſert man es einige Zeit ein,
ſetzt es mit Waſſer und Salz zum Feuer und läßt es
2—3 Stunden kochen; iſt es rein geſchäumt, giebt man
noch eine Zwiebel und einige Lorbeerblätter daran. Auf
dieſe Weiſe gekocht, kann das Fleiſch zu allerlei Gemüſen
gegeben werden.

310. Hammelfleiſch mit Sellerie.

Man ſchneidet das Hammelfleiſch in Stückchen, ſetzt
dieſelben mit heißem Waſſer und Salz zum Feuer und
läßt ſie eine Stunde lang kochen. Dann macht man
Butter heiß, röſtet ungefähr 3 Löffel voll Mehl weißgelb,

rührt es hierauf mit der Fleischbrühe glatt, thut gesto=
ßene Muskatblüthe, Ingwer und so viel geschnittene Sel=
lerie hinein, als man zu einem Gemüse nöthig hat und
läßt Alles zusammen kochen, bis das Fleisch und auch
die Wurzeln weich sind.

311. Hammelfleisch mit Petersilie.

Man nehme eine Hammelsbrust, hacke sie in Stück=
chen, wasche sie, lege sie noch eine halbe Stunde in frisches
Wasser, wasche sie wieder heraus, setze sie mit heißem
Wasser und Salz zum Feuer und lasse sie ungefähr eine
Stunde kochen. Dann lasse Butter in einer Casserole
zergehen, röste Mehl gelb darin; lasse es mit einer Zwie=
bel ein wenig dämpfen, fülle es dann mit der Brühe, in
welcher das Fleisch gekocht wurde, auf, thue Muskatnuß,
Petersilie und Wurzeln, welch' letztere aber zuvor sauber
geputzt, gewaschen, mit kochendem Wasser angebrüht,
wieder abgegossen und ausgedrückt werden müssen, daran;
lasse es so lange kochen, bis das Fleisch und die Peter=
silie weich sind und richte es an.

312. Hammelsnieren in einer Sauce.

Lege die Nieren in frisches Wasser, ziehe die Häutchen
ab, schneide sie in nicht zu dünne Plätzchen, wasche sie,
streue Salz, so viel als nöthig und etwas Pfeffer darauf
und lasse sie so eine halbe Stunde lang liegen. Dann
wird in einer Casserole ein Stückchen Butter heiß gemacht
und die Nieren darin geröstet; wenn sie gelb sind, Mehl
hineingestreut, und hat dies angezogen, ein Glas voll
Nelkenessig und eben so viel Fleischbrühe daran gegossen.

313. Coteletts von Hammelfleisch.

Hiezu nimmt man ein Stückchen von den Rippen,
schneidet jede der Rippen zu einem Stück, und das Fleisch

ganz herunter, welches man mit ein wenig Salz und Pfeffer so fein als möglich hackt; die Knochen werden abgeputzt, in fingerlange Stücke gehackt und das Fleisch zierlich darum geschlagen. Man drückt es mit dem Messer breit, läßt es am Knochen länglich zulaufen, wendet die Coteletts in verklepperten Eiern und geriebenem Milch= brod um und läßt sie in Butter gelinde braten. Sie müssen gelblich und ganz saftig sein.

314. Ragout von gekochtem oder gebratenem Hammelfleisch.

Man röstet 1—2 Löffel voll Mehl mit Zwiebeln in Butter braun, gießt Fleischbrühe, kochendes Wasser oder Bratensauce daran, giebt Pfeffer, Nelken, Dragon und etwas Essig hinein, und, wenn es sein kann, einen Löffel voll sauren Rahm oder zu Scheiben geschnittene einge= machte Gurken, läßt dies eine Weile kochen und das zu kleinen Stücken geschnittene Fleisch, wenn es gekocht ist, damit kochen, gebratenes aber nur heiß werden.

315. Grilladen von Hammelfleisch.

Gekochtes Fleisch wird in Stücke geschnitten, in Eier, Salz und Nelkenpfeffer umgewendet, mit Mehl bestreut und in Butter gebacken.

316. Rouladen von Hammelsbrust.

Löse aus einer Hammelsbrust die Knochen, schneide handgroße Stücke davon, bestreue sie auf der inneren Seite mit Salz, Pfeffer und feingehackten Chalotten, streiche eine Kalbfleischfarce fingerdick darauf, rolle sie auf, umwickle sie mit Bindfaden und lasse sie ungefähr 2½ Stunden in guter Sauce kochen, dann stellt man sie in

die Röhre, daß sie oben Farbe bekommen, löst den Bind=
faden ab und gibt eine Kapernsauce dazu.

317. Gefülltes Lammsviertel.

Man wasche und salze das Viertel, untergreife es
behutsam, damit es kein Loch gibt, rühre dann Butter
recht schaumig, gebe 2 Eier, Weckmehl, Muskatnuß, Salz,
klein gehackte Petersilie und so viel süßen Rahm hinzu,
bis die Farce die gehörige Dicke hat. Hierauf fülle man
sie in das Viertel, spieße die Oeffnung mit einem Hölzchen
zu, lege es in die Bratpfanne und lasse es unter öfterem
Betropfen mit Butter schön braten.

318. Lammschlegel auf Wildpret-Art.

Man klopfe den Schlegel, häute ihn ab, nehme alles
Fett hinweg und lege ihn 8 Tage in Essig und Wein,
hierauf spicke man denselben, salze und lege ihn in die
Bratpfanne mit Zwiebeln, Lorbeerblatt, gelben Rüben,
Sellerie= und Petersilienwurzeln, Citrone, ganzem Pfeffer
und 2 Nelken, belege den Braten mit Butter und lasse
ihn in der Röhre gelb werden, gieße Fleischbrühe oder
Wasser daran, wende ihn um, damit derselbe auf beiden
Seiten weich wird und gebe kurz vor dem Anrichten
sauren Rahm oben darauf, daß er recht saftig und die
Sauce gebunden wird. Sollte der Braten zu braun
werden, so decke man bald ein mit Butter bestrichenes
Papier oben darauf und lasse ihn weich werden, wozu
man ungefähr 2½ Stunden nöthig hat.

319. Lammfleisch mit Kapern.

Hacke das Fleisch in Stücke, wasche es rein und salze
es ein wenig; dann lasse Butter in einem Tiegel zer=
gehen, lege das Fleisch nebst Muskatblüthe, einer Zwiebel,

7

Lorbeerblatt und ein wenig Baſilikum hinein, decke es
zu und laſſe es auf gelindem Feuer dämpfen, doch gebe
Acht, daß es ſich nicht anhängt. Wenn es beinahe fertig
iſt, gebe Kapern, fein geſchnittene Citronenſchale, etwas
geriebenen Lebkuchen und ein Glas Wein dazu und laſſe
es weich kochen, dann nehme das Baſilikum, die Lor=
beerblätter und Citrone heraus und richte es an.

320. Lammfleiſch mit Sardellen.

Man ſchneide das Fleiſch in beliebige Stücke, waſche
und ſalze dieſe ein, laſſe in einem Tiegel Butter zergehen,
lege das Fleiſch hinein und laſſe es eine Weile dämpfen,
hacke für 1½ Pfund Fleiſch 1 Loth Sardellen, ½ Zwiebel,
1 Chalotte, Peterſilie und Citronenſchale fein, gebe es an
das Fleiſch und laſſe es noch ein wenig dämpfen; dann
gebe man gute Fleiſchbrühe und Wein oder Weineſſig
daran, ſo viel, daß es dem Fleiſche gleich iſt, drücke Ci=
tronenſaft darauf und laſſe es weich kochen; hierauf mache
man von 1 Löffel voll Mehl und ein wenig Zucker ein
Einbrenn, rühre es mit der Brühe gut ab und laſſe es
mit dem Fleiſch auskochen.

321. Lammfleiſch mit Wein= und Citronenſauce.

Das in Stücke gehauene, rein gewaſchene Lammfleiſch
läßt man mit einigen Zwiebeln, Lorbeerblättern, Salz und
Gewürz weich kochen; hierauf röſtet man ein wenig Mehl
in Butter, gießt durch einen Seiher ſo viel Brühe hinzu,
als man zur Sauce nöthig hat, thut abgeriebene Citro=
nenſchale, Saft, gewaſchene kleine Roſinen, etwas Zucker
und das von den Splittern befreite Fleiſch hinein; iſt
Alles gut durchgekocht, zieht man die Sauce mit in Wein
gequirlten Eidottern ab.

IV. Schweinefleisch.

322. Schweinebraten.

Man nehme das Rückgrat von einem jungen Schweine, ziehe ihm die Haut und das Fett ab, waſche es, ſalze es ein und laſſe es ein paar Stunden liegen, dann brate man es mit ein wenig Waſſer in der Röhre ſchön braun, wende es öfter um und begieße es jedesmal mit ſeiner eigenen Sauce; kocht dieſelbe ein, ſo ſchütte man immer wieder ein wenig Waſſer nach, und laſſe den Braten ſo ſchön braun und weich braten, dann nehme man das Fett ab und richte ihn an.

323. Saurer Schweinebraten.

Man reibt den Braten mit Salz ein, ſetzt ihn mit etwas Eſſig und Waſſer nebſt Lorbeerblatt, ein paar Nelken und Pfefferkörnern, Zwiebeln, Citrone, gelben Rüben, Sellerie= und Peterſilienwurzeln auf's Feuer; die obere Seite wird zuerſt halb weich gebraten, derſelbe umgewendet und die Schwarten, der Länge und Breite nach durchſchnitten, fleißig begoſſen, damit dieſelben nicht zu hart werden, und ſo vollends weich gedämpft. Will man den Braten mit einer Kruſte haben, ſo muß die Schwarte ganz abgeſchnitten werden, und iſt derſelbe beinahe weich, wird er auf der oberen Seite mit geriebenem Schwarz= oder Weißbrod fingerdick belegt, mit dem Bratenfett begoſſen und fertig gebraten.

324. Schweinskeule mit einer Kruste.

Man klopft eine Keule von einem zahmen oder wilden Schwein mit der Schwarte, löſt dieſelbe hierauf ab, macht in die Keule auf beiden Seiten eine Oeffnung, ſtreut ein wenig geſtoßenen Pfeffer, Nelken und Salz, gut unter

einander gemischt, hinein und legt sie einige Tage in Essig.
Hierauf thut man sie in einen Tiegel, gibt einen Schöpf=
löffel voll Fleischbrühe oder Wasser, sowie die Hälfte der
Beitze nebst einigen Wachholderbeeren, etwas Citrone und
eine Rinde Schwarzbrod hinzu und läßt die Keule gut
zugedeckt weich dämpfen. Alsdann legt man sie in eine
Bratpfanne oder in einen Tiegel, worauf der Deckel gut
paßt, gibt die durchgetriebene Sauce, wovon jedoch das
Fett rein abgeschöpft wurde, wieder daran und bestreut
die Keule fingerdick mit mürbem Weckmehl, welches mit
Salz und etwas gestoßenem Gewürz vermischt wurde, legt
kleine Stückchen Butter darauf und backt sie in der Röhre
schön gelb, oder gibt Kohlen auf den Deckel des Tiegels
und backt sie.

325. Schweinefleisch=Ragout zubereitet wie Schwarzwild.

Salze ein Stück Schweinefleisch, Carbonadstück ist das
Beste dazu, ein und lasse es über Nacht stehen, dann koche
es weich mit etwas Essig, Wein und Wasser, worin ein
Stück Zwiebel, Lorbeerblatt, Citrone, Petersilie= und Sel=
leriewurzel, gelbe Rübe, Pfeffer und einige Nelken ge=
geben wurde. Unterdessen mache ein braunes Einbrenn
mit einem Stück Zucker, fülle es mit der Brühe vom
Fleisch auf und lasse es ein wenig kochen; treibe es dann
durch ein Haarsieb und gebe noch einen Löffel voll Hiefen=
mark hinzu. Das Fleisch schneide in schöne Schnitten,
richte es an und gieße die Sauce darüber.

326. Schweinerne Nieren in der Sauce.

Schneide die Nieren in dünne Blätter und salze sie ein.
Dann lasse Zwiebeln, Chalotten und klein geschnittene
Petersilie in Butter ein wenig dämpfen, gebe die Nieren

mit etwas Pfeffer und einem Lorbeerblatt hinein, ſtaube
etwas Mehl daran und laſſe ſie noch ein wenig dämpfen,
gieße etwas Fleiſchbrühe und Eſſig hinzu, laſſe ſie aus=
kochen und ſtreue feingeſchnittene Citronenſchale darauf.

327. Würſtchen von Schweinefleiſch.

Hierzu nimmt man durchwachſenes, fein gehacktes
Fleiſch, Salz, Muskatnuß und Citronenſchale oder etwas
gehackte Chalotten, einige Eier, etwas Weckmehl und ein
wenig Rahm, dieſes wird unter einander gemiſcht, mit
der Hand zu kleinen Würſtchen gerollt, mit Weckmehl
beſtreut und im Schmalz ſchön gelb gebacken.

328. Schweinefleiſch zu kochen.

Das Schweinefleiſch wird gekocht wie das Rind= oder
Hammelfleiſch, nur muß es etwas ſchärfer geſalzen wer=
den. Es hat ungefähr drei Stunden nöthig, bis es weich
wird.

329. Gebratener Schinken.

Nachdem Bein und Spitze von einem friſchen Schinken
abgeſägt worden ſind, lege man denſelben mit Salz ein=
gerieben nebſt Lorbeerblätter, Chalotten oder Zwiebeln,
viel Pfeffer, Nelken und Dragon 6—8 Tage in Eſſig,
während dem man ihn öfter begieße; darnach ſchütte man
die Brühe durch ein Sieb, gebe Butter unter den Schin=
ken, durchkreuze entweder mit dem Meſſer die Schwarte
und ſtecke auf jedes Carreau eine Nelke oder ziehe die
Schwarte ab und ſtreue Weckmehl und Muskat recht dick
über den Schinken und brate denſelben im Ofen gelb und
weich, während man nach und nach die Brühe hinzugieße.
Der Schinken muß an den Seiten recht oft, aber behut=
ſam begoſſen werden, damit die Kruſte oben hart und

nicht abgeſchält werde. Beim Anrichten nehme man das
Fett von der Sauce, rühre dieſe unter einander und
ſchneide einige Citronenſcheiben hinein.

330. Geräucherten Schinken zu kochen.

Man lege den Schinken einige Stunden in Waſſer,
waſche ihn dann in heißem Waſſer gehörig ab und ſetze
ihn mit kochendem Waſſer bedeckt, die Schwarte nach oben,
auf's Feuer; derſelbe muß ſchnell zum Kochen gebracht
werden, dann aber langſam, doch fortwährend 3—3½
Stunden kochen und in der Brühe ½ Stunde feſt zuge=
deckt, nachweichen. So wird der Schinken zart, ohne daß
er von Außen verkocht. Soll derſelbe ganz zur Tafel ge=
bracht werden, nehme man mit einem Meſſer alles Unan=
ſehnliche hinweg, ziehe die Haut ab, zacke davon ungefähr
einen fingerbreiten Streifen aus und lege ihn an den
Seiten des Schinkens wie eine Guirlande herum, ſteche
oder ſchneide auch noch von der Haut Blumen aus und
lege ſie in die Mitte darauf, doch muß dieſes geſchehen,
wenn der Schinken warm iſt, weil die Haut ſonſt nicht
anklebt. Man putze ihn noch mit Peterſilie aus und
beſtreue ihn mit Gewürz.

331. Gebackener Schinken.

Ein geräucherter Schinken wird, wie beim Kochen
deſſelben, gewäſſert und gereinigt, darnach abgetrocknet;
Brodteig in doppelter Größe in Form eines Schinkens
nicht zu dünn ausgerollt, mit Thymian, Majoran, Dragon,
Meliſſe und Schnittlauch beſtreut, der Schinken darauf ge=
legt und mit Teig ſo zugeſchlagen, daß beim Backen nicht
der geringſte Dampf daraus hervortreten kann, dann
wird ein Blech mit Mehl beſtreut, derſelbe darauf gelegt
und in einem Bäckerofen je nach der Größe 2—3 Stunden

gebacken. Der angeschnittene Schinken kann bis zum ferneren Gebrauche in diesem Teig aufbewahrt werden.

332. Schinkenschnittchen.

Ein Teller voll übrig gebliebener gekochter, mit dem Fett fein gehackter Schinken, 3 Eier, Weckmehl und etwas Pfeffer wird gut zur Farce gemischt. Unterdeß werden Mundbrodschnitten in Milch und Eier geweicht, in Butter gelb gebacken, dann mit der Farce ringsum bedeckt, glatt gestrichen, in Weckmehl gewickelt und in Butter gelb gebacken. Man gibt diese Schnitten als Mittelschüssel oder Beilage zum Salat.

333. Farcirter Schweinskopf.

Man nimmt hiezu den Kopf eines zahmen Schweines, der nicht zu kurz abgeschnitten wurde, und beint ihn recht gut aus, indem man ihn am untern Theile der Länge nach aufschneidet und den ganzen Knochenkopf behutsam herauslöst, damit die Haut nicht zerschnitten werde. Unterdessen stoße man verschiedenes Gewürz, nimmt Pfeffer und Salz dazu und reibt den Kopf innen gut ein. Dann schneidet man 6 Pfund Schweinscarré mit dem darauf befindlichen Speck, jedoch ohne die Haut und hackt es so fein wie zu Bratwürsten; auch eine abgekochte gesalzene Rindszunge schneidet man in große Würfeln, sowie ein Pfund geräucherten Speck, dann ein Pfund abgekochte gesalzene Kalbsohren, die man wie Nudeln schneidet; dieses Alles mengt man mit Gewürz und Salz gut untereinander und füllt es in den Kopf, den man dann in seiner früheren Gestalt wieder zusammennäht. Auf den hinteren Theil desselben aber nähe man die Haut von dem Schweinscarré, damit er sich gut schließt. Hierauf bindet man ihn so fest als möglich in eine Serviette mit einem Bindfaden zusammen, legt ihn in ein passendes Geschirr mit einigen gelben Rüben, 8—10 Stück Zwiebeln, Lorbeerblättern, Thymian, ganzem Gewürz, einer guten Hand voll Salz, einer in Scheiben geschnittenen Citrone, einigen Petersilien= wurzeln und 6—8 gehackten Kalbsfüßen, gießt 2 Flaschen weißen Wein, 1 Schoppen Essig und so viel Wasser daran, bis dieses 2 Hand hoch über den Kopf geht, deckt ihn gut zu und läßt ihn langsam 10 Stunden kochen. Hierauf läßt man ihn abkühlen, nimmt den Kopf aus der Brühe heraus und preßt ihn 24 Stunden recht fest zwischen zwei harte Gegenstände; dann nimmt man ihn aus der Ser= viette, schneidet ihn zum Gebrauch auf und gießt die saure Sulz, die man von der Brühe gemacht hatte, indem man sie durch ein Sieb oder Tuch gegossen und das Fett ab= schöpfte, darüber.

Wildschweinskopf kann man auf dieselbe Weise be= reiten, nur gibt man beim Abkochen noch eine Hand voll Wachholderbeeren dazu, und nimmt statt des weißen Weines eben so viel rothen.

334. Spanferkel zu braten.

Wenn das Spanferkel geputzt ist, wird es innen mit Pfeffer und Salz eingerieben, in die Schnauze ein Apfel oder eine Kartoffel gesteckt, dann auf ein Blech oder in eine Pfanne gelegt, stark mit Butter bestrichen und im Backofen schön gelb und rösch gebraten. Man kann eine Farce auf folgende Art dazu machen: Man nimmt Lunge und Leber vom Ferkel, wäscht sie, schneidet die Adern heraus und hackt sie fein, unterdessen dämpft man in Butter feingehackte Zwiebel, Petersilie und einige einge= weichte, fest ausgedrückte Mundbrod, läßt sie erkalten, gibt einige Eier, Pfeffer, Salz, Muskatnuß und das Ge= hackte hinzu, füllt das Ferkel damit oder backt es im Ofen besonders.

335. Spanferkel-Roulade.

Das Ferkel wird geputzt und ganz ausgeknocht, doch darf es seine Façon nicht verlieren, dann mit Salz und Pfeffer eingerieben und eine Farce von 1 Pfund Kalb- und 1 Pfund Schweinefleisch gemacht. Dasselbe wird weich gedämpft, fein gehackt und durch ein Sieb getrieben; die Farce handbreit aufgestrichen, alsdann in Streifen geschnittener Speck, Schinken, Zunge und Trüffeln dazwischen gelegt, wieder von der Farce darüber gestrichen und so fort, bis Alles verwendet ist; hierauf wird es fest zusammengerollt, mit Bindfaden zugebunden, in ein Tuch gewickelt und in Essig, Wein und Wasser nebst 2 Kalbsfüßen, Zwiebeln, Citronen, Lorbeerblatt, Sellerie und gelben Rüben eine Stunde gekocht und zwischen zwei Brettern gepreßt. Die Brühe wird durchgeseiht, eine saure Gelee nach Belieben halb roth und halb gelb davon gemacht und die Schüssel damit garnirt.

336. Fleisch und Zunge einzupöckeln.

Das Fleisch oder die Zunge wird zuerst mit Salpeter-Salz, dann mit gewöhnlichem Salz eingerieben und einige Stunden liegen gelassen; dann wird es mit gestoßenen Nelken, Pfeffer und Almodigewürz eingerieben, in eine Schüssel gelegt, Citronenschale, Lorbeerblätter, Zwiebel, Chalotten und ein wenig Knoblauch daran gegeben und beschwert. Nach einigen Tagen kann man das Fleisch kochen und kalt aufschneiden.

V. Wildpret.

337. Wildes Schweinefleisch zu kochen.

Ist das Fleisch gehörig ausgewässert, wird es in kleine Stücke zerhackt oder im Ganzen gelassen und in

Wasser, Essig und Wein zu gleichen Theilen, mit Salz, Lorbeerblättern, Zwiebel, ein wenig Knoblauch, feinen Kräutern und Gewürz weich gekocht, dann auf eine Schüssel gelegt, etwas von der Brühe darüber gegossen, mit frischen Lorbeerblättern und feingeschnittener Citronenschale ver= ziert und mit einer Kirsch=, Johannisbeer= oder Hage= butten=Sauce zur Tafel gegeben.

338. Wild=Schweinskopf.

Ist der Kopf gehörig mit einem glühenden Eisen abgesengt, wäscht man ihn rein, schneidet die Haut vom Ober= und Unterrüssel los, macht vor der Stirn einen Einschnitt, weil sonst die Schwarte aufspringt und läßt ihn noch im Wasser liegen; hierauf legt man ihn in einen Topf, bedeckt ihn mit 2 Theilen Wasser, 1 Theil Essig, gibt Salz dazu, schäumt ihn gut ab und läßt ihn mit Zwiebeln, Nelken, Pfeffer Lorbeerblättern, Wachholder= beeren, Salbei, Thymian und Rosmarin 4—5 Stunden langsam kochen, bis er fast weich ist und in der kochenden Brühe noch eine Stunde nachweichen; dann putzt man die Ohren, zieht die Zunge ab und hebt den Kopf in der kalten Brühe bis zum Gebrauche auf. Kommt er auf den Tisch, macht man Essig und Oel, feine Petersilie, Kapern, Pfeffer und Salz unter einander, stellt dies dazu auf und gibt eine kalte Häringsauce dazu.

339. Reh= oder Hirsch=Wildpret zu braten.

Man wäscht den Braten recht rein, häutet und schnei= det alles Unreine gut ab, legt ihn mit Zwiebel, Lorbeer= blättern, ganzem Pfeffer und Nelken einige Tage in Essig, gibt ihn dann in eine Bratpfanne, spickt denselben recht dick, gibt Wasser, Essig, Citrone, Gewürz und Zwiebel dazu, auch einige Wachholderbeeren, und dämpft ihn, bis er halb fertig ist, schüttet nun die Brühe davon, legt Speck und Butter darauf und begießt ihn fleißig mit saurem Rahm und der abgeschöpften Brühe, weil dadurch der Braten recht saftig wird. Sollte derselbe zu braun werden, legt man ein Papier darauf und läßt ihn je nach dem Alter des Fleisches 2—2½ Stunden braten.

340. Schwarz-Wildpret.

Wird eben so zubereitet.

341. Ragout von gesulztem Schwarz-Wildpret.

Man röstet ein dunkelbraunes Einbrenn mit einem Stück Zucker, füllt dieses mit guter Fleischbrühe oder Jus und etwas von dem Gesulzten auf, läßt es aufkochen, treibt es durch ein Sieb, gibt ein paar Löffel voll Hiefen=mark dazu und läßt Alles noch eine Zeit lang kochen. Ist es frisches Wildpret, kocht man es in Wasser oder Fleischbrühe mit Salz, Citronen, Lorbeerblatt, Wein, Essig, gelben Rüben, Sellerie= und Petersilienwurzeln, Pfefferkörnern und ein paar Nelken und nimmt hierauf den Sud zur Sauce.

342. Wildpret-Ragout von übrigem Rehbraten.

Röste ein braunes Einbrenn mit Zucker, rühre es mit Fleischbrühe und Bratenjus an und lasse es aufkochen; unterdessen schneide den Rehbraten in schöne Stücke, und stelle ihn mit guter Jus, damit er recht saftig bleibt, warm; beim Anrichten lege denselben in eine Schüssel, gieße die Sauce darüber und garnire das Ragout mit Morcheln, Champignons oder Trüffeln.

343. Fricandeau von Hirsch.

Man schneidet von einem Schlegel 1—2 Pfund schwere Stücke, legt dieselben 2—4 Tage in die Beize, häutet sie ab, bestreut sie mit Salz und Pfeffer und spickt sie mit feinem Speck; hierauf gibt man in einen Tiegel ein Stück Butter, verschnittenen Speck, sowie Zwiebel, gelbe Rüben, 2 Lorbeerblätter, einige Nelken, ein wenig Citrone und läßt das Fleisch damit gelb anbraten; dann gießt man einen Löffel voll Wein, Essig und 4 Löffel voll sauren Rahm daran, und dämpft dasselbe weich darin. Sollte die Sauce einkochen, gießt man noch etwas Fleisch= brühe oder Wasser nach; man richtet das Fricandeau an und schüttet die Sauce durch ein Sieb darüber.

344. Hirsch=Coteletts.

Aus der Keule werden fingerdicke Scheiben geschnitten und recht mürbe geklopft, hierauf läßt man ein Stück Butter zergehen, thut gehackte Petersilie, Chalotten und Schnittlauch daran, legt die Fleischscheiben hinein, läßt sie fertig dämpfen und auf beiden Seiten braun werden, nimmt sie heraus, gibt an die Sauce etwas Mehl und Citronensaft und gießt sie über die Coteletts.

345. Hasenbraten.

Wenn der Hase gehörig gewaschen und enthäutet ist, legt man ihn einige Tage mit Zwiebel, Salz, Lorbeer= blättern, Nelken und Pfeffer in Essig; hierauf legt man ihn in eine Bratpfanne, spickt ihn recht tüchtig, gibt Wasser, ein Stück Butter, Gewürz, Citrone und Zwiebeln hinein, und läßt ihn so eine Zeit lang unter öfterem Begießen dämpfen, gibt von Zeit zu Zeit ein Stückchen Butter da= rauf und begießt ihn mit saurem Rahm. Man unterlasse nicht ein Papier auf den Braten zu legen, damit er nicht zu braun wird. Beim Anrichten treibt man die Sauce durch einen Seiher.

346. Gedämpfter Hase mit Ragout.

Hierzu wird ein junger Hase abgehäutet und wie zum Braten gespickt; man legt denselben dann in einen flachen Tiegel, gibt ein Stück Butter nebst Salz, etwas Pfeffer, 2 Nelken, gelbe Rüben, Sellerie= und Petersilienwurzeln dazu, läßt Alles mit einander gelb anziehen, thut dann ein wenig Essig, Wein und Fleischbrühe daran, wendet ihn einige Mal um und läßt ihn fest zugedeckt weich wer= den. Viel Sauce darf jedoch nicht daran sein, sonst schmeckt das Fleisch wie gekocht, und muß dasselbe beständ= dig zugedeckt bleiben; unterdessen macht man ein braunes Einbrenn, wohinein ein Stück Zucker geröstet ist, rührt dieses mit Fleischbrühe an, thut die Sauce von dem Ha= sen nebst einigen Löffeln sauren Rahm dazu, läßt es auf= kochen und treibt es durch ein Sieb. Der Hase wird in Stücke geschnitten, angerichtet und die Sauce darüber ge= gossen. Man gibt hierzu abgerührte Spätzchen.

347. Hasenpfeffer.

Hierzu nimmt man die Vorderbeine und Bauchhaut, Leber, Lunge, Herz und Kopf des Hasen, welches man recht rein abwäscht und nach Belieben einige Tage in Essig legt, alsdann setzt man es auf's Feuer mit Wasser, Essig, Salz, Zwiebeln, ganzem Pfeffer, Nelken und einigen Lorbeerblättern und läßt es weich kochen; röstet hierauf Mehl in Butter schön braun, rührt es mit der Brühe an und läßt das Fleisch noch damit durchkochen.

348. Staffade von übriggebliebenem Hasenfleisch.

Man hacke den Hasenbraten nebst Zwiebeln und Cit= ronenschale fein, rühre eben so viel Weckmehl daran, nebst ein wenig Wein oder Essig, Salz, geschnittene Kapern, Muskatnuß und ein paar Eier, daß es ein nicht zu weicher

Teig wird, diesen forme man auf ein Brett zu einem Hasen, lege ihn in eine mit Butter bestrichene Bratpfanne und lasse ihn braun braten; unterdessen betropfe man ihn öfter mit Butter und zuletzt mit saurem Rahm, richte ihn an und gieße eine Sardellen= oder Kapernsauce darüber.

349. Froschschenkel zu braten.

Diese läßt man eine Viertelstunde in Salz stehen, wäscht sie in kaltem Wasser ab, tunkt sie in Mehl, hierauf in Eier, wälzt sie in Weckmehl und backt sie in heißem Schmalz in ¼ Stunde schön gelb.

350. Froschschenkel-Ragout.

Man legt dieselben in Wasser, Essig und Salz und wäscht sie recht gut; dann läßt man ein Stück Butter zer= gehen, legt sie nebst einigen Chalotten und etwas Salz hinein und läßt sie zugedeckt beinahe fertig dämpfen, hier= auf staubt man etwas Mehl darüber, gibt gute Fleisch= brühe, Muskatblüthe und einige Citronenscheiben daran und richtet sie mit einigen Eigelb abgerührt an.

VI. Geflügel.

351. Eine Gans zu braten.

Weiche 2 Mundbrode in Wasser ein, drücke sie wieder fest aus und hacke die Leber von der Gans sein; unter= dessen röste sein gehackte Petersilie und Zwiebeln im Schmalz weich, thue die Leber hinein, dann das Brod, etwas Salz, Pfeffer und Muskatnuß und lasse dasselbe eine Viertelstunde stehen; hierauf schlage zwei Eier daran, menge es unter einander und fülle damit die Gans, nach= dem sie schön geputzt und ausgenommen ist. Alsdann wird dieselbe gerade so gebraten wie der welsche Hahn, nur wird eine halbe Stunde vor dem Anrichten das Papier hinweggenommen, damit sie recht rösch wird.

352. Gänsepfeffer.

Das Blut einer gestochenen Gans läßt man in ein Geschirr laufen, worin etwas Essig und Salz gethan wurde, und rührt es so lange, bis es kalt ist, damit dasselbe nicht gerinnt; dann nimmt man den Kopf, den Hals, Flügel, Füße, Leber, Lunge und Magen der Gans, schneidet letzteren auf, zieht die innere Haut ab, zerhackt die Flügel in Stücke, wäscht Alles gut, stellt es mit Salz und Wasser zum Feuer, schäumt es gut ab, gibt Zwiebeln, Lorbeerblätter, Citronenschale, Pfeffer, Nelken und Essig dazu, und läßt es damit weich kochen. Hierauf röstet man Mehl in Butter oder Schmalz braun, rührt es mit der Brühe an, läßt es gut durchkochen und gibt das Blut durch einen Seiher hinein, rührt es gut durch und richtet es an.

353. Gedämpfte Gänseleber.

Man gibt die Leber mit etwas Fett in einen Tiegel, deckt sie zu und legt unten und oben Kohlen, damit dieselbe langsam dämpft. Ist das Schmalz ausgebraten, gießt man etwas davon, bestreut die Leber mit ein wenig Mehl, legt eine mit Nelken besteckte Zwiebel dazu, läßt es ein wenig gelb werden, gießt einige Löffel voll Fleischbrühe und eben so viel Essig oder Wein daran, läßt dieses damit aufkochen, salzt sie, richtet sie an und streut klein gehackte Citronenschale darauf. Nimmt man statt Essig Citronensaft, wird sie um so schmackhafter.

354. Ragout von Gänsen.

Man läßt ein Stück in Würfel geschnittenen Schinken, Zwiebeln, Nelken, Lorbeerblätter, Estrachon und einen

guten Zusatz von Knochen in Schmalz anziehen, gibt kräf=
tige Fleischbrühe daran und kocht Alles gut, seihet es durch
ein Sieb, macht ein gelbes Einbrenn, rührt dasselbe nebst
ein wenig Wein, Essig, Citronenschale und Saft daran,
und läßt die Sauce auskochen. Hierauf schneidet man eine
gebratene noch warme Gans in Stücken, gießt die Sauce
durch einen Seiher darüber und garnirt das Ragout mit
Blumenkohl, Spargeln, Morcheln oder Champignons; auch
von Reis kann man einen Rand um die Schüssel setzen.

355. Ragout von Enten.

Wird auf dieselbe Weise bereitet. Ist die gebratene
Ente kalt, legt man sie in die Sauce und läßt sie noch
so lange mitkochen, bis sie durch und durch warm ist.

356. Enten zu braten.

Dieselben werden ebenso behandelt, wie die Gänse.
Nimmt man sie den Abend vorher aus, so ist es nicht
rathsam, diese mit frischem Wasser auszuwaschen, indem
sie dadurch roth würden. Man wäscht sie erst, wenn sie
zum Braten hergerichtet werden.

357. Enten sauer zu braten.

Die Enten werden gerupft und gereinigt, mit Salz,
Nelken und Almodigewürz innen und außen eingerieben,
mit heißem Schmalz übergossen und in Essig und Wasser,
und zuletzt in Butter gebraten. In den Leib gibt man
ein Lorbeerblatt, Citronenschale und etwas gebähte schwarze
Brobrinde.

358. Junge Hühner zu braten.

Nachdem die Hühner gerupft, geputzt und recht rein
gewaschen sind, werden sie mit Salz eingerieben, ein Stück

Butter in den Leib gelegt und in Butter auf langsamem Feuer unter öfterem Begießen und Umwenden schön gelb und weich gebraten. Eine Viertelstunde vor dem Anrichten kann man etwas Weckmehl auf die Hühner streuen, was der Sauce einen guten Geschmack gibt. Auch statt Weck= mehl etwas süßer Rahm daran gegeben, ist sehr gut.

359. Hühner mit Paprika.

Man thut in einen Tiegel ein großes Stück Butter und eine großgeschnittene Zwiebel und läßt dieselbe schön braun braten. Hierauf gibt man die Hühner hinein, läßt sie weich dämpfen und gibt zuletzt sauren Rahm und eine Messerspitze voll Paprika daran, salzt sie und läßt sie aufkochen. Sie sind sehr gut.

360. Einen farcirten Hahnen.

Man schneidet den Hals des Hahnen kurz ab, sowie die Füße und Flügel zur Hälfte, schneidet die Haut auf dem Rücken auf und löst sie von dem Hahnen, daß sie schön ganz bleibt. Dann hackt und stößt man ein Pfund Schweinefleisch sowie das Hahnenfleisch recht fein, treibt es durch ein Haarsieb, gibt Salz, Pfeffer, Muskatnuß und feingehackte Citronenschale hinzu, rührt es gut unter einander, füllt die Haut damit aus, so daß der Hahn wieder seine frühere Form erhält, dressirt ihn, schlägt ihn in ein Tuch und kocht ihn in Salzwasser und etwas Wein, Citronenschale und Zwiebel weich. Beim Anrichten gibt man eine Bechamellesauce darüber oder servirt ihn kalt mit Gelee verziert.

361. Hühner-Ragout mit Champignons.

Die Hühner werden hergerichtet wie zum Braten und in Butter mit Zwiebeln, Citronen, Petersilien= und Sel= leriewurzeln, gelben Rüben und Salz unter öfterem Um=

wenden und Begießen mit etwas Fleischbrühe weich gedämpft. Die Hühner müssen schön weiß bleiben, dagegen
die Sauce eine gelbe Farbe erhalten; dann wird ein weißes
Einbrenn gemacht, mit Fleischbrühe angerührt, ein Gläschen Wein und die Sauce der Hühner dazu gegeben, aufgekocht, durch ein Sieb getrieben und mit Eidottern und
süßem Rahm legirt. Die Hühner werden in Stückchen
geschnitten, die Sauce darüber gegossen und Champignons,
welche zuvor in Butter und Jus gedämpft sind, außen
herum gelegt; auch kann man in die Mitte vom Ragout
einen Carviolbusch setzen.

362. Hühner-Ragout mit Reis in der Form.

Das Ragout wird bereitet, wie das vorhergehende;
doch bleiben die Champignons weg. Statt dieser wird
Reis in Fleischbrühe und einem Stück Butter weichgekocht;
doch darf er nicht zu dünn sein und muß womöglich ganz
bleiben. Unterdessen wird eine Auflaufform mit Butter
bestrichen und der Boden fingerhoch mit Reis belegt, auf
diesen werden die in Stücken geschnittenen und in der
Sauce eingetauchten Hühner gelegt, der Reis wieder eben
so darüber gegeben und geriebener Parmesankäse darauf
gestreut, die Form in die Bratröhre gestellt und eine
halbe Stunde gebacken. Man gibt es mit der Form auf
den Tisch und servirt die Ragoutsauce extra dazu.

363. Alte oder junge Hühner in einer weißen Sauce.

Nimmt man ein altes Huhn, muß es nach dem
Stechen 12 Stunden in frisches Wasser gelegt werden.
Wenn es abgebrüht und rein gewaschen ist, setzt man es
mit heißem Wasser und Salz zum Feuer, fängt es an zu
kochen, schäumt man es gut ab, thut Petersilie, Sellerie-

wurzel und Borie daran und läßt es so lange kochen, bis es weich ist. Hierauf macht man folgende Sauce: Man rührt 3—4 Eidotter mit einem Löffel voll Mehl und etwas kaltem Wasser an, füllt dieses mit der Brühe, worin das Huhn gekocht ist, auf, drückt den Saft einer halben Citrone daran, thut Lorbeerblatt, ein wenig Rosmarin, eine ganze Zwiebel, etwas Muskatblüthe und ein Stück Butter hinein, rührt dieses auf dem Feuer so lange, bis es kocht, legt das Huhn auf eine Schüssel und richtet die Sauce darüber an.

364. Ragout von Hühnerbrust.

Man löst die Brust von den jungen Hühnern ab, schneidet sie in Schnittchen, panirt sie und backt dieselben im Schmalz schön gelb. Das Uebrige von den Hühnern kocht man in Fleischbrühe mit einer Zwiebel mit drei Nelken besteckt, Lorbeerblatt, ein wenig Petersilie und Thymian, letzteres zusammengebunden, weich, hierauf nimmt man es heraus, macht eine Buttersauce von der Brühe, gibt ein wenig Wein und Citronensaft daran und legirt sie mit Eidottern. Man garnirt die Schüssel mit den gebackenen Hühnerbrüsten und kann noch Schnitten von Kalbfleischfarce dazwischen legen.

365. Sturz von einer alten Henne.

Man kocht die Henne im Wasser weich, löst das Fleisch von den Beinen, stößt es mit einem Stück Butter im Mörser recht fein, thut dieses in einen Tiegel nebst einem halben eingeweichten Mundbrod und einem Kochlöffel voll Mehl, gießt von der Brühe daran und läßt es aufkochen, treibt dieses dann durch's Sieb, legirt es mit 6 Eidottern, gibt feine Citronenschale und Muskatnuß dazu, bestreicht eine Form mit Butter, gibt dasselbe hinein und kocht es im

Wasser aus. Hierauf stürzt man es auf eine Schüssel und gibt die Sauce wie zum Hühner-Ragout darüber.

366. Blaugesottene Hühner.

Man koche einen Schoppen Wein, die Hälfte Essig und nicht ganz so viel Wasser mit Zwiebeln, Chalotten, ein wenig Thymian, Citronenschalen, einer gelben Rübe, Petersilienwurzeln und ein wenig Muskatblüthe. Die schön zubereiteten Hühner schneide man in Viertel, salze sie, lege sie in einen Tiegel und gieße durch einen Seiher das Gekochte darüber, setze sie auf's Feuer und lasse sie auskochen. Dann richte man sie an, gieße die Brühe darüber und servire sie warm oder lasse sie sulzen.

367. Hühnerfleisch-Farce.

Von zwei gebratenen jungen Hühnern wird das Fleisch abgeschnitten, solches, nachdem die Haut davon genommen, gehackt und im Mörser mit einem Ei und 2 Loth Butter fein gestoßen. Unterdessen weicht man eine abgeschälte Semmel in Milch ein, drückt sie fest wieder aus und dämpft sie in 6 Loth Butter, gibt sie hierauf zu dem gestoßenen Hühnerfleisch und rührt Alles mit 3 Eiern, Salz, Muskatnuß und ½ Kaffeelöffel voll Citronenschale gut durch.

368. Fricasse von jungen Hühnern.

Von rein geputzten und gebrühten jungen Hahnen wird ein jedes Stück in 6 Theile geschnitten und mit lauwarmem Wasser ausgewaschen, alsdann in einem Tiegel mit ½ Viertel Pfund Butter, einem kleinen zusammengebundenen Büschel Petersilie und einer mit 3 Nelken gespickten Zwiebel einige Minuten zugedeckt auf schwachem Feuer gedämpft, dann 2 Kochlöffel voll Mehl dazu gestäubt und gut untereinander gerüttelt, hierauf ein Suppenlöffel voll Fleischbrühe oder Wasser, sowie ein Glas weißer Wein daran gethan und ½ Stunde langsam gekocht. Unterdessen rührt man 4 Eidotter mit dem Saft einer Citrone, etwas Salz, nach Belieben ein wenig Muskatnuß und etwas süßen Rahm gut untereinander, rührt dieses, bevor man die Hühner schön auf eine Schüssel angerich= tet hat, in die Sauce derselben, läßt sie jedoch nicht mehr kochen und gießt sie durch's Haarsieb über die Hühner.

369. Hühner oder Tauben auf Wiener Art.

Schneide die geputzten Hühner oder Tauben in be= liebige Stücke, bestreue sie mit Salz, röste in Butter ge= schnittene Petersilienwurzeln, Kapern, ganze Nelken und etwas Muskatblüthe, gib die Tauben oder Hühner und in kochendem Wasser abgebrühte Kalbsbriese hinein und gieße gute Fleischbrühe nebst ein wenig Essig daran. Lasse nun Alles dämpfen, und wenn die Tauben anfangen weich zu werden, rühre in Butter braun geröstetes Mehl darunter und lasse sie fertig kochen. Hierauf gib noch Citronensaft hinein, richte die Tauben oder Hühner an und gieße die Sauce durch einen Seiher darüber.

370. Junge gefüllte Tauben.

Wenn die Tauben geputzt und ausgenommen sind, so löst man die Haut von der ganzen Brust los und macht folgende Farce: Man weicht für 2 Tauben ein Mund= brod in Milch oder Wasser, drückt es fest wieder aus, dämpft auf dem Feuer ein Stück Butter mit Zwiebeln, Petersilie und Schnittlauch, gibt das Mundbrod dazu, rührt es unter einander und läßt es abkühlen, gibt Salz, Muskatnuß und 1—2 Eier dazu, füllt die Tauben damit, näht sie zu, reibt sie mit Salz ein und läßt sie in Butter langsam schön gelb braten, schüttet etwas Fleischbrühe nach und begießt dieselben fleißig, bis sie fertig sind.

371. Junge Tauben gedämpft.

Wenn die Tauben gerupft, ausgenommen und ge=
waschen sind, schneidet man sie in Halbe oder Viertel,
dann hackt man zu 2—3 Tauben eine große Zwiebel und
ein halbes Viertel dürren Speck, thut dieses mit den Tau=
ben nebst Salz in einen Tiegel, gießt einige Löffel voll
Fleischbrühe daran und läßt sie eine halbe Stunde unter
öfterem Umschütteln dämpfen, nun gießt man Essig und
Fleischbrühe daran, doch darf nur wenig Sauce an den
Tauben sein, läßt sie damit weich kochen und richtet sie an.

372. Gebeizte Tauben.

Man salzt die Tauben ein, legt sie einige Tage in
Essig, Zwiebeln, Lorbeerblätter und Gewürz, spickt sie
hierauf mit Speck und bratet sie mit einem nassen Papier
bedeckt, damit der Speck nicht verbrennt, in einem Tiegel
mit etwas von der Beize und begießt sie öfters mit saurem
Rahm. Alsdann rührt man etwas Mehl und fein ge=
hackte Citronenschale in saurem Rahm klar, gießt die
Brühe von den Tauben, nebst so viel Beize daran, bis
die Sauce die gehörige Dicke hat, läßt sie aufkochen und
richtet sie über die Tauben an.

373. Tauben mit rothem Wein.

Nachdem 4—8 Tauben gut geputzt und ausgenom=
men sind, legt man sie in ein passendes Geschirr, gibt eine
Hand voll fein gehackte Chalottenzwiebeln und Petersilie,
etwas fein gehackte Citronenschale, Pfeffer, eine Messer=
spitze voll Nelken, Salz und ein Stück Butter, wie zwei
Eier groß, dazu, gießt zwei Trinkgläser voll rothen und
drei Gläser voll weißen Wein darüber und läßt dieses
eine gute halbe Stunde kochen. Wenn die Tauben weich
sind, richtet man sie an und gießt die Sauce darüber.

374. Tauben in brauner Sauce.

Waſche die Tauben, ſchneide ſie in Viertel und ſetze
ſie mit Salz und Waſſer oder Fleiſchbrühe zum Feuer;
fangen ſie an zu kochen, dann ſchäume ſie ab, gib Citronen=
ſchale, ein wenig Muskatnuß, ein Stückchen Butter und
zu 2 Tauben eine Hand voll abgekochte, klein gehackte
Champignons, nebſt 2 Löffel voll in Butter braungeröſte=
tes Mehl daran, laſſe die Tauben damit weich kochen und
richte ſie an.

375. Tauben-Ragout auf engliſche Art.

Zerſchneide die Tauben, löſe alle Knöchlein bis auf
die unteren heraus, ſalze ſie, tauche ſie in feine Kräuter,
Peterſilie, Schnittlauch, Eſtrachon, ein wenig Pfeffer und
Muskatnuß, panire dieſelben in Eier und Weckmehl und
backe ſie im Schmalz. Die Knöchlein ſetze mit Fett, Zwie=
beln, gelben Rüben, Sellerie= und Peterſilienwurzeln auf's
Feuer, laſſe ſie ſtark anziehen, fülle dieſelben mit guter
Fleiſchbrühe auf und laſſe Alles weich kochen. Hierauf
nehme ein Stück Butter, röſte einen Löffel voll Mehl
darin, rühre es mit dem Gekochten an, gebe etwas Wein
und feine Kräuter hinein, laſſe ſie noch kochen, richte als=
dann die Sauce an und lege die gebackenen Tauben auf
der Platte ſchön außen herum.

376. Tauben auf Wildpret-Art.

Man ſchneide den Tauben die Köpfe ab, fange das
Blut in ein wenig Eſſig auf, putze ſie rein und ſchneide
ſie in Stücke oder laſſe ſie ganz; hierauf gebe man in
einen Tiegel Speckſcheiben, Zwiebelſcheiben, Peterſilien=
wurzeln, Baſilikum, Thymian und feingeſchnittene Citrone,
lege die eingeſalzenen Tauben darauf und laſſe ſie unter
beſtändigem Rühren ſchön braun dämpfen; dann thue

man 2—3 Löffel voll geriebene schwarze Brodrinde und etwas Zucker hinein und lasse sie unter öfterem Rühren noch ein wenig dämpfen, gieße gute Fleischbrühe, ein wenig Essig und Citronensaft daran und lasse sie vollends weich kochen; nun gieße man das Blut hinzu, rühre es gut unter einander und lasse es nochmals aufkochen, richte die Tauben an, gieße die Sauce durch einen Seiher darüber und streue feingeschnittene Citronenschale darauf.

377. Welschen Hahn zu braten.

Ist der welsche Hahn einige Tage vorher geschlachtet, wird er ausgenommen, die Beine nach der Brust gedrückt, ein starker hölzerner Stiel durch die Schenkel gesteckt und über Kohlenfeuer gehalten, damit die Haare abgehen und der Hahn hart wird. Hierauf macht man eine Farce von 6 Löffeln voll gedörrtem Mehl, verrührt 6 Eier damit, schüttet ½ Maaß Milch daran, gibt etwas feine Citronen= schale, Salz und Muskatnuß dazu, läßt dieses einige Stun= den stehen und sollte sie hierauf noch zu steif sein, gießt man etwas Milch nach, füllt den Hahnen damit, salzt ihn, wickelt ihn in ein dick mit Butter bestrichenes Papier, legt ihn in die Bratpfanne nebst Zwiebeln und Wurzeln, läßt dieses gelb anziehen, damit die Sauce eine gelbe Farbe bekommt, gießt von Zeit zu Zeit etwas Fleischbrühe daran und begießt den Braten fleißig, damit er recht saftig wird. Eine halbe Stunde vor dem Anrichten nimmt man das Papier herunter, damit der Hahn eine schöne Farbe be= kommt.

378. Welscher Hahn mit einer Fleisch-Farce.

Es wird ½ Pfund Schweinefleisch, ¼ Pfund Kalb= fleisch und ¼ Pfund Kalbsleber fein gehackt, Chalotten und feine Petersilie in Butter weich gedämpft, zuerst die Kalbsleber dazu gegeben, hierauf das Fleisch und zwei eingeweichte und wieder fest ausgedrückte Mundbrod, Alles mit einander verrührt, etwas Salz, feine Citronenschale, Muskatnuß, Nelken, 2 Eier und ½ Pfund geröstete in Würfeln geschnittene Kastanien dazu gethan, in Kropf und Bauch des Hahnens gefüllt und derselbe ebenso gebraten wie der Vorhergehende.

379. Fasanen zu braten.

Wenn der Fasan schön geputzt und hergerichtet ist, reibe man ihn mit Salz ein, binde ihn in frischem Speck und dann in Papier ein, lege denselben in eine Bratpfanne, nebst etwas Wurzeln, Zwiebeln und Citronen, lasse ihn in der Röhre gelb anziehen, gieße von Zeit zu Zeit ein wenig Fleischbrühe oder Jus daran, daß es eine gelbe Sauce gibt und wende denselben einige Male um, damit er überall weich wird. Nach Belieben kann man den Fasanen auch mit Austern füllen.

380. Kapaunen zu braten.

Dieselben werden gerade so gebraten wie die Fasanen, nur mit dem Unterschiede, daß der Speck weggelassen und das Papier dick mit Butter bestrichen wird.

381. Kapaun in Sauce.

Ist der Kapaun gestochen und gleich darauf mit den Federn 12 Stunden in frisches Wasser gelegt, wird derselbe abgebrüht, ausgenommen, rein gewaschen und eine Stunde in frisches Wasser gelegt, noch einmal herausgewaschen, in einen Tiegel mit Salz, Wasser, einem Glas Wein, Citronenschalen, einer ganzen Zwiebel, Gewürz und einem Kalbsknoten auf's Feuer gestellt und so lange gekocht, bis er weich ist. Dann wird in einem Stück Butter 3 Löffel voll Mehl ein wenig geröstet, mit der Brühe an=

gerührt und mit einer Zwiebel, Citronenschale, Lorbeer=
blatt, ganzem Pfeffer, Muskatblüthe und einigen Nelken
eine halbe Stunde gekocht. Damit die Sauce Farbe und
Geschmack bekommt, werden Morcheln einige Mal in
Wasser abgekocht, dieses davon abgegossen, und wenn sie
recht rein sind, ein wenig Fleischbrühe daran geschüttet,
bis auf 3—4 Löffel voll eingekocht und an die Sauce ge=
geben; alsdann wird dieselbe kochend gemacht, Citronen=
saft daran gedrückt, mit Eidottern abgerührt und über
den Kapaun angerichtet. Diese Sauce kann man auch
zu Kalbfleisch gebrauchen.

382. Lerche mit feinen Kräutern.

Man legt 18 Stück Lerchen, nachdem sie gut geputzt,
geflammt und die Füße schön eingesteckt sind, in ein Kasse=
role nebst ¼ Pfund Butter, etwas Salz, fein gestoßenen
Pfeffer, sowie verschiedenes Gewürz und dämpft sie 8 Mi=
nuten auf schwachem Feuer, dann gibt man einen Löffel
voll fein gehackte Petersilie, ebensoviel Chalottenzwiebeln
und einen Löffel voll fein gehackte Champignons daran
und dämpft die Lerchen nochmals 4—6 Minuten damit,
stäubt hierauf einen Eßlöffel voll Mehl hinein, gießt ein
Trinkglas voll weißen Wein und ein halbes Glas voll
Fleischbrühe hinzu, läßt es mit einander gut durchkochen
und richtet die Lerchen auf einer Schüssel schön an.

383. Gebratene Lerchen.

Wenn die Lerchen geputzt, jedoch nicht ausgenommen
sind, werden die Füßchen geschlungen, die Köpfe einmal
gedreht und in die Brust gesteckt, gesalzen und in heißem
Schmalz gebraten; sind dieselben weich, wird geriebenes
Schwarzbrod noch ein wenig mitgeröstet, und will man
die Lerchen saftig haben, gießt man vor dem Brod einen

Löffel voll Jus daran, welches man wieder eindämpfen läßt.

384. Gebratene Krammetsvögel.

Werden eben so gebraten wie die Lerchen.

385. Gebratene Feldhühner.

Nachdem die Hühner gehörig geputzt und zum Braten hergerichtet sind, werden sie gesalzen, in Speck eingebunden und in Traubenblätter eingewickelt. Unterdessen läßt man in einem Tiegel Butter mit Zwiebeln, Citronensaft, gelben Rüben, Sellerie= und Petersilienwurzeln, Lorbeerblättern, Nelken und ein wenig Pfeffer gelb anziehen, gießt nach und nach etwas Fleischbrühe daran und läßt die Hüh= ner darin weich dämpfen, jedoch müssen dieselben ganz weiß bleiben, sowie die Sauce eine dunkelgelbe Farbe be= kommen und kurz gebunden sein. Nach Belieben kann man nach einige Tropfen Wein oder Essig daran geben, doch ist die Sauce auch durch den Citronensaft piquant.

386. Schnepfen-Ragout.

Nimm die Schnepfen aus, bressire sie und binde die= selben in Speck ein, lege sie in einen Tiegel mit Nieren= fett, Speck, Petersilien= und Selleriewurzeln, gelben Rüben, Lorbeerblatt, Zwiebel mit einigen Nelken besteckt und lasse dieses mit einander gut anziehen, dann fülle es nach und nach mit Wein, Essig und guter Fleischbrühe auf, gib etwas Citronenschale dazu und dämpfe Alles, bis die Schnepfen weich sind; alsdann schneide dieselben in schöne Stückchen, zerstoße die übrigen Knöchlein im Mörser, röste ein braunes Einbrenn, gib die Sauce nebst geröstetem Mundbrod, gute Fleischbrühe und die feinen Knöchlein hinein, lasse dieses aufkochen und treibe es durch's Haar= sieb über die Schnepfenstückchen. Das Eingeweide der=

selben hacke recht fein, dämpfe etwas Chalotten und Schnitt=
lauch in Butter weich, gib dasselbe hinein nebst ein wenig
Weckmehl, Muskatblüthe und Salz, legire dieses mit
Eiern, streiche es auf Weißbrodschnittchen, backe sie im
Schmalz und garnire damit das Ragout.

387. Wilde Gänse zu braten.

Diese sind im Herbst und Winter am Besten. Wenn
die Gans gerupft, geputzt, ausgenommen und gewaschen
ist, wird sie in= und auswendig mit Salz und Pfeffer
eingerieben, in eine Bratpfanne gelegt, Butter darüber
gegossen, Zwiebeln, Lorbeerblatt, Thymian und Fleisch=
brühe daran gegeben, mit Papier zugedeckt und langsam
unter öfterem Begießen gebraten. Ist sie bald fertig, wird
das Papier hinweggenommen, die Gans schön braun und
rösch gebraten, die Sauce durch einen Seiher gerührt, das
Fett abgenommen und besonders angerichtet.

388. Wilde Enten zu braten.

Nachdem die Ente zum Braten hergerichtet ist, wird
sie mit Salz und Pfeffer eingerieben; dann gibt man in
einen Tiegel einige Stückchen Speck, Zwiebeln, Lorbeer=
blätter, Nelken, ein Stückchen Butter und ein wenig Fleisch=
brühe, läßt dieses heiß werden, legt die Ente hinein und
läßt sie unter öfterem Begießen schön braun braten, thut
noch etwas Essig oder Fleischbrühe und einige Citronen=
scheiben daran, läßt Alles kurz eindämpfen und richtet
es an.

389. Gedämpfte wilde Enten mit schwarzer Sauce.

Die Enten werden in Stückchen geschnitten und in
Essig, Wein, Fleischbrühe nebst Salz, Nelken, Lorbeer=
blättern, Citronen, Pfeffer, Basilikum und Zwiebeln weich
gedämpft. Dann röstet man einen Löffel voll Mehl und

2 Löffel voll geriebenes Schwarzbrod in Butter, läßt die=
ses mit den Enten und Kapern einige Mal aufkochen und
richtet Alles auf einer Schüssel oder in einer Pastete an.

390. Wilde Tauben zu braten.

Die Tauben werden gerupft, ausgenommen und einige
Tage in Essig gelegt; nun mit Pfeffer und Salz einge=
rieben, mit Speck gespickt und in einem Tiegel mit Zwie=
beln, Lorbeerblättern, Butter, Salz, Citronenscheiben, etwas
Essig und Fleischbrühe gebraten. Auf den Deckel gibt
man Kohlen, damit die Tauben schön gelb und die Sauce
bräunlich wird.

Verschiedene Fischspeisen.

391. Gespickter Hecht.

Ein Hecht mittlerer Größe wird gereinigt, die Haut
vom Rücken abgezogen, auf beiden Seiten mit feinge=
schnittenem Speck dicht gespickt und feines Salz darüber
gestreut. Der Fisch wird dann in seiner natürlichen Form
oder den Schwanz in's Maul geklemmt auf folgende Weise
gebraten: Es wird reichlich Butter in einer reinen Pfanne
zerlassen, der Hecht hineingelegt, mit der Butter bestrichen
und mit einem Deckel mit Gluth darauf und wenig Feuer
darunter, bei recht häufigem Begießen fertig und dunkel=
gelb gebraten, eben so gut kann man den Hecht auch in
der Bratröhre braten. Hierzu wird eine braune Kapern=
sauce mit etwas Sardellen und nicht zu wenig Citronen=
saft gemacht, etwas davon in eine heißgemachte Schüssel

gethan, der Fisch hineingelegt und die übrige Sauce, sowie die in der Pfanne befindliche Butter dazu servirt.

392. Gebratener Hecht mit Sauce.

Wenn der Hecht schön geputzt und ausgenommen ist, zieht man die Haut handbreit streifweise ab und spickt die eine Hälfte mit Speck, die andere mit Sardellen; dann gibt man in einen Tiegel fein gehackte Zwiebeln, Petersilie und Citronenschale, legt den Hecht hinein, salzt ihn, gibt ein Stück Butter darauf, läßt ihn anziehen, gießt für 6 kr. sauren Rahm daran und in einer Stunde ist er fertig.

393. Gebratener Hecht in Papier als Beilage.

Wenn der Hecht geputzt und gewaschen ist, wird er in schöne Stücke geschnitten, gut gesalzen und einige Stunden hingelegt, dann mit einem Tuche abgetrocknet. Hierauf läßt man feingehackte Petersilie und Citronenschale in einem Stück Butter auf dem Feuer anziehen, tunkt den Fisch hinein, wickelt ihn in mit Butter bestrichenes Papier, welches nicht größer sein darf, als man gerade die Stückchen damit bedecken kann (indem sie mit dem Papier servirt werden), legt sie in eine Bratpfanne und bratet sie in einer halben Stunde fertig.

394. Hecht mit Sardellensauce.

Der Hecht wird blau gesotten. Die Sardellen legt man einige Stunden in Wein und hackt sie recht fein, gibt dann ein Stück Butter in einen Tiegel, etwas Mehl, die Sardellen, etwas geröstetes Brod, gute Jus, ein wenig Wein, gestoßenen Pfeffer und fein gehackte Citronenschale, läßt Alles gut aufkochen, bestreut den Fisch mit feiner Citronenschale und richtet die Sauce darüber an.

395. Gebackener Hecht.

Die Hechte werden gut gereinigt, die großen Fische gespalten und in Stücke geschnitten, die kleinen ganz gelassen, Schnitte in die obere Haut gemacht und gesalzen. Nach einer halben Stunde trocknet man sie ab, wälzt sie in Weckmehl oder in halb Mehl halb Weckmehl und läßt sie in einer Pfanne im Schmalz recht rösch backen.

396. Hecht blau gesotten.

Hierzu nimmt man kleine Hechte, nimmt sie aus, klemmt den Schwanz in das Maul, doch darf man sie nicht lange in den Händen halten, weil sie sonst nicht blau werden und siedet sie wie die Forellen blau. Beim Anrichten garnirt man die Hechte mit Petersilienblättern und gibt mit der heißen Butter zugleich geriebenen Meerrettig mit Essig und etwas Zucker angerührt dazu.

397. Hecht auf sächsische Art.

Der Hecht wird in kochendem, gesalzenem Wasser weich gekocht. Zugleich werden auch einige Eier hart gekocht und das Gelbe und Weiße, jedes besonders, sowie Petersilie fein gehackt, mit diesen drei Theilen ein Schüsselchen garnirt und solches mit zerlassener Butter zum Fisch gereicht.

398. Gebratener Karpfen.

Hiezu nimmt man einen recht großen Karpfen, schuppt ihn, nimmt das Eingeweide heraus, reibt ihn mit Salz aus, legt in eine Bratpfanne einige Holzstäbchen und den Karpfen darauf. Hat man Salz, Butter, etwas Wasser, oder ein Glas Wein daran gethan, läßt man ihn unter fleißigem Begießen und öfterem Umwenden schön gelbbraun braten. Macht man jedoch folgende

Sauce dazu, so kann man das Fleisch von den Einge=
weiden und die Milch, beides in kleine Stücke geschnitten,
auch daran thun: ⅛ Pfund gewässerte abgegrätete Sar=
dellen werden mit einer Zwiebel fein gehackt, in dunkel=
braun gebranntes Mehl mit ein paar Tassen voll kochender
Fleischbrühe oder Wasser angerührt, gethan, mit Citro=
nenscheiben, einigen Löffeln voll Kapern zugesetzt und
unter beständigem Rühren fertig gekocht. Beim Anrichten
wird ein Theil der Sauce über den Fisch gegossen, die
übrige in einer Sauciere dazu servirt.

399. Gebratener farcirter Karpfen.

Der Fisch wird, wenn er geputzt und ausgewaschen
ist, mit ein wenig Salz eingerieben und eine halbe Stunde
hingestellt; dann mit einem reinen Tuch abgetrocknet und
folgende Farce dazu bereitet: Man hackt einige Stück
blau gesottenen Fisch recht fein, trocknet ein abgeriebenes
Mundbrod mit Milch und einem Stück Butter auf dem
Feuer ab und verrührt es recht gut; hierauf dämpft man
in einem Stück Butter fein gehackte Zwiebeln, Petersilie
und Citronenschalen weich, gibt die Masse hinzu, nebst
Salz, Muskatnuß, einigen Eidottern und einem ganzen Ei,
rührt Alles gut unter einander, füllt den Karpfen damit,
legt ihn in eine Bratpfanne, oben darauf ein mit Butter
bestrichenes Papier und bratet ihn in Butter. Man macht
eine gute braune Sauce dazu, gibt ein wenig davon auf
eine Schüssel, legt den Fisch darauf und garnirt denselben
mit gebratenen Zwiebelchen oder mit kleinen Klößchen von
derselben Farce, in Fleischbrühe oder Wasser aufgekocht.
Die Sauce wird extra dazu servirt.

400. Karpfen in schwarzer Sauce.

Das Blut von dem Karpfen wird aufgehoben, der=
selbe geputzt, in Stücke geschnitten in einen Tiegel gelegt,

gesalzen, etwas ganzer Pfeffer, Nelken, Zwiebeln, Lorbeer=
blatt, Essig, Wein, ein Stück Butter, gelbe Rüben, Sellerie=
und Petersilienwurzeln, Citrone, Erbsen= oder Fleischbrühe
daran gegeben und hiermit weich gekocht. Hierauf wird
der Fisch gleich herausgenommen, das Uebrige noch einige
Mal aufgekocht und unterdessen eine gute braune Einbrenn
gemacht, das Blut dazu gegeben, mit der Brühe angerührt,
Alles aufgekocht und durch's Haarsieb getrieben. Sollte
die Sauce zu hell sein, wird noch etwas Zucker hinein ge=
röstet, der Karpfen hinein gelegt, oder ist derselbe warm
gehalten, die Sauce darüber angerichtet.

401. Karpfen in Petersiliensauce.

Wenn die Karpfen in Stücke geschnitten und eine
Stunde eingesalzen sind, trocknet man sie mit einem reinen
Tuch ab, gibt den Fisch in einen Tiegel nebst einem Stück
Butter, etwas Essig und Wein, fein gehackte Petersilie,
Zwiebeln, Citronenschale, fein gestoßenes Weckmehl und
etwas Fleisch= oder Erbsenbrühe, läßt Alles mit einander
eine halbe Stunde dämpfen oder in der Röhre aufziehen,
wo es dann eine kurz gebundene kräftige Sauce sein muß,
und richtet es an.

402. Karpfen blau gesotten.

Der Karpfen wird der Länge nach gespalten und die
beiden Hälften in 2—3 Stücke geschnitten, gut gewaschen
und gleich den Forellen blau gekocht. Um die Farbe zu
erhöhen, deckt man eine Schüssel darüber und gibt ihn
mit heißer Butter und fein gehackter Petersilie zur Tafel,
oder auch mit Essig und Oel.

403. Marinirter Karpfen.

Man schuppe den Karpfen, nehme das Eingeweide
heraus, scheide die Galle ab und ziehe den Darm heraus,

dann wasche man ihn, reibe die innere und äußere Seite
mit Salz ein und lasse ihn so eine Weile liegen, gebe nun
dem Eingeweide seinen vorigen Platz wieder und trockne
den Fisch ab.   Darauf bestreiche man ihn mit seinem
Oel und lasse ihn auf einem Rost langsam gelbbraun und
fertig braten; in Ermangelung eines Rostes kann man
auch eine Pfanne nehmen, man muß dann jedoch oft
schütteln, daß er sich nicht ansetzt. Hierauf läßt man ihn
erkalten und schüttet mit Citronenschale, Zwiebeln, Gewürz,
Muskatblüthe, etwas Salz und Lorbeerblättern aufgekoch=
ten und wieder erkalteten Essig darüber.   Nach einigen
Tagen ist der Karpfen gut und hält sich mehrere Wochen.
Man kann denselben auch vorher spalten und in Stücke
schneiden.

404. Forellen blau gesotten.

Wenn die Forellen rein ausgewaschen sind, wird
kochender Essig darüber gegossen und dieselben eine halbe
Stunde zugedeckt liegen gelassen, damit sie schön blau
werden. Unterdessen lasse man Wasser, Essig, Salz, Ge=
würz, Zwiebeln und Petersilie mit einander kochen, lege
die Fische hinein und koche sie auf, dann sind sie fertig.
Man servirt zu denselben Oel und Essig oder eine hollän=
der Sauce.

405. Forellen gebacken.

Nachdem die Fische rein gemacht sind, werden sie der
Länge nach vom Kopf an so aufgeschnitten, daß sie nur
noch an den beiden Enden beisammen bleiben; dann nehme
man den Kopf und den Schweif und stecke sie in den Ein=
schnitt, damit beide Theile neben einander heraus stehen,
salze sie, lasse sie eine Stunde stehen, trockne sie mit einem
Tuch ab, wickle sie in feines Mehl und backe dieselben in
heißem Schmalz schwimmend.

406. Forellen mit Eierſauce.

Wenn die Forellen blau geſotten ſind, werden ſie auf einer Platte ſchön angerichtet, warm geſtellt und folgende Sauce dazu gemacht: 3 Kochlöffel voll Mehl werden mit etwas kalter Fleiſchbrühe oder Waſſer glatt angerührt, 6 Eidotter nebſt einem Stück Butter hinzugegeben, hierauf der Sud der Forellen, welcher durch's Haarſieb gelaufen iſt, nach und nach daran gerührt, auf's Feuer geſtellt, beſtändig gerührt, bis die Sauce dick iſt und über die Fiſche angerichtet.

407. Schellfiſch.

Der Schellfiſch wird einige Stunden gewäſſert, geſchuppt und gewaſchen, hierauf ſtellt man ihn kalt mit Waſſer auf gelindes Feuer, damit er nicht ſo leicht platzt und läßt ihn nur bis an's Kochen kommen.

408. Gebackener Aal.

Iſt der Aal abgezogen, ausgenommen und in beliebige Stücke geſchnitten, wird er geſalzen und eine Stunde hingelegt. Alsdann trocknet man ihn mit einem reinen Tuch ab, wendet ihn in Mehl um, taucht ihn in Eier, Weckmehl und Salbei, backt ihn in heißem Schmalz und gibt ihn mit Citronenſchnitz zur Tafel.

409. Gefüllter Aal.

Nachdem der Aal abgezogen, gewaſchen, das Rückgrat ausgelöſt und geſalzen iſt, ſchneidet man ihn in nicht zu kleine Stücke und füllt dieſe mit folgender Farce: 4—5 hartgekochte Eier, Peterſilie, Zwiebeln, Thymian und Majoran, alles gehackt, Muskatnuß und Salz, und nach Belieben einige kleine gehackte Fiſche, werden gut unter einander gemengt, die Stücke Aal damit gefüllt, mit einem

Faden fest umwickelt, damit nichts herausfällt, solche mit feinem Weckmehl bestreut und in heißem Schmalz dunkel= gelb gebacken.

410. Marinirter Aal.

Derselbe wird abgezogen, einige Stunden in Wasser gelegt, eine Stunde gesalzen, in Stücke geschnitten, mit einem Tuch abgetrocknet, in einer reinen Pfanne in feinem Oel gebraten und auf Fließpapier gelegt, bis er erkaltet ist. Zu dem in der Pfanne zurückgebliebenen Oel werden Chalotten, Pfefferkörner, Muskatblüthe, Lorbeerblätter und Citronenscheiben gegeben und $\frac{1}{4}$ Stunde mit so vielem Essig gekocht als nöthig ist, den Aal zu bedecken. Der= selbe wird mit der kalt gewordenen Brühe übergossen und in einem steinernen Topf bis zum Gebrauche aufgehoben.

411. Aal zu kochen.

Nachdem der Aal gereinigt, in Stücke geschnitten und zum Blaukochen reichlich mit Essig übergossen ist, läßt man ihn in kochendem Wasser, mit etwas Essig, Salz, Lorbeerblättern, Citronenscheiben, Zwiebeln, ganzem Pfeffer, Nelken und einem kleinen Stück Butter ungefähr 10—15 Minuten nicht zu stark kochen und gibt ihn recht heiß mit Butter und Senf zur Tafel. Auch ist geriebener Meer= rettig mit Essig, Oel und etwas Zucker vermischt, gut da= zu. Sollte Aal übrig bleiben zum Aufbewahren, lege man ihn in die aufgehobene Brühe, wo er sich gut hält.

412. Aal in Ragout.

Der Aal wird in Stücke geschnitten, gesalzen und eine Stunde liegen gelassen, dann mit etwas Wein, Essig, Citronen, Lorbeerblättern, Zwiebeln mit einigen Nelken besteckt, gelben Rüben, Sellerie= und Petersilienwurzeln, einem Stück Butter, Fleisch= oder Erbsenbrühe oder ein wenig Jus weich gekocht; der Aal wird dann herausgenommen und das Uebrige noch länger gekocht. Nun macht man mit einem Stück Butter und ein paar Löffeln voll Mehl ein weißes Einbrenn, rührt es mit dem Sud an, läßt es durchkochen, treibt Alles durch's Haarsieb, legirt es mit Eidottern und Rahm und richtet die Sauce über den Fisch an.

413. Hecht in Ragout.

Wird auf gleiche Weise zubereitet wie das Aal=Ragout.

414. Gebackene Fische.

Die Fische werden geschuppt, ausgenommen und gewaschen, auswendig mit einem scharfen Messer quer die Haut eingeschnitten, eine Stunde eingesalzen und mit einem Tuch abgetrocknet. Hierauf wälzt man dieselben in Mehl oder halb Mehl und halb Weckmehl, drückt es mit der Hand recht an, damit es hängen bleibt und backt sie in nicht zu heißem Schmalz schön gelb und rösch; beim Anrichten garnirt man dieselben mit frischer gebackener Petersilie.

415. Turrpott.

Dieser, ein sehr guter Fisch, wird mit kaltem Wasser, Citronen, Zwiebel, Lorbeerblatt und ein wenig Wein zum Feuer gestellt und läßt man ihn ganz vorsichtig aufkochen, damit er schön ganz bleibt. Unterdessen rührt man ein Stück Butter ab, rührt 2 Eidotter und einen Löffel voll Mehl dazu, sowie etwas von der Brühe, worin der Fisch gekocht wurde, rührt dieses auf dem Feuer so lange, bis es dick ist und richtet die Sauce mit dem Fisch an. Man gibt ausgestochene Kartoffeln, in Butter oder Schmalz geröstet, und mit feiner Petersilie bestreut dazu. Auch kann man den Fisch damit verzieren.

416. Fisch-Coteletts.

Hat man hiezu keine übrigen Fische, so müssen dieselben erst gedämpft werden; dann weicht man ein Mundbrod in Milch, drückt es fest aus und hackt dieses mit den Fischen. Hierauf dämpft man in einem Stück Butter etwas feine Petersilie und Zwiebeln, gibt das Gehackte dazu nebst Salz, Pfeffer und 2 Eidottern, mengt das Weiße zu Schnee geschlagen darunter, formirt es zu Coteletts, panirt sie und packt sie schön.

417. Farcirter Fisch.

Das Fleisch wird vom Rückgrat so geschnitten, daß Kopf und Schwanz daran bleiben und das Gerippe in eine irdene Pfanne gelegt. Dann tunkt man das Fleisch in kochendes Wasser, wodurch die Gräten leichter heraus zu nehmen sind. Hierauf wird dasselbe fein gehackt, mit einem reichlichen Stück Butter, 2 Eiern, geriebenem Weißbrod, Muskatnuß und Salz zur Farce gerührt, dasselbe an das Rückgrat gestrichen und so die Form des Fisches wieder hergestellt, dieser mit Weckmehl bestreut im Ofen gebacken, während man ihn oft mit Butter vorsichtig begießt, damit das Weckmehl nicht herunter fließt, und Citronensaft darüber träufelt. Der Fisch wird auf eine heißgemachte Platte angerichtet und eine Kapern- oder Sardellensauce dazu servirt.

418. Fischfarce.

Man zerschneidet 1 Pfund rohes, von Haut und allen Gräten befreites Hecht- oder Karpfenfleisch und stößt es mit $\frac{1}{4}$ Pfund Butter in einem Mörser fein. Unterdessen weicht man ein abgeschältes Kreuzerbrod in Milch ein, drückt es fest aus, stößt es mit zwei Eiern und rührt es mit dem gestoßenen Fischfleisch, 2 Eßlöffeln voll dicken

süßen Rahm, 1 Eßlöffel voll Petersilie, Salz und Mus=
katnuß gut ab.

419. Barben zu kochen.

Dieselben werden ebenso wie die Hechte und Karpfen
behandelt.

420. Barben zu backen.

Es werden die Barben gleich anderen Fischen gerei=
nigt, die großen in dreifingerbreite Stücke geschnitten, ge=
spalten, gewaschen, abgetrocknet, Salz darüber gestreut, in
Mehl umgewendet und in heißem Schmalz schnell und
rösch gebacken.

421. Bärsche in einer Sauce.

Wenn diese geschuppt und ausgenommen sind, leg·
man sie in eine Schüssel, gießt ein Glas Wein und etwas
Essig darüber, thut in einen Tiegel ein Stück Butter,
feingehackte Zwiebeln und Petersilie, dämpft es ein wenig,
und legt den Fisch hinein, streut etwas Mehl darüber
gibt Muskatnuß, Salz, einige Löffel voll Fleischbrühe
nebst dem Wein, worin der Fisch gelegen und einige
Citronenscheiben hinzu, setzt ihn vor dem Anrichten auf
das Feuer und läßt ihn langsam fertig kochen. Beim
Anrichten legirt man die Sauce mit 2 Eidottern und gibt
etwas Citronensaft hinzu. Auch können die Bärsche wie
andere Fische gebacken werden.

422. Gebratener Salm.

Nachdem der Salm rein geputzt ist, schneidet man
denselben in 2 fingerbreite Stückchen, bestreut diese mit
Salz und Pfeffer und läßt den Fisch übereinander gelegt
eine Stunde stehen; alsdann wird derselbe auf beiden

Seiten mit einem Pinſel mit zerlaſſener Butter, wohinein
etwas Citronenſaft gedrückt iſt, beſtrichen, in eine dick mit
Butter beſtrichene Bratpfanne gelegt, in der Röhre ſchön
gebraten, angerichtet, und mit geſchnittenen Citronen oder
einer Kapernſauce ſervirt.

423. Gebratener Aal.

Wird auf dieſelbe Weiſe zubereitet.

424. Lachs zu kochen.

Der Lachs wird geſchuppt, in 2 fingerdicke Scheiben
geſchnitten und gewaſchen, dann wird Waſſer mit etwas
Eſſig, Zwiebeln, ganzem Pfeffer, Nelken, Lorbeerblättern,
Citronenſchale und Salz zum Kochen gebracht, der Fiſch
hineingelegt, 5 Minuten gekocht und darnach bis zu einer
Viertelſtunde langſam nachgeweicht. Man gibt ihn mit
zerlaſſener Butter, überſtreut ihn mit fein gehackter Peter=
ſilie und ſtellt Eſſig und Oel dazu auf den Tiſch. Es
gehört zum Kochen dieſes Fiſches weniger Salz als zu
anderen Fiſchen.

425. Lachs mit Kräutern.

Der Lachs wird gereinigt und in paſſende Stücke ge=
ſchnitten, folgende Kräuter, als Peterſilie, Chalotten, Ka=
pern, Dragon, ausgewäſſerte und entgrätete Sardellen,
alles fein gehackt, mit etwas geſtoßenem Pfeffer durch=
miſcht. Hierauf wird friſche Butter zerlaſſen, die Kräuter
und ſo viel Citronenſaft dazu gegeben, daß es ſäuerlich
wird, dieſes auf's Feuer geſtellt; wenn es warm geworden,
der Lachs hinein gelegt und ſolcher unter fleißigem Um=
wenden 2 Stunden darin liegen gelaſſen; jedoch darf die
Butter, worin der Lachs liegt, nicht braten, ſondern nur
warm gehalten werden. Hierauf wird eine Pfanne mit

Schmalz heiß gemacht, derselbe 10 Minuten darin gebra=
ten, während er oft mit einem Pinsel oder einer Feder
mit den Kräutern, worin er gelegen, auf beiden Seiten
bestrichen wird. Zur Sauce wird das Uebrige mit zwei
Glas weißen Wein und einigen Löffeln guter Jus aufge=
kocht und sollte es nicht säuerlich genug sein, Citronensaft
hinzu gegeben und mit 1 Eidotter abgerührt.

426. Marinirter Lachs.

Zwei Pfund Lachs werden, ohne ihn zu waschen, mit
der Haut in 1 Zoll dicke Scheiben geschnitten, mit feinem
Oel bestrichen und schnell braun und fertig gebraten, was
am besten auf einem Rost geschieht. Hierauf werden sie
in einen irdenen Topf gelegt, 1 Maß Essig mit 1 Loth
Salz, 2 Citronenscheiben, 2 Lorbeerblättern, Dragon, $\frac{1}{8}$
Loth weißen Pfeffer gekocht und abgekühlt über den Lachs
gegossen, welcher in einem zugebundenen Topf bis zum
Gebrauche aufgehoben wird.

427. Gebackener Stockfisch.

Der geweichte, gewässerte, ausgegrätete Stockfisch wird
in 2 fingerdicke Stücke geschnitten, diese mit einem Tuch
abgetrocknet, sogleich in Mehl, welches mit etwas Salz
und Pfeffer vermengt wurde, eingewickelt, in verklopfte
Eier getaucht, mit Weckmehl bestreut und schnell im heißen
Schmalz gebacken. Der Fisch darf nicht zu stark geweicht
sein, sonst kann derselbe nicht gebacken werden. Als Bei=
lage zum Gemüse oder mit zerlassener Butter und Senf
gegeben, ist er sehr gut.

428. Gebackener Stockfisch anderer Art.

Der, wie der obige in Stücke geschnittene Stockfisch
wird mit etwas Salz und Pfeffer bestreut, die Stückchen
in Backteig, Wasserteig, getunkt und in heißem Schmalz

gelb und rösch gebacken. Hierauf werden sie auf einem
Rost auf Fließpapier gelegt, damit das Fett abtropft.

429. Gefüllter Stockfisch.

Nimm einen ganzen Stockfisch, der Länge nach ge=
spalten und ausgegrätet, und mache folgende Farce hinein:
Dämpfe eine fein geschnittene Zwiebel in Butter weich,
gib feingeschnittene Petersilie, 2 eingeweichte fest ausge=
brückte Mundbrod, feingehackte Citronenschale, Salz, Pfeffer
und Muskatnuß dazu, nebst einem Stück rohen feingehack=
ten Stockfisch, für 6 kr. Sardellen und 2 Eier, rühre Alles
gut unter einander, lege den Fisch der Länge nach in die
Bratpfanne, fülle die Farce hinein, salze ihn ein wenig,
bedecke ihn mit einem dick mit Butter bestrichenen Papier
und brate ihn, ohne ihn umzuwenden. Das Wasser, was
er zieht, lasse behutsam herunterlaufen, schöpfe die Butter
ab und mache einen Guß von Weckmehl darüber.

430. Gebackene Grundeln.

Die Grundeln bringt man lebendig in eine Schüssel
mit Milch, damit sie sich voll und rund ansaugen, was
sie tödtet, nun werden sie in ein Tuch genommen und ab=
getrocknet; in einem andern Tuch 2 Hand voll Mehl,
ebensoviel Weckmehl nebst Salz und Pfeffer unter einan=
der gemengt, die Grundeln hinein gelegt, und das Tuch
mit denselben hin und her gezogen, bis sie ganz einge=
wickelt sind, worauf sie in heißem Schmalz rösch gebacken
werden.

431. Gekochter Laberban.

Man legt denselben zwei Tage in frisches, mit wenig
heller Lauge vermischtes Wasser, welches man während
dieser Zeit zwei Mal wechselt, damit der Fisch dadurch sein
starkes Salz verliert; zerschneidet ihn dann in Stücke, stellt

ihn mit frischem Wasser zum Feuer, läßt ihn ein ganz wenig gesalzen bis vor's Kochen kommen und ohne zu kochen noch ³/₄ Stunden so stehen. Hierauf nimmt man ihn heraus, richtet ihn in der Mitte einer Schüssel an, belegt dieselbe außen herum mit ausgestochenen in Butter gedämpften Kartoffeln und begießt den Fisch mit heißem Schmalz oder zerlassener Butter. Auch kann man dazu eine fricassirte Buttersauce geben.

432. Gebackene Bücklinge.

Will man diese auf einem Rost braten, wodurch sie viel besser werden, so schneidet man sie im Rücken auf, nimmt das Eingeweide heraus, thut ein Stück Butter hinein, schlägt sie wieder zusammen, legt sie in ein mit Butter bestrichenes Papier und brät sie darin fertig; hat man keinen Rost, so werden die Bücklinge an der entgegengesetzten Seite aufgeschnitten und nach dem Herausnehmen des Eingeweides im Schmalz gebacken.

433. Gebackene Häringe.

Es werden die Floßfedern abgeschnitten, Gräten, Rogen oder Milch entfernt und die Häringe in Milch gelegt, damit die salzigen Theile herausziehen. Hierauf werden sie abgetrocknet, in einen Teig von Wein, einigen Eidottern und etwas Mehl umgewendet und in heißem Schmalz gebacken. Diese Häringe sind zu Sauerkraut sehr gut.

434. Gefüllte Häringe.

Die Häringe werden gewässert, abgehäutet und ausgenommen und hierauf folgende Farce gemacht: Feingehackte Zwiebeln, Petersilie und Citronenschale wird in Butter weich gedämpft, eingeweichtes fest ausgedrücktes oder mit Milch auf dem Feuer abgetrocknetes Mundbrod hinzu gegeben nebſt Salz, Muskatnuß, ein wenig Pfeffer, feingehackte Sardellen, Kapern, einige Eidotter und ein ganzes Ei, auch wenn man übrig hat, feingehackten Fiſch, Alles gut untereinander gerührt, die Häringe damit ge= füllt, zugenäht und im Schmalz gebacken.

435. Marinirte Häringe.

Sechs friſche Häringe, Milchner, werden abgehäutet, gewaſchen, 12 Stunden in halb Waſſer und halb Milch gelegt, dann auf ein Brett gethan, die Milch herausge= nommen, dieſelbe in einer Schüſſel gut verrührt und ein Viertel Schoppen Oel, $1\frac{1}{2}$—2 Schoppen guter Eſſig, eine in Scheiben geſchnittene Zwiebel, einige Scheibchen gelbe Rüben, 6 Lorbeerblätter, ein Stengelchen abgeſchälten Meerrettig, Pfeffer, einige Nelken, 2 Eßlöffel voll Kapern und einige Citronenſcheiben dazu gegeben, Alles gut verrührt, die Häringe in ein irbenes Geſchirr gelegt, die Sauce darüber gegoſſen und an einen kühlen Ort geſtellt. Nach 24 Stunden ſind ſie ſchon zu gebrauchen. Die Rogner werden ebenſo bereitet, nur läßt man den Rogen wie die Häringsmilch weg.

436. Marinirte Sardellen.

Wäſſere die Sardellen einen halben Tag, ziehe ſie von dem Rückgrat und lege die Streifen in eine flache Schüſſel, dazwiſchen lege Citronenſcheiben in Vierteln ge= ſchnitten und Kapern; koche Weineſſig, wenn er abgekühlt, rühre einige Eidotter in etwas von demſelben, nebſt ein paar Löffeln voll feinem Moſtrich; iſt Alles recht gut untereinander geſchlagen, ſo gieße nach und nach von dem heißen Weineſſig dazu und rühre dieſes ſo lange, bis es kalt iſt, dann gieße es über die Sardellen und ſtreue nach Belieben etwas Pfeffer darüber. Man darf aber nicht mehr Essig kochen, als eben über die Sardellen geht, sonst wird die Sauce nicht dick genug.

437. Marinirte Neunaugen.

Diese werden eine Stunde eingesalzen, abgewaschen, abgetrocknet und auf einem Rost bei starkem Feuer unter beständigem Umwenden fertig gebraten. Hat man keinen Rost, so bestreicht man sie mit feinem Oel und läßt sie in einer Pfanne rösten, bis sie fertig sind. Dann legt man sie in einen Hafen, kocht Essig, Zwiebeln, Pfeffer, Nelken und Lorbeerblätter mit einander uud gießt dieses kalt darüber. Zum Frühstück sind dieselben sehr gut.

438. Krebse zu kochen.

Die Krebse werden lebendig in stark kochendes, mit Essig und Salz vermischtes Wasser geschüttet, umgerührt, damit sie sich nicht in einander verwickeln, $1/_4$ Stunde gekocht, währenddem einige Male ein glühendes Eisen darin abgelöscht wird, wodurch sie eine schöne rothe Farbe bekommen. Auch kann man noch etwas Kümmel in's Wasser geben.

439. Gebackene Austern.

Man thut etwas Citronensaft auf die Austern, wen= det sie in Ei und Muskatblüthe und darauf in Weckmehl um, und läßt sie einige Minuten in heißem Schmalz backen.

440. Falsche Austern in Schalen.

Diese werden von Häringsmilch bereitet, welche über Nacht gewässert und abgetrocknet werden, aus einer Milch können 3—4 Austern geschnitten werden. In jede Austern= schale thut man ein Stückchen frische Butter, Muskat= blüthe, klein geschnittene Sardellen, etwas Citronensaft, geriebenes Weckmehl, so viel zwischen zwei Finger gefaßt werden kann, die falschen Austern darauf, von ben anderen Sachen wieder barüber, 4 Kapern dazu, bratet sie langsam und gibt sie mit ganzen Citronen zur Tafel.

Puddinge.

441. Portugiesischer Pudding.

³/₄ Pfund weißes Brod wird dünn abgeschält, in Milch etwas geweicht und ausgedrückt und mit 4 Loth Butter und 4 Loth feingerührtem Mark auf dem Feuer abgerührt. Nachdem es ein wenig erkaltet ist, kommen 5 Eibotter, 3 Loth feiner Zucker, Saft und Schale einer halben Citrone, 3 Loth ausgekernte Rosinen und 3 Loth Weinbeeren hinzu, Alles wird gut gerührt, dann der steife Schnee von 8 Eiern leicht barunter gemengt und zuletzt ¹/₂ Weinglas voll Rum durchgerührt. Die Masse wird sogleich in eine mit Butter bestrichene Form in kochendes Wasser gebracht und 2 Stunden ununterbrochen gekocht. Man gibt eine Schaumsauce dazu.

442. Schwamm-Pudding.

12 Loth feines Mehl wird mit 4 Loth Butter auf dem Feuer gerührt, nach und nach ¹/₄ Maß Milch dazu gegeben und gerührt, bis sich die Masse vom Topfe löst. Hierauf werden 4 Loth Butter schaumig gerührt, 8 Loth Zucker, die abgeriebene Schale einer Citrone und 10 Eibotter hinzu gerührt, dann die etwas abgekühlte Masse und zuletzt der ganz feste Schnee der Eier leicht durchge=

mischt. Man lasse den Pudding 2 Stunden stark ohne
Unterbrechung kochen und servire ihn mit einer Schaum=,
Wein= oder Fruchtsauce.

443. Englischer Pudding.

Man nimmt 4 trockene Milchbröbchen, schält die Kruste
ab, schneidet sie in 4 Theile, weicht sie in Milch ein und
brückt sie wieder aus, gibt 5 Eidotter, ein wenig Butter,
Zucker, Zimmt, Citronat, 4 Loth grob gestoßene Mandeln,
4 Loth Weinbeeren, ein Stückchen feingehackte Citronen=
schale und 2 Messerspitzen voll Salz hinzu, rührt Alles
gut mit einander, gibt den Schnee der Eier darunter und
schlägt die Masse fortwährend, bis man sie in eine gut
bestrichene Form füllt und sogleich in kochendem Wasser
zwei Stunden kocht. Wenn der Pudding angerichtet ist,
verziert man ihn mit Zuckerstengeln, Citronat und Man=
deln und gibt eine Weinsauce dazu.

444. Plum-Pudding.

$\frac{1}{2}$ Pfund feines Mehl wird mit 3 Eiern und 3 Ei=
dottern verrührt, $\frac{1}{2}$ Pfund geriebenes feines Weißbrod
hinzugerührt nebst $\frac{1}{4}$ Maß Milch, $1\frac{1}{2}$ Viertelpfund fein=
gehacktes Nierenfett, $\frac{1}{4}$ Pfund ausgesteinte Rosinen, $\frac{1}{4}$
Pfund Weinbeeren und etwas Salz. Dieses wird in eine
bestrichene Form gefüllt oder man legt eine Serviette in
eine tiefe Schüssel, bestreicht sie in der Mitte mit Butter,
stäubt Mehl darüber, schüttet die Masse hinein und bindet,
indem man ein wenig Raum zum Gehen läßt, einen Bind=
faden darum und kocht diesen Pudding im kochenden
Wasser ununterbrochen 3 bis 4 Stunden.

445. Süßer Käse-Pudding.

Ein Pfund feingeriebener Käse wird mit $\frac{1}{4}$ Pfund
Butter fein gerührt, Citrone, 6 Loth Zucker, 8 Eidotter,

3 Eßlöffel voll saurer Rahm und 1 Kochlöffel voll feines Mehl hinein gerührt und zuletzt der Schnee der Eier darunter gemischt, dann in eine mit Butter bestrichene und Mehl bestreute Form gefüllt und eine Stunde in kochendem Wasser gekocht.

446. Kabinet-Pudding.

20 Loth Milchbröbchen werden ganz fein geschnitten und mit frischer Butter bestrichen; dann bestreicht man eine Form mit Butter, gibt eine Lage von dem bestrichenen Brod hinein, dann eine Lage Rosinen, Weinbeeren, fein gehackte Mandeln und Citronenschale, dann wieder eine Lage gestrichenes Brod und so fort bis eine Broblage den Schluß macht. Hierauf verklopft man eine Maß Milch mit 9—10 Eiern und 2 gehäuften Eßlöffeln voll feinem Zucker, schüttet dieses langsam über die Masse, damit Alles schön durchweicht und läßt den Pudding 2—2½ Stunden in Wasser kochen. Man kann auch statt Weinbeeren und Rosinen Obst dazwischen legen, sowie statt Milchbrod Bisquit nehmen, welches dann nicht mit Butter bestrichen wird.

447. Prinzregenten-Pudding.

40 Loth Milchbrod ohne Rinde werden in Scheiben geschnitten, in Butter gelb geröstet und zu Würfeln gebrochen, ¼ Pfund Rosinen, ¼ Pfund Weinbeeren, ¼ Pfund feingeschnittene Mandeln werden lagenweise mit dem gerösteten Brod in eine bestrichene Form gethan, 15 Eier, ½ Maß Milch, ¼ Pfund Zucker und Citronenschale mit einander geschlagen und langsam darüber geschüttet, daß die Masse schön durchweicht, und in kochendem Wasser zwei Stunden gekocht. Man gibt eine Himbeer- oder Johannisbeer-Sauce dazu.

448. Pudding von Hörnchen.

Eine Form wird mit Butter bestrichen, mit etwas feinem Zucker bestreut und hierauf mit einer Lage dünn= blätterig geschnittener Hörnchen belegt, auf diese etwas eingemachte Johannisbeeren gegeben, hierauf wieder eine Lage Hörnchen und so fort, bis die Form halb voll ist. Unterdessen wird eine Vanillesauce gemacht und so viel darüber gegossen, als die Masse annimmt, dann mit er= sterem fortgefahren, bis die Form nicht ganz voll ist, noch= mals Vanillesauce darüber gegossen und so eine Stunde hingestellt, bis Alles einander angenommen hat. Hierauf wird der Pudding ¾ Stunden in Wasser gekocht, dann gestürzt und servirt.

449. Korinthen-Pudding.

Man rührt ½ Pfund Mehl mit ½ Maß Milch recht glatt, läßt unterdessen auf dem Feuer 4 Loth Butter zer= gehen, schüttet den Teig unter beständigem Rühren hinein und rührt so lange, bis sich die Masse vom Tiegel löst. Etwas abgekühlt, rührt man noch 4 Loth Butter und nach und nach 8 Eidotter, 2 gehäufte Eßlöffel voll durchge= siebten Zucker, das Abgeriebene einer Citrone, ½ Pfund Weinbeeren, 12 Loth Weckmehl und reichlich ¾ Weinglas voll Rum oder Arac hinzu, schüttet hierauf die Masse schnell in eine mit Butter bestrichene Form und läßt sie 2½ Stunden in Wasser fortwährend kochen. Man gibt eine Schaumsauce dazu.

450. Nudel-Pudding.

Man macht von 2 Eiern und Mehl Nudeln, läßt diese unter beständigem Rühren in ½ Maß kochender Milch mit 4 Loth Butter kurz einkochen, bis sie ganz dick sind; dann läßt man sie erkalten, reibt Citronenschale hinein nebst 6 Loth Zucker und 8 Eidotter, verrührt Alles gut und mengt zuletzt den Schnee der Eier darunter; bestreicht eine Form mit Butter, bestreut sie mit Weckmehl, füllt die Masse hinein und läßt sie eine Stunde in kochendem Wasser kochen. Man gibt eine Wein= oder Obstsauce dazu.

451. Erdbeer=Pudding.

¼ Maß sehr reife Erdbeeren werden in einer Porzellanschale gerührt und dann durch ein Sieb oder Tuch gedrückt. Nun rührt man ½ Schoppen süßen Tischwein mit 8 Eidottern, gibt ½ Pfund fein geriebenen Bisquit und den Erdbeersaft dazu, nebst 3 Loth Zucker und einen kleinen Eßlöffel voll feingestoßenen Zimmet, rührt es unter einander, bestreicht eine Form mit feinem Wachs, füllt die Masse hinein und backt sie in der Röhre. Wenn der Pudding noch heiß ist, wird er mit rothem und weißem Streuzucker verziert.

452. Hiefenmark=Pudding.

Rühre ¼ Pfund Butter recht schaumig, gib 8 Eidotter, 6 Loth Zucker und 2 in Milch eingeweichte, fest ausgedrückte Mundbrode dazu, rühre Alles recht gut, thue dann 5 Löffel voll Hiefenmark oder Aprikosen=Marmelade hinzu und mische den Schnee der Eier darunter. Fülle die Masse in eine mit Butter bestrichene Form und koche sie ¾ Stunden in Wasser. Beim Anrichten stürze den Pudding und gib ein wenig Hiefenmark=Sauce außen herum. Statt Hiefenmark kann man auch Weinbeeren und Rosinen nehmen.

453. Bisquit=Pudding.

Koche eine Maß süßen Rahm mit Vanille und Citronenschale, lasse sie erkalten und durch ein Haarsieb laufen. Hierauf rühre 6 Eier und 6 Eidotter mit 6 Loth gestoßenen Zucker recht gut, gib den Rahm hinzu und thue Alles in eine mit Butter bestrichene und mit Bisquit belegte Form. Koche dieses eine Stunde in Wasser und wenn der Pudding gestürzt ist, gib eine Weincreme darüber.

454. Chocolade-Pudding.

Rühre ³/₄ Pfund feingestoßenen Zucker mit 16 Eidottern recht schaumig, gib 12 Loth feingestoßene Mandeln, für 12 Kreuzer Citronat und Pomeranzenschale, die Schale einer Citrone, Alles fein gehackt, nebst 4 Täfelchen geriebene Chocolade und 2 Loth gedörrtes, gestoßenes weißes Brod dazu, rühre Alles recht gut und gib zuletzt den Schnee von den Eiern darunter. Fülle den Teig in eine mit Butter bestrichene Form und backe ihn oder koche ihn in Dunst 1¹/₂ Stunde. Gieße eine rothe Weinsauce oder einen Weincreme darüber oder gib ihn extra dazu.

455. Kartoffeln-Pudding.

Man rühre ¹/₂ Pfund gestoßene oder geriebene gekochte Kartoffeln mit 2 Eßlöffeln voll feinem Mehl vermengt, mit 4 Loth feingestoßenen Mandeln, 6 Eidottern, 6 Loth leicht gerührter Butter und 4 Eßlöffeln voll feinem Zucker schaumig ab, menge dann 2 Loth Weinbeeren, 2 Loth Rosinen und die feingehackte Schale einer halben Citrone darunter, sowie zuletzt den festen Schnee der Eier; fülle die Masse in eine gut bestrichene Form und koche sie zwei Stunden in Dunst. Beim Anrichten gebe man eine Vanille-Sauce dazu.

456. Gries-Pudding.

Man koche ³/₄ Maß Milch mit 1 Viertelpfund Butter, lasse ³/₄ Pfund Gries unter stetem Rühren hinein laufen und rühre so lange, bis sich die Masse vom Tiegel löst.

Hierauf rühre man ¹/₂ Viertelpfund Butter schaumig, gebe unter fortwährendem Rühren 12 Eidotter, 12 Stück kleine bittere Mandeln, fein gestoßen, ¹/₄ Pfund feinen Zucker und den etwas abgekühlten Gries hinzu und mische den festen Schnee der Eier darunter. Bestreiche eine Form mit Butter, fülle die Masse hinein und lasse sie 2¹/₂ bis 3 Stunden in kochendem Wasser kochen. Man gibt eine Schaum=, Rum= oder Rothweinsauce dazu.

457. Reis=Pudding mit Arac angebrennt.

Koche ¹/₄ Pfund Reis in der Milch mit einem nuß= großen Stück Butter recht weich, damit er sich ganz ver= rühren läßt, doch muß er ganz steif sein, streiche ihn dann noch warm durch ein Haarsieb und lasse ihn erkalten. Rühre hierauf 6 Loth Butter ab, gib nach und nach 6 Eidotter dazu, hierauf den Reis, 6 Loth gestoßenen Zucker, und die Schale einer halben Citrone auf Zucker abge= rieben, rühre Alles gut unter einander und mische zuletzt den Schnee der Eier langsam darunter. Fülle die Masse in eine gut mit Butter bestrichene Form und koche sie 1¹/₂ Stunde im Wasser. Wenn der Pudding gestürzt ist, bestreue ihn mit Zucker, begieße ihn mit Arac und brenne ihn an.

458. Bisquit=Reis=Pudding.

Man macht einen gewöhnlichen Reis=Pudding und kocht ihn in Wasser gar, stürzt ihn dann auf eine Platte, überzieht ihn mit einer Bisquit=Masse, bestreut diese mit Zucker und läßt den Pudding schön gelb anziehen. Man gibt nach Belieben eine Sauce dazu.

459. Leckermaul.

Von ¹/₄ Pfund Stengel=Bisquit wird eine Lage dicht aneinander auf den Boden einer mit Butter bestrichenen

und mit Zucker bestreuten Form gelegt, diese mit beliebi
gen eingemachten Früchten bestrichen, wieder eine Lage
von Bisquit darauf gelegt und so fort, bis der Bisquit
zu Ende ist. Hierauf gieße 4 Eidotter, mit einer Kaffee=
tasse voll süßen Rahm verrührt, darüber und lasse die
Masse etwas anziehen, bestreiche dieselbe mit dem Schnee
der vier Eiweiß, welcher mit 1 Löffel voll Zucker ver=
mischt wurde, und koche es nun $^3/_4$ Stunden im Wasser.

460. Mandel-Pudding.

Zu diesem werden 16 Loth Mandeln abgezogen und
fein gestoßen, hierauf 16 Loth feingestoßener Zucker mit
einer Citrone auf Zucker abgerieben, etwas Citronat,
Pomeranzenschale und 16 Eidotter eine halbe Stunde
gerührt, der Schnee der Eier leicht darunter gemischt und
in eine gut mit Butter bestrichene Form gefüllt; in kochen=
dem Wasser 1 Stunde gekocht und beim Anrichten ein
Weincreme darüber gegeben.

461. Mandel-Pudding anderer Art.

6 Loth Butter werden mit 10 Eidottern und 12 Loth
Zucker gut abgerührt, Saft und abgeriebene Schale einer
Citrone, $^1/_2$ Pfund mit Rosenwasser, Arac oder Eiweiß fein
gestoßene Mandeln und $^3/_4$ Pfund in Milch eingeweichtes
und ausgedrücktes weißes Brod hinzu gerührt. Hierauf
unter die gut gerührte Masse der Schnee der Eier leicht
gemischt und in einer mit Butter bestrichenen Form zwei
Stunden gekocht. Man gibt eine Schaum= oder Frucht=
Sauce dazu.

462. Mehl-Pudding mit Hefe.

Man rührt $1^1/_2$—2 Eßlöffel voll Hefe in 1 Pfund
Mehl mit etwas Milch zu einem Teig und läßt ihn gehen.

Hierauf rührt man 3—4 Loth zerlassene Butter, 2 Eß=
löffel voll Zucker, Rosinen und Weinbeeren, ungefähr
¼ Pfund, nebst ½ Maß lauwarme Milch und 2 Eier
daran, füllt diese Masse in eine bestrichene Form, läßt
sie gehen und kocht den Pudding 2½ Stunden in kochen=
dem Wasser. Man gibt eine Fruchtsauce oder gekochtes
Obst dazu.

463. Mehl=Pudding.

8 Eibolter, 3 Löffel voll Mehl, 8 Löffel voll Zucker
und eine auf Zucker abgeriebene Citronenschale werden so
lange gerührt, bis die Masse ganz dick ist, der Schnee
der Eier darunter gemengt, in eine gut bestrichene Form
gefüllt und 1 Stunde in Wasser gekocht.

464. Weißer Brod-Pudding.

Von 4 Mundbroden wird die Rinde abgerieben, die=
selben in Wasser eingeweicht und wieder fest ausgedrückt;
unterdessen ¼ Pfund Butter mit 12 Eibottern recht
schaumig gerührt; 4 Löffel voll gestoßener Zucker, 4 Loth
gestoßene Mandeln, die auf Zucker abgeriebene Schale
einer halben Citrone und die Mundbrode dazu gegeben,
Alles noch gut gerührt und zuletzt der Schnee der Eier
darunter gemengt. Die Masse wird in eine gut bestrichene
Form gefüllt und eine gute Stunde in Wasser gekocht.
Ist der Pudding gestürzt, wird eine Hiefenmark=Sauce
darüber gegeben.

465. Mehl- und weißer Brod=Pudding.

½ Pfund Mehl wird mit ½ Maß Milch gut ange=
rührt, unterdessen 3 Loth Butter auf das Feuer gestellt,
die Masse hinzugegeben und so lange gerührt, bis sich die=
selbe vom Tiegel löst. Etwas abgekühlt wird sie mit 8
Eibottern, 2 Eßlöffeln voll Zucker und der abgeriebenen

Schale einer Citrone tüchtig geschlagen, hierauf 12 Loth Weckmehl durchgerührt und zuletzt der Schnee der Eier nebst ½ Weinglas voll Rum leicht durchgemischt. Der Pudding wird in einer gut bestrichenen Form 3 Stunden im Wasser gekocht und gekochtes Obst oder eine Frucht=Sauce dazu gegeben.

466. Schwarzbrod=Pudding.

8 Loth gedörrtes schwarzes Brod wird mit der Rinde fein gestoßen, durch ein Haarsieb gerührt und mit 3 Löffeln voll Wein angefeuchtet. Hierauf werden 8 Loth gestoßener Zucker mit 8 Eidottern schaumig gerührt, etwas gestoßener Zimmet, Nelken, die feingehackte Schale einer halben Citrone, sowie das Brod darunter gerührt. und der Schnee der Eier hineingemischt; diese Masse in eine gut bestrichene Form gefüllt und 2 Stunden in Wasser gekocht.

467. Karamel=Pudding.

Rühre 5 Eidotter, 5 Löffel voll gestoßenen Zucker, 4 Loth feingestoßene Mandeln, 3 Löffel voll fein gestoßenes Weckmehl und ein paar Tropfen gebrannten Zucker recht schaumig miteinander, menge den Schnee der Eier darunter, fülle die Masse in eine bestrichene Form, koche sie 1½ Stunde in Wasser und gib folgende Sauce darüber: Rühre 3 Eidotter, einen kleinen Löffel voll Mehl und Zucker mit Milch auf dem Feuer so lange, bis es dick ist.

468. Gebrannter Zucker=Pudding.

Gib 9 Eßlöffel voll Zucker mit 2 Eßlöffeln voll Wasser in einen Tiegel und brenne es auf der Glut bis es dunkelgelb wird, gib unter beständigem Rühren 6 Eßlöffel voll Mehl und 3 Schoppen kochenden Rahm dazu und rühre so lange, bis der Teig ganz glatt ist und sich vom

Löffel löst. Dann lasse ihn erkalten; rühre ¼ Pfund Butter schaumig, rühre 18 Eidotter eins nach dem andern daran, dann den erkalteten Teig, etwas auf Zucker abgeriebene Citronenschale und zuletzt den Schnee der Eier. Fülle die Masse in eine gut bestrichene Form und koche sie in Dunst zwei Stunden. Wenn der Pudding gestürzt ist, wird er mit Rahmschnee garnirt oder eine Karamel-Sauce dazu gegeben.

469. Brand-Pudding.

Lasse ¼ Pfund Butter zergehen, gebe ¼ Pfund Mehl dazu, lasse dieses mit einander anziehen, dann thue ½ Maß Milch daran und rühre es auf dem Feuer recht glatt. Wenn der Teig erkaltet ist, rühre 6 Eidotter, 6 Loth Zucker und eine halbe Citrone auf Zucker abgerieben, daran und menge den Schnee der Eier darunter. Hierauf bestreiche eine Form mit Butter, bestreue sie mit feinem Weckmehl, fülle die Masse hinein und koche den Pudding 1 Stunde im Wasser. Beim Anrichten wird ein Weincreme darüber gegeben.

470. Bries-Pudding.

Drei schöne Bries werden leicht abgekocht und in kleine Würfel geschnitten; dann rührt man 6 Loth Butter mit 6 Eidottern zu Schaum, gibt 2 in Milch geweichte Semmel, von denen die Rinde abgeschnitten, dazu, nebst feingeschnittene Champignons, die Bries, Salz und das zu Schnee geschlagene Eiweiß, leicht darunter gemischt. Diese Masse füllt man in eine mit Butter bestrichene Form und läßt sie 2 Stunden in Dunst kochen. Unterdessen wird eine Sauce wie zum Hühnerragout gemacht, der Pudding gestürzt und dieselbe darüber geschüttet. Hat man Krebse, kann man auch Krebsbutter dazu nehmen und den Pudding mit Krebsschwänzen verzieren.

471. Leber-Pudding.

12 Loth frische Butter werden mit 6 Eidottern schau=
mig gerührt und mit 1 Pfund von der Haut befreiter,
fein geschabter und durch ein Haarsieb gestrichener Kalbs=
leber nebst ³/₄ Pfund abgeschälter, in Milch eingeweichter
und wieder ausgedrückter Milchbröbchen vermischt, noch
eine Viertelstunde fortgerührt, mit Salz, Pfeffer, Muskat=
nuß und nach Belieben mit Majoran gewürzt und hierauf
der fest geschlagene Schnee der 6 Eiweiß darunter gemischt.
Die Masse wird nun in eine mit Butter bestrichene Form
gefüllt und 1 Stunde in Dunst gekocht. Gestürzt gibt
man den Pudding mit einer Trüffel= oder sonst beliebigen
braunen Sauce übergossen, zur Tafel.

Auflauf.

472. Auflauf in Dunst.

Lasse ¼ Pfund Butter zergehen, gib ¼ Pfund Mehl
hinein und lasse es ein wenig anziehen, dann gieße ½ Maß
Milch daran, trockne dieses auf dem Feuer ab und lasse
den Teig abkühlen, rühre dann nach und nach 12 Eidotter,
¼ Pfund fein gestoßenen Zucker, 4 Loth fein gestoßene
Mandeln und Vanille hinein und vermische zuletzt den Schnee
der Eier damit. Lasse 2 Täfelchen Chocolade mit ein wenig
Wasser auf dem warmen Ofen zergehen und gib von dem
eben gemachten Teig dazu, streiche davon auf länglich
geschnittene Oblaten und lege diese gitterförmig in eine
mit Butter bestrichene Form, fülle darauf eine Lage von
dem weißen Teig, lege Oblaten darauf, dann eine Lage

Chocoladenteig, wieder Oblaten, damit die Teige nicht zu=
sammenfließen, abermals den weißen Teig und so fort, bis
die Form nicht zu voll ist; koche ihn dann in Dunst und
in ³/₄ Stunden ist er fertig; hierauf stürze ihn auf eine
Platte und gib eine Vanille=Sauce dazu.

473. Chocolade-Auflauf.

Man rührt ¼ Pfund Butter schaumig, rührt 9 Ei=
dotter eins nach dem andern hinein, gibt ein in Milch
eingeweichtes, wieder fest ausgedrücktes Mundbrod dazu,
nebst 6 Loth feingestoßene Mandeln, 6 Loth gestoßenen
Zucker und 2 Täfelchen geriebene Vanille=Chocolade, und
mengt zuletzt den Schnee der 9 Eier darunter; füllt die
Masse in eine gut bestrichene Form und backt sie schön.

474. Chocolade=Auflauf anderer Art.

Rühre 4 Täfelchen geriebene Chocolade und 3 Eß=
löffel voll feines Mehl mit einem Schoppen Rahm glatt
an und koche es zu einem Brei, gib 4 Loth Butter hinzu
und rühre es auf dem Feuer bis sich Alles vereinigt hat
und einem Brandteig ähnlich ist. Halb erkaltet rühre
6 Eidotter eins nach dem andern dazu (wenn der Teig
ganz kalt ist, verbinden sich die Eier nicht so leicht mit
demselben), gib 4 Loth gestoßenen Zucker hinein und menge
den Schnee der Eier darunter. Fülle die Masse in eine
mit Butter bestrichene und mit Weckmehl bestreute Form
und backe sie schön. Dieser Auflauf setzt sich nicht so leicht
als die mit Butter abgerührten.

475. Mehlbrei-Auflauf mit gedämpften Aepfeln.

Man schält 3 gute Aepfel, schneidet sie in Spalten
und läßt sie mit etwas Wasser und Zucker weich dämpfen,
doch müssen dieselben ganz bleiben; hierauf läßt man sie

kalt werden. Unterdeſſen kocht man von 3 Löffeln voll
Mehl und Milch einen dicken Brei, läßt ihn erkalten, rührt
dann 4 Loth Butter mit 3 Eidottern ab, gibt eine halbe
Citrone auf 4 Loth Zucker abgerieben dazu, ſowie 2 Loth
geſchnittenen Bisquit und das Weiße der Eier zu Schnee
geſchlagen. Hierauf beſtreicht man eine Form mit Butter,
beſtreut ſie mit Weckmehl, gibt eine Lage Brei hinein, dann
eine Lage Aepfel und Bisquit und ſo fort, bis die Form
voll iſt. Dieſes backt man in der Röhre und gibt den
Auflauf mit Zucker beſtreut zur Tafel.

476. Reis-Auflauf mit Aepfeln.

Koche ¼ Pfund Reis in der Milch ganz weich, rühre
¼ Pfund Butter recht ſchaumig, gib 6 Eidotter nach und
nach hinein, nebſt ¼ Pfund Butter, hierauf den gekochten Reis und miſche zuletzt den Schnee der Eier darunter.
Beſtreiche eine Form mit Butter, gib die Hälfte der Maſſe
hinein, darauf gedämpfte Aepfel, welche mit eingemachten
Früchten gefüllt ſind, und darüber die andere Hälfte von
der Maſſe, wohinein man auch noch Citronenſchale reiben
kann. Alsdann wird der Auflauf in der Röhre gebacken.

477. Aepfel-Auflauf.

Es wird ¼ Pfund Butter mit 6 Eidottern, einer
Hand voll fein geſtoßenen Mandeln, 6 Löffeln voll Mehl,
etwas feingehackter Citronenſchale und Zucker, bis es ſüß
genug iſt, leicht abgerührt. Hierauf werden 8 Aepfel
mittelmäßiger Größe geſchält, in feine Schnittchen geſchnitten darunter gemengt, in eine mit Butter beſtrichene
Form gefüllt und gebacken.

478. Schaum-Auflauf mit Aepfeln.

8 bis 10 gute Kochäpfel werden geſchält, in feine
Blättchen geſchnitten und mit einem halben Gläschen Waſſer,

3 Loth Butter und 4 Loth Zucker weich gedämpft. Nach= dem die Sauce eingekocht und die Aepfel wie ein dicker Brei sind, werden sie durch's Haarsieb getrieben; alsdann 6 bis 7 Eßlöffel voll Zucker, 3 Eßlöffel voll geriebenes Milchbrod, oder trockener gestoßener Bisquit hinzu gegeben, alles gut verrührt und zuletzt der Schnee der Eier darunter gemengt. Diese Masse wird in eine mit Butter bestrichene Cremeschüssel oder Auflaufform gefüllt, in einem nicht zu heißen Ofen gebacken, bis sie noch einmal so hoch gestiegen ist und eine gelbliche Farbe hat, wozu der Auflauf eine halbe Stunde nöthig hat. Man servirt ihn dann sogleich.

479. Schaum=Auflauf mit Erdbeeren.

$\frac{1}{2}$ Maß durch's Sieb getriebene Erdbeeren werden mit 6 Loth feinem Zucker und 3 Eßlöffeln voll geriebenem Milchbrod oder trockenem gestoßenem Bisquit verrührt und der Schnee von 7 Eiweiß darunter gemengt. Die übrige Behandlung ist dann wie die vorhergehende. Statt Erd= beeren kann auch Aprikosen=Marmelade genommen werden.

480. Bechamelle=Auflauf mit Aprikosen= Marmelade.

Lasse $\frac{1}{4}$ Pfund Butter zergehen, gib $\frac{1}{4}$ Pfund Mehl hinein und lasse es ein wenig anziehen, gieße dann $\frac{1}{2}$ Maß kochende Milch daran, rühre den Teig recht glatt und kühle ihn ab; hierauf rühre nach und nach 6 Ei= botter dazu, nebst 4 Loth feingestoßenen Zucker, eine auf Zucker abgeriebene Citrone, 3 Loth Mandeln und zuletzt den Schnee der Eier. Bestreiche eine Form mit Butter, fülle eine Lage Teig hinein, hierauf eine Lage Aprikosen= Marmelade, wieder eine Lage Teig und so fort. Backe den Auflauf in der Röhre und in einer halben Stunde ist er fertig.

481. Auflauf von geriebenem Nudelteig.

Mache von einem Ei und feinem Mehl einen ganz festen Teig und reibe ihn auf dem Reibeisen. Unterdessen siede ½ Maß Milch, lasse das Geriebene unter fortwäh= rendem Umrühren hineinlaufen, gib ein Stückchen Butter dazu und lasse es dick einkochen. Hierauf rühre 6 Loth Butter mit 3 Eidottern und 4 Loth feinem Zucker nebst abgeriebener Citronenschale gut ab, gib den erkalteten Teig hinein und mische den Schnee der Eier darunter. Fülle die Masse in eine bestrichene Form und lasse sie ¾ Stun= den backen. Man kann auch auf die Hälfte des Teiges eingemachte Früchte thun und die andere Hälfte dann darauf geben.

482. Brei-Auflauf mit Kirschen-Compot.

Rühre von 4 Kochlöffeln voll Mehl und einem Ei= dotter mit Milch einen Brei an und koche ihn unter fort= währendem Rühren, bis er anfängt dick zu werden, gib ein Stückchen Butter dazu und rühre ihn, bis er recht glatt ist, dann stelle ihn vom Feuer und lasse denselben erkalten. Nun rühre 6 Loth Butter mit 5 Eidottern recht schaumig, gib den Brei dazu, nebst einer halben Citrone auf Zucker abgerieben und menge zuletzt den Schnee der Eier darunter; dann fülle die Masse in eine gut mit Butter bestrichene Form und backe sie. Beim Anrichten stürze den Auflauf und gib ein Kirschen=Compot darüber.

483. Schwarzbrod-Auflauf.

Man rühre 5 Eidotter mit 5 Loth Zucker recht schaumig, gebe 5 Loth geriebenes schwarzes Brod, wobei aber keine Rinde sein darf, dazu, nebst ein wenig feinen Zimmet, fein gehackte Citronenschale und den Schnee der Eier, leicht darunter gemischt, thue dann die Masse in eine mit Butter bestrichene Form und backe sie. Beim Anrichten wird der Auflauf gestürzt und eine Kirschensauce darüber gegossen.

484. Schwarzbrod-Auflauf anderer Art.

Man rührt 6 Loth feingestoßenen Zucker mit 6 Eidottern recht schaumig, gibt dann 2 Loth feingestoßene Mandeln, feingehackte Citronenschale, Citronat und Pomeranzenschale nach Gutdünken, 6 Loth geriebenes schwarzes Brod und ½ Pfund abgepflückte Weichseln dazu, rührt Alles gut unter einander und mengt zuletzt den Schnee der Eier darunter, füllt die Masse in eine mit Butter bestrichene und mit Weckmehl bestreute Form und backt sie. Ist der Auflauf gestürzt, gibt man ihn trocken oder eine Weichsel= sauce darüber.

485. Schwarzbrod-Auflauf anderer Art.

¼ Pfund gedörrtes, fein durchgesiebtes schwarzes Brod feuchtet man mit rothem Wein und trocknet dieses in der Pfanne wie den Brandteig. Nun rührt man 6 Loth Butter mit 6 Eidottern, gibt das Brod, 3 Loth ge= stoßene Mandeln, Zimmet, Nelken, feingehackte Citronen= schale und 6 Loth gestoßenen Zucker dazu, sowie zuletzt den Schnee der Eier, füllt es in eine gut bestrichene Form und backt es.

486. Citronen-Auflauf.

12 Löffel voll feingesiebter Zucker werden mit 2 Eiern 6 Eidottern, 2 Löffeln voll feinem Mehl, der Schale einer Citrone auf Zucker abgerieben und dem Saft derselben so lange gerührt, bis es ganz dick ist, hierauf das Weiße der Eier zu Schnee geschlagen, darunter gemengt, gleich in eine mit Butter bestrichene Form gefüllt und gebacken. In einer guten Viertelstunde ist der Auflauf fertig, wo er dann mit Zucker bestreut wird.

487. Saurer Rahm-Auflauf.

½ Maß saurer Rahm wird mit 6 Loth Zucker abge=
rührt, 8 Eidotter und eine auf Zucker abgeriebene Citrone
hinein gerührt, der Schnee der Eier und zwei Löffel voll
feines Mehl darunter gemengt, die Masse in eine mit
Butter bestrichene, mit Mehl bestreute Form gefüllt und
in der Röhre 1 Stunde gebacken; die Form dann auf
eine Schüssel gestellt, der Auflauf mit Zucker bestreut und
servirt.

488. Auflauf von Zeller-Nüssen.

6 Loth Nußkerne werden mit 1 Eßlöffel voll süßen
Rahm feingestoßen. Unterdessen werden 6 Loth feinge=
stoßener Zucker mit 6 Eidottern schaumig gerührt, die
gestoßenen Nüsse darunter gerührt und zuletzt der Schnee
der Eier durchgemischt. Die Masse wird in eine gut be=
strichene Form gefüllt und ¾ Stunden in mittelmäßiger
Hitze gebacken.

489. Gries-Auflauf.

Man kocht in ½ Maß süßen Rahm ¼ Pfund Gries
dick ein und rührt ihn dann mit ¼ Pfund Butter recht
schaumig. Ist er erkaltet, schlägt man 8 Eidotter mit
¼ Pfund gestoßenen Zucker daran, rührt dies nebst ¼
Pfund Weinbeeren gut unter einander, mischt den Schnee
der Eier darunter, füllt Alles in eine mit Butter bestri=
chene Form und backt es ganz langsam.

490. Spinat-Auflauf.

Man reibt von 2 Mundbroden die Rinde, weicht
dieselben in Milch ein und drückt sie aus; rührt dann
12 Loth Butter ab, gibt die Mundbrode dazu, nebst
eine Hand voll abgekochten, fest ausgedrückten, feingehack=

ten Spinat, 6 Eidotter, 6 Loth Zucker und ein wenig
Muskatblüthe, mengt den Schnee der Eier darunter, füllt
es in eine gut bestrichene Form und backt dieses bei mittel=
mäßiger Hitze.   Alsdann gibt man den Auflauf mit Zucker
bestreut zur Tafel.

491. Himbeer-Auflauf.

Es werden 3 Eiweiß zu Schnee geschlagen und in
eine Schüssel gethan, dazu kommen 3 starke Löffel voll
Himbeeren, eine Hand voll fein gestoßene geriebene Man=
deln und 4 Loth Zucker.   Alles wird mit einander gerührt
bis es ganz dick ist, in eine bestrichene Form gefüllt und
gebacken.   Die Mandeln kann man auch weglassen.

492. Fleisch-Auflauf.

Einige Hand voll Weckmehl werden ein wenig in
Butter geröstet und mit etwas süßem Rahm, 3 ganzen
Eiern, 4 Eidottern, Salz, Petersilie und Muskatnuß auf
dem Feuer dick abgerührt.   Ist dieses erkaltet, wird es in
eine mit Butter bestrichene Form gefüllt, doch so, daß es
in der Mitte leer bleibt, wohinein man feingeschnittene
Stückchen Kalb= oder Hühnerfleisch legt.   Die Sauce da=
von wird mit Eidottern legirt und kalt in die Form ge=
gossen.   Hierauf wird ein Deckel von Butterteig darauf
gemacht oder auch von derselben Farce darüber gethan;
der Auflauf in der Röhre schön gebacken und gestürzt.

493. Kartoffeln-Auflauf.

Rühre ½ Pfund feingestoßenen Zucker mit 10 Ei=
bottern recht schaumig, gib ½ Pfund geriebene Kartoffeln,
welche Tags zuvor gekocht wurden, dazu, nebst einer hal=
ben Citrone auf Zucker abgerieben, für 6 Kreuzer feinge=
hackten Citronat und Pomeranzenschale, 4 Loth süße Man=

beln mit der Schale auf dem Reibeisen gerieben und ein wenig Zimmet und Nelken, rühre Alles gut zusammen und menge den Schnee der Eier langsam darunter. Fülle dieses in eine gut mit Butter bestrichene Form, backe es, stürze den Auflauf beim Anrichten heraus und gib folgende Weinsauce darüber: Nimm ½ Maß Wein, etwas Wasser, gib so viel Zucker hinein bis es süß genug ist, sowie ein Stück Zimmet und die Schale einer halben Citrone, lasse dieses kochen bis es den Geschmack angenommen hat, nimm dann den Zimmet und die Citronenschale wieder heraus, gib für 6 Kreuzer Weinbeeren und Rosinen in den Wein, lasse es noch kochen und gieße die Sauce über den Auflauf.

494. Kartoffeln-Auflauf anderer Art.

Lasse 6 Loth Butter zergehen, gib 6 Loth Mehl und 8 Loth geriebene Kartoffeln, welche Tags zuvor abgekocht wurden, dazu, gieße einen Schoppen Milch daran und rühre dieses auf dem Feuer recht glatt ab. Lasse es erkalten, rühre 8 Eidotter und Zucker daran bis es süß genug ist und menge den Schnee der Eier darunter. Fülle Alles in eine mit Butter bestrichene Form und backe es in einer halben Stunde langsam fertig.

495. Kartoffeln-Auflauf anderer Art.

½ Pfund gekochte, geschälte Kartoffeln werden heiß mit etwas Butter im Mörser gestoßen und durch ein Haarsieb gestrichen. Dann 6 Loth Butter schaumig gerührt, 6 Eidotter, 6 Loth feingestoßener Zucker und 4 Loth feingehackte Mandeln dazu gethan und Alles recht schaumig gerührt, hierauf die feingehackte Schale einer halben Citrone und der Schnee der 6 Eier darunter gemengt. Eine Form wird gut mit Butter bestrichen, die Hälfte der Masse

hinein gefüllt, 4—6 Kaffeelöffel voll eingemachte Johannis=
beeren darauf gethan, mit der anderen Hälfte der Masse
bedeckt und in einer mittelmäßigen Hitze gebacken.

496. Verlorene Henne.

Man koche ¼ Pfund Reis in der Milch recht weich
und treibe ihn durch's Haarsieb. Wenn er erkaltet ist,
rühre man ¼ Pfund Butter schaumig, gebe 6 Eidotter
nach und nach daran nebst einer Citrone auf Zucker ab=
gerieben, 6 Loth gestoßenen Zucker und den Reis, ver=
menge Alles gut mit einander und gebe zuletzt den Schnee
der Eier darunter; dann bestreiche man eine Form mit
Butter, belege sie mit Butterteig, gebe die Hälfte von der
obigen Masse darauf, hierauf eingemachte Aprikosen und
dann die andere Hälfte der Masse. Man backe dieses in
einer Stunde, stürze es beim Anrichten und streue Zucker
darauf.

497. Auflauf von Reis, Puddings- und Compots-Resten.

Man legt den Reis oder Schnitten von einem Rest
Pudding in der Form, streicht Reste Compots oder Ge=
lee dazwischen, nimmt zu 4 geschlagenen Eiern 2 Tassen
voll Milch und 2 Löffel voll Zucker und etwas Zimmet,
verrührt es mit einander, gießt es über die Masse und
backt den Auflauf ¾ Stunden.

498. Ersoffener Kapuciner.

Man schlägt von 12 Eiweiß einen festen Schnee, gibt
¾ Pfund fein gestoßenen Zucker, nebst der Schale einer
halben Citrone auf Zucker abgerieben, etwas Zimmet und
Nelken, sowie 12 Eidotter dazu und schlägt diese Masse so
lange, bis sie Blasen wirft, hierauf menge man ¾ Pfund

geriebenes schwarzes Brod leicht hinein und backe es in einer gut bestrichenen Form. Unterdessen mache man eine Sauce von einem Schoppen Wein, ¹/₂ Schoppen Arac, Zucker und Citronenschale, und ist der Auflauf auf eine Platte gestürzt, gieße man dieselbe darüber oder gebe sie extra dazu.

Mehl- und Eierspeisen.

499. Aepfel=Charlott.

Schneide Aepfel und Birnen in Schnitzchen und koche sie in Zucker, Wein, Citronenschale, ganzem Zimmet, Wein= beeren und Rosinen. Wenn die Schnitz weich sind, nehme sie heraus und koche den Saft dick ein, nun nimm den Zimmet und Citronenschale heraus, gib die Schnitz wieder hinein und lasse dieses erkalten. Unterdessen bestreiche eine Form mit Butter, belege sie mit Butterteig und thue die Hälfte von den Aepfeln darauf, hierauf eine Lage läng= lich geschnittener Mandeln, dann die übrigen Aepfel und zuletzt noch einen Deckel von Butterteig. Dieses wird in der Röhre schön gebacken und gestürzt.

500. Aepfel=Charlott mit Hiefenmark.

Es wird eine Auflaufform mit Butter bestrichen, das Innere von Mundbroden zu schönen Schnittchen geschnitten und dieselbe damit belegt; hierauf wird eine Lage gerie= benes mürbes Brod und eine Lage fein geschnitzter Aepfel mit Zucker darauf gegeben, dieses mit Hiefenmark, welches zuvor etwas verdünnt wurde, bedeckt; dann wieder eine

Lage geriebenes mürbes Brod und darauf eine Lage Aepfel und Hiefenmark gegeben und so fort, bis die Form voll ist. Dann wird es gebacken und gestürzt.

501. Aepfel-Charlott mit schwarzem Brod.

Schwarzes Brod wird gerieben und in Butter geröstet; dann wird eine Form mit Butter bestrichen und mit Weck= mehl bestreut, eine Lage von dem schwarzen Brod hinein gegeben, hierauf eine Lage geschnitzter Aepfel mit Zucker und Zimmet, Weinbeeren und Rosinen darüber gestreut, dann wieder eine Lage schwarzes Brod und so fort, bis die Form voll ist, das Obere jedoch muß eine Lage Brod sein. Hierauf wird es gebacken und mit der Form servirt.

502. Mehlspeise.

4 Loth Mehl, 4 Loth Butter und 4 Loth Zucker wird mit einem guten Schoppen süßen Rahm zu einem Brei gekocht; ist dieser erkaltet, rührt man nach und nach 5 Eidotter darunter, sowie den Schnee der Eier. Man be= streicht nun eine runde Auflaufform mit Butter, bestreut sie mit Weckmehl, füllt von der Masse Messerrücken dick hinein und kocht dieses in Dunst. So fährt man fort bis der Teig zu Ende ist, bestreicht dann eine Porzellan= platte mit Butter und legt darauf die Blätter, ein jedes inzwischen mit eingemachten Früchten bestrichen, auf einan= der. Hierauf schlägt man einen Schnee von 5 Eiweiß, thut 2 Löffel voll Zucker hinein und bedeckt damit die Mehlspeise, streut Zucker darauf, backt sie schön gelb und bestreut sie beim Anrichten nochmals mit Zucker.

503. Mehlspeise anderer Art.

¼ Pfund Butter wird gut in Mehl gedrückt, daß es ein fester Ballen wird, dieser in einer halben Maß kochen=

den Rahm auf dem Feuer so lange gerührt, bis es ein
dicker Brei ist, welchen man erkalten läßt; hierauf rührt man
6 Eidotter, Zucker, Zimmet, Citronenschale und den Schnee
von 2 Eiern darunter, streicht die Masse fingerdick auf
ein mit Butter bestrichenes Blech und backt sie hellgelb,
schneidet dann 2 Finger breite Streifen davon, rollt sie
zusammen und gießt eine Vanille=Sauce darüber. Auch
kann man die Streifen, ehe man sie rollt, mit eingemach=
ten Früchten bestreichen und mit Zucker bestreut zur Tafel
geben.

504. Eine sehr gute Mehlspeise.

Man lasse ½ Maß süßen Rahm kochen, drücke ¼ Pfd.
Butter recht gut in Mehl ab, daß es ein fester Ballen
wird, gebe ihn unter beständigem Rühren in den kochenden
Rahm, damit er sich auflöst und keine Knollen bekommt
und lasse ihn recht dick einkochen. Ist dieses erkaltet, rühre
man 6 Eidotter, ein wenig Zimmet, Citronenschale und
Zucker nach Gutdünken daran, sowie den Schnee von 4
Eiern. Dann bestreiche man ein Blech gut mit Butter,
bestreue es mit Mehl, streiche den Teig fingerdick darauf
und backe ihn schön in einer mittelmäßigen Hitze. Hierauf
werden mit einem Ausstecher runde Blättchen daraus ge=
stochen, eingemachte Früchte darauf gethan, 2 auf einander
gelegt, auf eine Platte gegeben und eine Weincreme darüber
gegossen.

505. Bisquit-Mehlspeise.

¼ Pfund fein gestoßener Zucker wird mit 8 Eidottern
schaumig gerührt, dann 3½ Eßlöffel voll feines Mehl dazu
gegeben, sowie der Schnee von 6 Eiern darunter gemengt.
Hierauf wird ein Porzellanteller mit Butter bestrichen, mit
Weckmehl bestreut, von der Masse halbfingerdick darauf
gestrichen und im Ofen hellgelb gebacken. Die Masse gibt

7 solcher Blätter, welche alle auf Teller gebacken werden. Hierauf wird jedes Blatt mit eingemachten Früchten bestrichen, darauf noch etwas Arac gethan und dieselben auf einander gelegt. Dann ein steifer Schnee von 3 Eiern mit Vanille, Zucker und etwas Citronensaft, geschlagen, hievon ein Berg auf die Speise gesetzt, dick mit Zucker bestreut und ganz hellgelb gebacken. Beim Anrichten kann man noch eingemachte Früchte außen herum legen.

506. Saure Rahm-Mehlspeise.

Es werden 3 Löffel voll Zucker, 3 Löffel voll Mehl, 3 Löffel voll saurer Rahm und 3 Eidotter mit einander gerührt, dann ein Schoppen süßer Rahm mit einem Stück Butter und ein wenig Vanille kochend an diese Masse gerührt. Wenn sie erkaltet ist, wird der Schnee der Eier darunter gemengt, in eine mit Butter bestrichene Form gefüllt und gebacken; beim Anrichten mit einem Löffel ausgestochen, auf eine Platte gelegt und folgende Vanillesauce darüber gegeben: Ein Löffel voll Mehl wird mit 3 Eidottern und einem Schoppen Milch angerührt, für 6 kr. Vanille und Zucker daran gethan und unter fortwährendem Rühren dick gekocht.

507. Raumel-Mehlspeise.

Man nimmt 3 Kochlöffel voll Mehl, rührt es mit ¹/₂ Maß Milch an, gibt 1 Stückchen Butter hinein und stellt es unter fortwährendem Rühren auf's Feuer bis es dick wird, kochen darf es aber nicht. Dann macht man Schmalz in einer flachen Pfanne heiß, läßt von dem Brei hinein laufen, bis er sich anhängt, schüttet den oberen wieder herunter und backt die Raumel schön gelb, thut sie von der Pfanne heraus und fährt so fort, bis man 5—6 solche Blätter hat. Hierauf wird ein dicker Brei gekocht von ¹/₂

Maß Rahm und 3 guten Löffeln voll Mehl, ist er etwas erkaltet, werden 3 Eidotter, 3 Loth feingehackte Mandeln, etwas Vanille und Zucker daran gerührt und der Schnee der Eier darunter gemengt. Dann nimmt man eine Platte, die Hitze vertragen kann, legt unten eine Raumel, dann eine Lage von der Masse, wieder ein Raumel und so fort, bis zuletzt oben darauf eine schöne Raumel den Schluß macht, dieses wird mit Zucker bestreut und eine halbe Stunde im Ofen gebacken. Beim Anrichten wird nochmals Zucker darauf gestreut.

508. Mehlspeise von gebrühtem Teig.

Mache ½ Maß Milch siedend, rühre so viel Mehl hinein, daß es ein steifer Teig wird, und rühre so lange auf dem Feuer fort, bis sich dieser vom Tiegel löst. Ist die Masse abgekühlt, rühre nach und nach 4—5 Eier und Salz hinein, backe sie hierauf in einer flachen Pfanne im Schmalz unter öfterem Umwenden, stoße sie dann klein zusammen und backe sie, bis Alles eine schöne gelbe Farbe hat. Auf eine Platte angerichtet, bestreut man die Mehlspeise mit Zucker und gibt ein beliebiges Compot dazu.

509. Bedeckte Mehlspeise.

Rühre von 6 Löffeln voll feinem Mehl, 4 Eidottern, einem Löffel voll sauren Rahm, etwas Milch und Salz einen nicht zu dünnen Pfannenkuchenteig und mische zu= letzt den Schnee von 6 Eiweiß darunter, backe hiervon Pfannenkuchen, so viel es gibt, steche diese mit einem runden Ausstecher in der Größe eines Kronenthalers aus, bestreiche die Hälfte davon mit Aprikosen=Marmelade, bedecke sie mit der anderen Hälfte, lege sie im Kranze auf eine Platte, bedecke Alles mit geschlagenem Eierschnee mit etwas Zucker vermischt, lasse dieses in der Röhre gelb werden und bestreue es mit Zucker.

510. Mehlspeise mit Früchten gefüllt und mit Vanille-Sauce bedeckt.

Es werden von Butterteig 3 Blätter gebacken in der Größe eines flachen Tellers, 2 davon mit eingemachtem Obst bestrichen und die 3 Blätter aufeinander auf eine Platte gelegt. Unterdessen wird eine Vanillesauce bereitet und darüber angerichtet.

511. Mehlspeise mit Butterteig.

Von feinem Butterteig werden 4 Teller große Blätter gebacken, diese mit eingemachten Früchten bestrichen auf eine gut bestrichene Platte auf einander gesetzt. Dann schlage man von 6 Eiweiß einen festen Schnee, mische einen Löffel voll Zucker, der mit etwas Vanille gestoßen wurde, darunter, überziehe das Ganze damit, bestreue es mit feinem Zucker und lasse es ¼ Stunde in einer mittelmäßig geheizten Röhre backen.

512. Chocolade-Mehlspeise.

5 Löffel voll Zucker rührt man mit 5 Eidottern recht schaumig, rührt hierauf 2 Täfelchen geriebene Chocolade, 2 Loth feingeschnittenen Citronat, 2 Loth Pomeranzenschale, eine Messerspitze voll feinen Zimmet, eben so viel Nelken, die feingehackte Schale einer halben Citrone und ein gedörrtes fein gestoßenes Mundbrod dazu, gibt nach Belieben noch 4 Stück fein gehackte abgeschälte Mandeln hinzu und mischt sodann den Schnee der 5 Eiweiß leicht darunter. Diese Masse füllt man in eine gut bestrichene Form, backt sie und gibt dieselbe auf eine Platte gestürzt mit folgender Weinsauce darüber zur Tafel. Man kocht 1 Schoppen Wein und ½ Schoppen Wasser mit einem Stück Zucker, einigen Nelken, einem Stück ganzen Zimmet und der Schale einer halben Citrone gut zusammen, und gießt dieses durch einen Seiher oder Haarsieb.

513. Regenwürmer als Mehlspeise.

Es wird von 3 Eiern, 1 Löffel voll sauren Rahm, etwas feinem Salz, einem nußgroßen Stück Butter und Mehl ein leichter Nudelteig gemacht; dieser auf dem Nudel= brett halb fingerdick ausgerollt, in 2 Finger breite Streifen geschnitten und hievon Fischbein breite Stückchen abge= schnitten, welche dann mit beiden Händen wie dicker Bind= faden ausgerollt werden. Unterdessen wird eine Maß Milch mit 1 Stück Butter, Zucker und Vanille siedend gemacht, die ausgerollten Regenwürmer vorsichtig hinein gethan und damit die Milch ganz eingekocht. Hierauf gibt man sie in eine Bratpfanne mit einem Stück Butter und mit gestoßenem Zucker bestreut, und backt sie unter öfte= rem Umwenden, bis sie eine schöne gelbe Farbe haben. Beim Anrichten bestreut man dieselben mit feinem Zucker.

514. Italienische Macaroni.

$\frac{1}{2}$ Pfund Macaroni werden in Salzwasser gekocht, abgeseiht und mit frischem Wasser abgeschwenkt; dann $\frac{1}{4}$ Pfund Butter mit 12 Eidottern gebunden gerührt, die Macaroni hinein gethan sowie für 12 Kreuzer ge= riebenen Parmesan=Käse, für 6 Kreuzer Emmenthaler Käse, für 6 Kreuzer sauren Rahm, ein wenig Salz, Alles gut unter einander gemischt, und zuletzt der Schnee der 12 Eier darunter gegeben. Nun wird eine Form mit Butter bestrichen, die Masse hinein gefüllt und langsam gebacken.

515. Schinken=Nudeln.

Von 3 Eiern und Mehl wird ein Nudelteig gemacht, derselbe dünn ausgerollt und etwas breite Nudeln daraus geschnitten, in Salzwasser abgekocht und in einen Seiher geschüttet, damit das Wasser abläuft. Unterdessen röstet

man in einem Stück Butter eine feingehackte Zwiebel, schnei=
det 1 Pfund gekochten magern Schinken fein, zerrührt 6
ganze Eier und 4 Eidotter, thut 1½ Schoppen sauren
Rahm, das Geröstete und den Schinken dazu, rührt Alles
gut unter einander, bestreicht eine Form mit Butter, bestreut
sie mit Weckmehl, gibt eine Lage Nudeln hinein, dann eine
Lage Schinken, wieder eine Lage Nudeln und so fort, bis
die Form voll ist, und backt dieses langsam in einer hal=
ben Stunde.

516. Käs=Nudeln.

Nimm 1 Pfund süßen Käse, ein wenig sauren Rahm,
ein Stückchen Butter, etwas Salz, Mehl so viel du nöthig
hast und 3 Eier. Mache Alles gut unter einander, formire
kleine Nudeln daraus und backe sie in Schmalz. Dann
gebe in eine Form oder Bratpfanne etwas sauren Rahm,
lege dieselben eine an die andere hinein, lasse sie im Ofen
aufziehen und bestreue sie beim Anrichten mit Zucker.

517. Krofetts von Nudeln.

Man macht von 2 Eiern feine Nudeln, kocht diese in
einer halben Maß Rahm mit 4 Löffeln voll feinem Zucker
und 6 Loth Butter zu einem schwer flüssigen Brei, der,
wenn er erkaltet ist, ganz dick sein muß. Aus diesem
macht man sodann fingerlange und eben so dicke Würstchen,
tunkt dieselben in zerschlagene Eier, bestreut sie mit Weck=
mehl und backt sie in heißem Schmalz. Man servirt die
Krofetts mit Zucker bestreut.

518. Gestürzte Nudeln.

Es wird von 4 Eiern und Mehl ein Nudelteig gemacht,
jedoch darf er nicht zu dünn ausgerollt werden; alsdann
mit Mehl bestreut, in 3 Finger breite Streifen geschnitten

und hievon Fischbein breite Nudeln abgeschnitten. Unter=
dessen werden 1¹/₂ Maß Milch mit einem Stück Butter,
Zucker und Vanille siedend gemacht, die Nudeln hinein
gethan und öfter umgerührt, damit sie nicht anhängen,
bis die Milch eingekocht ist. Hierauf werden sie in die
Bratröhre gestellt und öfters umgewendet, bis sie eine
gelbe Farbe haben. Beim Anrichten werden sie mit Zucker
bestreut.

519. Kartoffeln=Dampfnudeln.

Ein Teller voll Kartoffeln, die Tags zuvor gekocht
wurden, werden gerieben, unterdessen 4 Loth Butter mit
3 Eidottern abgerührt, die Kartoffeln dazu gegeben nebst
Salz und so viel Mehl, daß es ein leichter Teig wird.
Hievon werden nußgroße runde Kugeln gemacht, in einen
flachen Tiegel mit siedendem Rahm, Zucker, ein Stück
Butter und Vanille gesetzt, jedoch darf der Rahm nicht
darüber gehen, mit feinem Zucker bestreut und in der
Röhre schön gelb gebacken. Man kann eine Vanillesauce
dazu geben.

520. Rohrnudeln.

Von 1 Pfund gewärmtem Mehl, 2 Löffeln voll Hefe
und einem Schoppen lauwarmer Milch wird ein Teig ge=
macht; diesen läßt man gehen und gibt hierauf 4 Loth
zerlassene Butter, 2 Eier, einen Kaffeelöffel voll Salz und
einen Eßlöffel voll Zucker dazu, schlägt Alles zu einem
festen Teig ab und stellt ihn an einen warmen Ort zum
nochmaligen Gehen, bis er um die Hälfte größer gewor=
den ist; hierauf wird derselbe auf ein mit Mehl bestreutes
Nudelbrett genommen und mit einem Ausstecher eigroße
Nudeln daraus gestochen. Alsbann läßt man ein Stück
Butter oder Schmalz in einer Bratpfanne zergehen, wen=
det die Nudeln darin um, legt sie neben einander hinein

und stellt sie wieder an einen warmen Ort zum Gehen; dann backt man sie in einem nicht zu heißen Ofen, bricht sie beim Anrichten auseinander und gibt gekochtes Obst oder eine beliebige Sauce dazu.

521. Schnecken-Nudeln.

Es werden 3 Löffel voll Hefe und ½ Schoppen Rahm mit Mehl zu einem Teig angemacht und an einen war= men Ort zum Gehen gestellt. Dann werden 6 Loth Butter und 4 Loth Schmalz recht schaumig gerührt, 3 Eidotter und 2 Eier eins nach dem andern daran geschlagen und zu jedem Ei ein Löffel voll Mehl, ein wenig Salz, zwei Kaffeelöffel voll Zucker, der gegangene Teig, ein Schoppen süßer Rahm und so viel Mehl dies noch annimmt, hinzu= gethan. Der Teig wird tüchtig abgeschlagen, bis er ganz fein ist, auf dem Nudelbrett halb Finger dick ausgerollt, mit zerlassener Butter oder Schmalz bestrichen, Weinbeeren und Rosinen darauf gestreut, 2 Finger breite, ½ Elle lange Streifen mit dem Rädchen daraus geschnitten, zu= sammengerollt, in eine mit zerlassenem Schmalz bestrichene Form gestellt, doch so, daß sie einander nicht drücken und Platz haben zum Gehen (soll jede Nudel sich von der an= dern ablösen, so werden sie einzeln mit Butter bestrichen); dann gebacken, gestürzt und mit Zucker bestreut. Es wird ein beliebiges Compot dazu gegeben.

522. Dampfnudeln mit Kirschensauce.

Mache von 3 Löffeln voll guter Hefe, einem Schoppen süßen Rahm und Mehl einen Teig und lasse ihn gehen. Dann rühre ¼ Pfund Butter ab, schlage 5 Eidotter eins nach dem andern daran, gib zu jedem Ei einen Kaffee= löffel voll Mehl und den gegangenen Teig dazu, noch einen halben Schoppen Rahm, ein wenig Salz und so

viel Mehl als es annimmt, schlage den Teig ganz fein
ab, thue ihn auf's Nudelbrett, wirke ihn bis er steif genug
ist, und lasse ihn wieder gehen. Dann rolle ihn breit,
ungefähr gut Finger dick, steche Nudeln daraus, lege diese
auf ein Blech und lasse sie nochmals gehen. Hierauf be=
streiche eine flache Bratpfanne ganz dick mit Butter, gieße
halb Finger hoch Kirschen= oder Weichselsaft mit Wasser
verdünnt hinzu und setze die Nudeln eine nach der andern
hinein; jedoch dürfen dieselben einander nicht drücken und
auch nicht zu viel Platz haben, bestreue sie mit Zucker und
backe sie schön. Man gibt Weichsel= oder Kirschencompot dazu.

523. Wiener Ducaten-Nudeln mit Krebsbutter.

Rühre 1 Pfund feines Mehl mit 6 Eiern, ¼ Schoppen
lauwarmem süßen Rahm, ¼ Pfund zerlassener Butter,
etwas Salz, Zucker und 2 Löffeln voll weißer Bierhefe
gut unter einander und schlage hierauf den Teig mit dem
Kochlöffel so lange, bis er sich von diesem ablöst. Nun
lege den Teig auf ein mit Mehl bestäubtes Nudelbrett,
verarbeite ihn mit der Hand, bis sich Blasen an demsel=
ben zeigen, rolle ihn hierauf Finger dick aus, steche mit
einem Ausstecher in der Form eines halben Guldenstückes
Nudeln daraus, lege diese auf ein warmes Tuch neben
einander, decke sie mit einem warmen Tuch zu und lasse
sie in der Wärme schön gehen. Unterdessen lasse in einem
flachen Geschirr ein wenig Krebsbutter mit Milch, welche
jedoch nur die Hälfte der Nudeln bedecken darf, kochen,
stelle sie vom Feuer, lege die Nudeln schnell neben einan=
der hinein, bestreue sie mit feinem Zucker und lasse sie in
einer gut geheizten Röhre, ohne dieselbe zu öffnen, ¼
Stunde backen, hierauf gib noch etwas zerlassene Krebs=
butter mit ein wenig feinem Zucker darauf und lasse sie
vollends fertig backen, steche sie dann vorsichtig heraus,
richte sie schön an und gib eine Vanillesauce dazu.

524. Strubelteig.

Man nimmt ¼ Pfund Schwungmehl auf ein Nudel=
brett, schlägt ein Ei und von einem das halbe Weiße
hinein, gibt eine Nuß groß zerlassene Butter, etwas Salz
und noch ein wenig lauwarmes Wasser daran und macht
hiervon einen nicht zu festen Teig, wirkt denselben recht
fein ab und schlägt ihn gut in ein Tuch ein, damit er
nicht trocken wird. Hat er dann eine halbe Stunde an
einem warmen Ort geruht, breitet man ein reines Tuch
über den Tisch, bestreut es mit Mehl, rollt den Teig
darauf ein wenig aus und zieht ihn mit beiden Händen
ganz langsam aus einander; ist er in der Mitte ganz
fein, so zieht man ihn rings herum ganz langsam, damit
er nicht Risse oder Löcher bekommt. Dann läßt man ihn
ein wenig abtrocknen und verwendet ihn zum angegebenen
Gebrauch: Man verrührt 3 Eidotter mit einem Schoppen
dicken, sauren Rahm und 4 Loth gestoßenen Mandeln;
bestreicht den Teig damit, streut für 6 kr. Weinbeeren und
Rosinen darauf und rollt ihn zusammen; legt ihn in einen
flachen Tiegel, welcher einen Schoppen kochenden süßen
Rahm mit einem Stück Butter enthält, bestreut ihn gut
mit Zucker und backt ihn schön. In einer halben Stunde
ist der Strubel fertig. Man kann auch noch etwas Va=
nille dazu geben.

525. Ordinärer Strubel.

Es wird 1 Pfund Mehl auf ein Nudelbrett gegeben
und mit etwas feinem Salz, 1 Ei, 4 Loth zerlassener
Butter und lauwarmem Wasser oder Milch wie in der
vorhergehenden Nummer ein Teig gemacht, derselbe nach
dem Ruhen langsam ausgezogen; hierauf mit saurem
Rahm bestrichen, mit Weckmehl bestreut und zusammen
gerollt. Unterdessen wird in einem Tiegel ½ Maß Milch

mit einem Stück Butter kochend gemacht, etwas abgekühlt
der Strubel wie eine Schnecke hineingelegt, mit feinem
Zucker beſtreut und in der Röhre gebacken, bis er eine
ſchöne gelbe Farbe hat; dann mit einer Schaufel losgelöſt,
auf eine Platte angerichtet und nochmals mit Zucker be=
ſtreut.

526. Krebs-Strubel.

Hat man wie in der vorhergehenden Nr. den Strubel=
teig recht dünn ausgezogen, beſtreicht man denſelben mit
folgender Maſſe: Man macht eine Krebsbutter, ſchneidet
die Krebsſchwänze in kleine Stückchen, rührt erſtere mit
4 Eidottern gut ab, gibt ein in Milch geweichtes Mund=
brod dazu, nebſt 1 Schoppen ſüßen Rahm und die Krebs=
ſchwänzchen, rührt alles zuſammen gut ab und verfährt
im Uebrigen, wie ſchon oben geſagt.

527. Milch-Rahmſtrubel.

Rühre 4 Loth Butter mit 3 Eiern ab, ſchneide von 3
Mundbroden die Rinde, weiche dieſelben in Milch und
drücke ſie feſt aus, gib ſie zu der Butter mit ein wenig
Salz und 3 Löffeln voll ſauren Rahm. Mache unterdeſſen
3 dünne Nudelplätze, beſtreiche ſie mit dieſer Farce, ſtreue
Weinbeeren und Roſinen darauf, rolle ſie zuſammen,
ſchneide fingerlange Stücke davon, lege ſie dicht aneinander
in eine mit Butter beſtrichene Bratpfanne und gieße etwas
kochende Milch daran, beſtreue ſie mit Zucker, ſtelle ſie
wieder in die Röhre und laſſe ſie ſoweit einſchmoren, daß
dieſelben noch recht ſaftig bleiben; richte ſie an und be=
ſtreue ſie nochmals mit Zucker.

528. Saure Rahmſtrubel.

Man macht von 4 Loth Butter, 2 Eiern, 2 Löffeln
voll ſaurem Rahm, etwas Salz und ſo viel Mehl als

dazu nöthig ist, einen Teig, nicht so fest wie einen Nudel=
teig, formt kleine Plätzchen daraus, bestreicht dieselben mit
saurem Rahm, bestreut sie mit Weinbeeren, rollt sie zu=
sammen und legt sie, eines neben das andere in eine mit
Butter bestrichene Bratpfanne, gießt kochende Milch daran,
bis sie schwimmen, bestreut sie mit Zucker und läßt sie
in der Röhre aufziehen, bis sie eine schöne gelbe Farbe
haben.

529. Hefen-Strudel.

Mache einen fein abgeschlagenen Hefenteig von ¹/₂ Pfd.
Mehl, 6 Loth Butter, 2 Eiern, 2 Löffeln voll Hefe, ein
wenig Salz und ungefähr einen Schoppen Milch, rolle
ihn auf dem Nudelbrett halb Finger dick aus, bestreiche
ihn mit Butter, belege ihn mit Aepfelschnitzchen, die zuvor
in Zucker, Wein, Wasser, Citronenschale und ganzem Zim=
met weich gekocht sind, streue Weinbeeren und Rosinen
darauf, rolle ihn zusammen, setze ihn wie einen Kranz
in einen mit Butter bestrichenen flachen Tiegel und lasse
denselben gehen. Hierauf gieße in die Mitte so wie von
außen herum so viel warme Milch, daß der Kranz zur
Hälfte darin liegt; stelle ihn in die Röhre und backe ihn
schön. Statt Aepfel können auch gekochte dürre Zwetschgen
genommen werden.

530. Schnitz-Klöße.

Zu diesen kann man denselben obigen Teig verwenden,
welcher zu runden Klößen geformt wird. Eine Kloßform,
die am Boden eng und oben weit ist, bestreicht man dick
mit Butter, gibt auf dem Boden gekochte Aepfel= oder
Birn=Schnitze, dann eine Lage Kloß, hierauf wieder
Schnitz und fährt so fort, bis die Form nicht zu voll ist.
Dieses läßt man dann gehen, backt es schön und stürzt
es heraus.

531. Hefen-Klöße.

Man thut 1 Pfund Mehl in eine Schüssel, rührt mit 2 Eßlöffeln voll Hefe und ½ Schoppen warmer Milch einen Teig an und läßt ihn in der Wärme gehen. Dann gibt man 4 Loth zerlassene Butter, 2 Eier, ein wenig Salz und noch etwas Milch dazu, schlägt den Teig recht fein ab, jedoch darf derselbe nicht zu dünn sein, und läßt ihn wieder gehen. Nun macht man große Klöße davon, legt sie auf ein mit Mehl bestreutes Nudelbrett und läßt sie noch ein wenig liegen. Hierauf legt man sie eine Viertelstunde vor dem Anrichten in kochendes Salzwasser und läßt sie zugedeckt und langsam kochen. Wenn sie gar sind, gibt man sie mit einem Schaumlöffel in eine Schüssel, reißt sie mit ein paar Gabeln auseinander (durch schneiden werden sie fest) und schmelzt dieselben mit zerlassener Butter. — Man kann auch nur einen Kloß machen und ihn 2 Stunden vor dem Anrichten auf gedörrtes Obst zugedeckt langsam kochen lassen. Das Obst muß jedoch mit ziemlich vielem Wasser schon eine Weile gekocht haben, ehe der Kloß darauf gegeben wird, und gebe man acht, daß die Brühe nicht über demselben steht, weil er sonst nicht so locker wird.

532. Gries-Klöße.

Man rührt 8 Loth Butter mit 4 Eiern gut ab und vermengt dieses dann mit ½ Maß Milch und 3 Schoppen Gries, das man hierauf 1 Stunde stehen läßt. Alsdann ballt man mit zwei naßgemachten Löffeln runde Klöße von der Masse und legt diese in kochendes Salzwasser; haben sie eine Viertelstunde gekocht, unterbricht man das Kochen durch etwas kaltes Wasser, läßt sie abermals eine Viertelstunde kochen und sind die Klöße ganz locker, haben aber einen nußgroßen, gelben Kern in sich, hebt man sie aus dem Wasser auf eine Schüssel, begießt sie mit der etwas fetten Brühe und gibt sie zur Tafel.

533. Grieß-Klöße anderer Art.

Rühre 12 Loth Butter schaumig, gib nach und nach 9 Eier daran und 1 Pfund Grieß, lege davon ein Ei groß Klöße in kochendes Salzwasser und lasse sie eine halbe Stunde kochen, während dem man 2 Mal mit etwas kaltem Wasser das Kochen unterbricht, wodurch sie sehr groß und locker werden. Zu Ragout sind diese Klöße sehr gut.

534. Grieß-Klöße anderer Art.

Koche ½ Maß Milch mit einem Stückchen Butter und lasse so viel Grieß einlaufen, bis es ein dicker Brei wird. Ist er erkaltet, gib 6 Eier, ein wenig Salz und ein paar Hand voll Mehl dazu, sowie auch 2 Mundbrode zu Würfeln geschnitten und in Schmalz geröstet, rühre Alles gut untereinander, formire Klöße daraus und koche sie in Salzwasser. In einer Viertelstunde sind dieselben fertig.

535. Grieß-Klöße anderer Art.

Eine Maß Milch koche mit einem Stück Butter und lasse so viel Grieß einlaufen, bis es ein ganz dicker Brei ist; gib hierauf einige Eier, etwas Salz und 2 Mund= brode in Würfeln geschnitten, nach Belieben in Schmalz gebacken, dazu und rühre Alles gut unter einander. Unter= dessen röste Weckmehl in Schmalz, tunke darein einen Blech= löffel, stich mit diesem Klöße aus der Masse und richte sie auf einer Platte schön an. Man muß jedoch den Löffel immer wieder in das Schmalz tunken.

536. Grieß-Spätzchen.

Rühre 4 Loth Butter schaumig, gib 3 Eier dazu und ungefähr 3 mittelgroße Kartoffeln, Tags zuvor abgekocht und gerieben, nebst 2 Löffel voll Gries und ein wenig Salz, menge Alles gut unter einander, mache nußgroße Spätzchen davon und koche sie in Salzwasser. Diese wer= den zum Ragout gegeben.

537. Feine Weißbrod=Klöße.

Man rühre zu einem Ei groß zerlassener Butter, 4 Eidotter, Salz, Muskatnuß, 2 Löffel voll Mehl, ³/₄ Pfd. weißes Brod ohne Rinde, welches man zuvor in Wasser eingeweicht und wieder ausgedrückt hat und zuletzt den Schnee der Eier. Diese Masse läßt man löffelweise auf Obst eine halbe Stunde oder in kochendem Wasser eine Viertelstunde kochen.

538. Weißbrod=Klöße anderer Art.

Von ³/₄ Pfund weißem Brod reibe man die Rinde ab, schneide dieselbe in kleine Würfel und röste sie in Butter; dann schütte man so viel Milch auf das Brod, daß es darin gut weichen kann, verrühre es, gebe 4—5 Kochlöffel voll Mehl, Muskatnuß, Salz, 4—6 Eier, einen Löffel voll zerlassene Butter und die geröstete Rinde dazu, rühre Alles gut unter einander und koche die Klöße wie die Vorhergehenden.

539. Schinken=Klöße.

Reibe von 3 Mundbroden die Rinde ab, schneide sie klein, weiche sie in Milch ein und lasse sie auf dem Feuer abtrocknen, verrühre sie fein und lasse sie erkalten. Alsdann rühre ein Stück Butter mit 5 Eiern ab, thue das Brod dazu, ein wenig Salz, 4 Kochlöffel voll Mehl, ¼ Pfund fein gehackten Schinken und 3 Mundbrode, in Würfel ge= schnitten und im Schmalz gebacken, rühre Alles gut unter einander, balle Klöße davon und koche sie in kochendem Wasser.

540. Speck-Klöße.

Hacke ½ Pfund Schinken mit dem Speck recht fein, würfle 3 Mundbrode und röste sie im Schmalz, verrühre 4 Eier mit einem Schoppen Milch, schütte dieses über die gerösteten Würfel, gib den Schinken dazu nebst ein paar Hand voll Mehl und ein wenig Salz und lasse den Teig stehen, bis er angezogen hat. Alsdann probire einen Kloß davon, ob nicht noch Mehl fehlt. Man gibt die= selben in der Fleischsuppe oder in Wasser gekocht zum Sauerkraut.

541. Leber-Klöße.

Man häute 1 Pfund Kalbsleber ab, schabe und hacke sie mit ½ Pfund Nierenfett recht fein, gebe 6 Eier, Salz, Muskatnuß, Weckmehl und einen Löffel voll Mehl daran, auch röste man ein Mundbrod in kleine Würfel geschnitten in Butter, rühre Alles gut unter einander und lasse den Teig stehen, damit er anzieht. Hierauf balle man Klöße und koche sie in kochendem Wasser aus, zuvor probire man jedoch einen, ob er nicht zu fest oder zu weich ist, damit man nachhelfen kann.

542. Leber-Klöße anderer Art.

Reibe von 6 Mundbroden die Rinde ab und weiche sie in Wasser ein. Unterdessen hacke 1 Pfund Kalbsleber mit ½ Pfund Nierenfett recht fein, gebe 4 Eier dazu, Salz, feingehackte Zwiebeln, Petersilie, die ausgedrückten Mundbrode sowie das Weckmehl, balle Klöße und koche sie in kochendem Wasser.

543. Leber-Klöße anderer Art.

Schneide 2 Mundbrode in dünne Schnittchen, gieße einen Schoppen kochende Milch darüber und lasse sie stehen.

Hacke 1 Pfund Kalbsleber recht fein, gebe 4 Eier und Salz daran, thue die geweichten Mundbrode dazu nebst etwas Weckmehl; balle Klöße und koche sie in kochendem Wasser.

544. Mark=Klöße.

Schneide 6 Loth Ochsenmark würfelig, gib es mit 6 Loth Butter in eine Schüssel und lasse es warm werden, rühre dann 6—7 Eier, 6 geriebene Milchbrödchen, 6 Eß= löffel voll Milch, Muskatnuß, gehackte Petersilie, Schnitt= lauch und Salz hinein, menge Alles gut unter einander und lasse es ein wenig stehen. Probire dann, ob die Klöße recht sind und lege sie eine Viertelstunde vor dem Anrichten in kochendes Salzwasser. Beim Anrichten werden sie mit Petersilie bestreut und mit brauner Butter begossen.

545. Kartoffel=Klöße.

Rühre ¼ Pfund Butter mit 6 Eiern ab, gebe ein in Milch geweichtes, wieder fest ausgedrücktes Mundbrod nebst einem Teller voll kalte geriebene Kartoffeln, einige Hand voll Mehl und Salz dazu, rühre Alles gut unter einander, balle Klöße und koche sie in kochendem Salzwasser aus.

546. Kartoffel=Klöße anderer Art.

Zu ungefähr 3 gehäuften Tellern voll geriebener Kartoffeln nimmt man ½ Teller voll geriebenes Weiß= brod, die Rinde davon im Schmalz geröstet, 1½—2 gute Kochlöffel voll Mehl, 3 Eier, von denen das Weiße zu Schnee geschlagen wird, Salz und 4 Loth zerlassene But= ter. Die Klöße werden geformt und in kochendem Salz= wasser ungefähr 10—15 Minuten lang gekocht, bis sie innen trocken sind. Beim Anrichten werden sie mit in Schmalz geröstetem Weckmehl überschüttet.

547. Aepfel=Klöße.

Ein tiefer Teller voll zu kleinen Würfeln geschnittene Aepfel, 2 Tassen voll Milch, Zucker, Citronenschale und so viel geriebenes Weißbrod, ungefähr ³/₄ Pfund, daß es einen guten Teig gibt, nebst 5—6 Eiern, das Weiße zu Schnee geschlagen und ein Ei groß Butter wird Alles gut unter einander gemischt, Klöße davon in kochendem Wasser gekocht, mit Zucker bestreut und eine Weinsauce dazu gegeben.

548. Gute Klöße.

Man macht einen Teig von ¹/₂ Maß Mehl, ¹/₂ Maß geriebenem Weißbrod, ¹/₂ Maß gerührten Eiern und ¹/₂ Maß Milch. Die Rinde des Weißbrodes wird in Würfel geschnitten und im Schmalz geröstet. Dieses Alles gibt man in einen Tiegel mit 6—8 Loth Butter und stellt es auf's Feuer unter beständigem Rühren bis es sich vom Tiegel löst. Ist die Masse dann abgekühlt, rollt man Klöße davon, bestreut sie mit Mehl und kocht sie in koch= endem Salzwasser zugedeckt 10 Minuten. Man gibt Obst und braune Butter dazu.

549. Milchspatzen.

Man schlägt 4 Eier mit 6 Loth Butter schaumig, gibt einige Körnchen Salz und 6 Eßlöffel voll Mehl hinein, verrührt dieses und stellt es eine Viertelstunde an einen kühlen Ort. Unterdessen läßt man ¹/₂ Maß Milch kochen, sticht die Spatzen mit einem Eßlöffel von dem Teige ab und legt sie in die Milch, streut viel feinen Zucker darüber, setzt einen Deckel mit glühenden Kohlen darauf und läßt sie gelblich backen, richtet sie auf einer Schüssel

an, beftreut diefelben nochmals mit Zucker, begießt sie
mit der übrig gebliebenen Milch und servirt sie gleich.

550. Aufgezogene Milchspatzen.

Man rührt ¼ Pfund frische Butter mit 5 Eidottern
ab, rührt dann 2 Loth gestoßenen Zucker, einige Körnchen
Salz nebst ½ Pfund Mehl hinzu und legt Spatzen davon
in kochende Milch, in welche man etwas Zucker und Va=
nille gegeben hat. Sind sie fertig, bestreicht man eine
Auflaufform mit Butter, gibt eine Lage Spatzen hinein,
hierauf eine Lage von dem zu Schnee geschlagenen Eiweiß
und etwas von der gezuckerten Milch, dann wieder eine
Lage Spatzen und fährt so fort, bis die Form nicht zu
voll ist, bestreut dieses dann mit Zucker und läßt es in der
Röhre gelb anziehen.

551. Mehlspatzen.

Man nimmt eine Maß Mehl, gibt 2 Eier hinein,
Salz und ½ Maß heiße Milch, schlägt den Teig so lange
bis er sich vom Löffel löst; gibt davon mit einem Löffel
Spatzen in kochendes Salzwasser und schmelzt diese mit
Butter und Weckmehl auf.

552. Karthäuser Klöße.

Man reibt von 3 Milchbröbchen die Rinde und schnei=
det sie in 4 Theile. Dann verrührt man zwei Eier mit
3 Tassen voll Milch, schüttet es über die Bröbchen und
läßt sie eine Viertelstunde weichen. Hierauf wickelt man
sie in die abgeriebene Rinde ein, backt sie in heißem Schmalz
dunkelgelb und bestreut sie dick mit Zucker und Zimmet.
Auch kann man die Klöße, wenn sie gebacken sind, igel=
artig mit abgezogenen länglich geschnittenen Mandeln be=
stecken. Man gibt Compot oder eine beliebige Frucht=
oder Weinsauce dazu.

553. Weckschnitten.

Man nimmt dazu frische Mundbrode, reibt die Rinde ab und schneidet sie zu Finger dicken Scheiben. Dann schlägt man zu ½ Maß Milch 3 Eier und etwas Salz, macht die Schnitten darin weich, tunkt sie in die Eier, drückt beide Seiten in Weckmehl, backt sie in heißem Schmalz von außen rösch und innen weich, und richtet sie mit Zucker bestreut zum Compot an.

554. Weckschnitten anderer Art.

Man schneidet Mundbrode in nicht zu dicke Scheiben, weicht dieselben in Milch ein, tunkt sie dann in einen dicken Pfannkuchenteig und backt sie im Schmalz schön gelb.

555. Preißelbeer=Schnitten.

Die Mundbrode werden wie im Vorhergehenden in Milch und Eier oder nur in Milch geweicht, in Weckmehl umgedreht und in heißem Schmalz dunkelgelb gebacken, doch so, daß sie innen weich bleiben. Die Schnitten werden mit Preißelbeeren bestrichen und mit Zucker bestreut.

556. Zimmet=Schnitten.

Von Mundbroden reibt man die Rinde ab, schneidet sie in 4 Stücke und feuchtet sie mit Wein und feinem Zucker. Sind sie dann durchweicht, wendet man dieselben in zerschlagenen Eiern um, wickelt sie in Weckmehl und backt sie in heißem Schmalz. Hierauf bestreut man sie mit Zucker und Zimmet und richtet sie warm an.

557. Weiße Brod=Schnittchen.

¼ Pfund Mandeln werden mit 2 Eiern gestoßen, ein Hörnchen in Wasser geweicht und wieder ausgedrückt dazu gegeben, sowie noch ein Ei, etwas fein gehackte Cit=

ronenschale, Zimmet, Nelken und Zucker, bis es süß genug
ist. Dieses Alles wird gut unter einander gerührt, die
weißen Brodschnittchen damit bestrichen, mit Weckmehl be=
streut und im Schmalz gebacken. Man gibt ein Compot
oder Fruchtsauce dazu.

558. Goldschnitten.

Es werden 4 Loth abgezogene Mandeln fein gestoßen
und mit einem Eßlöffel voll Zucker und 2 Eiern ange=
rührt. Unterdessen schneidet man 4 Mundbrode in Schnitten,
tunkt sie in Milch ein, wendet sie in dem Teig um und
backt sie im Schmalz schön gelb. Man gibt sie, mit Zucker
und Zimmet bestreut, zur Tafel, oder auch mit einer
Weinsauce.

559. Aepfel-Schnitten in Weinteig.

Mehl wird mit Wein kochend angerührt, Zucker und
einige Eier daran geschlagen, doch darf der Teig nicht zu
dünn werden, die Aepfelschnitten darin umgedreht, im
Schmalz gebacken und dick mit Zucker bestreut.

560. Wein-Schnitten.

Man schneidet Semmel länglich zu schönen Schnitten,
kocht rothen Wein mit Zucker und Zimmet und gießt ihn
darüber. Sind die Schnitten geweicht, wendet man sie
in Mehl um, backt sie in heißem Schmalz, bestreut sie dick
mit Zucker und brennt sie mit einer glühenden Schaufel,
daß sie wie glasirt aussehen.

561. Zwetschgen-Bavesen.

Man kocht gedörrte Zwetschgen, löst die Kerne heraus,
hackt sie mit Citronenschale recht fein, gibt dann Zimmet,
Zucker und von der Zwetschgenbrühe dazu, bis es wie ein

Brei ist. Hierauf reibt man Mundbrode ab, schneidet sie
blattlich, weicht sie in Milch und streicht die Zwetschgen=
farce auf ein Blatt, legt eins darauf, damit die Farce in
die Mitte kommt, wälzt sie dann in Ei mit etwas Milch
verrührt, wickelt sie in Weckmehl und backt sie im Schmalz
schön gelb.

562. Kartoffeln-Bavesen.

Reibe gekochte Kartoffeln, rühre ein Stück Butter
schaumig, gib 2 Eier hinein und die Kartoffeln, Salz und
Schnittlauch, streiche dieses auf in Milch geweichte Mund=
brob=Schnitten wie im Vorhergehenden und backe sie schön.

563. Gebratene Kartoffelbällchen.

Die Kartoffeln werden geschält, gekocht, abgeschüttet
und fein gestampft, einige Eier, 1 Stück Butter, ein wenig
Milch und Muskatnuß durchgerührt, runde oder längliche
Bällchen geformt, mit Weckmehl bestreut und in Butter
gelb gebacken. Zu grünem Gemüse oder Salat sind die=
selben sehr gut.

564. Kartoffeln-Nudeln.

Man nimmt reichlich einen tiefen Teller voll geriebene
Kartoffeln, die am vorigen Tage mit Salz gekocht und
abgeschält sind, gibt 4 Eier, 4 Löffel voll Rahm oder
Milch, eben so viel zerlassene Butter und Salz nebst etwas
Mehl hinzu, macht dieses zu einem Teig, streut so viel
Mehl daran, bis er sich ziehen läßt, und wenn man ihn
durchschneidet, sich kleine Löcher zeigen. Dann rollt man
kleine Stückchen davon auf, wie lange Kartoffeln, läßt sie
8 bis 10 Minuten in gesalzenem, kochendem Wasser kochen,
schüttet sie auf einen Seiher, und, wenn sie abgelaufen
sind, noch ganz heiß in eine Pfanne mit heißem Schmalz,
worin man sie von allen Seiten gelb backt.

565. Kartoffeln-Pollenb.

¼ Pfund Butter wird schaumig gerührt, 6 Eibotter nebst 8 Eßlöffel voll gekochte geriebene Kartoffeln, eine Tasse voll süßer Rahm, Salz und etwas geriebener Käse daran gerührt und der Schnee der Eier darunter gemengt, das Ganze dann in eine mit Butter bestrichene Form ge= füllt und in ¾ Stunden fertig gebacken. Hierauf wird es mit einem Löffel herausgestochen, schön auf eine Platte gelegt, mit geriebenem Käse bestreut, mit Butter begossen und servirt.

566. Kartoffeln-Pollenb mit Häring.

Es wird dieselbe Masse gemacht wie oben; unterbeffen ein gewässerter, gereinigter Häring in kleine Stückchen geschnitten; etwas fein gehackte Zwiebel und Peterfilie in Butter weich gedämpft und der Häring mit etwas sau= rem Rahm dazu gegeben. Hierauf wird eine mit Butter bestrichene Form mit der Hälfte obiger Masse gefüllt, der Häring darauf gethan, darüber die andere Hälfte, ge= backen und beim Anrichten gestürzt.

567. Omelette.

Acht frische Eier werden mit einem gehäuften Eßlöffel voll Stärke= oder feinem Mehl, ¼ Maß warmer Milch und etwas Salz tüchtig geschlagen, in einer Pfanne mit heißem Schmalz oder Butter schön gelb gebacken und die Flüssigkeit mit einem Löffel untergelassen. Sobald das Omelette oben trocken geworden ist und sich von der Pfanne löst, streut man Zucker und Zimmet darüber, schlägt es zusammen und richtet es an. Auch kann man das Eiweiß zu Schnee schlagen und durch den Teig rühren.

568. Omelette von verschiedenen Fleischresten.

Reste von Schinken, Braten oder Suppenfleisch wer=
ben fein gehackt. Dann rührt man einen Omeletten= oder
guten Pfannkuchenteig an und mischt das Fleisch mit
etwas Muskatnuß oder fein gehacktem Schnittlauch durch.
Es können hiezu die ganzen Eier mit dem eingerührten
Teig stark geschlagen oder das zu Schnee geschlagene Ei=
weiß zuletzt durchgemischt werden. Man kann die Masse
auch löffelweise in die Pfanne bringen und zu kleinen
Kuchen backen.

569. Omelette von Eiern und Schinken.

Verrühre 6 Eier nebst ein wenig Salz und 8 halbe
Eierschalen voll Wasser und gib 3 Löffel voll fein gehack=
ten Schinken dazu. Mache unterdessen in einer Pfanne
Schmalz heiß, fülle die Masse zur Hälfte hinein, backe sie
auf einer Seite gelb, auf der oberen Seite darf sie jedoch
nicht zu hart werden, schlage das Omelette von beiden
Seiten zusammen und stürze es auf die Platte. Auch
ohne Schinken kann man dieselben bereiten.

570. Ragout von Omeletten.

Backe recht dünne Omeletten von Eiern, so viel du
brauchst. Hierauf mache eine gute Kalbfleisch=Farce, schlage
etliche Eier darunter, fülle abwechselnd mit den Omeletten
und der Farce eine Auflaufform, decke sie zu und backe
dieses in der Röhre langsam. Mache eine gute Jussauce,
stürze das Ragout heraus und schütte dieselbe außen herum.

571. Süßes Omelette.

Man rührt 5 bis 6 Eidotter mit einem Löffel voll
feinem Mehl und Zucker nach Gutdünken recht fein, ver=
mischt den Schnee der Eier damit und gibt dem Teig

einen Geschmack von Liqueur, Arac oder Maraschino, backt ihn dann auf einer Seite im Schmalz, thut in die Mitte etwas eingemachte Früchte, schlägt auf beiden Seiten das Omelette zusammen, richtet es auf der Platte an, und be= streut es mit Zucker.

572. Omelette-Suflet.

6 Eidotter werden mit 6 Loth Zucker recht dick und schaumig gerührt und hierauf das zu Schnee geschlagene Eiweiß darunter gemengt. Unterdessen wird etwas Schmalz in einer breiten flachen Pfanne heiß gemacht, der Teig hinein gegeben und in der Röhre schnell gebacken; alsdann auf eine Platte gestürzt, mit Zucker bestreut und etwas Citronensaft darüber gethan.

573. Omelette mit Weißbrodschnitten.

Man rühre einen Omelettenteig, weiche Weißbrod= schnitten in kalter Milch, backe sie in einer Pfanne mit Butter gelb, lege ein Stückchen Butter dazwischen und gebe den Teig darüber hin. Durch Hineinstechen mit einem Messer lasse man das Flüssige hineinziehen; gebe das Omelette, sobald es sich von der Pfanne löst, auf eine Platte und bestreue es mit Zucker und Zimmet.

574. Gewöhnlichen Pfannkuchen.

Man nehme 6 Loth Mehl, 3 Eier, ¼ Maß Milch und etwas Salz, rühre einen Teig davon an, und backe denselben in einer Pfanne in nicht zu heißem Schmalze auf beiden Seiten schön gelb. Auch kann man das Eiweiß zu Schnee schlagen und durch den Teig rühren.

575. Aepfel-Pfannkuchen.

Man nimmt hierzu einen gewöhnlichen Pfannkuchen= teig, doch ein wenig dicker gerührt, das Eiweiß zu Schnee

geſchlagen, ſchäle und ſchneide recht mürbe Aepfel, welche
ſchnell weich werden, zu 4 Theilen, dann zu feinen Schei=
ben, rühre ſie vor dem Hinzuthun des Eierſchnees durch
den Teig, backe den Kuchen auf mäßigem Feuer, und
decke, nachdem durch Hineinſtechen mit dem Meſſer die
Flüſſigkeit verſchwunden, die Pfanne bis zum Umwenden
zu, dann backe man ihn auf der andern Seite auch
ſchön gelb und beſtreue ihn gut mit Zucker.

576. Aepfel-Pfannkuchen anderer Art.

Die zu feinen Scheiben geſchnittenen Aepfel dämpfe
man mit Butter in einer Pfannkuchenpfanne zugedeckt
weich, vertheile ſie gleichmäßig und ſchütte einen Pfann=
kuchenteig darüber, backe dieſes auf beiden Seiten ſchön
gelb und beſtreue den Kuchen gut mit Zucker und Zimmet.

577. Zwetſchgen-Pfannkuchen.

Man nehme einen Pfannkuchenteig und gebe einen
Theil davon in eine mit Schmalz heiß gemachte Pfanne,
lege die abgeriebenen, entſteinten Zwetſchgen, eine neben
die andere, die offene Seite nach Oben, hinein, ſchütte den
übrigen Teig darüber hin, und backe den Kuchen, nachdem
die Flüſſigkeit eingezogen, bis zum Umwenden zugedeckt,
auf mäßigem Feuer ſo lange, bis die Zwetſchgen weich
geworden und der Kuchen eine gelbbraune Farbe erhalten
hat. Man beſtreue ihn mit Zucker und Zimmet, und
gebe ihn warm zur Tafel.

578. Kirſchen-Pfannkuchen.

Wird eben ſo gebacken wie der Zwetſchgen=Pfann=
kuchen, und wendet man die Kirſchen mit oder ohne
Steine an.

579. Heidelbeer-Pfannkuchen.

Wird gebacken wie der Zwetschgen=Pfannkuchen.

580. Pfannkuchen von gekochten übriggebliebenen Nudeln.

Zu einem tiefen Teller voll Nudeln wird ein ge=
häufter Eßlöffel voll Mehl, drei Eidotter, eine Tasse voll
Milch, etwas Muskatnuß und ein wenig Salz unter
einander gemischt und das zu Schnee geschlagene Eiweiß
durchgerührt. Aus dieser Masse werden zwei Pfannkuchen
gebacken.

581. Süße Pfannkuchen.

Mache einen Teig von 3 Löffeln voll Mehl, 1 Löffel
voll saurem Rahm, 3 Eiern, 1 Schoppen süßen Rahm
und ein wenig Salz, und rühre ihn recht glatt. Backe
dünne Pfannkuchen davon, bestreiche dieselben mit einge=
machten Früchten, rolle sie zusammen, richte sie auf einer
Platte an, und bestreue sie mit Zucker.

582. Pfannkuchen von Reisbrei.

¹/₂ Pfund Reis wird in Milch mit einem Stück
Butter, Zimmet, Citronenschale, ¹/₄ Pfund Rosinen und
etwas Salz weich und dick gekocht. Ist derselbe erkaltet,
werden 4 Eidotter, 2—3 Eßlöffel voll Zucker und etwas
geriebenes Weißbrod hinzu gerührt und der Schnee der
Eier darunter gemischt, dieses in einer Pfanne mit Schmalz
zu einem, oder löffelweise zu kleinen Kuchen, auf nicht zu
starkem Feuer, gebacken. Hat man übrig gebliebenen
Reis, nimmt man Weinbeeren statt Rosinen, weil dieselben
besser weich werden. Etwas Weckmehl in die Pfanne
und beim Umwenden auf den Kuchen gestreut, macht

ihn ansehnlicher. Beim Anrichten bestreut man ihn mit
Zucker.

583. Pfannkuchen mit Kartoffeln.

Man macht Schmalz oder Butter in einer Pfanne
recht heiß, reibt so viel gekochte, kalte Kartoffeln gleich=
mäßig hinein, als nöthig ist, den Boden der Pfanne zu
bedecken und streut etwas feines Salz darauf. Nach etwa
10 Minuten wird ein guter Pfannkuchenteig, etwas dicker
als gewöhnlich, darüber geschüttet, der Kuchen auf beiden
Seiten recht rösch und dunkelgelb gebacken, und sogleich
servirt. Man gibt Salat oder Compot dazu.

584. Aufgezogenen Pfannkuchen mit Briesen.

Blanchire ein paar Briese, ziehe die Haut ab und
schneide sie fein, nimm auch 4 Sardellen und hacke sie
recht fein; dann röste eine halbe klein geschnittene Zwiebel
in Butter gelb, gib die Briese, Sardellen und einen
Schoppen sauren Rahm dazu und lasse es zusammen
aufkochen. Unterdessen backe einige schöne Pfannkuchen,
bestreiche diese damit, rolle sie zusammen, lege sie auf eine
Platte, thue sauren Rahm oben darauf und lasse sie in
der Röhre gelb anziehen.

585. Eingesetzte Pfannkuchen.

Weiche ein abgeriebenes Mundbrod in Milch ein und
koche es zu einem dicken Brei, dann gib ein Stückchen
Butter, 2 Eidotter, 2 Löffel voll sauren Rahm und Zucker,
bis es süß genug ist, dazu, und rühre Alles gut unter
einander. Hierauf backe ganz dünne Pfannkuchen, bestreiche
dieselben damit, streue Weinbeeren und Rosinen darauf,
rolle sie zusammen, schneide halbfingerdicke Stücke davon
und setze sie in eine Form, in welcher der Boden mit
saurem Rahm bedeckt ist; schlage 3 bis 4 Eier, etwas

Zucker und einen Schoppen süßen Rahm gut unter
einander, gieße dieses über die Pfannkuchen und lasse
sie im Ofen aufziehen. In einer Viertelstunde sind sie
fertig.

586. Geschnittene Pfannkuchen in der Milch.

Es werden dünne Pfannkuchen gebacken und wie
Nudeln geschnitten; diese in eine Form gethan, die jedoch
fingerbreit leer bleiben muß, mit Zucker bestreut und so
viel süßer Rahm hineingegossen, daß er eben darüber
geht. Dann läßt man es in der Röhre aufziehen.

587. Weißbrod-Kuchen.

Die Rinde von 1¼ Pfund Weißbrod wird abgeschnitten, geröstet und feingestoßen, das Brod zu Stücken
geschnitten und in kalte Milch eingeweicht; hierauf werden
4 Loth Weinbeeren, 6 Eidotter, 1 Eßlöffel voll Zucker, 1
Eßlöffel voll dicker Rahm oder zerlassene Butter, 1 Kaffeelöffel voll Zimmet und etwas Salz hinzugerührt und
zuletzt der steife Schnee der Eier darunter gemengt. Unterdessen wird eine Pfanne mit Butter bestrichen, mit der
Hälfte der feingestoßenen Rinde bestreut, das Eingerührte
hineingegeben, glatt gestrichen und ganz langsam, bis
zum Umwenden zugedeckt, gelb gebacken, wobei nicht ge-
schüttelt werden darf. Dann wird die übrige gestoßene
Rinde über den Kuchen gestreut und solcher bei einmaligem
Umwenden auf beiden Seiten dunkelgelb gebacken und
mit Zucker bestreut.

588. Weißbrod-Kuchen anderer Art.

Schnitten von frischem Weißbrod werden in eine mit
Schmalz heiß gemachte Pfanne gelegt, dann wird ein
Pfannkuchenteig darüber gegossen und der Kuchen auf
beiden Seiten dunkelgelb gebacken.

589. Eierkuchen.

Man schneidet 4 Mundbrode und feuchtet diese mit 1 Schoppen gezuckertem Wein. Dann verklopft man 10 Eier, gibt 6 Loth Rosinen und Weinbeeren, nebst etwas Zimmet und Citronenschale hinzu, mengt Alles gut unter einander, gibt nach Belieben noch Zucker hinein und backt diese Masse im Schmalz in einer Pfanne langsam auf beiden Seiten schön gelb und bestreut sie mit Zucker.

590. Eier weich und hart zu kochen.

Um die Eier genau so zu kochen, wie es gewünscht wird, darf man dieselben nicht eher in's Wasser legen bis es stark kocht. Weiche Eier erfordern zum Kochen 3½ Minuten, oder bis man nicht zu langsam 100 zählt, sind sie fertig; wenn die Dotter etwas dicklich sein sollen 4 Minuten; Eier zum Garniren der Gemüse, wozu man das Weiße hart, das Gelbe nicht ganz fest nimmt, 5 Minuten.

591. Rühreier.

Von ganz frischen Eiern nimmt man zu jedem Ei einen Eßlöffel voll Milch oder Rahm und ein wenig Salz. Man zerklopft Eier, Milch und Salz, läßt in einem irdenen Tiegel ½ Ei groß Butter heiß werden, schüttet die Masse hinein und rührt sie auf nicht zu starkem Feuer langsam bis zum Dickwerden, wobei man schon etwas vorher den Tiegel vom Feuer nimmt, und sobald das Rührei fertig ist, in eine bereit stehende Schüssel schüttet, damit es nicht zu hart wird; beim Rühren ziehe man den Löffel strichweise über den Grund, damit die Eier nicht breiig gemacht werden. Man kann auch etwas fein gehacktes Schnittlauch mit den Eiern vermischen.

592. Gerührte Eier mit Sardellen.

Zu 8 Eiern nimmt man 4 Loth Sardellen, läßt die=
selben 1 Stunde im Wasser liegen, wäscht sie, befreit sie
von den Gräten und schneidet sie ganz klein. Hierauf läßt
man in einer Pfanne ein Stück Butter zergehen, gibt
zuerst die Sardellen hinein, rührt sie unter einander, ver=
klopft die Eier mit ein wenig Muskatnuß und Salz, thut
sie zu den Sardellen und rührt beides so lange auf dem
Feuer, bis die Eier gerinnen und richtet sie dann an.
Auf diese Art kann man auch Häringe und Bückinge zu=
bereiten.

593. Verlorene Eier.

Man macht in einem breiten Tiegel 1 Maß Wasser
kochend, thut eine Hand voll Salz und 2 Löffel voll Essig
hinein, so daß das Wasser ungefähr 3 Finger hoch in
dem Tiegel ist; dann schlägt man 3—4 Eier hinein, wo=
rüber das Wasser gehen muß und in 2 Minuten sind
dieselben fertig, denn das Weiße darf nur hart sein, das
Gelbe dagegen muß weich bleiben. Hierauf nimmt man
sie heraus, legt sie kurz vor dem Anrichten in lauwarmes
Wasser und dann auf ein reines Tuch oder Haarsieb, da=
mit das Wasser ablaufen kann; diese Eier kann man zu
jedem Puree geben; auch an Fasttagen um eine gewöhn=
liche braune Sauce legen.

594. Gebackene Eier.

Man macht in einer Pfanne Schmalz heiß, schlägt
frische Eier behutsam, damit jedes Ei ganz bleibe, hinein,
streut etwas feines Salz darüber, und ist das Weiße dick=
lich, gibt man sie auf eine Schüssel, schneidet den Rand
glatt und richtet sie an.

595. Eierspeise.

Es werden 5 Eier hart gekocht, geschält und der Länge nach durchgeschnitten; dann etwas Butter mit einem Eidotter schaumig gerührt, die hartgekochten Eidotter durch's Haarsieb gestrichen, mit ein wenig Salz dazu gethan, die übrigen Eierbecherlein damit gefüllt, auf eine mit Butter bestrichene Platte gesetzt und folgende Creme darüber gemacht: 2 Löffel voll Mehl werden mit etwas Milch verrührt, ein Stückchen Butter, ein Schoppen saurer Rahm und ein wenig Salz dazu gethan und unter fortwährendem Rühren auf dem Feuer zu einem dicken Brei gekocht. Dieser wird abgekühlt, 3 Eidotter daran gerührt, sowie der Schnee der Eier darunter gemengt und über die gefüllten Eier gegossen. Nun läßt man es in der Röhre aufziehen, damit Alles eine schöne gelbe Farbe bekommt und in einer halben Stunde ist die Speise fertig.

596. Gefüllte Eier.

6—8 Eier werden hart gekocht, hierauf behutsam geschält, der Länge nach von einander gespalten und die Dotter herausgenommen, ohne jedoch das Weiße zu beschädigen. Hierauf werden die Dotter, mit der Hälfte soviel Butter als diese betragen und ebensoviel in Milch geweichte und wieder ausgedrückte Mundbrode fein gestoßen, mit Salz, etwas Pfeffer, Muskatnuß und fein geschnittener Petersilie gewürzt und mit 3 Löffeln voll saurem Rahm verdünnt. Diese Masse wird nun in die Vertiefung der Eiweiß gefüllt und zwar so, daß eine jede Hälfte dieser Eiweiß die Form eines ganzen Eies erhält; diese dann in eine mit Butter bestrichene und mit saurem Rahm benäßte Bratpfanne aufrecht neben einander gesetzt, mit Rahm besprißt, mit Weckmehl bestreut und mit zerlassener Butter besprißt im heißen Ofen schön gelb gebacken.

597. Eierschnee.

Man schlägt das Weiße von 8 Eiern zu einem festen Schnee, legt davon mit einem Löffel runde Klöße in eine Maß gute Milch, welche vorher mit einem Stückchen Vanille und Zucker kochend gemacht wurde und läßt sie unter einmaligem Umwenden nur eine Minute kochen, doch gebe man nicht zu viel Klöße auf einmal in die Milch, damit man sie gut umwenden kann. Hierauf lege man sie mit einem Schaumlöffel auf eine Platte und fahre so fort, bis der Schnee alle gekocht ist. Dann rühre man die Milch mit 4 Eibotter ab und gieße sie zwischen den Eierschnee. Man kann diese Speise auch kalt serviren.

598. Griesschmarn.

4 Tassen voll Gries werden ein wenig in Wasser abgeschwenkt, das Wasser wieder abgegossen und derselbe mit 1½ Maß Milch unter beständigem Rühren wenigstens ¾ Stunden gekocht. Nun wird ein Ei groß Butter abgerührt, nach und nach 6 Eier immer mit einem Löffel voll von dem warmen Gries darunter gerührt, ein wenig gesalzen, in einen Tiegel gegeben, in welchem ein Stück Butter zerlassen wurde, gebacken, bis es unten eine Kruste hat und dann umgewendet, damit es auf der andern Seite auch eine solche bekommt. Hierauf zerstößt man es, backt es nochmals und richtet den Schmarn an.

599. Griesschmarn anderer Art.

Man kocht ½ Pfund Gries in Milch oder Wasser dick und läßt ihn abkühlen. Dann rührt man ¼ Pfund Butter ab, gibt den Gries dazu nebst ein wenig Salz und 6—8 Eier und rührt Alles gut unter einander. Alsdann thut man es in einen flachen Tiegel mit Schmalz, deckt denselben zu bis es unten eine Kruste hat, wendet es

nach und nach um, bis nichts Weiches mehr darunter ist;
dann stößt man es klein und will man den Schmarn fetter
und saftiger haben, gibt man noch etwas Butter hinein.
Als Extra=Speise wird derselbe beim Anrichten mit Zucker
und Zimmet bestreut, meistens jedoch ohne Zucker zum Ra=
gout gegeben.

600. Kartoffel-Schmarn.

Man reibe gekochte Kartoffeln in eine tiefe Schüssel,
gebe eben so viel Mehl und das nöthige Salz dazu und
mische es gut unter einander. Dann lasse man in einem
Tiegel Butter oder Schmalz zergehen, gebe den Schmarn
hinein, lasse ihn eine schöne Kruste backen und wende
ihn einige Male um, damit er auf allen Seiten schöne
Krusten bekommt. Ist er fertig, gieße man 2—3 Löffel
voll sauren Rahm daran, rühre ihn gut untereinander
und servire ihn. Hat man keinen sauren Rahm, kann
man auch gekochten süßen Rahm dazu nehmen.

601. Schwarzbrod-Bret.

Man nimmt 2—3 Hände voll geriebenes schwarzes
Brod, in einem irdenen Tiegel in Butter gelb geröstet,
gießt 1 Schoppen Wein und ½ Schoppen Wasser daran,
gibt die kleingeschnittene Schale einer Citrone, ein Stück=
chen Zucker, etwas gestoßenen Zimmet und 4 gestoßene
Nelken dazu, rührt dieses fleißig, bis es zu kochen anfängt,
weil es sich gern anhängt, und sollte der Brei zu dick
werden, gießt man noch etwas Wein und Wasser daran.

602. Reisbret.

Man rühre ⅛ Pfund gelesenen, reingewaschenen
Reis mit kochendem Wasser ab und lasse ihn mit 1½ Maß
Milch und einem Stück Butter weich kochen. Kurz vor
dem Anrichten wird ein wenig Salz durchgerührt, der

Reisbrei in eine Schüſſel gethan und mit Zucker und Zimmet beſtreut; man kann auch einige Stückchen Zimmet mitkochen laſſen. Soll der Reis kalt gegeben werden, ſo rechne man beim Kochen darauf, daß derſelbe während des Kaltwerdens viel dicker wird; auch gebe man ihn nicht ſogleich in die Schüſſel, ſondern rühre ihn vorher erſt durch, ehe man Zucker darauf ſtreut.

603. Reis zu Ragout.

Man nimmt zu 2 Schüſſeln 1 Pfund Reis, brüht ihn ab und kocht ihn in Fleiſchbrühe und einem Glas Madeira weich, rührt dann eine Taſſe Rahm, 2 Eidotter und ¼ Pfund Parmeſankäſe hinzu und legt ihn als Rand um ein angerichtetes Ragout von Geflügel oder Kalbfleiſch.

604. Gebrannter Brei.

Zu ½ Maß Milch gibt man 5—6 Eidotter, 3 Eß= löffel voll feines Mehl und die abgeriebene Schale einer halben Citrone, rührt das Mehl uud die Citrone zuerſt mit ein wenig Milch glatt, rührt dann die Eidotter, die übrige Milch und ein wenig Zucker dazu und kocht es unter beſtändigem Rühren zu einem Brei, richtet den= ſelben auf eine Schüſſel an und ſtellt ſolche auf kochendes Waſſer, damit er heiß bleibt und oben eine Haut zieht. Dann wird eine gereinigte eiſerne Schaufel glühend ge= macht, Zucker auf den Brei geſtreut und der Zucker mit der heißen Schaufel gebrannt.

Verschiedene Salate.

605. Kopf-Salat.

Die Köpfe werden von den äußeren groben Blättern befreit und nur die schönen gelben gespalten und verschnitten, die Herzchen in 4 oder 2 Theile geschnitten, mehrmals gewaschen und in einen Seiher zum Ablaufen geschüttet; hierauf mit Salz und Pfeffer überstreut, Essig und Oel daran gegossen, unter einander gemengt, mit feingeschnittenem Schnittlauch bestreut, und sogleich servirt. Man kann ihn auch mit hartgekochten, länglich geschnittenen Eiern belegen. Auch ist es sehr schön, wenn der Salat mit kleingehackter, saurer Gelee überstreut wird. Es darf nicht zu viel Essig an den Salat kommen, daß, wenn er angemengt, derselbe kaum sichtbar ist.

606. Kopf-Salat anderer Art.

Wenn der Salat, wie der vorige, gewaschen und abgelaufen ist, werden 2 hartgekochte Eibotter fein zerdrückt, solche mit 2 Eßlöffeln voll französischem Senf, 4 Eßlöffeln voll Essig, eben so viel Oel, Salz und einer Messerspitze voll Pfeffer angerührt, und mit dieser Sauce der Salat angemacht.

607. Speck-Salat.

Hiezu wird der geringere Kopf-Salat geputzt, gewaschen und zum Ablaufen hingestellt. Unterdessen läßt man 4 bis 6 Loth fein in Würfel geschnittenen Speck in einer Pfanne auf dem Feuer gelb werden, gießt ¹/₂ Schoppen Essig daran und läßt es zusammen aufkochen, bestreut ben Salat mit Salz und Pfeffer, gießt Speck und Essig kochend darüber, und mengt ihn gut unter einander.

608. Endivien-Salat.

Die äußern Blätter werden weggeschnitten, die innern gelben fein länglich wie Nudeln geschnitten, gewaschen und eine Stunde in lauwarmes Wasser gelegt, damit sich die Bitterkeit verliert. Nachdem der Salat in einem Seiher abgelaufen, wird er mit Salz und Pfeffer bestreut und mit Essig und Oel angemacht. Man kann auch nach Belieben gekochte Kartoffeln fein blättrig schneiden und darunter mengen, sowie feingeschnittene Zwiebeln.

609. Lattich-Salat.

Der junge Lattich wird gut gelesen, gewaschen und in einen Seiher zum Ablaufen gegeben, Kresse, Zwiebel, Pfeffer und Salz darüber gestreut, mit Essig und Oel gut durchmengt und hart gekochte, geschälte Eier dazu gegeben. Auch kann man die Eier der Länge nach durch= schneiden und den Salat damit belegen.

610. Kräuter-Salat.

Hiezu nimmt man Schnittlauch, Körbelkraut, Sauer= ampfer und Gartenkresse. Diese Kräuter, welche jedoch sehr jung sein müssen, wäscht und reinigt man, schneidet sie fein, bestreut sie mit Zucker und Citronenschnittchen und läßt sie so ½ Stunde stehen. Kurz vor dem An= richten begießt man sie mit Essig und Oel.

611. Brunnenkresse-Salat.

Die Brunnenkresse wird von den gröbsten Stielen befreit, gewaschen und in einen Seiher gegeben zum Ablaufen, hierauf mit Salz, Pfeffer, Essig und Oel an= gemacht.

612. Brunnenkresse anderer Art.

1 oder 2 hart gekochte Eidotter werden fein ver=
brückt, mit Oel, Salz, Pfeffer, ein wenig Citronensaft,
etwas Zucker und einem Eßlöffel voll Wein gut verrührt
und der reingewaschene, abgelaufene Salat damit ange=
macht.

613. Kraut-Salat.

Man nimmt die inneren gelben Blätter der Kraut=
köpfe, löst die größten Rippen heraus, schneidet die Blätter
nudelartig so fein wie möglich, und macht den Salat
mit feingeschnittenen Zwiebeln, Salz, Pfeffer, Essig und
Oel an.

614. Warmer Kraut-Salat.

Das feingeschnittene Kraut wird mit Salz bestreut,
mit kochendem Wasser übergossen und eine Viertelstunde
zugedeckt stehen gelassen, dann das Wasser abgeschüttet
und der Salat mit feingeschnittenen Zwiebeln, Salz,
Pfeffer, Essig und Oel angemacht.

615. Sellerie-Salat.

Die rein geputzten Sellerie=Köpfe werden in Salz=
wasser weich gekocht, noch nachgeputzt, in Scheiben ge=
schnitten, mit Pfeffer und wenn es nöthig ist, noch etwas
Salz bestreut und warm mit Essig und Oel gut unter
einander gemengt.

616. Gurken-Salat.

Die Gurken mittlerer Größe werden geschält, dünn=
blätterig geschnitten, mit Salz bestreut, unter einander
gemengt und eine Stunde hingestellt. Dann drückt man
sie aus, thut Pfeffer, fein geschnittenen Schnittlauch,

Essig und Oel daran, und mengt dieses gut unter einander.

617. Gurken-Salat anderer Art.

Die Gurken werden gesalzen und fest ausgedrückt, wie die vorhergehenden; dann mit Pfeffer, feingeschnittenem Schnittlauch, ein paar Löffeln voll saurem Rahm und ein wenig Essig gut vermengt.

618. Radieschen-Salat.

Die in feine Blättchen geschnittenen Radieschen werden mit etwas Salz überstreut und ½ Stunde hingestellt, dann etwas ausgedrückt und mit Pfeffer, Schnittlauch, Essig und Oel unter einander gemengt.

619. Rettig-Salat.

Diese werden geschält, auf dem Reibeisen gerieben, gesalzen und eine Stunde hingestellt; dann ausgedrückt, mit Pfeffer bestreut und mit Essig und Oel angemacht.

620. Grüner Bohnen-Salat.

Hiezu nimmt man zarte, kernlose Bohnen, putzt sie, schneidet sie länglich und kocht sie im Salzwasser schnell weich. Dann gibt man dieselben auf einen Seiher zum Ablaufen, bestreut sie mit Pfeffer und fein geschnittenen Zwiebeln und macht den Salat noch warm mit Essig und Oel an.

621. Spargel-Salat.

Der Spargel wird geputzt, gewaschen, in Bündchen gebunden und im Salzwasser weich gekocht. Dann thut man ihn heraus, läßt ihn abkühlen, legt ihn auf eine Platte, verrührt Salz, Pfeffer, Essig und Oel, thut fein geschnittene Zwiebel dazu, und gießt es über den Spargel.

622. Hopfen-Salat.

Junger, aufkeimender Hopfen, ehe sich die Blätter entwickelt haben, wird gewaschen, zusammengebunden, und wie Spargel-Salat behandelt.

623. Gelbe Rüben-Salat.

Man schabt die gelben Rüben, schneidet sie in dünne längliche Schnitzchen, kocht sie im Salzwasser ab, schüttet das Wasser davon, bestreut die gelben Rüben mit Pfeffer und vermengt sie mit Essig und Oel.

624. Rothe Rüben-Salat.

Wenn die rothen Rüben im Wasser weich gekocht sind, werden sie geschält, dünnblätterig geschnitten, mit Salz bestreut und so viel Essig daran gegossen, daß sie eben damit bedeckt sind. Die rothen Rüben müssen noch warm sein, weil sie dadurch eine schönere rothe Farbe bekommen. Auch kann man nach Belieben etwas Anis, Zucker und Coriander darunter mengen. In einem steinernen Topf, mit einem Schieferstein beschwert, kann man den Salat 3—4 Wochen aufbewahren.

625. Kartoffel-Salat.

Man schält frisch gekochte Kartoffeln schnell ab, schneidet sie in Scheiben, gibt Salz, Pfeffer und etwas feingeschnittene Zwiebel daran, gießt Essig und Oel darüber und macht den Salat warm mit 2 Löffeln gut untereinander. Sollte der Essig zu scharf sein, gibt man einige Löffel voll Fleischbrühe darunter.

626. Kartoffel-Salat mit Gurken.

Man schneide weich gekochte Kartoffeln und mische sie möglichst warm nebst den zu Scheiben geschnittenen

Gurken mit folgender Sauce: Oel, Essig, Salz, Pfeffer, Dragon und klein geschnittene Zwiebel gut gerührt. Ein Zusatz von dickem, saurem Rahm ist sehr gut.

627. Häring-Salat mit Kartoffeln.

Man schält gekochte Kartoffeln und schneidet sie in Scheiben. Dann schneidet man 2 geputzte Häringe in Würfeln, thut dieselben nebst Zwiebeln, Pfeffer, Salz, Essig und Oel zu den Kartoffeln, und mengt Alles gut unter einander.

628. Häring-Salat.

Man nimmt 2—3 Häringe, putzt sie, schneidet sie der Länge nach von einander, macht die Gräten heraus und schneidet sie würfelig oder länglich, sowie auch Kalbs=braten, hackt Zwiebeln, Petersilie, von 3 hartgekochten Eiern das Weiße und Gelbe, jedes allein, sowie etwas Kapern, und legt von allem diesem in eine Salatschüssel einen Stern, einen Kranz oder ein Kreuz, gibt Essig und Oel darüber und stellt es so auf den Tisch. Will man den Salat serviren, so wird er erst mit einer hölzernen Gabel unter einander gemengt.

629. Italienischer Salat.

Weich gekochte Kartoffeln werden abgeschält und in Scheiben geschnitten, sowie 2 abgeschälte Aepfel in Würfel und beides unter einander gemengt. Nun rührt man 2 Eßlöffel voll fein geschnittene Zwiebeln, fein geschnittenen Estrachon, einen Eßlöffel voll Kapern, eben so viel in Würfel geschnittene Sardellen, 2 hartgekochte verdrückte Eidotter, 2 Eßlöffel voll französischen Senf, 6 Eßlöffel voll feines Oel, 8 Eßlöffel voll guten Weinessig, Salz und Pfeffer gut unter einander, gießt solches über die Kar=

toffeln und Aepfel, vermengt es gut damit, füllt den Salat
in die Salatschüssel und verziert ihn auf folgende Art:
Man legt ein paar Löffel voll fein gehackte Kartoffeln in
rothen Rüben-Essig, worin dieselben eine schöne rothe Farbe
bekommen, hackt rothe Rüben fein, ebenso das hartgekochte
Eiweiß in rothen Rüben-Essig gelegt, welches sie rosa färbt;
2 hart gekochte Eidotter treibt man durch ein Haarsieb,
schneidet 4 Loth ausgegrätete Sardellen oder einen halben
Häring in feine Würfel, schneidet Schnittlauch oder jeden
beliebigen grünen Salat fein und nimmt 2 Eßlöffel voll
Kapern; ist dieses Alles einzeln hergerichtet, wird auf die
Salatschüssel davon in geschmackvoll zusammengestellten
Farben ein Stern gelegt.

630. Italienischer Salat anderer Art.

Die weich gekochten Kartoffeln werden in Scheiben
geschnitten und eben so viel fein geschnittener Endivien-
Salat, ein Löffel voll fein geschnittene Zwiebeln, Salz,
Pfeffer, fein gehackter Schinken und etwas gewürfelte Bricken hinzu gethan, Essig und Oel darüber gegossen oder
dieses erst mit 2 hart gekochten Eidottern abgerührt und
der Salat gut unter einander gemengt in eine Salatschüssel gethan und von den im vorigen Salat beschrie-
benen Farben statt eines Sternes, geschmackvoll geordnete
Kränzchen in einander barauf gelegt.

631. Italienischer Salat anderer Art.

Es werden einige Häringe ausgenommen und in
Wasser gelegt, damit das Salz herausziehe, von Haut und
Gräten gereinigt und in kleine Würfel geschnitten, eben so
viel dies an Portion sein wird, nehme man auch gekochte
Kartoffeln, eingemachte Gurken, rothe Rüben, gute Aepfel,
Kalbsbraten und einige hartgekochte Eier.   Dies Alles

wird gleich den Häringen zu feinen Würfeln geschnitten und mit Essig, Oel, Pfeffer und Salz vermischt. Hierauf richte man den Salat an und verziere ihn auf folgende Weise: Man hackt grün eingemachte Gurken oder Peter- silie, rothe Rüben, das Gelbe von 2 hartgekochten Eiern, sowie auch das Weiße, jedoch jedes allein, ganz fein. Nun streiche man den Salat glatt, streiche mit einem Messer- rücken eine Figur darauf, etwa einen Stern, und lege mit einem Kaffeelöffel in jeden Theil desselben eine andere Farbe, indem man mit der linken Hand ein Messer an die Scheidelinie hält. Rund herum lege man einen Rand von beliebiger Farbe, wählt man weiß oder gelb, so lege man Blättchen von Petersilie darauf. Ebenso kann man gewässerte, gespaltene, aufgerollte Sardellen und Kapern zum Verzieren benutzen.

632. Rother Salat.

Man nimmt dazu einen Theil weich gekochte, zu Scheiben geschnittene rothe Kartoffeln, einen Theil zu Scheiben geschnittene rothe Rüben und einen Theil, den man aber reichlicher nimmt, fein geschabtes Blaukraut. Dies wird vorsichtig, damit Alles ganz bleibt, mit reich- lich feinem Oel, Essig, der Brühe der rothen Rüben, Pfeffer und Salz angerührt und zum Braten gegeben.

633. Polnischer Salat.

Kalter Kalbs= oder Rinderbraten wird in Würfel ge- schnitten, Kopf=Salat oder Lattig hinzugegeben und beides mit Oel, Essig, Senf, Pfeffer, Salz, Zwiebeln und weich gekochten Eiern gut durchmengt.

634. Gemischter Salat.

Nimm schöne Bricken, einen großen Häring, Sardellen, Kapern, Kartoffeln, grünen Salat, kalten Kalbsbraten

und Borsdorfer Aepfel, schneide alles klein würfelig und
mache es mit Essig, Oel und Salz an.

635. Gemischter Winter-Salat.

3 Theile weich gekochte Kartoffeln, 1 Theil saure
Aepfel, 1 Theil rothe Rüben, 1 Theil eingemachte Gurken
werden zu feinen Scheiben geschnitten, mit einer gut ge=
rührten Sauce von reichlichem Oel, etwas saurem Rahm,
Essig, Pfeffer und Salz vorsichtig durchgemengt, damit die
Scheiben ganz bleiben, in eine Salatschüssel angerichtet,
ein Kranz von Feldsalat, mit Oel, Essig und Salz ver=
mischt, ringsum gelegt und derselbe mit nicht ganz hart
gekochten Eiern, welche zu 8 Theilen geschnitten werden,
schrägliegend verziert. Es wird kaltes Fleisch und Häring
dazu gegeben.

636. Salat von gutem übrig gebliebenem Suppenfleisch.

Das Fleisch wird ½—1 Stunde vor dem Gebrauch
in feine Scheiben geschnitten, mit einer gut gerührten
Sauce von saurem Rahm, Oel, fein geschnittenen Zwie=
beln, gehackten Dragon, Pfeffer, Salz und nicht zu viel
Essig gut vermengt. Man tauche die ansehnlichsten Scheiben
vorher in die Sauce und lege diese über das angerichtete
Fleisch. Eine Beimischung von eingemachten in Scheiben
geschnittenen Gurken ist sehr gut. Man gibt den Salat
als Beilage zu grünem Salat, sowie auch zu Kartoffel=
speisen.

637. Meerrettig-Salat.

Lege den Meerrettig einen halben Tag in Wasser,
schabe ihn dann ab, reibe ihn auf dem Reibeisen, rühre
Zucker, etwas Pfeffer, feines Oel und Weinessig darunter,

lasse ihn eine Viertelstunde zugedeckt stehen und servire ihn zum Rindfleisch.

638. Rosinen-Salat.

Man reinigt $^1/_2$ Pfund große Rosinen von ihren Stielen, kocht sie in Wasser und eben so viel Wein, bis sie hoch aufgequollen sind und die Sauce beinahe einge= kocht ist. Wenn sie abgekühlt sind, streut man Zucker und Zimmet darüber und garnirt sie mit Citronenstreifchen. Diesen Salat kann man zu allem Fleisch, besonders aber zu feinem Wildpret geben.

639. Pomeranzen-Salat.

Frische, süße Pomeranzen schneide man in nicht zu dünne Scheiben auf einen Teller, streue feinen Zucker darauf und gebe auf jede Scheibe eingekochte Weichseln oder gieße Wein daran.

640. Citronen-Salat.

Schäle schöne, große Citronen ganz rein von ihren gelben Schalen, schneide das Mark, wovon das Weiße vorher abgeschnitten wurde, in dünne, feine Scheiben auf einen Teller, gieße süßen Wein daran und bestreue sie stark mit Zucker. Die gelben Schalen schneide klein läng= lich, koche sie in ein wenig Wein und Zucker weich und streue sie auf die Citronenscheiben. Diesen Salat gibt man zu gebratenem Geflügel.

641. Aepfel-Salat.

Gut abgeschälte Borsdorfer Aepfel und Citronen, aus welchen die Kerne genommen sind, und die nicht bitter sein dürfen, werden in ganz feine Scheiben geschnitten und abwechselnd lagenweise mit fein gestoßenem Zucker und

14

etwas Wein in eine Schüssel gelegt. Der Wein dient, die Masse zu durchziehen, es darf aber keine Brühe entstehen. Die letzte Lage müssen Citronen und Zucker sein. Dieser Salat wird einige Stunden vor dem Gebrauch bereitet und zu feinem Braten gegeben.

Obstspeisen.

642. Gekochte süße Aepfel.

Man setze die Aepfel, nachdem sie geschält, zu vier Theilen geschnitten und abgewaschen sind, mit Wasser, Anis, einem Stückchen Butter, und je nach der Portion mit ½—1 Tasse Essig auf's Feuer und lasse sie weich kochen. Der Essig befördert ein schnelleres Weichwerden und benimmt den Aepfeln das Weichliche.

643. Gekochte Aepfel.

Gute, mürbe Aepfel werden recht sauber geschält, vom Kerngehäuse befreit und abgewaschen. Dann lasse man reichlich Wein, stark mit Zucker versüßt, mit einigen Stücken ganzem Zimmet und Citronenschale kochen, lege so viel Aepfel, als neben einander liegen können, hinein, und zwar die Stielseite zuerst nach oben und lasse sie auf mäßigem Feuer, zugedeckt, einige Minuten kochen. Hierauf lege man sie mit einem Löffel auf die andere Seite, begieße sie, im Falle sie nicht ganz bedeckt sind, häufig mit dem Wein, nehme nach und nach die weichen Aepfel heraus, gebe sie auf eine flache Schüssel und lasse den Saft recht dick einkochen, lege dann auf jede Oeffnung eines Apfels entweder eine eingemachte Hiefe, etwas Aprikosen-Marmelade oder Johannisbeer-Gelee, und gebe die Hälfte des dicken Saftes sogleich, die andere Hälfte kurz vor dem Gebrauch darüber.

644. Halbe Aepfel mit Citronensaft.

Man mache Wasser mit Citronensaft recht säuerlich, füge reichlich Zucker, Citronenschale und ganzen Zimmet hinzu und koche die Aepfel, die runde Seite zuerst hinein gelegt, nach vorhergehender Angabe weich.

645. Halbe Aepfel in Fruchtsaft.

Feine Aepfel werden wie im Vorhergehenden hergerichtet, mit halb Wein, halb Himbeer-, Johannisbeer- oder Kirschsaft, Zucker und Stückchen Zimmet, wie im Vorigen weich gekocht und zierlich angerichtet.

646. Aepfel mit Weincrème.

Schäle Borsdorfer Aepfel, stich das Kernhaus heraus und koche sie mit halb Wein, halb Wasser, Zucker, ganzem Zimmet und Citronenschale weich; hierauf lege sie auf eine Assiette, lasse sie etwas erkalten und lege auf jede Oeffnung eines Apfels eingemachte Früchte. Dann nimm einen Schoppen von der Sauce, worin die Aepfel gekocht wurden, rühre 4 Eidotter, 1 ganzes Ei, eine Messerspitze voll Mehl, Zucker und Citronensaft daran und koche dieses zu einer Creme; gieße sie über die Aepfel und gib dieselben warm zur Tafel, oder lasse sie stehen bis zum andern Tag. Vor dem Anrichten verziere man die Assiette noch mit eingemachten Früchten.

647. Gefüllte Aepfel.

Schäle 25 Borsdorfer Aepfel, höhle sie aus und fülle sie entweder mit gehackten Mandeln, Weinbeeren, Zimmet

und Zucker, alles unter einander gemengt, oder mit einer
Gelee von Johannisbeeren, Himbeeren u. dgl.   Dann
dämpfe die Aepfel in Wein und Wasser mit Zucker, Zim=
met und Citronen, lasse sie, wenn sie fertig sind, erkalten
und bestecke sie mit länglich geschnittenen Mandeln.   Den
Saft koche noch ein wenig ein, rühre Himbeersaft darunter
und gieße ihn darüber.

648. Aepfel-Schnitten.

Die Aepfel werden in 4 Theile, dann zu Scheiben
geschnitten, mit gut gewaschenen Weinbeeren, der Länge
nach fein geschnittenen Mandeln; halb Wasser, halb Wein,
oder statt letzterem Citronensaft, Zucker und Zimmet weich
gekocht und die Aepfel, welche nicht im Geringsten ver=
kochen dürfen, mit dem dicklichen Saft angerichtet.

649. Gekochte Birnen.

Man schält die Birnen recht rund, sticht die Blume
heraus, schneidet die Stiele zur Hälfte ab und kocht sie
in reichlichem Wasser mit einem Glas Rothwein, Zucker,
Zimmet und einigen Nelken, oder mit der Brühe von ein=
gemachten Zwetschgen oder Johannisbeersaft, wo möglich
in einem verzinnten oder in einem irdenen Tiegel (in er=
sterem werden sie schöner roth) zugedeckt so lange, bis sie
ganz roth und weich sind.   Ein langes Kochen erhöht
Ansehen und Geschmack.   Dann richtet man sie an und
schüttet die dicklich eingekochte Sauce darüber.

650. Gekochte Zwetschgen.

Man zieht den Zwetschgen die Haut ab, nachdem man
sie vorher in einem Sieb einige Minuten in kochendes Wasser
gehalten hat.   Ist dieses geschehen und sind die Steine
herausgenommen, so setzt man sie, ohne Flüssigkeit, mit

gestoßenem Zucker und Zimmet auf's Feuer, läßt sie eine
Weile kochen, doch nicht zu weich werden, und richtet sie
mit dem Safte an. Auch kann man 1—2 Kaffeelöffel
voll Rum durch den Saft rühren.

651. Rohe Zwetschgen.

Recht reife abgezogene Zwetschgen mit den Steinen
eine Stunde vor dem Anrichten in ganz feinen Zucker gewälzt und auf eine Assiette gelegt sind sehr gut.

652. Zwetschgen mit Wein.

Es wird Zucker mit einem Glas rothen Wein kochend
gemacht, die Zwetschgen, nachdem sie vom Stiel befreit
und gereinigt sind, hineingegeben, darin aufgekocht und
einige Mal umgeschwenkt, sobald die Haut aufspringt werden sie herausgenommen und in eine Assiette gelegt. Ist
die Sauce noch zu dünn, läßt man sie einkochen und
schüttet sie dann darüber.

653. Kirschen zu kochen.

Nachdem die Kirschen von den Stielen befreit und
abgewaschen sind, werden sie in einen Seiher zum Ablaufen gethan. Unterdessen setzt man in einen Tiegel Zucker
mit einigen Tropfen Wasser auf's Feuer, läßt es aufkochen,
thut die Kirschen hinein, schwenkt sie einige Mal um und
läßt sie weich doch nicht zu lange kochen, damit sie nicht
trocken werden, gibt sie dann auf eine Assiette und läßt
sie erkalten.

654. Verzuckerte Johannisbeeren.

Zu einem Pfund schöner reifer Johannisbeeren wird
¼ Pfund trockener Zucker gestoßen, durch ein feines
Seidensieb gesiebt und in die Wärme gestellt. Hierauf

kocht man ¼ Pfund gestoßenen Zucker mit einem Gläs=
chen Wasser, bis er dicklich wird und klebt, wenn man
davon zwischen den Fingern nimmt, worauf man ihn ein
wenig erkalten läßt. Nun nimmt man die Johannisbeer=
träubchen an den Stielen, taucht jedes in den gekochten
Zucker, legt sie zum Ablaufen auf ein Sieb und wenn sie
noch feucht sind, nimmt man sie nochmals am Stiel,
bestreut sie dick mit dem gesiebten, ganz warmen Zucker
und ordnet sie auf einem mit Johannisbeerlaub belegten
Teller.

Compots.

655. Aepfel-Compot.

Man schäle und schneide Aepfel zu 4 Theilen, steche
das Kernhaus heraus und lasse sie mit Wein, oder Wein
und Wasser, Zucker, ganzem Zimmet und Citronenschale
auf nicht zu starkem Feuer, ohne zu rühren, völlig zer=
kochen. Dann nehme man das Gewürz heraus, und rühre
das Compot recht fein, oder treibe es durch ein Sieb.
Beim Anrichten streiche man dasselbe glatt und verziere es
mit Fruchtgelee oder mit feinem Zimmet auf folgende Art:
Man tauche einen naß gemachten Fingerhut in feinen Zim=
met, drücke ihn am Rande der Schüssel in das Compot
und fahre so fort, indem man die Kreise in einander
greifend zu einer Kette bildet. In der Mitte mache man
eine ähnliche Verzierung, oder wende dazu Gelee, zu feinen
Scheiben geschnittene Mandeln oder dergleichen an.

656. Aepfel-Compot anderer Art.

Schäle 15 schöne Aepfel, lege sie in ein Casserole und gieße ½ Maß Wein und ½ Maß Wasser dazu, sowie ein Stück Zimmet, die Schale einer Citrone und ¼ Pfund Zucker, lasse die Aepfel darin verkochen, treibe sie durch ein Haarsieb, richte sie dann heiß auf einer Assiette an, streue Zucker darüber, mache ein Eisen heiß, halte es über den Zucker, damit er eine schöne Farbe bekommt und servire es.

657. Gebackenes Aepfel-Compot mit Mandelguß.

Es wird ein feiner, dicker Aepfelbrei gekocht, auf dem Feuer 2 zu Schnee geschlagene Eiweiß durchgerührt und solches glatt angerichtet. Hierauf wird dasselbe mit einer Hand voll Mandeln, welche fein gestoßen, mit Zucker, Zimmet, etwas Citronensaft, und dem Schnee von 2—3 Eiweiß vermischt worden sind, bestrichen, gelb gebacken und nach Belieben mit Gelee verziert.

658. Birnen-Compot.

Die Zubereitung ist dieselbe wie beim Aepfel=Compot.

659. Compot von Melonen.

Ist die Melone hart, oder will man sie nicht roh gebrauchen, so wird sie geschält, in lange Stücke ge= schnitten, in Wasser, Wein, Zucker und reichlich Citronen= scheiben weich gekocht und mit dem kurz eingekochten Saft angerichtet.

660. Quitten-Compot.

Dieselben werden dünn geschält, mitten durchgeschnitten, das Kernhaus herausgemacht und solches mit den Quitten in Wasser und Zucker und etwas ganzem Zimmt weich

gekocht. Dann gibt man ein Glas Wein dazu, nimmt
die Quitten heraus, läßt den Saft, wenn es nöthig ist,
noch etwas einkochen, und schüttet ihn durch ein Sieb
darüber. Das Kernhaus macht den Saft schnell dicklich und die Kerne geben den Quitten eine schönere rothe
Farbe.

661. Quitten-Compot anderer Art.

Schäle und schneide die Quitten in kleine Stückchen,
wasche sie recht sauber, und lege sie in eine Casserole; zu
14 Quitten gib 3 Schoppen Wein und 3 Schoppen Wasser,
$3/4$ Pfund Zucker, einige Stückchen Zimmet und die Schale
einer Citrone und lasse die Quitten langsam darin kochen.
Sind sie eingekocht und noch nicht weich, schütte etwas
Wein und Wasser nach, streiche sie durch ein Haarsieb,
streue Zucker darauf und brenne diesen mit einer glühenden Schaufel, damit er eine schöne Farbe bekommt.

662. Pfirschen- und Aprikosen-Compot.

Diese werden abgezogen, durchgeschnitten, die Steine
herausgenommen und mit Zucker, etwas weißen Wein
und einigen der abgezogenen Kerne nur 5—10 Minuten
gekocht, damit sie nicht zu weich werden. Dann legt man
sie in eine Assiette, die runde Seite nach oben, kocht den
Saft noch ein wenig und gießt ihn darüber.

663. Ausgesteintes Kirschen-Compot.

Es können hierzu sowohl saure als süße Kirschen genommen werden, woraus man die Stiele und Steine durch
Herausstoßen mit einer Gänsespule entfernt. Dann zerstoße
man einige Steine, koche sie $1/4$—$1/2$ Stunde mit etwas
Wasser, ganzem Zimmet und einigen Nelken, schütte dieses
durch ein Sieb, setze die durchgelaufene Flüssigkeit mit
Zucker auf's Feuer und gebe, wenn sie kocht, die Kirschen

hinein. Sind es süße Kirschen, so lasse man sie ¼ Stunde langsam kochen und einige Minuten mehr ziehen als kochen, währenddem man zuweilen den Tiegel etwas schüttelt und die Kirschen vorsichtig umschwenkt. Nachdem sie weich geworden, nehme man sie mit einem Schaum=löffel aus dem Saft, lasse diesen dicklich einkochen, und schütte ihn über die angerichteten Kirschen.

664. Unausgesteintes Kirschen-Compot.

Man entferne die Stiele, oder schneide sie mit einer Scheere zur Hälfte ab. Unterdessen koche man einige Tassen halb Wasser, halb Wein mit Zucker, ganzem Zimmet und einigen Nelken (nach Belieben kann man auch einige Kirschensteine zerklopfen, die Kerne in heißem Wasser wie Mandeln abziehen und hinzugeben), thue die Kirschen hinein und lasse sie darin weichkochen, aufspringen dürfen sie jedoch nicht, und verfahre übrigens, wie im Vorhergehenden.

665. Reineclaudes-Compot.

Diese werden abgeputzt und mit den Schalen und Stielen in etwas Wasser und Zucker nicht zu weich ge=kocht, angerichtet, der Saft noch ein wenig gekocht und darüber geschüttet. Auch kann man 1—2 Kaffeelöffel voll Arac unter denselben rühren.

666. Johannisbeer-Compot.

Diese werden mit einer Gabel von den Stielen ge=streift, viel gestoßener Zucker lagenweise durchgestreut und nicht länger gekocht, bis die Beeren eben weich sind, wo=bei man durch Schütteln den Saft über die Früchte schwenkt, dann nimmt man diese schnell mit dem Schaumlöffel heraus, kocht den Saft dick ein und gibt ihn abgekühlt über das Compot.

667. Zwetschgen-Compot.

Die Zwetschgen werden gewaschen, ausgesteint, in ihrem eigenen Saft weich gekocht, durch ein Sieb gerührt, mit geriebenem, in Butter geröstetem Brod, Zucker, Zimmet und Citronenschale gut durchgekocht und angerichtet.

668. Himbeer-Compot.

Die Himbeeren werden gut ausgesucht, schlechte Beeren entfernt, und wie Johannisbeeren ganz langsam und aufmerksam gekocht, damit sie recht ansehnlich zur Tafel gebracht werden.

669. Brombeer-Compot.

Die großen Beeren werden ausgesucht, die kleinen durchgepreßt; Saft, Zucker, einige Nelken, Stückchen Zimmet und Citronenscheiben, aus welchen die Kerne entfernt sind, zum Kochen gebracht, die Beeren hineingeschüttet, langsam einige Minuten gekocht, dann heraus genommen, und nachdem der Saft dicklich eingekocht, darüber gegeben.

670. Weintrauben-Compot.

Die von den Stengeln abgepflückten und abgewaschenen Beere noch nicht ganz reifer Weintrauben werden in Zucker-Syrup gethan, bis zur völligen Weiche über dem Feuer in einer Casserole geschwenkt, dann in eine Assiette gegeben und mit Mandelbisquit belegt.

671. Unreifes Stachelbeer-Compot.

Hierzu nimmt man die Stachelbeeren, wenn sie halb reif sind, schneidet Stiele und Blüthen davon ab, setzt sie mit vielem kalten Wasser auf schwaches Feuer und schüttet

sie vor dem Kochen in einen Seiher, wodurch sie sehr viel
von ihrer Säure verlieren. Dann kocht man sie ohne
Flüssigkeit mit vielem Zucker und etwas feingestoßenem
Weckmehl weich, doch müssen die Beeren so viel wie
möglich ganz bleiben, und richtet sie mit dem Saft an.
Auch kann man statt Weckmehl einen Kaffeelöffel voll
Mehl und wenn die Stachelbeeren vom Feuer genommen
sind, 1 bis 2 Eßlöffel voll dicken, gut verrührten Rahm
durchmischen.

672. Reifes Stachelbeer-Compot.

Nachdem man von den Beeren Stiel und Blume
entfernt hat, schütte man sie in kochendes Wasser, und so
bald sie nach einigen Minuten weich geworden sind, in
einen Seiher. Dann rühre man sie durch denselben,
bringe den Brei mit Zucker, etwas gestoßenem Zimmet,
während man ihn öfter durchrührt, zum Kochen, und
verdicke ihn nach Belieben mit Weckmehl und einem frischen Eidotter, oder mit etwas Mehl und dickem Rahm
nach vorhergehender Angabe.

673. Heidelbeer-Compot.

Diese werden, nachdem sie ausgesucht, gewaschen, und
in einem Seiher abgelaufen sind, mit nicht zu wenig Zucker
gekocht, doch nicht länger, bis sie weich sind, weil sonst zu
viel Saft entsteht. Dann legt man entweder einige Zwie-
backe in eine Assiette, richtet die Heidelbeeren mit dem
Saft darauf an und bestreut sie mit Zucker und Zimmet;
oder man nimmt, wie bei den Johannisbeeren, die Hei-
belbeeren heraus, und läßt den Saft noch etwas einkochen;
oder man kocht die Heidelbeeren mit Zucker und Zimmet
und rührt beim Anrichten einen Löffel voll dicken Rahm
durch.

674. Heidelbeer-Compot auf englische Art.

Nachdem die Heidelbeeren gewaschen und in einem Sieb abgelaufen sind, schüttet man sie in einen Steintopf, welcher nicht fett ist, streut viel Zucker und etwas guten Zimmet lagenweise durch, deckt sie mit Porcelan fest zu, und setzt den Topf in kochendes Wasser, welches fortwäh=rend am Kochen bleiben muß, bis die Heidelbeeren weich sind, dann richtet man sie an. Auf diese Weise zubereitet, erhalten die Heidelbeeren einen viel feineren Geschmack. Auch ist guter Farinzucker zum Versüßen vorzuziehen.

675. Gelbe Rüben-Compot.

Man schält die gelben Rüben mit einem feinen Messer, daß sie sich wie Locken kräuseln, entfernt das Mittlere davon, kocht sie mit der Schale von 2 Citronen weich und schüttet sie auf ein Sieb. Dann kocht man zu 1¼ Pfund gelbe Rüben, ½ Pfund Zucker, von 2 Citronen den Saft und etwas Essig, läßt die gelben Rüben eine kleine Weile darin kochen, richtet sie an, kocht den Saft noch ein wenig ein und gibt ihn darüber.

676. Reis-Compot mit Citronensaft.

½ Pfund Reis wird Abends gut gewaschen, gebrüht, und über Nacht mit Wasser bedeckt, damit er quillt; an=bern Tags wird er in demselben Wasser, ohne ihn zu rüh=ren, weich gekocht und zum Ablaufen in einen Seiher ge=schüttet. Unterdessen wird der Saft von 4 Citronen mit ½ Pfund Zucker und einer abgeriebenen Citronenschale ge=rührt, und der Reis mit einer Salatgabel vorsichtig durch=gemengt.

Gedörrtes Obst.

---

677. Brünellen.

Diese dürfen nur leicht und nicht mit heißem Wasser gewaschen werden. Man setzt sie mit Wein und Wasser, auch nur mit Wasser, Zucker und einigen Stückchen Zimmet in einem irbenen Tiegel auf's Feuer und läßt sie nicht zu weich kochen, wozu je nach der Qualität 15 Minuten hinreichend sind, auch mitunter 1 Stunde Zeit dazu gehört.

678. Feines Zwetschgen-Compot.

Die Zwetschgen werden, wenn sie sehr gut sind, mit heißem Wasser zwischen beiden Händen gerieben und dann mit kaltem Wasser gewaschen. Hierauf werden sie 2 bis 3 Tage vor dem Gebrauch mit Wein bedeckt, mit Citronenschale, einigen Stückchen Zimmet und dem gehörigen Zucker in einem irbenen Tiegel fest zugedeckt, sehr langsam nur zum Kochen gebracht, bis zum bestimmten Tage hingestellt und angerichtet; jedoch müssen sie in dieser Zeit öfter herumgeschüttelt werden.

679. Zwetschgen-Compot anderer Art.

Man stelle die Zwetschgen Abends vorher mit reichlich Wasser in einen steinernen Topf zugedeckt in eine noch heiße Bratröhre, worin sie ganz aufquillen und weich werden. Andern Tags nehme man sie aus der Brühe, lege sie in eine Assiette, koche weißen Wein, Zucker, Citronenschale und einige Stückchen Zimmet, rühre sehr wenig Mehl an die Sauce und gieße sie über die Zwetschgen.

680. Zwetschgenbrei.

Die Zwetschgen werden nach dem Abbrühen in einem irbenen Tiegel mit halb Wasser und halb Wein weich gekocht und durch ein Haarsieb gerührt. Dann wird der Brei mit geriebenem, in Butter geröstetem Brod, Zucker, klein geschnittener Citronenschale und Zimmet noch ein wenig gekocht und angerichtet.

681. Zwetschgen.

Man setze die Zwetschgen über Nacht reichlich mit Wasser bedeckt in eine Porcellanschüssel und koche sie andern Tags in dieser Brühe mit etwas Zucker und Citronenschale oder Zimmet etwa 15 Minuten, in welcher Zeit sie gewöhnlich weich sind.

682. Zwetschgen anderer Art.

Die Zwetschgen werden zeitig in einen irbenen Tiegel gethan, mit Wasser bedeckt, auch nach Belieben etwas Gewürz hinein gegeben und auf's Feuer gesetzt, wo sie mehr weichen, als kochen müssen. Nachdem sie halb weich geworden sind, gibt man zu 1 Pfund Zwetschgen ¼ Pfund gut gewaschene Rosinen, kocht beides weich und richtet es an. Man kann auch die Rosinen weglassen und sogleich ein wenig Zucker an die Zwetschgen geben.

683. Kirschen.

Diese werden heiß abgewaschen, mit Wasser und Wein, Zucker, ganzem Zimmet, in reichlich Brühe, wie Zwetschgen langsam weich gekocht, die Brühe dicklich eingekocht und damit angerichtet.

684. Aepfel.

Es werden diese einige Mal mit heißem Wasser, in dem man sie mit den Händen reibt, gewaschen, in einen irbenen Tiegel mit Wein und Wasser oder nur mit Wasser bedeckt, auf's Feuer gesetzt und mit etwas Zucker und Zimmet langsam weich gekocht. Hierauf nimmt man sie aus der Brühe, läßt diese, wenn sie noch zu dünn, nach= kochen, bis sie dicklich ist, und schüttet sie über das zierlich angerichtete Obst.

685. Birnen.

Werden eben so wie die Aepfel gekocht.

Verschiedene Gelee.

686. Sauere Gelee.

Man stelle 5 Kalbsfüße und 2 Ochsenklauen in einen irbenen Hafen mit kaltem Wasser zum Feuer, bis es heiß ist; schütte hierauf das Wasser ab, bedecke sie wieder mit frischem Wasser und lasse sie unter sorgfältigem Schäumen und öfterem Umrühren so lange kochen, bis die Knöchlein alle aus einander fallen; schütte dann Alles durch ein Haarsieb in eine Schüssel und lasse es über Nacht stehen, damit man das Fett schön herunter nehmen kann. Hierauf thut man den Stand in einen Tiegel nebst der Schale und dem Saft von 2 Citronen, einer Zwiebel mit Nelken besteckt, einem Kaffeelöffel voll Pfefferkörner, einigen Cha= lotten, einer gelben Rübe, Petersilien= und Selleriewurzel, 2 Lorbeerblättern, ein wenig guter Jus, Salz, Wein und gutem Weinessig, bis es seinen gehörigen Geschmack hat. Dann kocht man Alles zusammen nochmals durch, schüttet es durch's Haarsieb und kühlt es ab. Hierauf thut man

ein ganzes Ei, von 2 Eiern die Schale und den Schnee
in die abgekühlte Maſſe, ſtellt ſie wieder auf's Feuer, bis
ſie recht heiß iſt und bricht, jedoch nicht kocht. Unterdeſſen
wird ein dünnes Tuch an die vier Beine eines umgekehr=
ten Stuhles gebunden, eine Schüſſel untergeſtellt und die
Gelee langſam in das Tuch geſchüttet. Wenn ſie hell
läuft, ſetzt man eine andere Schüſſel darunter, damit die
helle Gelee hineinfließt, ſchüttet das erſt Durchgelaufene
wieder langſam in das Tuch, und läßt ſie laufen, bis ſie
zu Ende iſt; doch muß man ſie immer warm halten, weil
ſie ſonſt nicht durchläuft. Man kann dieſe Gelee zu ver=
ſchiedenen Fiſch= und Fleiſchgerichten gebrauchen.

687. Zubereitung des Fleiſches, das zu einer Gelee-Schüſſel beſtimmt iſt.

Jedes Fleiſch, es ſei Braten oder Geflügel, wird, mit
Ausnahme der Gans, geſpickt, wobei man den Speck in
Salz umwendet und den hervorſtehenden Speck glatt ab=
ſchneidet, aus den Kapaunen und der Gans nimmt man
die Knochen, indem man mit einem ſcharfen Meſſer der
Länge nach über den Rücken, dicht an beiden Seiten des
Rückgratknochens einen Schnitt macht und nach beiden
Seiten bis zur Bruſt das Fleiſch rein vom Knochengerippe
abtrennt, wobei man die Haut nicht verletzen darf und
das Gerippe ſammt Eingeweide herausnimmt. Dann ſetzt
man das beſtimmte Fleiſch mit halb Waſſer und halb
Wein oder Eſſig und Salz auf's Feuer, ſchäumt es gut
ab, fügt die in der vorigen Nummer angegebenen Ge=
würze hinzu und läßt daſſelbe langſam weich kochen.
Hierauf gießt man die Brühe davon entweder zu einer
wie oben angegebenen Geleebrühe, oder man ſchüttet ſie
durch ein Haarſieb, reinigt ſie vom Fett und Bodenſatz,
ſetzt ſie mit Kalbsſtand auf's Feuer und verfährt damit,
wie in der vorigen Nummer angegeben.

688. Kalbsbrust-Roulade mit Trüffeln.

Es wird eine Kalbsbrust ausgebeint, aufgestochen und mit folgender Farce gefüllt: 1 Pfund weich gedämpftes Schweinefleisch oder Braten und eben so viel Kalbsbraten wird fein gehackt und durch ein Haarsieb getrieben, dazu ein eingeweichtes, wieder fest ausgedrücktes Mundbrod gegeben, sowie Salz, fein gehackte Citronenschale, eine Messerspitze voll gestoßenen Pfeffer, Muskatnuß, einige Eier und eine Hand voll in Blätter geschnittene Trüffeln und Alles gut unter einander gerührt. Hierauf wird die Brust zugenäht, diese wie eine große Wurst geformt, in ein reines Tuch eingenäht und in halb Wein und Wasser mit Salz, Zwiebeln, Lorbeerblättern, gelben Rüben, Sellerie, Petersilienwurzel und Citrone 1½ Stunde gekocht, alsdann die Brust heraus genommen und zwischen zwei Brettern beschwert, bis sie kalt ist. Beim Anrichten wird das Tuch weggenommen, die Brust in feine Schnitten geschnitten, jedoch in ihrer vorigen Form auf eine Platte gelegt und mit zweifarbiger saurer Gelee verziert.

689. Welsche Hähne, Kapaunen und Poularden in Gelee.

Man putzt dieselben ganz sauber, schneidet sie auf dem Rücken auf, löst die Knochen heraus, macht sie aus einander, bestreut sie innen mit Salz und feinem Gewürz, und füllt dieselben mit folgender Farce: ½ Pfund fein gehacktes Kalbfleisch, ½ Pfund Schweinefleisch, ¼ Pfund fein geschnittener Speck, 1 fein gehackte Zwiebel, ¼ Pfund warme Butter, 3 abgeriebene, eingeweichte und wieder ausgedrückte Mundbrode, 4 Eier, Salz und Gewürz wird gut vermengt, eingefüllt, zugenäht, und das Geflügel mit Zwiebeln, Lorbeerblättern, gelben Rüben, Salz und so viel Fleischbrühe oder Wasser, daß dieses darüber geht, zuerst

mit einem Papier und dann mit einem Deckel bedeckt,
langsam schön weiß und weich gekocht. Dann setzt man es
zum Erkalten zurück; und wird es gebraucht, nimmt man
das Geflügel heraus, läßt es ablaufen, macht das Fett
davon, zieht den Faden heraus und schneidet das, was
nicht daran sein soll, weg, dann thut man in eine Form
nicht ganz Finger hoch recht helle Gelee, läßt sie erkalten,
schneidet von halben Citronen Scheiben, garnirt dieselbe
damit, legt etwas Grünes dazwischen sowie in die Mitte
einen Stern, tropft etwas warme Gelee darauf, läßt sie
erkalten und gießt einen Daumen dick flüssige kalte Gelee
darüber und läßt sie fest werden. Nun legt man das Geflügel mit der Brust auf die Gelee, gießt so viel Gelee darauf, daß sie demselben gleich steht und stellt sie an einen
kühlen Ort zum fest werden. Wenn man sie anrichtet,
taucht man die Form in heißes Wasser, stürzt sie behutsam und garnirt sie mit etwas Grünem.

690. Junge Hahnen und Tauben in Gelee.

Diese werden eben so bereitet, wie im Vorhergehenden
angegeben wurde.

691. Gänse und Enten in Gelee.

Die Behandlung ist ebenfalls so, wie bei den Kapaunen rc.

692. Hasen in Gelee.

Derselbe wird, wenn er abgehäutet ist, nochmals abgewaschen und in einem weiß glacirten oder blechernen
Hafen mit Wasser und so viel Essig, daß es stark säuerlich
schmeckt auf's Feuer gesetzt und in kurzer Brühe gut geschäumt. Dann gibt man eine in Scheiben geschnittene
Citrone, die Kerne vorher entfernt, nebst 8 Chalotten, oder
4 mittelgroße Zwiebeln, 1 Kaffeelöffel voll ganzen Pfeffer
und 2 Kaffeelöffel voll Nelken hinzu, läßt das Fleisch

langsam nicht zu weich kochen und stellt die Brühe, nach=
dem sie durch ein Haarsieb geschüttet, zum Klarwerden hin.
Unterdessen wird von 3—4 Kalbsfüßen ein Stand gekocht,
kalt geworden, Fett und Bodensatz entfernt und mit der
vom Bodensatz abgeschütteten Hasenbrühe bis an's Kochen
gebracht. Die Gelee muß einen kräftigen, stark säuerlichen
Geschmack haben. Es ist davon ¼ Maß erforderlich, ist
noch mehr übrig, so kann dieselbe in schöne Stückchen ge=
schnitten und ringsum zur Verzierung benutzt werden. Zu=
gleich wird folgende Farce von Kalbsleber gemacht: Die
Leber wird gewaschen, enthäutet, fein geklopft und durch
ein Sieb getrieben. Dann ¼ Pfund Speck in Würfel ge=
schnitten, ½ Pfund Schweine= oder anderes rohes Fleisch
gehackt und dieses mit einer Tasse voll Weckmehl, 2 hart=
gekochten, klein gehackten Eidottern, 1 Tasse zerlassener
Butter, vom Bodensatz abgeschüttet, und so viel Salz und
Nelkenpfeffer, daß es einen guten Geschmack erhält, ge=
mischt. Hierauf wird diese Farce in eine gut bestrichene
Auflaufform in der Röhre gelb gebacken und nach dem
Erkalten in längliche Scheiben geschnitten, sowie auch das
Hasenfleisch. Nun bestreicht man eine Porzellan=Geleeform
mit feinem Oel, bedeckt den Boden mit Geleebrühe, und
macht, wenn sie fest geworden ist, eine beliebige Verzierung
von Citronenscheiben, Capern, rothen Rüben oder der=
gleichen darauf. Dann legt man abwechselnd eine Lage
Hasenfleisch und eine Lage Farce in die Form, füllt über
jede Lage etwas Geleebrühe und fährt damit fort, bis
zuletzt die übrige Brühe darüber vertheilt wird. Beim Ge=
brauch wird die Form gestürzt und mit Petersilie, rothen
Rüben u. s. w. verziert.

693. Schwarz=Wild in Gelee.

Eine Form wird mit Gelee halb Finger hoch ange=
füllt, wie es in Nr. 695 angegeben, Verzierungen einge=

15*

legt und das Schwarzwild, welches zuvor pikant abgekocht
wurde, und wieder erkaltet ist, in dünne Blätter geschnitten,
eine Lage davon in die Form gelegt, dieses halb Finger
hoch mit Gelee begossen, wenn sie fest geworden darauf
wieder eine Lage Schwarzwild gegeben und so fort gefahren,
bis die Form voll ist. Im Uebrigen verfährt man eben
so wie in Nro. 695 angegeben ist.

694. Kalbfleisch in Gelee.

Man schneide das Vorderviertel eines Kalbes in kleine
viereckige Stückchen, wasche sie mit heißem Wasser und
bringe sie mit 2 blanchirten Kalbsfüßen und Salz zum
Kochen, gebe nach dem Abschäumen reichlich Weinessig,
ganzen Pfeffer, Nelken, einige Lorbeerblätter, etwas Citronenschale oder einige Stücke Muskatblüthe hinzu, und lasse
das Fleisch langsam weich kochen. Dann nehme man es
heraus, koche die Brühe noch mit den Kalbsfüßen etwas
ein, bis sie kalt zu Gelee wird, rühre den Schnee einiger
Eiweiß durch und lasse die Brühe durch ein Tuch laufen.
Das Fleisch wird nun in einige naß gemachte Formen gelegt und die Brühe darüber geschüttet. Beim Anrichten
wird es gestürzt.

695. Kalbsbriese mit Trüffeln gespickt in Gelee.

Die Briese werden abgehäutet und gut gedämpft,
dann in 2 Finger breite Stücke geschnitten und mit Trüffeln
gespickt. Unterdessen wird in eine runde Form halb Finger
hoch Gelee gegossen und an einen kühlen Ort gestellt, bis
sie fest ist, alsdann verschiedene Verzierungen darauf an-
gebracht von Trüffeln, Pomeranzenschale, Kapern, Peter-
silienblättchen, hart gekochten Eiern, darauf mit einem
Kaffeelöffel tropfenweise Gelee gegeben, damit die Verzierung fest anhängt und nicht schwimmt. Hierauf wird halb
Finger hoch nochmals Gelee aufgegossen und zum Erkalten

hingeſtellt. Nun bereitet man eine Creme von 1 Kochlöffel voll feinem Mehl, 3 Eidottern und einem nußgroßen Stückchen Butter, dieſes wird mit ein wenig Wein glatt angerührt und mit ½ Schoppen heller Gelee auf dem Feuer unter fortwährendem Rühren bis vor's Kochen gebracht ; dann vom Feuer weggeſtellt rührt man noch fort bis es kalt iſt und zu ſulzen anfängt; hierauf taucht man die Stückchen Briefe eins nach dem andern hinein, legt ſie ſchön nacheinander in die Form und gießt ſo viel Gelee darüber, bis die Form voll iſt. Dieſe wird über Nacht in den Keller oder auf Eis geſtellt, andern Tags in heißes Waſſer getaucht, auf eine Platte geſtürzt und außen herum mit zweifarbigem Gelee verziert.

696. Beef-Royal.

Ein Stück recht gutes Rindfleiſch von 4—5 Pfund legt man einige Tage in Eſſig, ſpickt es gehörig, und läßt es mit 4 Kalbsfüßen, Lorbeerblättern, Chalotten, einer in Scheiben geſchnittenen Citrone, Pfeffer, Salz und ¾ bis 1 Flaſche rothen Wein 3 Stunden, feſt verſchloſſen, langſam kochen. Dann nimmt man das Fleiſch heraus, gibt etwas braun gebrannten Zucker zu der Brühe, und ſchüttet ſie durch ein Haarſieb darüber.

697. Röllchen von Schweinefleiſch in Gelee.

Die Schwarten werden vom Fett ſo abgelöſt, daß ein kleines Rändchen Fett daran bleibt, und zu 4 fingerbreiten, reichlich ¼ Elle langen Stücken geſchnitten, eben ſo auch dünne Scheiben mageres Schweinefleiſch von derſelben Größe. Letzteres legt man auf die Schwarten, ſtreut Salz und fein geſchnittene Citronenſchale darüber, rollt ſie feſt auf, umwickelt ſie mit einem Faden und ſtellt ſie nebſt einigen Schweinefüßen, Knieſtücken und einem Stückchen Rindfleiſch in einem glacirten Topf mit halb Waſſer und

halb Eſſig bedeckt auf's Feuer, nimmt den Schaum gut ab,
und läßt ſie mit einigen Lorbeerblättern, ganzem Pfeffer,
Nelken und einem Stückchen Citronenſchale weich kochen.
Dann gibt man die Röllchen in einen Hafen, gießt die
Brühe durch ein Haarſieb und wenn ſie ſich geſetzt hat,
auf dieſelben. Beim Gebrauch ſchneidet man die Röllchen
in Scheiben und belegt ſie mit etwas von der Gelee. Man
gibt ſie zu Salat.

698. Schweinerippchen in Gelee.

Die Rippen werden der Länge nach zweimal durchhauen
und ſo geſchnitten, daß 2 Rippen an einander bleiben.
Dieſe werden mit einigen Schweinefüßen mit halb Waſſer
und halb Weineſſig auf's Feuer geſetzt, und gut geſchäumt.
Dann gibt man Citronenſchale, ganzen Pfeffer, Nelken und
einige Lorbeerblätter hinzu und kocht die Rippen weich;
hierauf gießt man die Brühe durch ein Haarſieb und hat
ſie ſich geſetzt, füllt man die klare Brühe mit den Rippen
in einen Hafen. Sie werden mit etwas von der Gelee,
worin ſie lagen, angerichtet und zu Salat gegeben.

699. Sulze von Schweinefleiſch.

Schnauze, Füße, Ohren und ein Knieſtück vom Schweine
werden mit 1½ Pfund Rindfleiſch, Salz, 1 Maß Eſſig
und ſo viel Waſſer, daß es geſchäumt werden kann, in
einem glacirten Topf auf's Feuer geſetzt und mit einigen
Lorbeerblättern, reichlich ganzem Pfeffer und Nelken ſo weich
gekocht, daß ſich das Fleiſch von den Knochen löst. Dann
wird die Brühe durch ein Haarſieb geſchüttet und bis zum
andern Tag hingeſtellt. Die Knochen werden aus dem
Schweinefleiſch genommen, und wenn dasſelbe kalt geworden
iſt, zu feinen Streifchen geſchnitten, das Rindfleiſch bleibt
jedoch zurück. Am andern Tage nimmt man Fett und
Bodenſatz von der Gelee, ſetzt ſie mit dem geſchnittenen

Fleisch und einer in Scheiben geschnittenen Citrone ohne Kerne auf's Feuer, läßt sie ¼ Stunde kochen und füllt sie in Formen, die man vorher mit kaltem Wasser ausgeschwenkt hat. Kalt geworden, schüttet man etwas Essig auf die Sulzen und bewahrt sie offenstehend an einem luftigen Ort. Beim Gebrauch streicht man mit einem Messer das darauf befindliche Fett ab, stürzt die Sulze auf eine Schüssel und richtet sie an.

700. Schwarzwildpret einzusulzen.

Zu 5 Pfund Fleisch nimmt man 1 Maß Wein, 1 Maß Essig und ½ Maß Wasser, will man es lange aufbewahren, darf gar kein Wasser genommen werden, kocht es darin mit 2 Kalbsfüßen, 2 Ochsenklauen, Zwiebeln mit einigen Nelken besteckt, Lorbeerblättern, Citronen, gelben Rüben, Sellerie- und Petersilienwurzeln und Pfefferkörnern weich, und gibt es dann in einen reinen Hafen zum Aufbewahren. Die Brühe läßt man noch eine Weile kochen und gießt sie durch ein Haarsieb über das Fleisch. Das Fett bleibt Alles darauf.

701. Preßwurst.

Man nimmt 2 Schweinsohren, 2 Pfund fettes Schweinefleisch, 1 Pfund Speck, 1 Pfund Schinken, schneidet dieses ungekocht zu kleinen Würfeln oder länglichen Stückchen, gibt gehackte Zwiebeln und etwas Knoblauch darunter, sowie Salz, Pfeffer, Basilikum und Thymian, mengt Alles gut unter einander, füllt die Masse in einen Schweinsmagen, bindet diesen fest zu, und kocht ihn 2 Stunden in halb Wasser und halb Weinessig mit Salz, Lorbeerblatt und einigen Nelken. Wenn er fertig ist, wird er gepreßt, die Brühe noch etwas eingekocht und nach Belieben dazu gegeben.

702. Aal blau gesotten in saurer Gelee.

Der Aal wird abgezogen, ausgewaschen, in schöne
Stücke geschnitten, gesalzen und in etwas Wein, Citronen,
Zwiebel mit einigen Nelken besteckt, Lorbeerblatt, Wasser
und ein wenig Essig blau gesotten. Hierauf wird ein Koch=
löffel voll Mehl, 3 Eidotter, das Gelbe von 3 hart ge=
kochten, durch's Haarsieb gestrichenen Eiern mit guter
kalter Fleischbrühe und etwas zerlassener Gelee verrührt,
auf's Feuer gestellt und fortwährend gerührt, bis die Sauce
dick ist; erkaltet, muß sie kurz gebunden sein; man taucht
alsdann die Stückchen Aal hinein, legt sie schön in eine
Form, worin der Boden mit Gelee bedeckt wurde, und
gießt sie mit Gelee vollends zu.

703. Aal mit Oel-Marionaise.

Man nimmt 6 hartgekochte Eidotter, streicht sie durch's
Haarsieb und rührt dieselben mit 6 Eidottern schaumig,
hierauf gibt man 6 Löffel voll feines Olivenöl dazu, rührt
dieses noch eine Zeitlang nebst einem Löffel voll Senf und
einem guten Schoppen heller, saurer Gelee. Unterdessen
schneidet man den Aal in schöne Stücke, siedet ihn blau und
läßt ihn erkalten; taucht ihn hierauf in die Marionaise,
richtet ihn schön an, bedeckt ihn mit der übrigen Marionaise, läßt dieses fest werden und garnirt es mit Capern,
Sardellen und saurer Gelee. Auch kann man die Becher=
lein von den hart gekochten Eiweiß mit Marionaise füllen,
aufwärts um die Platte stellen und ein Gitter von fein
geschnittenen Sardellen darauf machen.

704. Geschlagene Marionaise.

Wird eben so bereitet, wie die obige, nur mit dem
Unterschied, daß diese auf Eis gerührt und geschlagen wird,
bis sie ganz weiß und schaumig ist.

705. Einen farcirten Karpfen in Gelee.

Man nimmt einen Karpfen, je nachdem man eine Form hat, schneidet ihn in der Mitte durch, siedet ihn blau, grätet die eine Hälfte zur Farce aus, nimmt ein wenig gedämpftes Schweinefleisch dazu, hackt dieses recht fein zusammen, streicht es durch's Haarsieb, gibt Muskatnuß, fein gehackte Citronenschale, Capern, Pfeffer und Salz hinein, rührt Alles gut unter einander, thut den andern halben Fisch in die Form, in welcher schon feste Gelee gethan wurde, streicht die Farce darauf, gießt diese vollends mit Gelee zu, und stellt es auf Eis.

706. Geschlagene süße Gelee.

Koche einen festen Stand von 4 Kalbsfüßen und 2 Ochsenklauen, gieße ihn durch's Haarsieb und lasse ihn über Nacht stehen. Den andern Tag nimm alles Fette davon und thue den Stand in einen Tiegel auf's Feuer zum Zergehen, gib den Saft und die auf Zucker abgeriebene Schale von 2 Pomeranzen und 2 Citronen dazu, nebst 1 Maß guten Wein. Ist die Masse kalt, gib ein verklopftes Ei und den Schnee von 2 Eiweiß dazu, stelle sie auf's Feuer und lasse sie unter beständigem Rühren bis vor's Kochen kommen; schütte sie dann auf eine ausgespannte Serviette und lasse sie durchlaufen; auf diese Weise ist die Gelee gleich hell. Sollte sie kalt werden, ehe die ganze Masse durchgelaufen ist, so wärme sie nochmals. Unterdessen läutere 1 Pfund Zucker, bis er Faden zieht, schäume ihn ab, und gebe ihn zu der hell durchgelaufenen Gelee nebst etwas Arac. Nun vermenge ¼ Pfund fein gestoßenen Zucker mit dem Saft von 3 Citronen, gebe auch dieses zu der Gelee und schlage und rühre sie mit einem Schneebesen, auf Eis gestellt, so lange, bis sie ganz dick und weiß ist; dann fülle sie in eine Form, und stelle

sie auf Eis bis zum andern Tag. Man kann auch auf
dem Boden der Form etwas helle Gelee roth färben,
Finger hoch eingießen und fest werden lassen, ehe man die
andere darauf füllt.

707. Süße Gelee mit Früchten eingelegt.

Koche einen festen Stand von 12 Kalbsfüßen und 4
Ochsenklauen, gieße ihn durch ein Haarsieb und stelle ihn
über Nacht in den Keller. Andern Tages nimm alles
Fette ab; lasse ihn in einem Tiegel zerschleichen, gib von
4 Pomeranzen und 4 Citronen den Saft und die auf Zucker
abgeriebene Schale dazu, nebst 5 Flaschen Wein. Ist
dieses kalt, thue 3 ganze Eier mit der Schale verklopft
und dem Schnee von 4 Eiweiß dazu, stelle es auf's Feuer
und lasse es unter beständigem Rühren bis an's Kochen
kommen; dann schütte es auf eine ausgespannte Serviette
zum Durchlaufen. Hierauf läutere 3 Pfund Zucker recht
steif und hell, gib die Gelee nebst 1 Schoppen Arac dazu,
begieße den Boden einer Form damit, stelle sie kalt, damit
sie fest wird und gebe Früchte nach Belieben darauf:
Stachelbeeren, Erdbeeren, Mirabellen, Trauben, Aprikosen
oder auch gedämpfte Aepfel mit Früchten gefüllt. Alsdann
begieße dieselben mit einigen Tropfen Gelee, damit sich
die Früchte fest anhängen, und gieße hierauf die übrige
Gelee hinein. Von dieser Masse kann man 2 große Formen füllen.

708. Erdbeer-Gelee.

1 Pfund reife Erdbeeren werden in eine Schüssel gethan, ³/₄ Pfund Zucker, welcher in ¹/₂ Maß Wasser aufgekocht und gut abgeschäumt wurde, darüber gegossen und
dieses über Nacht zugedeckt stehen gelassen. Andern Tages
wird eine naß gemachte Serviette über eine Schüssel ge-
breitet, der Saft von 2 Citronen darauf gedrückt und die

Erdbeeren darauf geschüttet, die Serviette dann von allen 4 Seiten in die Höhe gehoben, leicht zusammen gebunden und der Art aufgehängt, daß der Saft langsam in die Schüssel laufen kann. Dieser durchgelaufene Erdbeersaft wird nun unter 1 Schoppen hellen geklärten Kalbsstand gemengt nebst 4 Eßlöffeln voll Kirschwasser und einigen Tropfen Cochenille; alles in eine Form gefüllt und an einen kühlen Ort gestellt. Ist die Gelee fest, wird die Form in heißes Wasser getaucht, und schnell gestürzt und servirt.

709. Gelee von Himbeeren, Johannisbeeren, oder sauren Kirschen.

½ Pfund Zucker wird mit ¾ Maß Wasser und 1 Eiweiß geläutert, abgeschäumt, mit 1 Maß von obigem Obst an's Feuer gesetzt, damit es 2 Stunden langsam zieht, und auf ein Tuch gegossen, ohne es zu drücken. Der durch= gelaufene Saft wird mit ½ Loth aufgelöste Hausenblase vermischt, und in eine Assiette gegeben. Statt des frischen Obstes kann man auch eingekochten Saft gebrauchen und weniger Zucker nehmen.

710. Punsch=Gelee.

Man nimmt den Stand von 5 Kalbsfüßen oder 4 Loth Hausenblase, welche man zerklopft und zerschneidet und in einem irdenen Hafen mit Wasser bedeckt, über Nacht stehen läßt. Andern Morgens kocht man sie langsam, bis sie aufgelöst ist, wozu ¼ Stunde nöthig ist. Dann gießt man sie durch ein Fleckchen, gibt ½ Maß Wein und die Schale und den Saft einer Citrone hinzu, läßt dieses in einem Tiegel aufkochen, klarisirt es, gibt einen Schoppen Arac und ½ Pfund geläuterten Zucker dazu, füllt es ein, und läßt es fest werden.

711. Citronen-Gelee.

Nimm 3 Loth Gelatine, wasche sie mit warmem Wasser sauber ab, zerschneide sie mit einer Scheere und löse sie in einem Schoppen kalten Wasser auf, wozu ½—1 Stunde nöthig ist. Hierauf koche sie mit 3 Schoppen Wein und dem Saft von 2 Citronen und einer Pomeranze, sowie der abgeriebenen Schale derselben einige Mal auf, lasse sie dann erkalten, klarisire sie und gib einen Schoppen gut geläuter= ten Zucker und ein wenig Arac dazu. Man kann auch mit dem Wein noch ein Stückchen Zimmet kochen.

712. Französische Liqueur-Gelee.

Man löst 2 Loth Gelatine auf, mischt sie mit einer Flasche Wasser, schlägt 2 Eiweiß mit der zerdrückten Eier= schale, schüttet die etwas abgekühlte Gelatine auf das Eiweiß und fährt fort zu schlagen, fügt 16 Loth Zucker hinzu und setzt es aufs Feuer, wobei man immer zu schlagen fortfährt. Wenn es zu kochen anfängt, tropft man den Saft einer Citrone hinein, läßt es noch einige Minuten kochen, seihet die Flüssigkeit durch ein feines Leinwand=Tuch, vermischt das Durchgelaufene mit 2 bis 3 Gläschen Arac, Rum oder beliebigem Liqueur, servirt es in Assietten oder kleinen Gläsern und stellt es an einen recht kühlen Ort. Bei warmem Wetter würde die Gelee auf kaltes Brunnen= wasser gestellt, schneller fest werden.

713. Wein-Gelee.

1 Maß guter Wein, ½ Maß starker Thee, ½ Maß Wasser, Saft und abgeriebene Schale einer Citrone und Zucker nach Geschmack wird zum Kochen gebracht, hierauf 6 Loth aufgelöste Gelatine und 1 Gläschen Rum durch= gerührt und eingefüllt.

714. Burgunder-Gelee.

Nimm den Stand von 6 Kalbsfüßen, koche ihn noch einmal auf, und schäume ihn ab, gib die Schale von 2 Pomeranzen und 2 Citronen auf Zucker abgerieben, nebst dem Saft dazu, lasse es noch ein wenig kochen, gieße eine Maß rothen Wein hinzu und klarisire es. Gib ein Pfund geläuterten Zucker zu der hellen Gelee und fülle sie ein.

715. Pomeranzen-Gelee.

Koche einen steifen Stand von 6 Kalbsfüßen und gib ihn nebst einer Maß guten Wein und dem Saft von 6 Pomeranzen in einen reinen Tiegel; lasse es gut aufkochen und schäume es ab, damit alles Unreine wegkommt, dann gib von 6 Pomeranzen die Schale auf Zucker abgerieben dazu, koche es noch ein wenig und klarisire es. Läutere ¾ Pfund Zucker, schäume ihn recht hell ab, gib ihn zu der hellen Gelee und fülle sie ein.

716. Gesulzte Chocolade.

Lasse 2 Täfelchen Chocolade zergehen, thue ½ Loth aufgelöste Hausenblase oder den Stand von 2 Kalbsfüßen dazu, nebst ¼ Pfund Zucker mit Vanille gestoßen, und gebe eine Maß guten Schlagrahm löffelweise darunter. Dieses fülle in eine Form, stelle sie auf Eis, und ist die Gelee gestürzt, kann man noch Rahmschnee außen herum geben.

717. Gesulzter Reis.

Man kocht ½ Pfund Reis in Wasser weich, er muß jedoch schön ganz bleiben, dann schüttet man ihn auf ein Haarsieb zum Abkühlen, und wenn er ganz trocken ist, nimmt man den Stand von 2 Kalbsfüßen, läßt ihn zergehen, rührt ihn, bis er kalt ist, gibt Zucker hinzu, bis er

süß genug ist, dann den Reis, eine halbe Maß Schlag=
rahm und etwas Arac, füllt dieses ein, läßt es fest wer=
den und stürzt es dann.

~~~~~~~~~~~

Verschiedene kalte, süße Speisen.

718. Von den Cremes.

Sehr saubere Kochgeschirre sind eine nothwendige Be=
dingung der Cremes. Am besten sind dazu etwas tiefe,
glacirte Häfen, indeß sind auch saubere eiserne oder irdene
gut. Man braucht zu den Cremes ein sehr schnelles Feuer,
und solche, wozu die ganzen Eier gebraucht, und diese also
schaumig geschlagen, können nur mittelst eines Schaum=
besens gut zubereitet werden; doch ist ohne Ausnahme zu
allen Cremes ein Schaumbesen einem Löffel vorzuziehen.
Da die Cremes sehr leicht gerinnen, müssen sie gleich von
Anfang an etwas geschlagen, sobald sie aber warm ge=
worden, muß das Schlagen rascher fortgesetzt werden und
ununterbrochen rasch geschehen bis vor's Kochen; kochen
dürfen sie nicht, außer wenn reichlich Mehl mit den Eiern
verbunden ist. Hierauf werden sie so schnell wie möglich
in eine bereit stehende Schüssel geschüttet und so lange darin
geschlagen, bis sie nicht mehr heiß sind. Zu solchen Speisen,
wobei die Eidotter zuletzt hinzu gegeben werden, verrühre
man diese mit etwas kaltem Wasser, zu jedem Ei einen
Eßlöffel voll, nehme den Hafen vom Feuer, rühre von der
kochenden Flüssigkeit etwas zu den Eiern, nach und nach
mehr, schütte sie unter starkem Rühren langsam zu der ge=

kochten Masse, und verfahre weiter, wie schon bemerkt wor=
ben. Damit sich keine Haut auf den Cremes bilde, rühre
man dieselben bisweilen durch und lasse sie 1 bis 2 Stun=
den vor dem Gebrauch stehen, rühre sie dann nochmals
durch, und fülle sie in Gläser oder Cremeschüsseln. Letztere
können mit allerlei Gelee verziert werden.

719. Mandel=Creme.

12 Loth fein gestoßene Mandeln werden mit 12 Loth
gestoßenem Zucker in einer Maß Milch weichgekocht, durch
ein Tuch gepreßt und wenn es erkaltet ist, 16 Eibotter
und 2 ganze Eier daran gerührt; in Becher gefüllt und
im Wasser ausgekocht.

720. Mandel=Creme anderer Art.

2 Eßlöffel voll Stärke wird mit 1¼ Maß Milch, ¼
Pfund fein gestoßenen Mandeln, 6 Loth Zucker, 8 bis 10
Eibottern und Vanille oder Citronenschale unter starkem
Rühren bis vor's Kochen gebracht, die Creme schnell in
eine Schüssel geschüttet, noch eine Weile gerührt bis sie
nicht mehr heiß ist und angerichtet.

721. Mandel-Creme anderer Art.

6 Loth süße und 8 Stück bittere Mandeln werden ge=
brüht, abgeschält und grob gehackt, dann im Ofen gelblich
geröstet und im Mörser etwas gestoßen, worauf man sie
in 1 guten Schoppen Rahm einige Mal aufkocht und durch
ein leinenes Tuch preßt. Nun rührt man einen kleinen
Kochlöffel voll Mehl mit 2 Eßlöffeln voll kalter Milch glatt
an, rührt 10 Eibotter, 8 Loth gestoßenen Zucker und die
durchgepreßte Mandelmilch gut damit durch, stellt das Ganze
auf's Feuer, läßt es unter beständigem Rühren fast bis
zum Kochen kommen, schüttet die Creme schnell in eine

Schüssel, rührt noch eine Weile, bis sie nicht mehr heiß ist und richtet sie an.

722. Russische Creme.

Rühre ¼ Pfund Butter mit 8 Eidottern recht schaumig, gib dann 8 Kaffeelöffel voll Arac dazu und ½ Maß guten Schlagrahm, welcher kurz vor dem Anrichten zu Schnee geschlagen darunter gehoben wird. Hierauf wird sie in eine Schüssel gethan und gleich servirt.

723. Russische Creme anderer Art.

Man rühre 1 Pfund fein gestoßenen Zucker mit 10 Eidottern recht schaumig, menge 1½ Maß Schlagrahm und eine Tasse voll Arac darunter, fülle die Creme in eine Schale und garnire sie mit kleinem Bisquit.

724. Maraschino-Creme.

Es wird ½ Pfund Zucker mit 5 Eidottern recht schaumig gerührt und 2 Loth Gelatine mit 1 Schoppen Wasser aufgelöst, flüssig, jedoch nicht zu heiß dazu gegeben; nebst einer Tasse voll Maraschino-Liqueur und dem Schnee von einer Maß Rahm, die Masse wird dann in eine mit Butter bestrichene Form gefüllt, über Nacht an einen kühlen Ort gestellt, hierauf die Form in heißes Wasser getaucht und gestürzt. Ebenso kann man die Creme auch mit Vanille-Liqueur bereiten.

725. Maraschino-Creme anderer Art.

Man rührt 8 Eidotter mit 8 halben Eierschalen voll Rahm oder Milch und einem Stückchen Vanille auf dem Feuer so lange, bis es anfängt dick zu werden und treibt es durch ein Haarsieb. Nun gibt man den Stand von 2 Kalbsfüßen, mit welchen 1 Stückchen Vanille gekocht wurde, unter die Masse, nebst ¼ Pfund gestoßenem Zucker und einem Sieb voll guten gezuckerten Schlagrahm, und rührt zuletzt eine Tasse voll Maraschino hinzu, füllt dieses in eine mit Mandelöl bestrichene Form, und stellt sie über Nacht in den Keller oder auf Eis. Hat man sie gestürzt, verziert man sie mit kleinen Bäckereien.

726. Maraschino-Creme anderer Art.

Lasse 10 Kaffeebecher voll guten süßen Rahm mit 4 Loth Zucker einmal aufkochen und wieder abkühlen, hierauf rühre 8 Eidotter und ¼ Trinkglas voll Maraschino dazu, rühre Alles gut durcheinander, lasse dieses dann 2 bis 3 Mal durch ein Haarsieb laufen und fülle es hierauf in Creme-Becherlein oder in eine größere Form, worin man es in kochendes Wasser gestellt fertig kochen läßt.

727. Chocolade-Creme.

Rühre 4 Eidotter mit 6 Loth gestoßenem Zucker recht schaumig, koche 4 Täfelchen Chocolade mit einem kleinen Schoppen Wasser recht klar, daß es wie ein dünner Brei ist, erkaltet, rühre ihn nebst 1 Loth aufgelöster Gelatine oder einer Tasse voll zerlassenem gutem Kalbsstand zu dem Zucker, und vermenge zuletzt den gut geschlagenen Schnee von ³⁄₄ Maß Rahm damit. Bestreiche eine Form mit Butter, fülle die Masse hinein und stelle sie über Nacht in den Keller oder auf's Eis. Will man die Form stürzen, wird sie zuvor in heißes Wasser getaucht.

728. Chocolade-Creme anderer Art.

Ein kleiner Kochlöffel voll Mehl wird mit 2 Eßlöffeln voll Milch glatt angerührt, hierauf 8 Eidotter, 6 Loth Zucker, ¼ Pfund geriebene Chocolade und ½ Maß Rahm oder gute Milch hinzu gerührt, dieses auf's Feuer unter beständigem Rühren bis vor's Kochen gebracht, dann der

steife Schnee von 6 Eiweiß darunter gemengt und die
Creme in eine Schüssel gefüllt, worin sie, mit Zucker be=
streut, mit einer glühenden Schaufel aufgebrannt und kalt
oder warm mit halbirten Mandeln verziert, auf den Tisch
gegeben wird.

729. Chocolade-Creme anderer Art.

Man koche 1 Pfund Vanille=Chocolade mit einer Maß
Milch zu einem nicht zu dicken Brei. Unterdessen rührt
man $\frac{1}{2}$ Pfund Zucker mit 6 Eidottern, gießt nach und
nach die heiße Chocolade daran, und wenn dieses erkaltet
ist, gibt man von $\frac{1}{2}$ Maß Schlagrahm den Schnee da=
runter. Man garnirt die Schüssel mit kleinem Bisquit.

730. Chocolade-Creme anderer Art.

Es werden 6 Täfelchen Chocolade mit $\frac{1}{2}$ Maß Rahm
und Zucker bis es süß genug ist, gekocht und hierauf abge=
kühlt. Unterdessen werden 16 Eidotter verkläppert, die
Chocolade=Milch daran gerührt, durch ein Haarsieb geseiht
und in Becher gefüllt, welche bis zur Hälfte in kochendes
Wasser gestellt und gekocht werden, bis die Masse fest ist,
und hierauf mit einer glühenden Schaufel gebrannt. Diese
Creme wird kalt oder auch warm servirt. Gibt man sie
kalt, so kann man noch 1 Löffel voll Rahmschnee mit
Vanillezucker oben darauf geben.

731. Warme Creme.

Man schneidet die Schale einer halben Citrone in kleine
Stückchen, und läßt sie in 1 Schoppen Rahm aufkochen
und kalt werden. Dann nimmt man 1 Kaffeelöffel voll
Mehl, Zucker nach Gutdünken und 5 Eidotter dazu, rührt
Alles gut unter einander, stellt es auf's Feuer, und läßt
es unter beständigem Rühren bis vor's Kochen kommen,

treibt es durch ein Haarsieb, richtet die Creme an, streut Zucker darauf und servirt sie sogleich. Man kann statt Citronenschale Orangen oder Liqueur nehmen und auch nach Belieben das Eiweiß zu Schnee schlagen und darunter mischen.

732. Citronen-Creme mit Wein.

Reibe das Gelbe einer Citrone auf ¼ Pfund Zucker ab, thue diesen nebst dem Citronensaft in eine Casserole mit 2 Schoppen Wein und lasse dieses ½ Viertelstunde kochen. Dann rühre 4 Eidotter mit einem Löffel voll Wasser ab, gieße den Wein nach und nach daran, und lasse Alles unter beständigem Rühren dick werden, hierauf mische den Schnee der Eier darunter und richte die Creme sogleich an.

733. Citronen-Creme mit Milch.

Man nimmt 1 Maß gute Milch oder Rahm, rührt sie mit 18 Eidottern und 12 Loth Zucker auf Citronen abgerieben, kalt an, füllt die Masse in Becher und kocht sie in Wasser fertig.

734. Caramel-Creme.

1 Schoppen Milch, 8 Eier und ¼ Pfund Zucker schlägt man auf dem Feuer bis vor's Kochen; röstet ¼ Pfund Zucker gelb, gibt etwas Milch und auf Zucker abgeriebene Citronenschale dazu, nebst dem Stand von 2 Kalbsfüßen; vermischt dann Alles mit einander, läßt es durch ein Haarsieb laufen, füllt die Masse in eine bestrichene Form und stellt sie an einen kalten Ort.

735. Milch-Creme.

Man rührt 1 Kochlöffel voll Mehl mit ½ Maß guter Milch oder Rahm und 6 Eidottern recht klar, thut 8 Loth

Zucker, woran 1 Citrone abgerieben wurde, hinzu, rührt dieses auf dem Feuer bis vor's Kochen, gibt den Schnee der Eier unter die heiße Creme, bestreut sie beim Anrichten dick mit Zucker und brennt dieselbe mit einer glühenden Schaufel. Man kann der Creme auch einen Geschmack von Zimmet oder Pomeranzen geben und warm oder kalt serviren. Kalt verziert man sie noch mit eingemachten Früchten und servirt sie mit kleinen Bäckereien.

736. Vanille-Creme.

In 2 Schoppen Rahm oder guter Milch wird ein fingerlanges Stück Vanille in kleine Stücke geschnitten, einige Male überkocht, dann zugedeckt ½ Stunde an einen heißen Ort gestellt, damit sich der Geruch der Vanille in die Milch zieht, und durch ein Sieb gegossen. Nun rührt man einen kleinen Kochlöffel voll feines Mehl mit einem großen Eßlöffel voll kalter Milch glatt an, rührt solches mit 10 Eidottern, ¼ Pfund gestoßenem Zucker und der Vanillemilch gut ab, gießt es durch's Haarsieb und rührt die Creme auf dem Feuer beständig bis vor's Kochen, läßt sie etwas erkalten und mengt den steifen Schnee von 6 Eiweiß darunter. Dann richtet man sie an, bestreut sie dick mit Zucker, brennt sie mit einer glühenden Schaufel auf und servirt dieselbe. Will man jedoch die Creme kalt geben, verziert man sie mit eingemachten Früchten und servirt sie mit kleinen Bäckereien.

737. Vanille-Creme anderer Art.

Nachdem man ein Stück Vanille mit 1 Maß süßem Rahm oder Milch, 6—8 Loth Zucker und einer Nuß großen Butter zum Ausziehen heiß gestellt hat, rührt man 12 Eidotter nebst 1 Eßlöffel voll feine Stärke mit etwas Wasser aufgelöst hinzu, und schlägt die Creme mit einem Schnee-

i

besen bis vor's Kochen, schüttet sie schnell in eine Schüssel, setzt das Schlagen noch eine Zeitlang fort, nimmt die Vanille heraus und rührt die Creme bis zum Erkalten noch einige Male durch, damit sich keine Haut bildet.

738. Vanille-Creme mit Macronen und Gelee.

Der Boden einer Assiette wird mit Macronen belegt, auf jede Macrone 1 Kaffeelöffel voll Himbeer= oder Jo= hannisbeer=Gelee gegeben und eine Vanille=Creme darüber angerichtet.

739. Creme von grünem Thee.

Man lasse 16 Kaffeebecher voll süßen Rahm mit 11 Loth Zucker und etwas ganzem Zimmet einige Minuten kochen und brühe damit ½ Loth guten grünen Thee, welchen man dann zugedeckt stehen läßt, bis er erkaltet ist. Hierauf gießt man ihn durch ein Sieb oder durch eine Serviette, rührt ihn mit 10 Eidottern gut durcheinander, füllt die Masse in eine Form und kocht sie in kochendem Wasser fertig.

740. Kaffee-Creme.

¾ Maß dicker Rahm, zu Schnee geschlagen, 8 Loth durchgesiebter Zucker und 1 Tasse Kaffee, von 8 Loth Kaffee gemacht, wird kurz vor dem Anrichten mit einander vermischt.

741. Wein-Creme.

Man rühre 2 Eßlöffel voll Mehl mit ¼ Schoppen Wasser in einem Tiegel glatt an, gebe 6 Eidotter, 10 Loth gestoßenen Zucker, 2 Eßlöffel voll Citronenzucker, nebst dem Saft einer Citrone und ½ Maß guten Wein dazu und lasse Alles auf dem Feuer unter beständigem Rühren bis vor's Kochen kommen. Etwas abgekühlt, mische man den

Schnee der Eier darunter, richte die Creme auf eine Schüssel an, bestreue sie mit Zucker, brenne sie mit einer glühenden Schaufel und servire sie, wenn sie erkaltet ist. Auch kann man diese Creme mit Hohlhippen bestecken.

742. Wein-Creme anderer Art.

6 Eidotter werden mit 1 Schoppen Wein, so viel Zucker, bis dieser süß genug ist, der auf Zucker abgeriebenen Schale und Saft einer halben Citrone, nebst einem Stückchen Vanille gut gerührt, hierauf auf's Feuer gestellt und mit dem Schneebesen so lange geschlagen, bis die Masse dick ist, alsbann ein Gläschen Arac oder Liqueur hinzu gethan, in eine Assiette gefüllt, und erkaltet servirt. Man kann diese Creme auch mit Bisquit oder passenden Früchten verzieren.

743. Wein-Creme mit Arac.

1 Flasche Wein, ½ Pfund Zucker, worauf 1 Citrone abgerieben wird, 10 frische Eier, Saft von 2 guten Citronen und 1 gehäufter Eßlöffel voll Stärkmehl, mit etwas kaltem Wasser aufgelöst, wird mit einander auf dem Feuer ununterbrochen mit einem Schneebesen geschlagen, bis vor dem Kochen, dann vom Feuer genommen und unter fortwährendem Schlagen ¼ Maß Arac langsam hinzugeschüttet und die Creme in Assietten oder Gläser gefüllt.

744. Aepfel-Creme.

5 Stück große, gebratene Aepfel werden von der Schale und dem Kernhause befreit, schnell durch ein Sieb getrieben, 12 Loth Zucker, 3 frische Eiweiß, Saft und Schale einer Citrone und 2 Eßlöffel voll Arac hinzugegeben und Alles 2 Stunden stark und ununterbrochen nach einer Richtung hin gerührt und angerichtet.

745. Aepfel-Creme anderer Art.

Es werden 10—12 gute Aepfel gebraten, geschält und durch ein Haarsieb getrieben, welches ungefähr 9 Löffel voll Mark geben muß. Hierauf werden 6 Eidotter mit 8 Loth fein gestoßenem Zucker nebst einer auf Zucker abgeriebenen Citrone recht schaumig gerührt, 2 Loth Gelatine mit ein Schoppen Wasser aufgelöst, hinzu gerührt und fort gerührt, bis es anfängt zu sulzen. Dann wird 1 Tasse voll Arac, das Mark der Aepfel und der Schnee der Eier darunter gemengt, eine Form mit Butter bestrichen, die Creme eingefüllt und an einen kalten Ort gestellt. Vor dem Anrichten wird die Form in heißes Wasser getaucht und gestürzt. Zum Verzieren kann man Aepfel in Schnitzchen schneiden, in Zucker, Wein und etwas Wasser dämpfen und die Hälfte davon mit Cochenille roth färben. Hievon legt man in die Mitte der Form einen Stern, und abwechselnd von den rothen und gelben Aepfelscheiben einen Kranz, was sehr hübsch ist.

746. Aepfel-Creme anderer Art.

Dieselbe wird bereitet wie die vorhergehende, nur wird statt dem Schnee der Eier ½ Maß Schlagrahm, gut zu Schnee geschlagen, mit Vorsicht darunter gehoben. Erkaltet und gestürzt wird diese Creme mit verzuckertem Rahmschnee verziert.

747. Gestürzter Aepfel-Creme.

Man bratet 8—10 Aepfel, zieht ihnen die Schale ab und treibt das Mark durch's Haarsieb. Hierauf rührt man 6 Löffel voll Zucker mit 6 Eidottern recht schaumig, gibt die auf Zucker abgeriebene Schale einer halben Citrone, sowie etwas Saft hinzu, nebst dem Stand von einem Kalbsfuß und 5 Löffeln voll Gelatine, in einer Tasse

Wasser aufgelöst, rührt hierauf 8 Löffel voll durchgetriebenes Aepfelmark hinzu und mischt dann die zu Schnee geschlagenen 6 Eiweiß leicht darunter; füllt die Masse in eine mit Butter bestrichene Form, stellt diese auf's Eis oder an einen kühlen Ort, bis die Creme fest ist, taucht hierauf die Form in heißes Wasser, stürzt sie auf eine Schüssel und verziert sie mit Bisquit oder allerlei Früchten.

748. Aprikosen-Creme.

Dieser wird auf dieselbe Weise bereitet, wie der Aepfel-Creme, nur nimmt man 2 Löffel voll Zucker weniger, damit er nicht zu süß wird.

749. Kirschen-Creme.

3 Pfund rothe Kirschen oder Weichseln werden von den Stielen und Steinen befreit, von letzteren die Hälfte gestoßen, mit einigen Stückchen Zimmet und 4 Nelken in etwas Wasser $1/4$—$1/2$ Stunde ausgekocht und auf ein Sieb geschüttet. Die durchgelaufene Flüssigkeit läßt man mit einem Glas Wein und $1/2$—$3/4$ Pfund Zucker, worauf 1 Citrone abgerieben wurde, kochen, schüttet die Kirschen hinein, kocht sie zu Brei, streicht sie durch ein nicht zu feines Sieb und bringt die Marmelade, indem man sie fleißig durchrührt, zum Kochen. Dann rührt man 1 Eßlöffel voll mit etwas Wein zerrührtes Stärkmehl hinzu, läßt es gut durchkochen, nimmt es vom Feuer, rührt 6 Eidotter vorsichtig hinein, sowie auch das zu steifem Schnee geschlagene Eiweiß, füllt die Creme in eine Assiette und bestreut sie mit gestoßenen Macronen.

750. Erdbeer-Creme.

Man reinigt 3—4 Schoppen Erdbeeren, zerdrückt sie und treibt sie dann mit einem Schoppen dicken süßen Rahm durch ein Haarsieb, gibt feinen Zucker hinzu, sowie die auf Zucker abgeriebene Schale einer Citrone. Ist dieses stark gerührt worden, so gießt man es in eine Assiette und stellt sie in den Keller. Beim Anrichten garnirt man den Rand derselben mit Erdbeeren. Diese Creme schmeckt wie Gefrorenes. Will man die Creme von eingemachten Erdbeeren bereiten, so bleibt der Zucker weg. Auch kann man statt Erdbeeren Heidelbeeren nehmen.

751. Gestürzte Erdbeer-Creme.

6 Eidotter werden mit ¼ Pfund Zucker recht schaumig gerührt. Unterdessen werden so viel Erdbeeren verbrückt und durch ein Haarsieb getrieben, daß es eine Tasse voll Mark gibt, dieses mit 2 Loth Gelatine in 1 Schoppen Wasser aufgelöst, in die gerührten Eier gethan und der Schnee von ¼ Maß gutem Schlagrahm gut abgetropft, langsam darunter gehoben; eine Form wird mit Butter bestrichen, die Masse hinein gefüllt, und über Nacht auf Eis oder an einen kühlen Ort gestellt.

752. Himbeer-Creme.

Wird auf dieselbe Weise, wie die vorhergehende Creme bereitet, nur daß man statt Erdbeeren Himbeeren nimmt.

753. Gestürzte Reis-Creme.

⅛ Pfund Reis wird mit kochendem Wasser angebrüht und ½ Stunde hingestellt, dann abgegossen und mit 1 Maß guter Milch weich gekocht, jedoch darf er nicht zu trocken sein; hierauf wird ¼ Pfund gestoßener Zucker durchgerührt, derselbe in eine Schüssel gegeben und zum Erkalten hingestellt, während dem man ihn einige Male durchrührt. Unterdessen bereitet man folgende Weincreme: 6 Eidotter, 2 ganze Eier, 12 Loth an einer Citrone abgeriebener Zucker, 3 Loth aufgelöste Hausenblase oder 4 Loth

Gelatine, 1 Schoppen betreffend und ¹/₂ Maß guter Wein wird auf dem Feuer geschlagen bis zum Kochen. Ist die Creme erkaltet und fängt an zu sulzen, wird sie unter den Reis gemengt, in eine mit Mandelöl bestrichene Form gefüllt und kalt gestürzt.

754. Gestürzte Reis-Creme anderer Art.

¹/₄ Pfund guter Reis wird mit kochendem Wasser abgebrüht, nach einigen Minuten abgeschüttet und abgetropft und hierauf mit 1 guten Schoppen süßen Rahm nebst einem Stückchen Vanille oder Zimmet zugedeckt langsam weich gedämpft. Alsdann legire man ihn mit 6 Eibottern, lasse ihn noch einen Augenblick auf dem Feuer anziehen, nehme die Vanille heraus und gebe den Reis in eine Schüssel, thue ¹/₄ Pfund feinen Zucker nebst 4 Loth aufgelöste Gelatine dazu und rühre das Ganze bis es zu sulzen anfängt, menge dann den Schnee von ¹/₂ Maß gutem Schlagrahm darunter, fülle die Masse in eine mit Mandelöl bestrichene Form und stelle sie kalt. Beim Anrichten tauche man die Form in heißes Wasser, stürze sie auf eine Schüssel und verziere dieselbe mit gezuckertem Rahmschnee.

755. Erdbeer-Schaum.

1 Maß ganz reife Erdbeeren werden mit ¹/₄ Maß dickem, süßen Rahm zerrührt, durch ein Sieb getrieben und mit 12—16 Loth feinem Zucker, worauf etwas Citronenschale abgerieben wurde, oder mit feinem Zimmet zu Schaum geschlagen und in Gläsern servirt.

756. Himbeer-Schaum.

5 Eiweiß, 3 Eßlöffel voll Himbeer-Gelee und 3 Eßlöffel voll Zucker werden ¹/₂ Stunde geschlagen und in Gläsern servirt.

757. Arac-Schaum.

1 Maß dicker saurer Rahm wird mit ⅛—¼ Maß Arac oder Madeira und Zucker nach Geschmack zu Schaum geschlagen und in Gläsern servirt.

758. Rahm-Schaum.

Ein Stück Vanille läßt man eine Stunde in gutem Rahm vom vorhergehenden Tag ohne Zusatz von Milch ausziehen, gibt Zucker nach Geschmack hinzu, und schlägt ihn im Keller mit einem Schneebesen in gleichmäßiger Schnelligkeit, indem man denselben immer hin und her bewegt, zu Schaum, legt diesen auf ein Haarsieb, schüttet die abgelaufene Flüssigkeit wieder zum Rahm und setzt das Schlagen so lange fort, bis Alles zu Schaum geworden ist. Dann nimmt man die Vanille heraus, welche man einige Male gebrauchen kann, und gibt den Rahmschaum mit kleinen Bäckereien zur Tafel.

759. Eier-Gelee.

Man rühre ½ Maß Milch, 4 geschlagene Eier und 5 Eidotter, 1 abgeriebene Citrone, Zucker und Zimmet in einer Schüssel, setze diese zugedeckt auf kochendes Wasser, und lasse sie so lange stehen, bis die Masse dick geworden ist. Kalt bestreue man sie mit Zucker.

760. Eierkäse.

10—12 Eier schlägt man gut durcheinander, rührt sie mit 1 Maß Milch und etwas Salz auf schwachem Feuer, bis es gerinnt und schüttet es zum Ablaufen schnell in eine Form, damit die Eier recht weich bleiben. Auch kann man einige Weinbeeren, welche man vorher im Wasser aufquellen ließ, lagenweise durchstreuen. Hat man jedoch länger Zeit, so wird der Eierkäse jedenfalls milder, wenn man das Angerührte in einen Steintopf schüttet, solchen in kochendes Waßer stellt und dasselbe so lange kochen läßt, bis die Eiermilch gerinnt. Eine sehr gute Sauce dazu ist saurer Rahm mit Zucker und Zimmet geschlagen, bis es schäumt. Auch kann man eine Wein= oder Frucht= sauce dazu geben, oder Milch mit Zucker und Zimmet kochen und mit einigen Eidottern abrühren; doch müssen alle diese Saucen kalt sein.

761. Geschlagene Milch.

Dick gewordene Milch mit dem Rahm wird mit einem Schneebesen ¼ Stunde stark geschlagen, Zucker und Zimmet durchgerührt, in eine Schüssel gefüllt und mit Zwieback servirt. Man kann auch eine Maß Rothwein mit durch= schlagen.

762. Kalte Milchspeise.

1 Maß Milch, 2 gehäufte Eßlöffel voll Stärkmehl, eine Nußgroß Butter, 4 Eier, 4 Loth oder 2 Eßlöffel voll Zucker, ½ Tasse Rosenwasser obere 4 bittere feingestoßene Mandeln oder Zimmet oder Vanille wird unter beständigem starken Rühren durchgekocht, in eine naßgemachte Form geschüttet, und wenn es kalt ist, gestürzt. — Auch kann man, nachdem die kochende Milch vom Feuer genommen, die Eidotter vorsichtig hinzurühren, und den Schnee der Eier durchmischen. Man gibt eine Obstsauce dazu.

763. Blancmanger.

1 Maß Milch, 6 Loth Zucker, 24 Stück süße und 6 bittere feingestoßene Mandeln, etwas Citronenschale und eine Nußgroß Butter läßt man miteinander kochen, rührt hierauf 6 Loth Stärkmehl, mit etwas kaltem Wasser an= gerührt, und 5 Eidotter hinzu, läßt es unter beständigem Rühren gut durchkochen, und schüttet das Blancmanger

in eine Schüssel; man stürzt es nicht und gibt es erkaltet mit Früchten verziert.

764. Blancmanger anderer Art.

Man bringt 1 Maß Milch, 4—6 Loth Zucker, 4—6 Loth süße und 4 Stück bittere feingestoßene Mandeln, Citronenschale und ganzen Zimmet oder Vanille langsam zum Kochen, damit letzteres gut auszieht und entfernt es dann. Hierauf läßt man 7 Loth Stärkmehl oder feine Stärke, mit etwas kaltem Wasser zerrührt, gut durchkochen, nimmt es vom Feuer und rührt den steifen Schnee von 10 Eiweiß darunter, schüttet das Blancmanger in eine naßgemachte Form, und wenn es kalt ist, stürzt man es, und gibt eine beliebige Obst= oder Weinsauce dazu.

765. Blancmanger anderer Art.

½ Pfund Mandeln werden mit Milch fein gestoßen, ½ Pfund gestoßener Zucker, ½ Maß süßer Rahm und den Stand von 4 Kalbsfüßen dazu gegeben, untereinander gemengt und auf dem Feuer unter fortwährendem Rühren einige Male aufgekocht; diese Masse wird durch ein Haar=sieb getrieben, oder durch ein Tuch gepreßt, sogleich in eine Form gefüllt und an einen kühlen Ort gestellt. Beim Anrichten wird die Form in heißes Wasser getaucht und gestürzt.

766. Blancmanger anderer Art.

Zu ¾ Pfund gestoßenen Mandeln werden 3 Schoppen Rahm, ½ Pfund gestoßener Zucker und 3 Loth Hausen=blase, letztere in einem Schoppen Wasser aufgelöst, genom=men, Alles aufgekocht, durchgepreßt, in eine Form gefüllt und auf Eis oder an einen kühlen Ort über Nacht gestellt. Will man die Blancmanger dreifarbig haben, theilt man die Masse in drei Theile, den einen läßt man weiß, den andern färbt man mit einem Täfelchen Chocolade, und den britten roth mit Cochenille; jedoch muß jedesmal eine Farbe gestanden sein, wenn man die andere aufgießt. Beim Anrichten wird die Form in heißes Wasser getaucht und gestürzt.

767. Tutti-Frutti.

Es wird ein Blancmanger gekocht von ¹/₂ Maß Milch, 2 Eßlöffeln voll Zucker, 1 Eßlöffel voll Stärke, 4 Eiern, 1 wallnußgroßen Stückchen Butter und Vanille oder Ci-tronenschale, oder statt dessen einigen Stückchen ganzem Zimmet und 4 Stück feingestoßenen bitteren Mandeln. Dann wird eine Schüssel mit Bisquit belegt, verschiedenes eingemachtes Obst oder gut gekochtes frisches Compot barüber gegeben und mit dem abgekühlten Blancmanger bedeckt.

768. Russischer Reis.

Nimm ¹/₂ Pfund Reis, setze ihn mit frischem Wasser aufs Feuer und lasse ihn weich kochen, er muß jedoch schön ganz bleiben; bann schütte ihn in ein Haarsieb zum Ablaufen und lasse ihn kalt werden. Unterdessen lasse ¹/₂ Maß Wein, den Saft und die Schale von 2 Citronen und ¹/₂ Pfund Zucker aufkochen, nimm die Citronenschale wieder heraus, und gib den Reis hinein; lasse ihn ganz einkochen, kühle ihn ab und thue bann etwas Arac oder Liqueur dazu, fülle die Masse in eine mit Mandelöl bestrichene Form, stelle sie an einen kühlen Ort, und wenn sie gestürzt ist, verziere sie mit eingemachten Früchten.

769. Kaffee-Sturz.

Mache von 6 Loth frisch gebranntem Kaffee eine gute Tasse Kaffee, nimm den Stand von 2 Kalbsfüßen und 10 Loth mit Vanille gestoßenen Zucker dazu, und menge Alles unter einander, hebe dann ¹/₂ Maß zu Schnee geschlagenen Rahm darunter, fülle die Maffe in eine Form und laffe sie bis zum andern Tag stehen. Dann stürze sie.

770. Rother Schaumpudding.

1 Maß mit Rothwein oder Waffer vermischter Johannisbeer= oder Kirschsaft wird mit einigen Stückchen Zimmet zum Kochen gebracht, 8 Loth mit etwas Waffer verrührtes Stärkmehl hinzu gerührt und gut durchgekocht. Vom Feuer genommen wird von 6—9 Eiweiß der steife Schnee leicht durchgemischt, Alles noch einmal aufgekocht, und dann in eine naßgemachte, mit Zucker bestreute Form geschüttet. Kalt umgestürzt, wird der Pudding mit einer Vanillesauce gegeben.

771. Sago-Pudding.

10 Loth guter Sago wird behutsam abgebrüht und mit Milch, Citronenschale und ganzem Zimmet langsam steif und weich gekocht. Dann läßt man 2 Loth aufgelöste Gelatine gut mit durchkochen, nimmt es vom Feuer, rührt 6 Eidotter mit etwas Milch verrührt, dazu, mischt darnach sogleich den festen Schnee der Eier darunter, und füllt die Maffe in eine naßgemachte Form; ganz kalt wird der Pudding gestürzt und mit einer Frucht= oder Weinsauce servirt.

Gefrorenes.

772. Regel im Allgemeinen.

Die Geräthschaften zum Gefrornen sind: Ein Gefrier=
kübel, welcher oben einen Griff hat, und am Boden mit
einem Zapfen versehen ist, um das gesammelte Wasser ab=
zapfen zu können; ferner eine Gefrierbüchse von starkem
Blech oder Zinn, mit einem Deckel und Griffe, welche fest
verschlossen werden kann, und einen Spaten von Holz.

Zuerst schlägt man Eis in Stückchen, so groß wie
kleine Nüsse, streut in den Kübel eine Hand voll Salz,
und so viel Eis, daß der Boden damit bedeckt wird, setzt
die mit der Masse gefüllte Büchse, fest verschlossen, hinein,
legt Eis und Salz außen herum, damit sie ganz fest steht
und streut noch einige Hand voll Salz oben darauf. Ohne
Salz kann man kein Gefrornes bereiten, je mehr man
davon nimmt, desto schneller ist dasselbe fertig. Die Büchse
und das Eis müssen mit der Höhe des Kübels gleich stehen,
dann dreht man die Büchse an dem Griffe ¼ Stunde um,
während sich das Eis in derselben ansetzt, wischt nun den Deckel
rein ab, nimmt ihn herunter und stößt mit dem Spaten
die Masse, welche sich am Boden und an den Seiten an=
gesetzt hat, ab, indem man mit der andern Hand immer so
schnell als möglich die Büchse im Kreise um den Spaten
dreht, doch muß man vorsichtig sein, daß kein Eis hinein=
fällt. Ist nun die Masse gut gerührt, verschließt man die
Büchse abermals auf einige Minuten, fängt dann wieder
an, alles Eisige abzustoßen und zu rühren. So fährt man
fort, bis die Masse durch und durch wie dicker Rahm ist,
und sich von der Büchse löst; dann ist das Gefrorne fertig.

Will man dieses auf einen Teller zur Tafel geben, so wird die Büchse aus dem Eise genommen, mit einem Tuch rein abgewischt, der Deckel abgenommen, verkehrt auf eine kalte Schüssel gesetzt, ein in heißes Wasser getauchtes, wieder fest ausgedrücktes Tuch um die Büchse geschlagen, damit das Gefrorne herunter fällt, und auf selbiges mit einem silbernen Löffel eine Form gedrückt, oder man füllt es in kleine Gläser oder Becher, welche vorher auf Eis gestellt waren. Wird das Gefrorene zu früh fertig, schüttet man 1 Maß kaltes Wasser auf das Eis, damit das in der Büchse Befindliche nicht nachfriere und eisig werde, deckt den Kübel mit einem Tuch zu, und läßt die Büchse bis zum Anrichten darin stehen.

773. Neapolitanische Bombe.

Man klopft 12 Loth Zucker zu Bröckchen, gießt $\frac{1}{2}$ Schoppen Wasser darüber und läßt ihn aufkochen, nimmt den Schaum ab und gibt Vanille, Chocolade, Pomeranzenschale oder frisch gebrannten und noch heißen Kaffee dazu, je nachdem man ihm einen Geschmack geben will, deckt dieses zu, und läßt es abkühlen, damit sich der Geschmack dem Zucker mittheilen kann. Unterdessen schlägt man $\frac{1}{2}$ Maß Schlagrahm recht fest, stellt ihn in einem Sieb auf Eis, damit die wässerigen Theile noch ganz ablaufen können; gibt dann in den Zucker 8 Eidotter, und schlägt dieses auf mäßigem Feuer mit einem Schneebesen so lange, bis es lauwarm ist, nimmt es dann vom Feuer und schlägt es wieder kalt, gibt dasselbe nochmals auf's Feuer und schlägt es so lange, bis es dicklich wird, schlägt es abermals kalt, was auf Eis sehr schnell geht, rührt den Schlagrahm darunter, und füllt es in die Büchse. Hat man nur eine Casserole dazu, fest zugedeckt, so legt man sie mit Papier aus, damit das Gefrorne leicht heraus geht und stellt sie $1\frac{1}{2}$—2 Stunden auf's Eis.

774. Kaffee-Gefrornes.

4 Loth gebrannter und gemahlener Kaffee wird mit 1½ Schoppen Wasser gebrüht und mit 10—12 Loth Zucker bis auf 1 Schoppen eingekocht; dann der fest geschlagene Schnee von ½ Maß dickem Rahm unter den erkalteten Kaffee gehoben, dieser in eine Form gefüllt und aufs Eis gestellt. Beim Stürzen wird die Form in heißes Wasser getaucht. Nach Belieben kann man auch einen Geschmack von Vanille dazu thun.

775. Chocolade-Gefrornes.

8 Loth im warmen Ofen erweichte Vanille= oder Gewürz=Chocolade wird mit ½ Maß kochendem Rahm, welcher mit 8 Loth Zucker versüßt wurde, nach und nach glatt gerührt, 8 Eidotter hinein geschlagen und durch ein Haarsieb getrieben, hierauf in die Gefrierbüchse ge=füllt.

776. Mandeln-Gefrornes.

Nachdem 2 Loth süße und 6 Stück bittere Mandeln gebrüht und abgezogen sind, werden sie mit etwas Milch fein zu Brei gestoßen, nebst 12 Loth Zucker in ½ Maß Rahm einige Male aufgekocht und dieses ½ Stunde hin=gestellt. Ist der Rahm halb erkaltet, rührt man ihn an 8 zerklopfte Eidotter, treibt dieses durch's Haarsieb, läßt es bis vor's Kochen kommen und füllt es in die Büchse.

777. Vanille-Gefrornes.

Man läßt ¼ Loth Vanille in etwas Milch langsam auskochen, preßt es durch ein Stückchen Leinwand und rührt 16 frische Eidotter, 2 Maß guten frischen Rahm, und ¾ Pfund Zucker hinzu, und läßt dieses unter beständigem Rühren bis vor's Kochen kommen, schüttet es schnell in eine bereit stehende tiefe Schüssel und rührt die Masse noch so lange, bis sie nicht mehr heiß ist, und sich keine Haut bildet. Ganz kalt geworden, schüttet man sie in die Büchse.

778. Himbeer- oder Erdbeer-Gefrornes.

Man nimmt den Saft von 2 Pfund ausgepreßten Himbeeren oder Erdbeeren, ³/₄ Pfund mit etwas Wasser gut abgeschäumten Zucker, ¹/₂ Maß weißen Wein und einige Stücke Zimmet, läßt es zusammen aufkochen und gefrieren.

779. Veilchen-Gefrornes.

¹/₂ Pfund Zucker, 1¹/₄ Maß dicker süßer Rahm, ¹/₄ Maß Veilchensaft und 12 Eidotter werden unter beständigem Rühren mit einander bis vor's Kochen gebracht und erkaltet in die Büchse gefüllt.

780. Punsch-Gefrornes.

³/₄ Maß Wasser, ³/₄ Maß Wein, 1 Pfund Zucker, 1 Stück Vanille, Zimmet und die an Zucker abgeriebene Schale einer Citrone, den Saft von 4 Citronen und 12 Eidotter läßt man unter starkem Rühren bis vor's Kochen kommen und schüttet es, des sehr leichten Gerinnens halber, schnell in eine Schüssel, rührt die Masse noch so lange, bis sie nicht mehr heiß ist und sich keine Haut bildet, und ganz kalt geworden, füllt man sie in die Büchse.

781. Citronen-Gefrornes.

Man reibt auf ¹/₂ Pfund Zucker die gelbe Schale von 12 Citronen ab, gibt den Citronenzucker in eine Schüssel und drückt den Saft der Citronen darauf. Nun läutert man ³/₄ Pfund Zucker mit 2 Tassen voll Wasser, mischt, wenn derselbe abgekühlt ist, den Saft darunter und treibt Alles durch ein Haarsieb.

782. Orangen-Gefrornes.

Dieses bereitet man wie das Citronen-Gefrorne, nur nimmt man statt Citronen, Orangen.

783. Aepfel-Gefrornes.

Schäle Borsdorfer Aepfel, reibe sie auf einem Reib- eisen, treibe sie durch ein Haarsieb und nimm zu 1 Pfund von dieser Masse ½ Pfund geläutertin Zucker, die Schale einer an Zucker abgeriebenen Citrone, sowie den Saft derselben und gebe die Masse in die Gefrierbüchse.

784. Birnen-Gefrornes.

Hiezu nimmt man Bergamott, Muskateller oder andre gute Birnen und bereitet das Gefrorne, wie das Aepfel- Gefrorne.

Pasteten.

785. Regeln beim Backen.

Zum Gerathen nachfolgender Butter- und Blätterteige ist recht feines, trockenes, gesiebtes Mehl und frische Butter nöthig. Auch müssen sie an einem sehr kühlen Orte be- arbeitet werden. Zum Schneiden der Teige muß man ein scharfes Messer oder einen Ausstecher haben, und beim Bestreichen derselben mit Ei oder Wasser Acht geben, daß nichts davon an den Seiten herunterläuft, welches das Aufgehen des Teiges verhindert. — Das Backen der Blätter= und Butterteige, sowie der Pasteten muß in einer gut durchheizten Röhre geschehen, weil sie sonst von einer Seite einfallen und unscheinbar werden. Deshalb müssen auch alle Thüren und Zuglöcher des Ofens so lange verschlossen bleiben, bis der Teig ordentlich gegangen, und die Kruste desselben schon hart oder gelbbraun gebacken ist, wo man ihn, wenn er zu braun werden sollte, mit Papier zudeckt, und die Zuglöcher öffnet, damit der Teig gehörig aus= trocknen kann. Während des Backens darf man denselben auch nicht von der Stelle rücken, weil er sonst wieder zu= sammenfällt. — Der Grad der Hitze läßt sich durch ein Stück Papier erproben. Legt man dasselbe in die Röhre und es wird bald gelb, aber nicht schwarz, so ist dieser erste Grad der Hitze für Blätter=, Butter= und Hefenteige geeignet; wird das Papier aber langsam gelb, so hat die Hitze den zweiten Grad erreicht und paßt für das meiste zu Backende; noch schwächere Hitze, der dritte Grad für Bäckereien, welche austrocknen müssen.

786. Blätterteig.

1¼ Pfund fein gesiebtes Mehl wird in einer Schüssel mit 2 Eiern, ein wenig Salz, 4 Loth Butter und etwas Milch zu einem nicht zu weichen Teig angemacht, dieser auf ein mit Mehl bestäubtes Nudelbrett genommen und recht glatt und fein gearbeitet, so daß, wenn mit dem Finger ein Grübchen hinein gedrückt wird, der Teig sich von selbst wieder in die Höhe hebt; und dann zugedeckt eine halbe Stunde an einen kühlen Ort gestellt. Unterdessen wird 1 Pfund Butter mit etwas Mehl abgeknetet, obiger Teig gleichmäßig dick ausgerollt, die Butter in die Mitte des= selben gegeben und der Teig von 4 Seiten darüber ge= schlagen, nun mit einem bemehlten Rollholz ⅛ Finger dick ausgerollt, wobei Acht gegeben werden muß, daß die Butter nicht hervorkommt, weshalb man öfter etwas Mehl leicht

barunter ſtaubt; dann ſchlägt man ihn wieder von allen
4 Seiten zuſammen, rollt ihn gleichmäßig aus und ver=
fährt auf dieſe Weiſe vier Mal. Hierauf ſtellt man den
Teig zugedeckt zwei Stunden in den Keller, oder läßt ihn
zwiſchen dem jedesmaligen Ausrollen ½ Stunde im Keller
ruhen und verwendet ihn dann.

787. Süßer Blätterteig.

Man rührt ½ Schoppen Wein oder 1 Glas Arac,
½ Schoppen Waſſer, 4 Loth Zucker, etwas fein gehackte
Citronenſchale, eine Meſſerſpitze voll Salz, 2 Eier und 4
Loth Butter mit 1 Pfund Mehl an und arbeitet dieſes
auf dem Nudelbrett zu einem recht feinen Teig. Dann
vermiſcht man 20 Loth Butter mit ¼ Pfund Mehl, rollt
den obigen Teig ½ Finger dick aus, legt die Butter darauf,
ſchlägt den Teig von allen 4 Seiten darüber und verfährt
im Uebrigen wie bei dem vorhergehenden Blätterteig.
Man verwendet ihn zu Obſtkuchen und dergleichen.

788. Geriebener Blätterteig.

Man reibt 1 Pfund Mehl mit 1 Pfund Butter auf
dem Nudelbrett untereinander, gibt ¼ Pfund fein ge=
ſtoßenen Zucker, 4 Eidotter, 2 Eier und ein wenig Salz
dazu und beſprißt dann den Teig mit 2 Eßlöffeln voll
ſüßem Rahm und eben ſo viel Wein. Um ihn nicht viel
mit den Händen zu berühren, nimmt man ein großes Meſſer,
ſchneidet ihn in kleine Stückchen, welche man immer wieder
zuſammenſchlägt, bis Alles einander angenommen hat.
Dann rollt man den Teig aus, ſchlägt ihn wieder zuſammen
und verfährt noch zwei Mal auf dieſe Weiſe. — Zu kleinen
Bäckereien, auch zu Obſtkuchen iſt derſelbe ſehr gut. Will
man ihn nicht ſo fein haben, kann man 4 Loth Butter
weniger dazu nehmen.

789. Butterteig.

Man macht einen Teig von 1 Pfund Mehl, ein wenig Salz und frischem Wasser, wirkt ihn ganz leicht, daß er recht fein wird, rollt ihn aus, legt 1 Pfund in kaltem Wasser gut ausgewaschene, breit gemachte frische Butter darauf, schlägt ihn zusammen, rollt ihn so lange aus, bis der Teig die Butter angenommen hat, schlägt ihn wieder zusammen und verfährt auf diese Weise 4 Mal, schlägt ihn dann dreifach zusammen, und läßt ihn an einem kühlen Orte ruhen. Auch kann man den Teig Abends machen und über Nacht in den Keller stellen, denn je kälter dieser ist, desto schöner und blättriger wird er. Man verwendet denselben zu allen möglichen Bäckereien.

790. Halber Butterteig.

Zu 1 Pfund Mehl nehme man 1 Ei, etwas Milch und ein wenig Salz, arbeite dieses zu einem Teig, rolle ihn aus, schlage ½ Pfund frische gut ausgewaschene Butter hinein, rolle ihn so oft aus, bis der Teig die Butter angenommen hat, und lasse ihn eine halbe Stunde an einem kühlen Ort ruhen. Dann rolle man ihn noch 3 Mal aus und gebrauche diesen Teig zu Obst= und Käsekuchen oder zu großen Fleischpasteten.

791. Mürber Teig zu Plätzen.

Man nimmt ½ Pfund Mehl, ¼ Pfund Butter, 4 Eidotter, Salz und etwas süßen Rahm, macht einen Teig daraus, rollt ihn Messerrücken dick aus, legt ihn auf ein mit Butter bestrichenes Papier, setzt einen Rand herum, gibt ¼ Pfund gestoßenen Zucker und geriebenes Milch= brod darüber, legt geschälte Zwetschgen darauf und backt ihn im Ofen. Man kann den Teig auch zu anderen Plätzen verwenden.

792. Bröſelteig.

Nimm nach Gutdünken Mehl auf ein Nudelbrett, häckle mit dem Meſſer ¼ Pfund Butter darunter, gib 4 Eidotter, 3 Löffel voll Zucker, 3 Löffel voll dicken ſauren Rahm und einige Körnchen Salz hinein, mache Alles mit dem Meſſer untereinander und gebrauche ſo wenig wie möglich die Hände dazu, rolle den Teig ſo oft aus, bis er recht fein und glatt iſt, rolle ihn dann Meſſerrücken dick aus, mache mit einem Rädchen beliebige Kuchen davon, lege einen Rand herum, beſtreiche ſie mit Eiern, belege ſie mit Aprikoſen, Weichſeln oder dergleichen, backe dieſelben dann und beſtreue ſie mit Zucker. Man kann auch noch von dem Teig ein Gitter auf die Kuchen machen, dann nimmt man jedoch Marmelade, mit Waſſer verdünnt, dazu.

793. Ochſengurgelteig.

¼ Pfund Butter wird ſchaumig gerührt, mit Eidotter, 2 Löffeln voll Zucker, 1 Löffel voll Waſſer, 2 Löffeln voll Wein und Mehl, ſo viel dieſes annimmt, zu einem Teig gearbeitet, welcher nicht zu feſt ſein darf, derſelbe wird dann, wie der Butterteig einige Male ausgerollt, damit er recht glatt und fein wird, Finger breite Streifen davon geſchnitten, um Förmchen gewickelt, mit Eiern beſtrichen, dick mit Zucker beſtreut und auf einem Blech in der Röhre gebacken. Wenn ſie fertig ſind, werden die Förmchen ſchnell entfernt, das Gebackene mit eingemachten Früchten gefüllt und ſervirt.

794. Ochſengurgelteig anderer Art.

Man rühre 12 Loth Butter ſchaumig, gebe 2 Eier hinein, nebſt 4 Loth geſtoßenen Zucker, 4 Loth fein geſto-ßene Mandeln, 1 Löffel voll ſauren Rahm, nach Belieben geſtoßenen Zimmet und ſo viel Mehl, als dazu erforderlich ist. Den Teig rolle man aus, schneide 2 Finger breite Streifen daraus, binde dieselben auf ein Modell und backe sie in heißem Schmalz. Beim Anrichten bestreue man sie mit Zucker oder fülle sie mit eingemachten Früchten.

795. Weinteig.

Man gebe in eine Schüssel 3 Eßlöffel voll sauren Rahm, eben so viel Wein, 2 Eßlöffel voll Arac, ¼ Pfund gestoßenen Zucker nebst 3 Eidottern und rühre so viel feines Mehl daran, bis man den Teig wirken kann, dann wird derselbe gewogen und halb so viel Butter dazu genommen, als der Teig schwer ist. Nun rolle man ihn auf einem Nudelbrett aus, schneide die Butter darauf und verfahre im Uebrigen wie bei dem Blätterteig. Man gebrauche ihn zu Torten u. s. w.

796. Brandteig.

Man lasse Rahm oder Milch mit einem Stück Butter kochend werden, rühre so viel Mehl hinein, bis ein dichter Teig daraus entsteht und rühre diesen auf dem Feuer so lange, bis er sich von dem Tiegel löst; hierauf gebe man ihn in eine Schüssel, und arbeite ihn gut, damit er recht fein wird und Blasen macht. Dann rühre man Eier hinein und verwende ihn wie näher beschrieben wird.

797. Backteig mit Wein.

½ Pfund feines Mehl wird mit einem schwachen Schoppen weißen Wein und 2 Eßlöffel voll zerlassener Butter oder heißem Schmalz zu einem dickflüssigen glatten Teig ange- rührt, derselbe mit einem Kaffeelöffel voll Zucker und etwas Salz gewürzt, und der Schnee von 3 Eiweiß darunter gemengt. Dieser Teig muß sogleich verbraucht werden, und so dick sein, daß er sich stark Messerrücken dick an die zum Backen bestimmten Gegenstände anhängt. Man kann auch statt Butter Oel nehmen, wodurch der Teig beim Backen bedeutend röscher wird.

798. Gebrühter Teig.

Hiezu nimmt man 1 Schoppen kochenden Rahm, 4 Loth feines Mehl und 4 Eier.

799. Von dem Zubereiten der Pasteten.

Rolle aus einem der angegebenen Teige 2 Messerrücken dicke, große Blätter, schneide aus dem einen ein rundes Blatt, so groß du die Pastete haben willst, lege einen Teller darauf, damit sie schön rund wird, gebe das Blatt auf ein Blech und bestreiche es am Rande mit Eidottern. Hierauf mache aus einer reinen Serviette einen runden Ballen, lege ihn in die Mitte des Blattes, schneide das zweite Blatt auch rund, aber viel größer als das erste, weil es die ganze Pastete bedecken muß, decke den Ballen damit zu, und drücke es auf den Rand des untern Blattes gut an. Dann schneide aus dem übrigen Teig einen 3 Finger breiten Streifen, bestreiche den Rand der Pastete mit Eidottern, drücke den Streifen ringsum darauf, überstreiche die ganze Pastete mit Eidottern, wobei jedoch nichts an dem Rand derselben hinablaufen darf; dann bringe beliebige Verzierungen an, lasse sie in der Röhre langsam schön gelbbraun backen und abkühlen; schneide oben einen Deckel ganz runder Form heraus, ziehe die Serviette vorsichtig hervor, stelle die Pastete auf die bestimmte Schüssel und fülle sie mit den bereits gekochten oder eingemachten, dazu bestimmten Sachen, welche jedoch heiß sein müssen, und decke den Deckel wieder darauf. Die meisten Pasteten, besonders solche, welche keine Sauce bekommen, werden vor dem Backen mit den dazu bestimmten Sachen, also ohne Serviette, jedoch mit vorher gekochter und abgekühlter Farce gefüllt, am Rande des Blattes aber so viel Platz gelassen, daß man das obere Blatt gut darauf ankleben kann; dann bestreiche man die Pastete mit Ei= dottern, bringe Verzierungen darauf an, backe sie in einer nicht zu heißen Röhre und gebe sie warm zur Tafel.

800. Warme Pastete von Kalbfleisch und Bries.

Röste in einem Stück Butter 2 Löffel voll Mehl nebst feingehackter Zwiebel ein wenig, gib ein Stück Kalbsbraten fein gehackt hinzu und rühre dieses mit guter Fleisch= brühe, etwas Wein und Bratenjus an, damit die Farce recht kräftig wird; thue dann 2 gedämpfte, in feine Würfel geschnittene Briese, etwas Trüffeln und Citronensaft hinein, und rühre Alles unter einander. Unterdessen mache von Mehl, ¼ Pfund Butter, 2 Eidottern, 2 Löffeln voll saurem oder süßem Rahm und ein wenig Salz einen Teig, arbeite ihn auf dem Nudelbrett, rolle ihn ein paar Mal aus, damit er recht glatt wird, rolle dann ein Stück davon Messerrücken dick aus, schneide ein Unterblatt daraus, so groß du es haben willst, lege es auf ein Blech und be= streiche es am Rande mit Eidottern; rolle ein Stück Teig zum Rande mit den Händen rund und lang, drücke es mit dem Rollholz platt, ungefähr eine Hand breit aus einander, und schneide beide Enden glatt ab; setze den langen Streifen als Rand auf das Unterblatt, fülle die Farce hinein, mache von dem übrigen Teig ein Gitter darauf, bestreiche Alles mit Eiern und backe die Pastete schön. Man kann dieselbe auch statt Ragout geben.

801. Reh-Pastete.

Dämpfe 3 Pfund Schweinefleisch und 1 Pfund frischen Speck recht weich. Löse das Fleisch von einem gebratenen Rehziemer von den Knochen und hacke und stoße ein Stück davon mit dem Schweinefleisch fein, treibe es durch ein Sieb, gib die Sauce und das Fett der beiden Braten dazu, nebst dem Saft und der feingehackten Schale einer Citrone und eine geriebene Muskatnuß oder Blüthe und rühre Alles gut unter einander. Dann nimm 2 Pfund Mehl, etwas Salz und 1 Pfund Butter auf ein Nudelbrett, reibe es wohl durch einander, schlage 2 Eier dazu und so viel Wasser, daß du einen Teig davon machen kannst, rolle ihn wie einen Butterteig einige Male aus, schlage ihn wieder zusammen, lasse ihn mehrere Stunden im Keller ruhen, dann rolle ihn auf dem Brett in eine lange Form halb Finger dick aus, lege eine Lage Farce, eine Lage fein geschnittenen Speck und gewürfelten Rehbraten darauf, und fahre so fort, bis es genug ist; dann schlage den Teig zusammen in Form einer Brodstollen, mache oben einige Löcher zum Eingießen des Saftes hinein, bestreiche sie mit Eiern und backe die Pastete recht schön. Während des Backens gieße ½ Maß Kalbsstand und 1 Schoppen Wein daran. Gibt man die Pastete kalt, wird sie mit Gelee garnirt.

802. Hasen-Pastete.

Wird ebenso bereitet, wie die Reh=Pastete, nur daß man statt Rehbraten Hasenbraten dazu nimmt.

803. Gänseleber-Pastete.

Man schneidet aus 2 schönen Gänselebern die Galle und dämpft sie in Butter weich, sowie auch 1½ Pfund Schweinefleisch und hackt dieses zusammen mit (für 6 kr.) Sardellen und Kapern und die Schale einer Citrone ganz fein; unterdessen macht man eine Buttersauce, gibt die Masse hinein nebst dem Saft einer Citrone, läßt es mit einander aufkochen, und treibt es durch ein Haarsieb; dann schneidet man Trüffeln in Stückchen und gibt sie in die Farce. Während dem macht man einen Teig von Mehl, Butter, 2 Eiern, ein wenig Salz und warmem Wasser;

rollt ihn ein paar Mal aus, macht eine Pastete, wie schon beschrieben, daraus, gibt eine Lage Farce hinein, wenn man noch eine Gänseleber hat, diese darauf und wieder eine Lage Farce; deckt den Deckel darauf, bestreicht sie mit Eiern, und backt sie in einem heißen Ofen. Man muß in die Mitte der Pastete eine Fingerhut große Oeffnung machen, damit dieselbe Luft hat, sonst würde sie platzen.

804. Pastete von Schinken-Resten.

Von 1 Pfund feinem Mehl, 12 Loth Butter, 1 Ei, und ⅛ Maß dickem, saurem Rahm wird ein Teig gemacht, derselbe in mehrere Theile geschnitten, und jeder Theil so dünn, wie möglich, ausgerollt; dann wird eine Form oder ein eiserner Tiegel mit Butter bestrichen und mit Teig ausgelegt; zugleich gekochter Schinken mit ein wenig Fett und einer Zwiebel ganz fein gehackt. Nun werden 5—6 Eier verklopft, mit ½ Maß dickem guten Rahm, Muskatnuß und dem Schinken durchgerührt, und von dieser Farce Finger dick auf den Teig gestrichen, ein rundes Blatt Teig darauf gelegt, und abwechselnd so fort gefahren, bis ein Stück Teig den Schluß macht. Dieses wird im heißen Ofen 1½ Stunde gebacken und gestürzt zur Tafel gegeben.

805. Englische Fleisch-Pastete.

Man macht im Kühlen einen Teig von ½ Pfund Mehl, 12 Loth Butter, 1 Ei und ½ Tasse voll Wasser, verarbeitet ihn gut und schneidet ihn in 2 nicht ganz gleiche Theile. Den kleinsten davon rollt man aus, schneidet 3 Finger breite Streifen daraus und belegt den Rand einer tiefen Schüssel damit, den man vorher mit Butter bestrichen hat; dann nimmt man kaltes gebratenes Fleisch, Geflügel oder verschiedene Reste, schneidet es in kleine Stücke, legt einige Speckscheiben auf den Boden der Schüssel, und das Fleisch darauf mit Salz, Nelken und Citronen=

scheiben. Nun gibt man 1—2 Tassen voll Jus oder gute
Fleischbrühe darüber, rollt den andern Teig etwas größer
wie die Schüssel aus, legt ihn über das Fleisch und biegt
den überhängenden Teig wie eine feine Rolle nach innen,
drückt ihn mit 2 Fingern rund herum, um den Rand zu
formen und bestreicht das Ganze mit Eiern, macht in die
Mitte Einschnitte in den Teig und läßt die Pastete 1¼
Stunde backen, doch muß die Oberhitze stärker als die
Unterhitze sein. Man servirt sie mit der Schüssel.

806. Englische Obst-Pastete.

Die Bereitung desselben ist wie die vorhergehende,
nur statt Fleisch füllt man die Pastete mit geschälten, in
Vierteln geschnittenen Aepfeln, streut viel Zucker, Citronenschale oder Zimmet lagenweise durch und gibt, wenn die
Aepfel nicht sehr saftig sind, einige Tassen voll Wein und
Citronenscheiben hinzu. Dann wird der Teig darüber
gelegt wie in der vorigen Nro. und diese Pastete 1 Stunde
gebacken.

807. Farce in Pasteten von gebackenen Fischen und Krebsen.

Gräte die gebackenen Fische aus, füge Petersilie, Citronenschale, in Milch geweichte und wieder ausgedrückte Mundbrode, Krebsschwänzchen und Scheeren hinzu, hacke es klein,
lasse Krebsbutter oder in deren Ermangelung Butter zergehen, rühre das Gehackte nebst ein wenig Salz und Muskatnuß darunter und lasse es unter beständigem Rühren
ein wenig dämpfen, dann gieße etwas Erbsenbrühe hinzu
und lasse es aufkochen, rühre hierauf 2—4 Eidotter daran
und ist die Farce erkaltet, fülle sie Finger dick auf das
untere Pastetenblatt und verfahre außerdem, wie schon
angegeben wurde.

808. Casserole-Pastete mit Stockfischen.

2 Pfund geweichte, ausgegrätete Stockfische werden mit kochendem Wasser leicht überbrüht; unterdessen ½ Pfund Butter abgerührt und 6 Eier, Salz und Muskatnuß hinzu gerührt. Hierauf wird der Stockfisch in einen Seiher zum Ablaufen gethan, dann in eine Schüssel gegeben, das Abgerührte leicht darunter gemengt und das Ganze in eine mit Butterteig ausgelegte Form gefüllt; diese mit einem Deckel bedeckt und, wie schon angegeben wurde, gebacken.

809. Pasteten-Farce mit Aepfeln.

Man brate gute Aepfel ganz weich, ziehe ihnen die Schale ab, vermische das Mark mit zerklopften Eidottern, gestoßenem Zucker, eingemachten Johannisbeeren oder Weichseln, Zimmet o. dgl., fülle dieses Finger dick auf das untere Pastetenblatt, und verfahre übrigens, wie schon angezeigt wurde.

810. Vom Backen kleiner Pastetchen.

Zu diesen ist ein Blätterteig besonders gut, doch kann man auch einen Butterteig dazu nehmen. Man rollt ihn dünn aus, sticht mit einem Wasserglase doppelt so viel Boden aus, als man Pastetchen haben will, legt die Hälfte auf ein mit Papier belegtes Blech, sticht hierauf mit einem kleineren Glase die andere Hälfte nochmals aus, wodurch die Ränder gebildet werden, welche ringsum genau auf die Unterblätter passen müssen. Bevor man solche auflegt, bestreicht man des Zusammenhaltens wegen den Rand der Unterblätter mit etwas kaltem Wasser. — Die Pastetchen füllt man nun vor oder nach dem Backen, welches bei starker Mittelhitze in 10 Minuten geschieht. Beim Durchbrechen eines derselben läßt sich am Besten erproben, ob sie fertig sind. Die Farce macht man dick, aber nicht steif, füllt sie heiß in die gebackenen Pastetchen, welche, wenn sie von Blätterteig gemacht sind, vorher inwendig etwas eingedrückt werden müssen und gibt sie warm zur Tafel.

811. Pastetchen von Geflügel.

Man macht eine Farce von ½ Pfund gebratenem Geflügel, 6 ausgewässerten, fein gehackten Sardellen, 2 Eßlöffeln voll Kapern, ¼ Pfund Butter, 4 Eidottern, ¼ Pfund in Fleischbrühe eingeweichten, wieder ausgedrückten Mundbroden, einigen Löffeln voll guter Jus, wenig Salz und dem zu Schnee geschlagenen Weißen von 2 Eiern; rührt die Masse recht fein, füllt sie in die ungebackenen Pastetchen und läßt sie 15 Minuten in guter Hitze backen.

812. Sardellen-Pastetchen.

Man hackt Kalbsbraten recht fein, röstet gehackte Chalotten in Butter gelb, gibt das Fleisch nebst Salz, Citronensaft und Schale, Muskatblüthe und etwas gute Jus oder Fleischbrühe hinzu, und rührt es eine Weile auf dem Feuer, bis es dick ist, rührt dann einige fein gehackte Sardellen und 1 Eidotter hinzu und füllt dieses nach dem Backen in kleine Pastetchen.

813. Englische Pastetchen.

½ Pfund ausgesteinte Rosinen, ½ Pfund Weinbeeren, beide gut gewaschen und wieder getrocknet, werden mit 10 Loth Nierenfett fein gehackt; dieses mit ½ Muskatnuß und 1 Tasse Rum vermischt, auf die Unterblätter der Pastetchen gelegt, welche statt eines Randes, mit einem Oberblatt bedeckt und hierauf gleich gebacken werden. Man legt sie kranzförmig, eine zur Hälfte auf der andern liegend, auf eine Schüssel, gießt Rum darüber, zündet ihn an und gibt die Pastetchen brennend zur Tafel.

814. Kalbfleisch-Pastetchen.

Ein Stück Kalbsbraten wird ganz fein gehackt, dann Citronenschale, Muskatblüthe und Salz dazu gegeben und dieses auf dem Feuer mit einem Stück Krebsbutter, oder in deren Ermangelung frischer Butter, etwas feingehackter Petersilie und ein wenig guter Jus oder Fleischbrühe zu einer dicken Farce gerührt und in die gebackenen Pastetchen gefüllt.

815. Schüssel-Pastetchen mit Bries-Ragout.

Mache einen mürben Teig, rolle ihn halb Finger dick aus, bestreiche die Schüsselformen mit Butter, belege sie mit diesem Teig, fülle rohen Reis hinein, stelle sie auf ein Blech und backe sie schön. Dann thue den Reis, welchen man wieder zur Suppe verwenden kann, heraus (denn un=ausgefüllt schrumpfen die Pastetchen zusammen), und mache folgende gute Ragout=Sauce: Nimm ein Stück Butter, röste darin einen Löffel voll Mehl, rühre es mit guter Fleischbrühe, Jus, etwas Wein und Citronensaft an, und lasse es kochen und durch's Haarsieb laufen. Dann schneide Briese, welche zuvor gedämpft wurden, in kleine Würfel, gib sie zu der Sauce, legire dieselben mit 1—2 Eidottern, und fülle die Masse warm in die Pastetchen. Backe zuvor Deckelchen von demselben mürben Teig, mit Eiern be=strichen und lege sie darauf.

816. Warme Hasen-Pastetchen.

Das Fleisch vom Hasen schneidet man von den Knochen, nimmt eben so schwer Butter und stößt beides im Mörser fein, treibt es durch's Haarsieb, gibt Salz, etwas Pfeffer und Muskatnuß hinzu, formt Finger dicke, 2 Finger breite runde Pastetchen daraus, macht diese glatt, legt sie in eine flache Pfanne mit Butter und läßt sie im Ofen nur an=

ziehen, dann sind sie schon fertig. Unterdessen macht man eine gute braune Sauce, richtet die Pastetchen schön an, und schüttet sie darüber. Auch kann man einen Reisrand außen herum geben.

817. Kartoffel-Pastetchen.

Man rühre 8 Loth Butter mit 6 Eidotter ab, gebe 8 gekochte geriebene Kartoffeln hinzu, nebst ein wenig Salz und den Schnee der Eier. Nun bestreiche man kleine Förmchen mit Butter, bestreue sie mit Weckmehl, thue von der Masse hinein, mache eine Höhlung in dieselbe, fülle diese mit einer beliebigen Farce, und decke sie mit der Masse wieder zu, stelle nun die Förmchen auf ein Blech, und backe sie im Ofen. Wenn sie fertig sind, werden sie gestürzt, und gewöhnlich nach der Suppe gegeben.

818. Hirn-Pastetchen.

Das Hirn wird gewaschen, abgehäutet und fein gehackt; dann etwas fein gehackte Zwiebel und Petersilie in einem Stück Butter gedämpft, das Hirn dazu gegeben nebst Salz, ein wenig Pfeffer und Muskatnuß und dieses gut unter einander gerührt. Unterdessen werden abgeriebene Mund-brode in Schnittchen geschnitten, auf einer Seite in ver-klepperte Eier getaucht, damit die Farce hängen bleibt, dieselbe darauf gestrichen, ein Mundbrodschnittchen darüber gelegt, so daß die Farce in die Mitte kommt; einige Eier mit einem Löffel voll Mehl verrührt und mit Milch ver-dünnt, darüber gegossen, damit sie weich werden, die Schnitten mit Weckmehl bestreut und im Schmalz ge-backen.

Torten und Kuchen.

819. Regeln im Allgemeinen.

Das Rühren der Torten und anderen Bäckereien muß immer nur nach einer Seite geschehen und ganz feines ge= siebtes, trockenes Mehl, sowie frische Eier genommen wer= den, da sonst die Masse schwer wird, und die Torten nicht schön gehen. Zum Schlagen des Eiweißes zu Schnee nimmt man eine flache Schüssel, läßt aber ja nicht das Geringste von den Dottern dazu kommen; schlägt es mit einem Schneebesen oder einer Gabel an einem kühlen Ort immer von einer Seite gleichmäßig, bis der Schnee so dick ist, daß man ihn umwenden kann. Etwas Citronensaft in das Eiweiß gegeben, befördert das Steifwerden sehr.

Bei allen gerührten Torten müssen die Eier zuerst recht stark gerührt und dann erst der Zucker, gestoßen oder ge= rieben und durch's Haarsieb getrieben, dazu gegeben werden; je feiner der Zucker ist, desto schöner werden die Torten. Bei Bisquit= oder Brodtorten darf man die Eier mit dem Mehl oder Brode nicht länger rühren, bis Alles gehörig vermischt ist, und muß die Masse sogleich in die Röhre oder den Backofen gebracht werden, da außerdem die Torten leicht mißrathen. Die Blechformen, in welchen man backen will, werden gut mit Butter ausgestrichen, und bei leichten Massen, wie Bisquit u. s. w., immer nur reichlich halb voll gefüllt. Torten und Kuchen werden am schönsten in einem Backofen gebacken, doch wenn sie in der Röhre ge= backen werden, so müssen die Formen auf einen Rost oder Backstein gestellt werden.

Ob eine Torte oder ein Kuchen ausgebacken ist, sieht man, wenn man mit einem spitzig geschnittenen Hölzchen

18*

in die Mitte derselben sticht und dann das Hölzchen durch die Finger zieht, bleibt dasselbe ganz trocken, so ist der Kuchen fertig, ist es dagegen feucht oder klebrig, muß der= selbe noch länger backen.

Um bei feinen Kuchen, als: Bisquit=, Sand=, und Mandelkuchen u. s. w. ein stärkeres Aufgehen hervor zu bringen, als es durch starkes Rühren und der Anwendung eines steifen Eiweißschnee's schon geschieht, so mische man mit dem Schnee je nach der Quantität $\frac{1}{8}$—$\frac{1}{2}$ Loth pul= verisirtes Hirschhornsalz durch die Masse.

Zur Bereitung eines guten Hefenteiges nehme man gute, frische Hefe, welche man, um ihr den unangenehmen Geschmack zu nehmen, einige Stunden in kaltes Wasser legt. Die Milch lasse man lauwarm werden, sowie auch Mehl, Butter, Zucker und die zum Einrühren bestimmte Schüssel erwärmen. Ist der Teig gut gerührt, wird der= selbe noch viel feiner, wenn man ihn wenigstens $\frac{1}{4}$ Stunde ununterbrochen tüchtig schlägt. Nachdem stelle man den= selben an einen warmen, zugfreien Ort, bedecke ihn mit einem erwärmten Tuch und lasse ihn langsam ungefähr $1\frac{1}{2}$—2 Stunden gehen, da ein langsames Gehen den Teig milde, ein zu rasches aber trocken und zähe macht.

820. Aepfel-Torte.

Hierzu macht man einen Butterteig, wovon man die Hälfte zu einem Unterblatt ausrollt und mit Weckmehl bestreut. Dann schneidet man geschälte Aepfel zu 4 Theilen und in feine Scheiben, legt sie lagenweise mit 4 Loth zu feinen Streifen geschnittenen Mandeln, 1—2 zu feinen Scheiben geschnittenen Citronen, Zucker und Zimmet und einigen Löffeln voll Weckmehl auf den Teig, bedeckt dieses mit einem Oberblatt oder macht ein Gitter darüber und backt die Torte bei starker Hitze.

821. Aepfel-Torte mit Schaumguß.

Eine Springform wird mit einem Bröselteig belegt und während dessen geschälte Aepfelschnitz mit etwas Wein, Zucker, gestoßenem Zimmet und klein geschnittener Citronenschale nicht zu weich gedämpft, erkaltet auf den Teig gelegt und in einer ziemlich warmen Röhre gebacken. Nun wird von 4 Eiweiß ein fester Schnee geschlagen, dann 8 Loth trockener, ganz fein gesiebter Zucker langsam darunter gerührt, bis beides vermengt ist, dieses glatt auf die Torte gestrichen, mit gestoßenem Zucker bestreut und in eine warme Röhre gestellt, bis der Schaum eine hellgelbe Farbe hat.

822. Aepfel-Torte anderer Art.

Rühre ¼ Pfund Butter ab, schlage 3 Eidotter eins nach dem andern hinein und zu jedem Ei einen Löffel voll Mehl, nebst 3 Löffeln voll Zucker, 3 Löffeln voll Wein und so viel Mehl dieses annimmt, rolle den Teig auf dem Nudelbrett einige Male aus, damit er recht fein wird und lasse ihn ein wenig ruhen. Unterdessen schäle Aepfel, schneide sie in dünne Schnitzchen und koche sie in halb Wasser, halb Wein und Zucker weich, doch müssen sie so viel wie möglich ganz bleiben. Dann rolle den Teig aus, schneide ein Blatt davon so groß du es haben willst, lege einen Rand herum, bestreiche es mit Eiern, gib die Aepfel darauf, streue gestoßenen Zimmet darüber und bedecke sie mit folgendem Guß: Rühre 4 Loth Zucker mit 4 Eidottern schaumig, gib 4 Loth feingestoßene Mandeln, einige Messerspitzen voll fein gestoßenes schwarzes oder weißes Brod und eine halbe auf Zucker abgeriebene Citrone hinzu, und backe den Kuchen in einer mittelmäßigen Hitze.

823. Braut-Torte.

Man rühre 1 Pfund gute Butter schaumig, gebe unter stetem Rühren abwechselnd nach und nach 1 Pfund fein

gestoßenen Zucker, 12 Eibotter, 1 Pfund mit Eiweiß fein
gestoßene Mandeln, die abgeriebene Schale einer Citrone
und 1 Kaffeelöffel voll Muskatblüthe hinzu und rühre
dieses ½ Stunde. Dann rühre man 1 Pfund Mehl hinzu sowie den Schnee der Eiweiß und backe davon 4 Kuchen
in einer Springform dunkelgelb. Zum Bestreichen derselben koche man folgenden Citronenbrei: Man lasse ¼
Pfund frische Butter zergehen, rühre ¼ Pfund geriebenen
Zucker, 1 auf Zucker abgeriebene Citronenschale, 4 Eibotter
und den Saft von 4 Citronen hinzu, rühre es stark, bis
es dicklich ist, nehme es dann schnell vom Feuer, rühre
noch eine Weile, bestreiche damit 3 Kuchen und lege alle
4 Kuchen auf einander. Andern Tags schneide man den
Rand mit einem Messer glatt, bestreiche den Kuchen mit
einem Zuckerguß und verziere ihn mit Myrthenblättchen.

824. Frucht-Torte.

Mache einen Teig von ¼ Pfund feinem Mehl, 4 Loth
Butter, 2 Eibottern und 2 Löffeln voll feinem Zucker, rolle
ihn einige Male aus und schlage ihn wieder zusammen, bis
er recht fein ist; ist dies geschehen, rolle ihn Messerrücken
dick aus und belege eine mit Butter bestrichene Springform
damit, stelle sie in die Röhre und lasse die Torte halb
fertig backen, alsdann belege sie mit eingemachten Früchten,
bedecke dieselben mit einer Masse von 6 zu Schnee geschlagenen Eiweiß, ¼ Pfund fein gestoßenem Zucker und
¼ Pfund geriebenen Mandeln, unter einander gemengt;
und lasse sie vollends fertig backen. Hierauf wird der
Rand der Form weggenommen, und die Torte kalt, mit
Zucker bestreut, servirt.

825. Frucht-Torte mit einem Guß.

½ Pfund Butter wird recht schaumig gerührt, 5 Eibotter und 4 Loth Zucker dazu gerührt und so viel Mehl

hinein gegeben, als dieses annimmt. Der Teig wird dann einige Male auf dem Nudelbrett ausgerollt, damit er recht glatt wird, beliebige Früchte darauf gelegt und beinahe halb fertig gebacken. Unterdessen wird folgender Guß gemacht: 12 Loth fein gestoßener Zucker, das Gelbe einer Citrone auf Zucker abgerieben, 16 Eidotter und 3 Löffel voll dicker saurer Rahm werden auf's Feuer gestellt, bis es unter fortwährendem Rühren dick geworden ist, dann, wenn es noch heiß ist, der Schnee der 16 Eiweiß darunter gemengt, die Torte damit belegt und fertig gebacken.

826. Frucht-Torte mit einem Guß anderer Art.

Die Torte wird wie in der vorhergehenden Nro. mit Früchten belegt. Unterdessen wird ein Guß bereitet von 10 Loth feinem Zucker, 4 ganzen Eiern und 4 Eidottern, nebst 12 Loth abgezogenen mit 4 Eiweiß gestoßenen Mandeln und fein gehackter Schale einer Citrone, alles zusammen leicht gerührt, und hierauf der Schnee von 4 Eiern und etwas feines Mehl darunter gehoben, die Torte damit bedeckt und langsam gebacken. Ist sie zur Hälfte fertig gebacken, wird ein Papier darauf gelegt, damit dieselbe nicht zu braun wird.

827. Citronen-Torte.

Zu dieser macht man einen Blätterteig; dann hackt man ¼ Pfund Mandeln recht fein, mengt 6 Loth fein gestoßenen Zucker, das Gelbe von 2 Citronen auf Zucker abgerieben sowie den Saft derselben darunter. Nun rollt man den Blätterteig gut Messerrücken dick aus, schneidet einen Boden nach einer Schüssel, so groß man ihn haben will, daraus und legt außen herum einen schmalen Streifen, bestreicht den Boden Finger dick mit obiger Masse, legt von dem Blätterteig ein Gitter darauf und neben herum,

wo dasselbe endigt, noch einen Streifen, bestreicht die
Torte mit Eiern und backt sie schön. Sobald sie aus dem
Ofen kommt, drückt man in jedes Gitter ein wenig Citro=
nensaft, und will man die Torte recht schön haben, rührt
man 1 Eiweiß mit 1 Loth fein gesiebtem Zucker eine
Viertelstunde, gibt einige Tropfen Citronensaft dazu und
rührt es so lange, bis es ganz dick ist, dann bestreicht
man das Gitter und den darum gelegten Streifen damit,
legt auf jedes Kreuz des Gitters etwas rothe eingemachte
Früchte und läßt die Torte in gelinder Hitze trocknen.

828. Citronen-Torte anderer Art.

Man belegt eine Form mit Butterteig und füllt darauf
eine Masse von 12 Loth feingestoßenen Mandeln, mit ¼
Pfund Zucker, der Schale einer und dem Saft von 4
Citronen gut gerührt. Hierauf mengt man 10 Loth Zucker
mit dem Schnee von 5 Eiern, streicht dieses darauf und
backt die Torte schön gelb.

829. Citronen-Torte mit Reis.

Hiezu wird ½ Pfund Reis Abends vorher gut ge=
waschen, abgebrüht und über Nacht mit Wasser bedeckt,
damit er ausquillt; andern Tags in demselben Wasser,
ohne ihn zu rühren, weich gekocht und zum Ablaufen auf
einen Seiher geschüttet. Dann reibt man die Schale einer
Citrone auf Zucker ab, schneidet von 3 Citronen die Schale
recht dick ab, kocht diese in Wasser weich, schneidet sie hier=
auf in Streifchen, kocht 2 Eßlöffel voll Zucker mit 1 Eß=
löffel voll Wein oder Wasser zu einem dicken Syrup und
kocht dieselbe so lange darin, bis sich der Zucker anhängt.
Den Saft der 4 Citronen rührt man mit ½ Pfund ge=
riebenem Zucker gut ab, und mischt den Reis mit einer
Salatgabel vorsichtig durch. Unterdessen rollt man einen
Blätterteig zu einem Unterblatt aus und legt einen finger=

breiten Rand einen halben Finger dick darauf, wobei zuvor der Raum ringsherum mit kaltem Wasser bestrichen werden muß, damit der Rand festhält. Nachdem der Kuchen gebacken und erkaltet ist, streicht man den Reis darüber und bestreut ihn mit der candirten Citronenschale.

830. Brösel-Torte.

Man arbeitet einen Teig von ½ Pfund fein gestoßenem Zucker, ⅓ Pfund fein gestoßenen Mandeln, ½ Pfund Butter, ¾ Pfund Mehl, etwas fein gehackter Citronenschale, Zimmet, Nelken, den Saft einer Citrone und 2 Eiern; füllt die von dem Teig gemachte Torte mit eingemachten Früchten, legt ein Gitter darauf, bestreicht es mit Eiern, bestreut es mit Zucker und Mandeln und backt sie schön.

831. Sand-Torte.

¾ Pfund Mehl, ½ Pfund Butter, ¼ Pfund fein gestoßener Zucker, 3 Eier und die fein gehackte Schale einer Citrone werden zu einem Teig gearbeitet, dieser Messerrücken dick ausgerollt, ein runder Kuchen davon gemacht und halb fertig gebacken. Unterdessen rührt man einen steifen Teig von ¼ Pfund gestoßenem Zucker, einem Eiweiß, dem Saft einer halben Citrone und ¼ Pfund länglich geschnittenen Mandeln, legt hiervon einen Rand um die halb fertige Torte sowie in die Mitte kreuzweise, backt sie vollends fertig, und füllt in die 4 leeren Theile eingemachte Früchte.

832. Sand-Torte anderer Art.

Rühre 12 Loth Butter und eben so viel Schmalz schaumig, rühre nach und nach ¾ Pfund fein gesiebten Zucker und 10—12 Eidotter, eins nach dem andern hinein, sowie die abgeriebene Schale einer Citrone, und ist dieses

$\frac{1}{2}$ Stunde gerührt, rühre langsam 1 Pfund fein gesiebtes Mehl dazu und mische den Saft der Citrone und 4 Eßlöffel voll Punsch=Extrakt oder 2 Eßlöffel voll Arac darunter, sowie zuletzt den Schnee der Eier leicht durchgezogen. Ohne die Masse hinzustellen, setze sie sogleich in der bereit stehenden Form in den Ofen und lasse sie bei mittelmäßiger Hitze 1—1¼ Stunde backen, während dieser Zeit darf nicht an die Form gestoßen werden. Die Unterhitze kann Anfangs stärker wie die Oberhitze sein, dann aber muß sie sehr vermindert und später das Feuer ganz darunter entfernt werden. — Vor dem Hinzuthun des Eiweißschnee kann man $\frac{1}{2}$ Loth Hirschhornsalz durchmischen, was ein vorzügliches Gehen bewirkt.

833. Sand-Torte anderer Art.

Man rührt ½ Pfund Butter schaumig, rührt in einer andern Schüssel ½ Pfund feingesiebten Zucker mit 8 Eidottern, gibt es alsbann zu der Butter und zieht durch diese Masse leicht ¼ Pfund feines Mehl, ¼ Pfund Kartoffelmehl, die abgeriebene Schale einer halben Citrone, sowie den Schnee von 8 Eiweiß. Man füllt das Ganze in eine mit Butter bestrichene und mit Weckmehl bestreute Form und backt sie langsam.

834. Bisquit-Torte.

20 Eier werden auf schwachem Feuer in einer Schüssel dick geschlagen, vom Feuer genommen, 20 Loth fein gesiebter Zucker hinein geschlagen und die Masse geschlagen bis sie kalt ist, dann 20 Loth Mehl und fein geriebene Citronenschale darunter gemischt und in mäßiger Hitze gebacken.

835. Bisquit-Torte anderer Art.

Man rühre 12 Eidotter recht schaumig, gebe hierauf 20 Loth feingestoßenen, gesiebten Zucker, die abgeriebene

Torten und Kuchen. 283

Schale einer Citrone nebst einem Eßlöffel voll Orangen-
oder Pomeranzenblüthwasser dazu, und rühre solches ¹/₂
Stunde nach einer Seite. Zuletzt menge man 14 Loth
Stärkmehl und den Schnee von 8 Eiweiß darunter, fülle
diese Masse sogleich in eine gut bestrichene Form und backe
sie sofort in einer nicht zu heißen Röhre langsam. 1—2
Quintchen Hirschhornsalz mit dem Eiweißschnee unter die
Masse gemengt, befördert ein besseres Gehen.

836. Marseiller Torte.

1 Pfund feines Mehl, 12 Loth Zucker, 4 Eidotter,
2 Eier und 2 Eßlöffel voll Butter werden zu einem Teig
gearbeitet, dieser ausgerollt, in kleine Würfel geschnitten
und im Schmalz gelbbraun gebacken. Dann wird 1³/₄ Pfund
Zucker mit etwas Rosen- oder Orangenblüthwasser ge-
schmolzen, gekocht und abgeschäumt, hierauf 6 Loth in
Würfel geschnittene verzuckerte Orangenschale, die zerschnittene Schale einer Citrone, 4 Loth süße, 2 Loth bittere
in Streifen geschnittene Mandeln, 1 Loth Zimmet, ¹/₂ Loth
Nelken, ³/₈ Loth Carbamom, alles fein gestoßen hineingegeben
und zuletzt die gebackenen Würfel. Nun preßt man diese
Masse in eine mit weißem Wachs bestrichene Form, läßt
sie erkalten, und stürzt sie ungebacken auf eine Schüssel.

837. Linzer Torte.

Man stoße ¹/₂ Pfund abgezogene Mandeln mit französischem Branntwein, sowie 3 hart gekochte Eidotter und
¹/₂ Pfund Zucker fein, rühre 12 Loth Butter mit 2 Eidottern schaumig, gebe ¹/₂ Pfund Mehl hinzu und die
feine Schale einer Citrone, arbeite Alles zu einem Teig,
rolle ihn halb Finger dick aus, schneide ein Unterblatt
davon, lege eingemachte Weichseln oder Johannisbeeren
darauf, bedecke sie mit einem Gitter von dem Teig und

mache am Rande auch eine solche Einfassung herum. Zu=
letzt bestreiche man die Torte mit Eidottern und backe sie.

838. Linzer Torte anderer Art.

Es werden ¼ Pfund mit 2 Eiern fein gestoßene
Mandeln mit ¼ Pfund Butter, ¼ Pfund Mehl, ¼ Pfund
Zucker und der abgeriebenen Schale einer halben Citrone
zu einem Teig gearbeitet, dieser ausgerollt und im Uebri=
gen wie in der vorigen Nro. angegeben wurde, verfahren.

839. Schweizer Torte.

Es wird ein Teig gemacht von ½ Pfund Mehl, 12
Loth Butter, 4 Loth gesiebtem Zucker und 2 Eiern, dieser
dünn ausgerollt in der Tortenform ausgebreitet und mit
einem schmalen Rand belegt. Dann gibt man eingemachte
oder frische Früchte darauf, letztere gehörig mit Zucker
versüßt, auch können Weintrauben dazu genommen wer=
den. Unterdessen rührt man ½ Pfund fein gestoßene
Mandeln, ¼ Pfund durchgesiebten Zucker und 6 Eiweiß
eine Viertelstunde recht stark, bedeckt damit die Früchte
und backt die Torte in guter Hitze.

840. Schwäbische Torte.

Hierzu nimmt man Blätter= oder mürben Teig, legt
davon einen Boden mit aufstehendem Rande in eine Spring=
form, bestreut das Unterblatt recht dick mit fein geriebe=
nem Milchbrode, streicht ein dick gekochtes Compot von
Johannisbeeren, Kirschen, Aepfeln oder Zwetschgen darauf
und bedeckt es mit folgendem Guß: ¼ Pfund durchge=
siebter Zucker, ¼ Pfund fein gestoßene Mandeln, die ab=
geriebene Schale einer Citrone und 6 Eidotter werden
eine Viertelstunde stark gerührt und mit dem steifen Schnee
dieser Eier vermischt. Die Torte wird in guter Hitze ge=

backen und ist der Guß gelb geworden, die Form mit Papier bedeckt, damit er nicht dunkler wird.

841. Mandel-Torte.

1 Pfund Butter wird schaumig gerührt, 1 Pfund gesiebter Zucker, 12 Eidotter, ¼ Pfund fein gestoßene bittere und eben so viel süße Mandeln, ½ geriebene Muskatnuß und das Gelbe einer Citrone nach und nach hinzu gerührt und eine halbe Stunde stark gerührt. Dann wird 1 Pfund feines Mehl hinein gerührt, sowie der Schnee von 10 Eiweiß leicht durchgemischt, diese Masse schnell in eine bestrichene Form gefüllt und sogleich in guter Hitze 1 bis 1¼ Stunden gebacken.

842. Mandel-Torte mit Früchten gefüllt.

Es wird ½ Pfund fein gestoßener Zucker mit 4 ganzen Eiern und 4 Eidottern recht schaumig gerührt, alsdann ½ Pfund mit 2 Eiweiß fein gestoßene Mandeln sowie die Schale einer Citrone hinzu gerührt und zuletzt der steife Schnee von 8 Eiweiß nebst 6 Loth feines Mehl leicht darunter gemengt. Diese Masse wird zu 3 runden Kuchen gebacken, hierauf der eine mit Quittenmarmelade bestrichen, der zweite darauf gelegt und mit Himbeermarmelade bestrichen und mit dem dritten bedeckt. Die Torte wird nun glacirt und mit Früchten verziert.

843. Punsch-Torte.

¾ Pfund Butter rührt man schaumig, rührt nach und nach ¾ Pfund Zucker, 9 Eidotter, die Schale und den Saft einer Citrone hinzu und rührt dieses stark eine halbe Stunde, dann fügt man ¾ Pfund Stärkmehl oder gesiebte Stärke hinzu, sowie den Schnee der 9 Eiweiß und nachdem noch ½ Tasse voll Arac durch die Masse ge=

mischt ist, füllt man sie sogleich in eine bereit stehende
Form und backt sie in mittelmäßiger Hitze 1—1¼ Stunden, hierauf wird die Torte mit einem Punschguß von
8 Loth Zucker glacirt.

844. Punsch-Torte anderer Art.

Es werden 10 Loth Zucker mit 10 Eidottern und
der fein gehackten Schale einer Citrone recht schaumig gerührt. Unterdessen werden auch 10 Loth Butter schaumig
gerührt, alsbann 10 Loth Mehl hinzu gerührt, die Masse
hierauf zusammen gegeben und der Schnee von 16 Eiweiß
leicht darunter gemengt. Nun wird die Hälfte der Masse
in eine gut bestrichene Form gefüllt, diese mit einer Lage
Himbeeren, welche mit Arac verdünnt wurden, bedeckt und
die andere Hälfte der Masse darauf gegeben, die Torte
sogleich gebacken und mit einem Punschguß glacirt.

845. Torte d'amour.

Man macht von 1½ Pfund Mehl einen mürben Teig,
formt daraus 3 große Kuchen, bestreicht sie mit Butter,
streut Zucker und Zimmet darauf und backt sie gehörig gelb.
Erkaltet, bedeckt man den ersten Kuchen mit einer dick gekochten Weincreme, den zweiten mit Himbeer- oder Johannisbeer-Gelee, legt dann alle drei auf einander, schneidet am folgenden Tage den Rand rings herum glatt,
macht einen Guß nach Belieben darauf, etwa von Chocolade oder Zucker mit Citronensaft, und verziert die Torte
mit eingemachten Früchten.

846. Macronen-Schaum-Torte.

¾ Pfund süße Mandeln, worunter 1 Loth bittere
sein können, werden mit Eiweiß nicht ganz fein gestoßen,
mit ½ Pfund durchgesiebten Zucker und dem Saft und
der Schale einer Citrone gehörig vermischt und mit dem

steifen Schnee von 5 Eiweiß gut durchgerührt. Vorher werden Oblaten nach der Form eines Kuchens zusammengeklebt, in die Kuchenform gelegt, die Macronenmasse darauf auseinander gestrichen und in schwacher Hitze gebacken, hierauf mit Frucht-Gelee bedeckt, 6 Eiweiß zu steifem Schnee geschlagen, mit ¼ Pfund durchgesiebtem Zucker und 6 Gran mit Zucker fein gestoßener Vanille durchgemischt über die Gelee gestrichen, mit Streuzucker verziert und in schwacher Hitze getrocknet.

847. Schmalz-Torte.

½ Pfund Schmalz wird recht schaumig gerührt, zu gleicher Zeit rührt man ½ Pfund fein gestoßenen Zucker mit 6 Eidottern recht schaumig, gibt die Masse zusammen und rührt sie noch eine halbe Stunde, dann gibt man 2 Loth süße und 1 Loth bittere fein gestoßene Mandeln, die fein gehackte Schale einer Citrone und ½ Pfund Stärkmehl dazu, rührt Alles eine Viertelstunde und hebt den Schnee der 6 Eiweiß langsam darunter. Die Masse füllt man in eine mit Butter bestrichene und mit Weckmehl bestreute Form und backt sie in mittelmäßiger Hitze.

848. Guß-Torte.

½ Pfund Zucker wird mit 6 Eidottern und 6 ganzen Eiern 1 Stunde gerührt und ½ Pfund fein gestoßene Mandeln und die Schale einer Citrone gut darunter gerührt. Unterdessen wird eine Springform mit Butterteig belegt, der Boden mit eingemachten Früchten, von denen zuvor aller Saft abgelaufen ist, bestrichen; dann die Masse darüber gegossen und gebacken.

849. Rahm-Torte.

Man macht ½ Maß süßen Rahm mit Zucker nach Geschmack kochend, rührt 10 Eidotter mit wenig kaltem

Waffer glatt an, rührt es zu dem Rahm und läßt es
unter beständigem Rühren auf dem Feuer dick werden,
gibt die auf Zucker abgeriebene Schale von 4 Citronen
hinzu und läßt es erkalten. Unterdessen belegt man eine
bestrichene Form mit Butterteig, füllt die Masse hinein,
bestreut sie mit Zucker und Zimmet und backt sie schön.

850. Anis-Torte.

³/₄ Pfund Zucker rühre man mit 12 Eibottern leicht
ab, rühre die abgeriebene Schale und den Saft einer
Citrone sowie 1 Löffel voll Anis dazu, und menge den
steifen Schnee von 12 Eiweiß nebst 16 Loth feines Mehl
leicht darunter. Nun fülle man die Masse sogleich in eine
gut bestrichene Form und backe sie schön gelb.

851. Chocolade-Torte.

Man löst ¹/₂ Pfund Chocolade in Waffer zu einem
dicken Brei auf; rührt ¹/₂ Pfund Butter recht schaumig,
rührt ¹/₂ Pfund gestoßenen Zucker, 8 Loth mit der Schale
geriebene Mandeln, 6 Eier, die Chocolade und 8 Loth
Weckmehl hinzu, rührt Alles noch gut, bestreicht 2 Formen
mit Butter, bestreut sie mit Zucker, und backt in jeder die
Hälfte der Masse. Dann belegt man die eine Hälfte mit
Himbeer-Marmelade, legt die andere Hälfte darauf und
glacirt die Torte. Man kann dieselbe auch ohne Früchte
geben.

852. Chocolade-Torte anderer Art.

Man rührt ³/₄ Pfund fein gestoßenen Zucker, reich=
lich ¹/₂ Pfund fein gestoßene Mandeln, ein Stück Vanille
mit etwas Zucker gestoßen und 16 Eibotter ³/₄ Stunden,
damit es recht schaumig wird, rührt dann 4 Täfelchen
geriebene Vanille-Chocolade und 2 Kaffeelöffel voll Mehl
dazu und mischt den festgeschlagenen Schnee von 10 Eiweiß

leicht barunter, füllt die Masse in eine gut bestrichene Form und backt sie in mittelmäßiger Hitze. Man läßt die Torte in der Form erkalten, stürzt sie dann heraus und bestreut sie dick mit Zucker.

853. Brod-Torte.

Man stößt 18 Loth süße Mandeln mit der Schale und 2 Loth bittere Mandeln ohne Schale mit Eiweiß recht fein, rührt ³/₄ Pfund durchgesiebten Zucker, 16 Eidotter, den Saft und die Schale einer Citrone hinzu und rührt dieses eine halbe Stunde. Dann fügt man 4 Loth Citronat, ¹/₂ Loth Zimmet, ¹/₄ Loth Nelken, ¹/₈ Loth Muskatblüthe und 8 Loth getrocknetes, gestoßenes, fein gesiebtes, mit 1 Glas Rothwein angefeuchtetes Schwarzbrod hinzu und vermischt dieses mit dem festen Schnee von 12 Eiweiß. Diese Masse backt man in einer gut bestrichenen mit geröstetem Brod bestreuten Form 1—1¹/₂ Stunde und macht dann einen Guß mit Citronensaft und Chocolade darüber.

854. Brod-Torte mit Chocolade.

12 Eidotter, ³/₄ Pfund gesiebter Zucker, 6 Loth süße Chocolade, ¹/₂ Loth Zimmet, die abgeriebene Schale einer Citrone oder ein Stückchen mit Zucker fein gestoßene Vanille wird eine halbe Stunde mit einander gerührt, dann 18 Loth geriebenes, gesiebtes Schwarzbrod hinzugerührt, das Ganze mit dem steifen Schnee der 12 Eiweiß vermischt und wie im Vorhergehenden gebacken.

855. Kartoffeln-Torte.

Man kocht gute mehlige Kartoffeln, schält und reibt sie, nachdem sie völlig erkaltet sind, auf einem Reibeisen. Hierauf rührt man 8 Eidotter mit 12 Loth durchgesiebtem Zucker eine halbe Stunde, gibt dann 3 Löffel voll geschälte, fein gestoßene bittere Mandeln, die abgeriebene

Schale einer Citrone und ½ Pfund geriebene Kartoffeln hinzu, rührt Alles mit einander recht gut, und mengt zuletzt den Schnee der Eiweiß leicht unter die Masse; füllt diese in eine bestrichene mit Weckmehl bestreute Form und backt sie sogleich.

856. Süße Käse-Torte.

Zu 1½ Maß gutem Rahm rührt man 15 Eier, fügt Zucker und Zimmet hinzu, und läßt es in einem Topf, welcher in kochendes Wasser gestellt wird, gerinnen. Nach einer Weile seihet man die Molken ab und vermengt den Käse mit Weinbeeren und Rosinen. Hierauf verfertigt man einen Kuchen von beliebigem Teig, setzt einen hohen Rand darauf, gibt die Masse hinein, backt die Torte ohne Deckel schön gelb und bestreut sie mit Zimmet.

857. Hefen-Torte.

Man rührt ½ Pfund Butter mit 2 Eiern und 4 Eidottern nebst Zucker und 4 Löffeln voll süßen Rahm recht schaumig, gibt 2 Löffel voll Hefe und ½ Pfund feines Mehl dazu und schlägt den Teig so lange, bis er sich vom Löffel löst. Hierauf gibt man die Hälfte desselben in eine mit Butter bestrichene Tortenform, füllt ein nicht zu flüssiges eingemachtes Obst darauf, macht von der andern Hälfte des Teiges Streifen, legt diese kreuzweise darüber, läßt die Torte gehen, bestreicht sie mit Eiern und Zucker und backt sie langsam.

858. Haselnuß-Torte.

Es werden 8 Loth ausgelöste, gut getrocknete Haselnüsse mit 2 Eiern fein gestoßen und mit 8 Loth Zucker und 8 Eidottern schaumig gerührt, dann 2 Loth Mehl sowie der Schnee von 6 Eiweiß darunter gemengt und diese Masse in eine mit Butter bestrichene und Weckmehl bestreute Form gefüllt und langsam gebacken.

859. Haselnuß-Torte anderer Art.

8 Loth Zucker werden mit 12 Eidottern und 8 Loth im Ofen gelb gerösteten, mit 2 Eiern feingestoßenen Haselnüssen schaumig gerührt, 6 Loth Bisquitbröseln, 2 Loth Mehl und der Schnee von 6 Eiweiß darunter gemengt und langsam gebacken.

860. Obst-Torte mit einem Guß.

Man arbeitet einen Teig von 1¼ Pfund Mehl, ein Pfund Butter, 12 Loth Zucker, der abgeriebenen Schale einer Citrone und 6 Eidottern, welchen man über Nacht im Keller stehen läßt; hierauf wird derselbe ausgerollt, mit einem Rand versehen, mit Eiern bestrichen, mit beliebigen Früchten belegt und beinahe fertig gebacken. Unterdessen macht man folgenden Guß: Zu dem steifen Schnee von 3 Eiweiß rührt man langsam 12 Loth fein gestoßenen Zucker nebst der Schale einer halben Citrone, bedeckt die Torte damit und läßt sie bei ganz gelinder Hitze ausbacken. Die Masse gibt 4—5 Torten und lassen sich diese 8—10 Tage aufheben.

861. Trauben-Torte.

Pflücke die Trauben ab, bestreue sie dick mit Zucker, lasse sie 3 Tage lang stehen und koche sie dann auf; nimm hierauf die Beeren aus dem Safte und lasse diesen noch etwas einkochen, gib die Beeren wieder hinein und lasse sie über Nacht stehen. Den andern Tag nimm dieselben nochmals heraus und koche den Saft zu Gelee ein. Unterdessen mache man von einem Butterteig eine Torte mit einem Gitter, lege die Beeren darauf und backe sie schön. Wenn sie fertig ist, wird der Saft hineingegossen.

862. Trauben-Torte anderer Art.

Man beert 6—8 gute Trauben ab, streut eine Hand voll Zucker darauf und thut sie in einen Seiher, damit der Saft ablaufen kann. Unterdessen belegt man eine Springform mit Butterteig und backt ihn schön. Nun vermengt man eine Hand voll geschälte, gestoßene Mandeln, eben so viel Zucker, etwas gestoßenen Zimmet und fein geschnittene Citronen- und Pomeranzenschale mit einander, streut die Hälfte davon auf den gebackenen Teig, legt die Traubenbeeren darauf und bedeckt diese mit der andern Hälfte. Hierauf schlägt man 6 Eiweiß zu Schnee, rührt eine Hand voll fein gesiebten Zucker hinein, bedeckt die Torte damit und backt sie schön.

863. Johannisbeer-Torte.

Man rührt ½ Pfund geschälte, fein gestoßene Mandeln und ¼ Pfund fein gesiebten Zucker mit dem Schnee von 8 Eiweiß eine Viertelstunde recht gut ab, nimmt unterdessen so viel abgepflückte Johannisbeeren, daß man den Boden einer Form damit bedecken kann, bestreut sie mit einigen Hand voll gestoßenem Zucker und läßt sie eine Zeit lang stehen. Nun füllt man die Hälfte der gerührten Masse in eine bestrichene Form, gibt die Johannisbeeren in die Mitte und die andere Hälfte der Masse darauf und backt die Torte in mittelmäßiger Hitze.

864. Erdbeeren-Torte mit Vanille-Creme.

Man rollt einen Blätterteig zum Kuchen aus, belegt ihn mit einem nicht zu flachen Rande und backt ihn schön. Nun macht man folgende Creme: Man rührt Rahm mit einem halben Eßlöffel voll Stärkmehl oder 1 Loth aufgelöste Gelatine mit 8 Eidottern, gibt 12 Loth feinen Zucker und ein Stückchen mit Zucker fein gestoßene Vanille

hinzu und schlägt solches auf nicht zu starkem Feuer bis
vor's Kochen. Schnell abgenommen, schlägt man den
Schnee von 6 Eiweiß darunter und schlägt noch so lange
fort, bis die Creme nicht mehr heiß ist. Unterdessen müssen
die Erdbeeren leicht gewaschen, auf einem Haarsieb abgetropft und dick mit Zucker bestreut worden sein. Man
rührt diese, wenn die Torte zur Tafel gebracht werden
soll, unter die Creme und füllt solche bis an den Rand
auf die Torte.

865. Kirschen-Torte.

Die Hälfte eines mürben oder Blätterteiges wird zu
einem Unterblatt ausgerollt, mit geriebenem Milchbrod
bestreut, ein guter Teller voll saure ausgesteinte Kirschen
mit Zucker und Zimmet vermischt, ohne den ausgelaufenen
Saft auf den Kuchen gelegt, von der andern Hälfte des
Teiges ein Gitter darauf gemacht und in starker Hitze gebacken. Der Saft wird mit Zucker etwas eingekocht, und
wenn die Torte zur Tafel gebracht wird, mit einem Kaffeelöffel in die schrägen Vierecke gefüllt.

866. Kirschen-Torte mit einem Guß.

Dieselbe wird gemacht, wie die Vorhergehende, doch
ohne Gitter darauf, dann schlägt man dicken sauren Rahm
mit dem ausgelaufenen Kirschensaft, im Ganzen ungefähr
¼ Maß, mit 4—5 Eidottern, versüßt es mit Zucker und
Zimmet, und gibt es, wenn die Torte beinahe fertig ist,
über die Kirschen und läßt sie vollends fertig backen.

867. Weichsel-Torte.

Mache einen Teig von ¼ Pfund Butter, ¼ Pfund
Mehl, 1 Ei und ein wenig Salz, rolle ihn Messerrücken
dick aus und belege eine Springform damit. Dann rühre ¼
Pfund Zucker mit 8 Eidottern schaumig, rühre ¼ Pfund

Mandeln mit der Schale auf dem Reibeisen gerieben, 4 Loth fein gehackte Citronat= und Pomeranzenschale, die fein gehackte Schale einer halben Citrone und etwas Zimmet und Nelken dazu, und menge den Schnee der Ei= weiß darunter nebst 3 Löffeln voll feines gedörrtes und ge= siebtes schwarzes Brod. Unterdessen belege man den Teig mit Weichseln, fülle die Masse darauf und backe sie in ³/₄ Stunde fertig.

868. Sünchinger Törtchen.

6 Loth Butter werden recht schaumig gerührt, 6 Loth fein gestoßener Zucker, 6 Loth Mehl und 1 Ei dazu ge= geben und mit einander recht fein gerührt, dann Messerrücken dick ausgerollt, auf ein Blech gelegt und gebacken. Hierauf Blättchen so groß wie ein Kronenthaler daraus gestochen, die Hälfte davon mit eingemachten Früchten bestrichen und alle zwei Mal auf einander gelegt.

869. Sand-Törtchen.

Es werden ½ Pfund Butter, ½ Pfund Zucker, ³/₄ Pfund Stärkmehl mit 6 Eiern zu Schaum gerührt, nebst dem Geschmack von Orangen, Citronen oder Vanille; die Masse in kleine mit Butter bestrichene Förmchen gefüllt und in einem gelinden Ofen gebacken.

870. Glace zu Torten.

Will man eine Torte glaciren, so schlägt man 1—2 Eiweiß zu Schnee, rührt so viel Zucker und den Saft einer halben Citrone dazu, daß es ein dicklicher Brei wird, thut einen halben Kaffeelöffel voll geläuterten Zucker daran, be= streicht die Torte damit und belegt sie in allerlei Figuren von eingemachten Früchten.

871. Mandel-Guß.

4 Loth fein gestoßener Zucker, 4 Loth fein gestoßene Mandeln und 4 Eidotter werden zusammen ganz schaumig gerührt, 1 Loth gedörrtes, fein gestoßenes, schwarzes Brod und der Schnee der Eier darunter gemengt und diese Masse auf eine halb fertig gebackene Frucht=Torte gestrichen und dann fertig gebacken.

872. Spritz-Glace.

12 Loth getrockneter, fein gestoßener Zucker wird durch ein feines Seidensieb in eine Porzellanschüssel gesiebt und mit 1 Eiweiß und einigen Tropfen Citronensaft ¼ Stunde schaumig gerührt. Die Glace muß schneeweiß sein und dick vom Löffel laufen, sollte sie zu dick sein, wird noch etwas Eiweiß hinzugefügt. Will man dieselbe nicht gleich verbrauchen, so zieht man ein Stück Papier durch's Wasser und legt es darüber, damit sie keine Kruste bekommt.

873. Rothe Zucker=Glace.

In die vorhergehende Glace gebe man statt Citronensaft einige Tropfen Erdbeersaft oder Cochenille.

874. Grüne Zucker-Glace.

Hiezu stößt man Spinat im Mörser, drückt ihn durch ein Tuch, läßt den Saft in geläutertem Zucker etwas aufkochen und gibt ihn in die Spritz=Glace, jedoch ohne Citronensaft.

875. Chocolade=Glace.

Einige Loth Chocolade werden mit wenig Wasser auf schwachem Feuer erweicht, dann mit halb so viel ganz feinem Zucker vermischt, und mit dem nöthigen Eiweiß zur Glace gerührt.

876. Gelbe Zucker-Glace.

Man gibt etwas Eibotter in die oben beschriebene Glace.

877. Braune Zucker-Glace.

In die Spritz-Glace wird statt Citronensaft fein ge-stoßener Zimmet gegeben.

878. Gekochte Chocolade-Glace.

6 Loth Chocolade und 12 Loth Zucker werden mit 1 Schoppen frischem Wasser angerührt und auf schnellem Feuer unter fortwährendem Rühren so lange gekocht, bis sich von der Masse, wenn man ein wenig zwischen die Finger nimmt, ein Faden ziehen läßt, dann nimmt man sie vom Feuer, rührt sie noch eine Weile, wodurch der Zucker ruhig wird, läßt sie abkühlen und begießt damit das Backwerk oder wendet es darin um.

879. Gekochte Zucker-Glace.

8 Loth feiner Zucker wird mit ein Paar Eßlöffeln voll Wasser begossen, und dieses so lange auf schwaches Feuer gestellt, bis der Zucker gut warm geworden ist, und an der Seite anfängt zu schmelzen, worauf die Glace zum Ueberziehen der Torten oder Bäckereien sogleich ver-braucht wird.

880. Punsch-Glace.

Fein gestoßener Zucker wird mit Rum oder Arac und etwas Citronensaft angerührt, so daß es mit dem Messer auf das Backwerk gestrichen werden kann.

881. Wasser-Glace.

Man rührt 8 Loth ganz fein gesiebten Zucker mit so viel frischem Wasser an, daß es eine dick fließende

Glace gibt, welche man eine Viertelstunde kochen läßt und dann verbraucht.

882. Bisquit.

Man schlägt 13 Eiweiß zu einem ganz festen Schnee; rührt 15 Eidotter mit der abgeriebenen Schale und dem Saft einer Citrone unter einander und läßt dieses lang=sam in den Schnee laufen, indem man denselben mit einem Schneebesen fortwährend stark schlägt, dann gibt man ½ Pfund durchgesiebten Zucker hinein, sowie ½ Pfund Stärk=mehl und schlägt nun nicht länger, bis dieses mit der Masse vereinigt ist. 2 Quintchen Hirschhornsalz durchgemischt, befördert ein besseres Gehen. Nun füllt man die Masse sogleich in eine gut bestrichene und bestreute Form und ohne sie eine Minute stehen zu lassen, backt man sie in mittel=mäßiger Hitze in einer Stunde. Um das zu frühe Gelb=werden zu verhüten, was bei Kuchen ohne Butter so leicht der Fall ist, so decke man ihn in der ersten halben Stunde zu.

883. Bisquit mit Chocolade.

12 Eiweiß, 15 Eidotter, ¾ Pfund durchgesiebter Zucker, 4 Loth bittere, geriebene, durchgesiebte Chocolade, ¼ Loth Zimmet, etwas mit Zucker gestoßene Vanille und 12 Loth feines Stärkmehl werden wie im Vorhergehenden geschlagen und gebacken.

884. Semmel-Bisquit.

Auf jedes Ei nimmt man 1 Loth Zucker und 1 Loth durchgesiebtes Weckmehl, die Eidotter werden mit dem Zucker, Saft und Schale einer Citrone und Zimmet mit einem Schneebesen ¼ Stunde stark geschlagen, dann das Weckmehl hinein gestreut, sogleich der steife Schnee der Eier leicht darunter gemischt und in einer gut bestrichenen Form eine Stunde gebacken.

885. Carmeliter-Kuchen.

9 ganze und 2 Eibotter werden schaumig geschlagen, ¾ Pfund durchgesiebter Zucker, ½ Pfund mit Rosenwasser nicht ganz feingestoßene Mandeln mit der Schale, 3 Eßlöffel voll Kirschenwasser, die abgeriebene Schale einer Citrone, ¼ Loth Zimmet und 1 Muskatnuß nach und nach hinzu gerührt, dann die Masse ½ Stunde stark gerührt, ½ Pfund feines Mehl darunter gemischt und in mittelmäßiger Hitze gebacken.

886. Kränze von Blätterteig mit Mandeln gefüllt.

Man macht einen Teig von ½ Pfund geschälten, mit Rosenwasser fein gestoßenen Mandeln, ½ Pfund Zucker, 1 Ei, der abgeriebenen Schale einer Citrone und ¼ Loth Zimmet; rollt ihn einen halben Finger dick aus und schneidet ihn in schmale Streifen. Zugleich rollt man einen Blätterteig aus, schneidet die Streifen so viel breiter, daß sie den Mandelteig einschließen, sowie 2 Finger breit länger, bestreicht die Kränze mit Eiern, taucht sie in grob gestoßenen Zucker, legt sie einzeln kranzförmig auf ein Blech und backt sie in guter Hitze schnell gelb.

887. Kränze von Butterteig mit eingemachten Früchten.

Man rollt einen guten Butterteig Messerrücken dick aus, schneidet 3 Finger breite und 2 Finger lange Streven davon und bestreicht diese auf beiden Seiten mit Eiern; gibt in die Mitte eingemachte Früchte, schlägt die beiden Seiten oben zusammen, formirt Kränze daraus, legt sie auf ein mit Mehl bestäubtes Blech, bestreicht sie dann mit Eiern, bestreut sie mit grob gestoßenem Zucker und backt dieselben in einer gut geheizten Röhre schön gelb.

888. Plump-Kuchen.

Man rührt 1 Pfund Butter schaumig, rührt ½ Pfund Zucker mit 12 Eibottern gut ab, rührt die Butter dazu nebst ·½ Pfund Rosinen, ½ Pfund Weinbeeren, ½ Loth Zimmet, Citronenschale und ¼ Loth Nelken, rührt dieses ½ Stunde, bis es Blasen wirft und mischt dann den Schnee der Eiweiß, sowie 1 Pfund fein gesiebtes Stärkmehl und 1 Gläschen Arac oder Madeira darunter. Diese Masse füllt man sofort in eine hergerichtete Form und backt sie in mittelmäßiger Hitze 1½ Stunde.

889. Reis-Kuchen.

¾ Pfund Reis wird in Wasser abgebrüht und mit Milch langsam weich und recht dick gekocht, doch müssen die Körner ganz bleiben. Dann werden 12 Loth Butter schaumig gerührt und unter fortwährendem Rühren ½ Pfund feiner Zucker, 12 Eibotter, ¼ Pfund süße und 12 Stück bittere fein gestoßene Mandeln, ¼ Loth Zimmet, die abgeriebene Schale einer Citrone und der Reis hinzu gegeben, hierauf der steife Schnee von 10 Eiweiß durchgemischt. Diese Masse wird in einer gut bestrichenen, mit Weckmehl bestreuten Springform in mittelmäßiger Hitze 1¼ Stunde gebacken.

890. Nudel-Kuchen.

Man macht von 3 Eiern gewöhnliche Nudeln, kocht diese in der Milch gut aus und gießt die übrige Milch wieder davon ab. Während dessen rührt man ½ Pfund Butter mit 5 Eibottern recht schaumig, rührt fein gestoßenen Zucker, ein wenig Salz und 4 Loth Weinbeeren dazu, schüttet alsbann die Nudeln ganz leicht darunter und mischt hierauf den steifen Schnee der Eiweiß durch. Nun bestreicht man eine Form mit Butter, bedeckt ben

Boden derselben mit Papier, füllt die Masse hinein und backt sie in einer halben Stunde fertig. Gestürzt, bestreut man den Kuchen mit gestoßenem Zucker.

891. Blitz-Kuchen.

Zu ¼ Pfund abgerührter Butter gibt man ¼ Pfund fein gestoßenen Zucker, eben so viel Mehl, 2 Eier und 1 Eidotter, macht davon einen Teig und läßt ihn auf ein Blech laufen, streicht ihn dann klein Finger dick aus= einander, bestreicht ihn mit Eiern, bestreut ihn mit grob gestoßenem Zucker und Mandeln und backt ihn langsam.

892. Königs-Kuchen.

Rühre ½ Pfund Butter recht schaumig, rühre 8 Ei= dotter nach und nach darunter, hierauf 8 Loth gestoßene Mandeln, 8 Loth feines Weckmehl, 2 Loth fein gehackten Citronat, 8 Loth fein gestoßenen Zucker, etwas Zimmet, Weinbeeren und Rosinen, schlage Alles gut ab, und menge dann den Schnee der 8 Eiweiß darunter, hierauf fülle den Teig Finger dick in eine gut bestrichene mit Weckmehl bestreute Form und backe ihn in nicht zu starker Hitze. Alsdann stürze den Kuchen heraus, erkaltet, streue Zucker darüber, und glacire denselben mit einer glühenden Schaufel.

893. Mandel=Kuchen.

¼ Pfund feingestoßene Mandeln werden mit 4 Ei= dottern, 2 ganzen Eiern, 6 Loth gestoßenem Zucker und etwas fein geschnittener Citronenschale gut gerührt. Unter= dessen wird von Butterteig ein runder Kuchen Messerrücken dick ausgerollt, auf ein mit Mehl bestäubtes Blech gelegt, die Mandelmasse darauf gestrichen, jedoch rings herum 2 Finger breit frei gelassen, ein Blatt von Butterteig, mit Eiern bestrichen, darauf gelegt und von demselben Teig ein halb Finger dicker und ebenso breiter Streifen um den Kuchen gelegt. Nun schneidet man mit dem Feder-messer oben einige Schnitte hinein, bestreicht ihn mit Eiern, bestreut ihn mit grob gestoßenen Mandeln und Zucker und backt ihn in einer mittelmäßig geheizten Röhre, bis der Teig in die Höhe gestiegen und der Zucker gut glacirt ist, wozu eine gute Viertelstunde nöthig ist, während dessen der Ofen nicht geöffnet werden darf.

894. Kaffee-Kuchen.

Man lasse ½ Maß Milch mit ¼ Pfund Butter kochen, rühre 14 Loth Mehl hinein und trockne den Teig auf dem Feuer ab, bis er sich von der Pfanne löst. Etwas erkaltet, rühre man ¼ Pfund Zucker und 6 Eier nach und nach hinein, lege von dieser Masse mit einem Eßlöffel Kuchen auf ein mit Mehl bestäubtes Blech, bestreiche sie mit verklopftem Ei, bestreue sie mit Zucker, und backe sie in einer nicht zu heißen Röhre.

895. Anisbrod.

Rühre ½ Pfund Zucker mit 9—10 Eiern, wo von zweien das Weiße weggelassen wurde, eine halbe Stunde recht schaumig, menge für 1 kr. Anis und ½ Pfund feines Mehl leicht darunter, fülle die Masse sogleich in eine gut bestrichene Form und backe sie.

896. Anisbrod anderer Art.

Man rührt ½ Pfund Zucker mit 2 Eiern und 6 Ei-dottern recht schaumig, gibt einen Löffel voll Anis und 12 Loth Mehl darunter, mengt den Schnee von 6 Eiweiß hinein, füllt die Masse in eine bestrichene Form und backt sie langsam.

897. Magdalenen-Kuchen.

1½ Pfund feines Mehl wird auf dem Nudelbrett gesiebt, und 1 Pfund davon in die Mitte auf einen Haufen gebracht. Alsdann werden 6 Eidotter, 5 Loth feiner Zucker, 2 Eßlöffel voll Vanillezucker, etwas Salz und 1 Schoppen süßer Rahm dazu gegeben. Man knetet dieses nun zu einem leichten Teig, arbeitet denselben gut ab, bis er recht glatt ist und stellt ihn 1 Stunde zum Ruhen an einen kühlen Ort. Hierauf rollt man ihn zu einem 2 Finger dicken runden Kuchen aus, legt ihn auf ein mit Butter bestrichenes Papier auf ein Blech, bestreicht ihn mit ver= klopften Eiern, bestreut ihn mit gespaltenen Mandeln und Zucker und backt ihn in mittelmäßiger Hitze.

898. Magdalenen-Kuchen anderer Art.

¹/₂ Pfund Butter wird mit 8 Eiern und ¹/₄ Pfund Zucker schaumig gerührt, ¹/₂ Pfund feines Mehl und die auf Zucker abgeriebene Schale einer Citrone hinzu gerührt, diese Masse auf ein mit Butter bestrichenes Blech gestrichen und in einer mittelmäßigen Hitze gebacken. Nun werden kleine Plätzchen davon ausgestochen, mit eingemachten Früchten bestrichen, 2 auf einander gelegt und mit Zucker braun glacirt. Auch kann man große Kuchen von der Masse bereiten.

899. Weichselkuchen.

12 Eidotter, 12 Loth gestoßener Zucker und der Schnee von 3 Eiweiß werden zusammen recht schaumig gerührt, dann 10 Loth gedörrtes weißes oder schwarzes Brod, etwas feiner Zimmet, 4 Loth fein gestoßene Mandeln, für 6 kr. Citronat und Pomeranzenschale, eine auf Zucker abgeriebene Citrone und die Hälfte von dem Schnee der 9 Eiweiß dazu gegeben, hierauf 1 Pfund abgepflückte Weichseln darunter gemengt und zuletzt der übrige Schnee, damit der Teig recht leicht wird, dieser in eine mit Butter bestrichene, mit Weckmehl bestreute Form gefüllt und in mittelmäßiger Hitze gebacken.

900. Weichselkuchen anderer Art.

Ein Blech, mit einem schmalen Rand versehen, wird mit einem dünn ausgerollten Butterteig belegt, dieser mit guten Weichseln bedeckt und folgender Guß darüber gemacht: Man rührt 4 Eier, 4 Löffel voll feinen Zucker, ein wenig Zimmet und 4 Löffel voll geriebenes Weckmehl von Hörnchen gut untereinander, gießt es über den Kuchen und backt ihn sogleich in einer gut geheizten Röhre schön gelb.

901. Johannisbeer-Kuchen.

6 Loth Butter werden schaumig gerührt, 6 Eier nach und nach daran geschlagen und für 2 kr. mürbes Weckmehl, ½ Schoppen süßer Rahm, Zucker und Vanille, bis die Masse süß genug ist, hinzu gegeben. Dann werden ein paar Hand voll Johannisbeeren abgepflückt, mit Zucker bestreut, langsam unter die Masse gemengt, in einen flachen Tiegel Schmalz gethan, dieselbe auf schwachem Feuer herausgebacken und mit Zucker bestreut zur Tafel gegeben.

902. Aepfelkuchen.

Man mache einen Teig von 1 Pfund Mehl, ½ Pfund Butter, 2 Eßlöffeln voll Zucker, 1 Ei und 1 Tasse Wasser, rolle ihn zu einem Unter- und einem etwas kleinern Oberblatt aus, schneide geschälte, zu 4 Theilen geschnittene Aepfel zu Scheiben, lege sie auf's Unterblatt, streue Zucker mit Zimmet darauf, bedecke sie mit dem Oberblatt, und schlage den überstehenden Teig des Unterblattes als Rand darüber, mache in den Kuchen 2 Einschnitte und backe ihn in guter Hitze dunkelgelb.

903. Aepfel-Berg.

8 schöne Aepfel werden gebraten und durch ein Sieb gedrückt, dieses Mark mit 4 Loth gestoßenem Zucker schau-

mig gerührt, das Weiße von 5 Eiern zu Schnee geschlagen, leicht darunter gemischt, die Masse bergartig auf eine Schüssel gesetzt und langsam gebacken.

904. Maultaschen.

Man schält gute Aepfel, schneidet sie in Schnitten, und kocht sie mit etwas Wein, Zucker, Zimmet, Nelken, Weinbeeren, Rosinen und auf Zucker abgeriebene Citronenschale zu einem Brei. Dann nimmt man einen Butterteig, rollt diesen 2 Messerrücken dick aus, rollt mit einem Nudelrädchen viereckige Stücke davon, welche man mit Eiern bestreicht, die eine Hälfte davon mit etwas Aepfelbrei bedeckt, die andere Hälfte darüber schlägt, am Rande nicht zu fest andrückt und nun die Maultaschen mit Eiern bestrichen und mit Zucker bestreut in einem gut geheizten Ofen backt.

905. Kuchenteig.

Man mache einen Teig von 14 Loth Mehl, ¼ Pfund Butter, 4 Loth Zucker, 2 Eidottern und der abgeriebenen Schale einer halben Citrone, rolle denselben auf einem Nudelbrett aus, schlage ihn wieder zusammen und verfahre so einige Male. Diesen Teig verwendet man zu Obstkuchen oder auch zu kleinen Kräpschen.

906. Süßer Kugelhopfen.

Man rühre ½ Pfund feingestoßenen Zucker mit 11 Eidottern recht schaumig, und gebe dann den Saft nebst der fein gehackten Schale einer Citrone hinzu. Hierauf schneide man ½ Pfund Butter klein und hacke sie auf einem Brett mit ½ Pfund Mehl fein; gebe dasselbe nun nebst dem festen Schnee der 11 Eiweiß in die gerührte Masse, fülle sie in eine gut bestrichene mit Weckmehl bestreute Form und backe sie langsam in einer mittelmäßigen Hitze.

907. Charlotte russe.

Rühre 7 Eidotter mit ¼ Pfund gestoßenem Zucker und einer Tasse voll süßem Rahm glatt, thue ein Stück Vanille dazu, und lasse es unter fortwährendem Rühren auf dem Feuer dick werden, schlage es gleich durch ein Haarsieb und lasse es erkalten, gib dann den Stand von zwei Kalbsfüßen, welcher zu einer Tasse voll eingekocht wurde, nicht zu heiß darunter, nebst einem Sieb voll gutem abgetropftem Schlagrahm. Unterdessen belege eine Form mit Bisquit, fülle die Masse hinein, und lasse sie über Nacht an einem kühlen Orte stehen. Dann stürze dieses und mache folgenden schönen Deckel darauf: Schneide ein Blatt Oblaten so groß die Form ist, mische unter den Schnee der 7 Eiweiß ein paar Löffel voll Vanille-Zucker und streiche diesen darauf, mache allerlei Zierrathen darüber, bestreue es mit Zucker, setze es auf ein Blech und backe es schön gelb, dann streue nochmals Zucker darauf.

Kleine Bäckereien.

908. Bisquit.

¼ Pfund Zucker wird mit 4 Eidottern recht schaumig gerührt, der Schnee von 4 Eiweiß dazu gegeben, zuletzt 4 Loth Mehl darunter gehoben, aufgesetzt und in mittelmäßiger Hitze gebacken.

909. Butter-Bisquit.

Man rührt ½ Pfund Butter leicht ab, gibt 8 Eier, das Weiße zu Schnee geschlagen und zu jedem Ei einen

Löffel voll Mehl dazu nebst fein gehackter Citronenschale und Zucker nach Gutdünken; dann formirt man auf einem mit Papier belegten Blech die Bisquit und backt sie in nicht zu heißer Röhre.

910. Frankfurter Bisquit.

¼ Pfund Zucker wird mit 4 Eiweiß recht geschlagen, ¼ Pfund Zucker mit Vanille gestoßen dazu gethan, 6 Loth Mehl darunter gehoben, aufgesetzt, diese Masse 12 Stunden stehen gelassen und dann gebacken.

911. Bisquit-Plätzchen.

Man rührt ¼ Pfund feingestoßenen Zucker mit 8 Eidottern schaumig und mischt 3½ Eßlöffel voll Mehl und zuletzt den festen Schnee der Eiweiß darunter. Von dieser Masse legt man nußgroße Häufchen auf ein mit Butter bestrichenes und mit Weckmehl bestreutes Blech und backt sie in einer schwachen Hitze. Man kann dieselben auch glaciren oder mit einem Chocoladeguß bestreichen.

912. Bisquit-Späne.

3 Eier schwer gestoßener Zucker wird mit 8 Eiern schaumig gerührt und 2 Eier schwer feine Citronenschale dazu gegeben. Dieses auf ein mit Wachs bestrichenes Blech Messerrücken dick gestrichen, langsam gebacken, dann in längliche Streifen geschnitten und auf einem Holz krumm gebogen.

913. Bretzchen.

Von 20 Loth Mehl, ¼ Pfund Butter, ¼ Pfund Zucker, etwas feingehackter Citronenschale und 8 Eidottern wird ein Teig gearbeitet, Bretzchen daraus geformt, dieselben auf ein mit Butter bestrichenes Blech gelegt, mit

Eibottern bestrichen, mit gehackten Mandeln und Zucker bestreut und in mittelmäßiger Hitze gebacken.

914. Vanille-Bretzchen.

¹/₂ Pfund Mehl, ¹/₄ Pfund Butter, 9 Loth Zucker und 1 Eiweiß zu Schnee geschlagen werden zu einem Teig gewirkt, Bretzchen daraus geformt, auf einem Blech in mittelmäßiger Hitze gebacken, und mit Vanille-Glace bestrichen.

915. Vanille-Bretzchen anderer Art.

Rühre ¹/₂ Pfund fein gestoßenen Zucker mit 5 Eibottern schaumig, gib ¹/₂ Loth mit etwas Zucker gestoßene Vanille und ³/₄ Pfund Mehl hinzu, formire kleine Bretzchen daraus, bestreiche sie mit Eiern, tauche sie in Zucker und backe sie auf einem bestrichenen Blech langsam.

916. Butter-Bretzchen.

¹/₄ Pfund Butter wird mit 1 Ei und 2 Eibottern schaumig gerührt, ¹/₄ Pfund Zucker und 1 Schoppen süßer Rahm dazu gegeben nebst so viel Mehl, als dieses annimmt, Alles zu einem Teig gearbeitet, kleine Bretzchen daraus geformt, dieselben mit Eiern bestrichen, in Zucker getaucht und gebacken.

917. Butter-Bretzchen anderer Art.

Es werden 12 Loth Butter, 8 Loth Zucker, ¹/₂ Pfund Mehl, 1 Ei und 1 Eibotter zu einem Teig gearbeitet, kleine Bretzchen daraus geformt, mit Eiern bestrichen, mit Zucker bestreut und gebacken.

918. Arac-Bretzchen.

Man nimmt einige Löffel voll feines Mehl, macht in die Mitte ein Loch, schlägt 10 Eibotter hinein, nebst 6

20*

Löffel voll gesiebten Zucker und 3—4 Löffel voll Arac, mengt dieses zu einem gelinden Teig, formt Bretzchen daraus und taucht sie in Eidotter und grob gestoßenen Zucker und backt sie in starker Hitze.

919. Zucker-Bretzchen.

Man macht einen Teig von 6 Loth Butter, 10 Loth Mehl und 4 Loth Zucker, formirt kleine Bretzchen daraus, backt sie langsam und bestreut sie mit Zucker.

920. Vanille-Plätzchen.

Es wird ½ Pfund fein gestoßener Zucker mit 4 ganzen Eiern und 3 Eidottern, nebst dem Geschmack von Vanille oder Citronen ganz schaumig gerührt und ½ Pfund feines gesiebtes Mehl langsam darunter gehoben. Hievon werden mit einem Löffel Plätzchen so groß wie ein Kronenthaler auf ein mit Wachs bestrichenes Blech gesetzt, 1 Stunde zum Abtrocknen hingestellt und dann in einem nicht zu heißen Ofen gebacken. Wenn sie fertig sind, müssen sie ganz hell aussehen.

921. Anis-Plätzchen.

½ Pfund durchgesiebter Zucker wird mit 4 Eiern auf dem Feuer mit einem Schneebesen geschlagen, bis die Masse dicklich ist und nachdem sie abgekühlt, ¼ Pfund feines Mehl, ¼ Pfund Stärkmehl, beides durchgesiebt und 1—2 Eßlöffel voll Anis hinzu gerührt; hierauf wird ein Blech mit Wachs bestrichen, die Masse mit einem Kaffeelöffel darauf gelegt und sogleich in mittelmäßiger Hitze gelb gebacken.

922. Zucker-Plätzchen.

4 Eidotter werden mit ½ Pfund fein gesiebtem Zucker, der abgeriebenen Schale einer halben Citrone und

½ Kaffeelöffel voll Muskatblüthe eine Viertelstunde stark gerührt, dann der steife Schnee der Eier leicht durchgemischt und zuletzt ¼ Pfund fein gesiebtes Stärkmehl möglichst schnell durchgerührt. Diese Masse wird mit einem Kaffeelöffel auf ein mit Butter bestrichenes Blech gegeben und in mittelmäßiger Hitze gebacken.

923. Mandel-Plätzchen.

Man rührt 4 Loth Butter schaumig und rührt sie mit ¼ Pfund gesiebtem Zucker, 6 Loth mit Rosenwasser fein gestoßenen Mandeln, 4 Eiern und der abgeriebenen Schale einer halben Citrone eine Viertelstunde, mischt ½ Pfund feines, gesiebtes Mehl darunter und backt die Masse in mittelmäßiger Hitze.

924. Chocolade-Plätzchen.

4 Eiweiß werden zu festem Schnee geschlagen, mit 4 Loth gesiebtem Zucker, 8 Loth geriebener, gesiebter Chocolade und 4 Loth feinem Mehl schnell vermischt, Plätzchen davon auf ein stark bestrichenes Blech gesetzt und in mittelmäßiger Hitze gebacken.

925. Sand-Plätzchen.

Man rühre ¼ Pfund Butter mit 4 Eiern, ¼ Pfund Zucker, 2 Eßlöffeln voll Wein und etwas Citrone gut ab, gebe ½ Pfund feines Mehl hinzu und arbeite davon einen lockeren Teig, forme Plätzchen daraus und backe sie auf einem mit Mehl bestreuten Blech in gelinder Hitze.

926. Himbeer-Plätzchen.

Von einem Eiweiß schlägt man einen steifen Schnee und vermischt diesen mit 6 Loth gesiebtem Zucker, etwas abgeriebener Citronenschale und einem Kaffeelöffel voll Mehl. Nun streicht man auf kleine, rund geschnittene

Oblaten Himbeer= oder andere Marmelade, streicht das Vermischte darüber und backt die Plätzchen auf einem mit Butter bestrichenen Blech in sehr gelinder Hitze.

927. Citronen-Plätzchen.

Man rührt fein gestoßene Raffinade mit Citronensaft und etwas abgeriebener Schale zu einer dünnen Masse, stellt sie dann auf's Feuer und fängt sie an, Bläschen zu bekommen, gießt man auf ein mit Mandelöl bestrichenes Blech Plätzchen davon, läßt sie trocken werden, wendet sie um, und läßt sie auf der andern Seite auch trocken werden.

928. Citronen-Plätzchen anderer Art.

4 Eiweiß werden zu Schnee geschlagen und mit den 4 Eidottern verrührt, die fein gehackte Schale einer halben Citrone und 5 Loth Mehl darunter gemengt, von der Masse runde Plätzchen auf ein mit Wachs bestrichenes Blech gelegt, eine Weichsel in die Mitte derselben gedrückt, mit Mandeln und Zucker bestreut und gebacken.

929. Butter-Ringel.

Rühre ¼ Pfund Butter schaumig, rühre 4 hart ge=kochte, durch's Haarsieb gestrichene Eidotter und 4 Loth gestoßenen Zucker dazu und zuletzt 14 Loth Mehl. Nimm den Teig auf ein Nudelbrett, rolle ihn Messerrücken dick aus, stich Plätzchen daraus, bestreiche sie mit Eiern, be=streue sie mit Zucker, backe sie langsam, und gib sie mit eingemachten Früchten zur Tafel.

930. Pfefferminzzeltchen.

½ Pfund Zucker wird mit einem kleinen halben Schoppen Wasser geläutert und gekocht bis er Faden zieht, dann gibt man für 3 kr. Pfefferminzöl und einige Tropfen

Citronensaft dazu, setzt hievon sofort mit einem Kaffeelöffel ganz kleine Häufchen auf ein mit Wachs bestrichenes Blech, doch so, daß sie nicht zusammenfließen, und wenn sie kalt sind, sind sie fertig.

931. Pfefferminzzeltchen anderer Art.

½ Pfund fein gestoßener Zucker wird in einem neuen Hafen mit etwas frischem Wasser angefeuchtet und auf dem Feuer mit einem blechernen Löffel fortwährend umgerührt, bis der Zucker ganz heiß ist, dann gibt man für 3 kr. Pfefferminzöl dazu und setzt so schnell als möglich kleine Häufchen auf ein mit Wachs bestrichenes Blech; wird der Zucker unterdessen kalt, so muß er wieder heiß gemacht werden und ist am Anfang zu viel Wasser beigefügt worden, so gebe man noch etwas gestoßenen Zucker dazu, sonst werden die Zeltchen nicht hart genug.

932. Rothe Pfefferminzzeltchen.

Diese werden bereitet wie die vorhergehenden, nur gibt man vor dem Aufsetzen noch etwas Cochenille zu der Masse.

933. Gewürz-Sternchen.

½ Pfund fein gestoßener Zucker, ½ Pfund Butter, ½ Loth Nelken, ½ Loth Zimmet, die Schale einer Citrone und 1 Glas Wein wird mit 1 Pfund Mehl auf dem Nudelbrett zu einem Teig gearbeitet; diesen rollt man aus, sticht Sterne oder beliebige Formen daraus, legt sie auf ein mit Mehl bestreutes Blech und backt sie in mäßiger Hitze.

934. Zimmet-Sterne.

Man schlägt 3 Eiweiß zu einem steifen Schnee, rührt ½ Pfund Zucker dazu und ist dieses recht gerührt, thut man

¹/₂ Pfund ungeschälte, mit einem Tuch abgeriebene, fein gestoßene Mandeln und 1 Loth Zimmet hinein, mengt Alles gut untereinander, wirkt den Teig leicht aus, sticht mit einem Modell Sterne daraus und backt sie in einer durchheizten Röhre.

935. Mandel-Kränzchen.

Man arbeitet 4 Loth Butter, ¹/₄ Pfund Mehl und 1 Tasse Rahm zu einem feinen Teig, rollt ihn aus und sticht Kränzchen daraus. Unterdessen rührt man ¹/₄ Pfund gesiebten Zucker mit 1 Eiweiß und 10 Tropfen Citronensaft schaumig, gibt ¹/₄ Pfund fein länglich geschnittene Mandeln dazu, bestreicht hiermit die Kränzchen und backt sie schön.

936. Mandel-Kränzchen anderer Art.

¹/₂ Pfund Butter und 2 Loth Schmalz werden schaumig gerührt, ¹/₂ Pfund Zucker dazu gerührt nebst 8 hart gekochten durch's Haarsieb gestrichenen Eidottern und 3 ganzen Eiern, sowie zuletzt 1 Pfund Mehl hinein gemengt. Dann wird der Teig auf dem Nudelbrett ausgerollt, mit kleinen Förmchen ausgestochen, mit Eiern bestrichen, mit fein gehackten Mandeln und Zucker bestreut und gebacken.

937. Eierkränzchen.

Man macht einen Teig von 1 Pfund Mehl, ¹/₂ Pfund Butter, ¹/₂ Pfund Zucker, 2 Eiern, der Schale einer Citrone und 5 hart gekochten, geriebenen Eidottern, rollt ihn aus, sticht Kränzchen daraus, bestreicht dieselben mit Eiweiß und bestreut sie mit Mandeln, Zucker und Zimmet.

938. Mandel-Berg.

Die Mandeln werden abgezogen, fein länglich geschnitten und getrocknet. Dann nimmt man zu 20 Loth Mandeln

¹/₂ Pfund Zucker, rührt dieses mit 4 Eiweiß recht steif, gibt Citronenschale darunter, setzt von der Masse Häufchen auf Papier, gibt in die Mitte derselben etwas eingemachte Früchte und backt sie in gelinder Hitze.

939. Karlsbader Mandelbögen.

Man macht eine Biskuitmasse, streicht sie halb Finger dick auf ein mit Butter bestrichenes Papier, bestreut sie mit Weinbeeren, fein geschnittenen Mandeln und Zucker und backt sie in gelinder Hitze halb fertig. Dann schneidet man Finger lange und Finger breite Streifen davon, legt sie auf ein gebogenes Blech und backt sie so fertig.

940. Mandel-Späne.

2 Eiweiß werden mit 12 Loth feinem Zucker, etwas abgeriebener Citronenschale, Zimmet, 2 gestoßenen Nelken und 1 Eßlöffel voll Orangenblüthwasser schaumig gerührt, ¹/₂ Pfund abgezogene, gewaschene, abgetrocknete und in Streifen geschnittene Mandeln durchgemischt, dieser Teig Messerrücken dick auf Oblaten gestrichen, solche in Finger lange, 2 Finger breite Stücke geschnitten und in schwacher Hitze gebacken.

941. Mandel-Gebackenes.

¹/₄ Pfund gestoßener Zucker wird mit 2 zu Schnee geschlagenen Eiweiß schaumig gerührt, ¹/₄ Pfund abgezogene, gestoßene Mandeln und etwas Citronensaft dazu gethan und gut gerührt, dann auf Oblaten gesetzt und gebacken.

942. Macronen.

Man schält ¹/₄ Pfund Mandeln und stößt sie mit einem Eiweiß im Mörser. Dann rührt man ¹/₄ Pfund gestoßenen Zucker mit anderthalb zu Schnee geschlagenen Eiweiß

schaumig, gibt 4—5 fein gehackte bittere Mandeln, sowie
die gestoßenen Mandeln dazu und nach Belieben noch
eine Hand voll Weckmehl, verrührt Alles gut, setzt kleine
Häufchen davon auf Oblaten und backt sie schön.

943. Macronen anderer Art.

Man rühre 1 Pfund fein gestoßenen Zucker mit 7
Eiern recht schaumig, gebe etwas fein gehackte Citronen=
schale, für 1 kr. Anis und so viel Mehl hinzu, daß es
ein steifer Teig wird, welchen man auf einem mit Mehl
bestäubten Nudelbrett mit den Händen breit macht, sticht
hieraus runde Plätzchen, legt diese auf ein mit Mehl be=
stäubtes Blech und backt sie in mittelmäßiger Hitze.

944. Vanille-Macronen.

Zu ¼ Pfund Zucker nimmt man ¼ Pfund abge=
schälte Mandeln, stößt diese mit Eiweiß recht fein, rührt
den Zucker und Vanille darunter, sowie noch etwas Eiweiß,
rührt es eine Weile, legt dann kleine Häufchen davon auf
Papier und läßt sie in gelinder Hitze backen.

945. Thee-Macronen.

Rühre ½ Pfund Zucker mit 2 ganzen Eiern und 4
Eidottern recht schaumig, menge die fein gehackte Schale
einer Citrone oder etwas mit Zucker gestoßene Vanille
darunter, sowie 20 Loth feines getrocknetes Mehl, setze
Häufchen davon auf ein mit Wachs bestrichenes Blech,
lasse sie an einem warmen Orte so lange stehen, bis sie
keinen Glanz mehr haben und backe sie dann hellgelb.

946. Gewürz-Macronen.

1 Pfund mit Eiweiß gestoßene Mandeln, ¼ Pfund
feiner Zucker, 1 abgeriebene Citrone, ½ Loth Zimmet,

etwas Nelken und Muskatblüthe oder Nuß werden mit so viel Eiweiß vermischt, daß die Masse sich fest verbindet, welches am besten geschieht, wenn dieselbe mit einem Koch=löffel eine Weile hin und her gestoßen wird, ohne sie zu rühren. Dann wird sie mit einem Löffel auf Oblaten gesetzt oder auf ein heiß gemachtes, mit Wachs bestrichenes Blech und in schwacher Hitze gelb gebacken.

947. Reis-Macronen.

Lasse eine Hand voll Reis über Nacht in einem Glas Wein stehen. Andern Tags koche denselben mit Wasser und Wein weich, doch nicht zu dünn, lasse ihn erkalten, gib Zucker, Eier, Mandeln, etwas Weck= oder feines Mehl dazu, rühre Alles gut unter einander, forme kleine Pläz=chen daraus und backe sie im Schmalz.

948. Mandelrollen.

6 Loth Mandeln werden fein gerieben, mit 6 Loth Zucker vermischt, mit 3 Eidottern abgerührt und 3 Eiweiß zu Schnee geschlagen, darunter gemischt. Hierauf wird eine Oblate in 4 Theile geschnitten, mit einer Farce von ge=kochten Weichseln belegt, und zusammen gerollt; diese Rollen in die obige Masse getaucht und im Schmalz ge=backen.

949. Geröstete Mandeln.

Man läutert 1 Pfund Candiszucker und kocht ihn bis zu folgender Probe: Man hält eine Gabel hinein, nimmt sie heraus und bläst dagegen, wenn der Zucker in Blasen von derselben fliegt, so ist er gut und gibt man hierauf 1 Pfund mit einem Tuche abgeriebene, nicht abgeschälte Mandeln hinein, welche man beständig rührt, bis die Mandeln den Zucker angenommen haben; während des Röstens gibt man 2 Tropfen Wasser dazu, damit sich der

Zucker besser anhängt. Nun nimmt man sie vom Feuer, rührt sie beständig, bis sie trocken sind, stellt sie nochmals auf's Feuer und rührt so lange, bis die Mandeln glänzen, schüttet sie dann in eine Schüssel und pflückt sie aus einander. Auch kann man, so lange sie noch heiß sind, ¼ Loth Zimmet durchrühren.

950. Glacirte Kastanien.

1 Pfund Zucker wird geläutert und zum Bruch gekocht. Unterdessen werden schöne Kastanien gebraten, geschält, an spitzige Hölzchen gesteckt, in dem Zucker umgewendet und so lange im Kreise gedreht, bis der Zucker sich glacirt hat und trocken ist, worauf sie in ein Sieb gelegt und in Papier gewickelt und aufbewahrt werden.

951. Hippen.

Man rührt ¼ Pfund Butter recht schaumig, gibt 3 Eier, ¼ Pfund gestoßene Mandeln, ¼ Pfund Mehl, ½ Schoppen Milch und Zucker und Zimmet nach Gutdünken hinzu, und rührt es gut unter einander. Dann bestreicht man ein Blech mit Wachs, legt mit einem Kaffeelöffel Häufchen darauf, streicht sie dünn aus, und backt sie in mittelmäßiger Hitze hellgelb. Hierauf drückt man sie noch heiß auf ein Hippenholz und läßt sie erkalten.

952. Schnee-Hippen.

Schlage 4 Eiweiß zu Schnee, gib 4 Loth gestoßenen Zucker, 4 Loth Mehl und eine auf Zucker abgeriebene Citrone hinzu und rühre es eine Viertelstunde. Dann bestreiche ein Blech mit weißem Wachs, lege mit einem Kaffeelöffel Häufchen darauf, streiche sie dünn aus, und backe sie bei mittelmäßiger Hitze hellgelb, nimm sie noch heiß vom Blech, drücke sie auf ein Hippenholz und fülle

sie, ehe sie servirt werden, mit Rahmschnee, mit Vanille=
Zucker vermischt.

953. Blitz.

Rühre 4 Loth Butter mit 4 Eidottern und 4 Loth Zucker
schaumig, vermenge dieses mit 4 Loth Mehl, streiche die
Masse Messerrücken dick auf ein mit Butter bestrichenes
Blech und backe es in mittelmäßiger Hitze halb fertig,
schneide dann mit einem Messer Hand große viereckige
Stücke davon, backe sie fertig und nimm sie hierauf mit
einem Messer schnell vom Blech.

954. Hörnchen.

2 große, frische Eiweiß werden zu Schnee geschlagen
mit 12 Loth Zucker, 12 Loth Mehl und etwas fein gehackter
Citronenschale zu einem Teig gearbeitet, Hörnchen daraus
geformt, dieselben auf ein mit Butter bestrichenes Blech
in mittelmäßiger Hitze gebacken und dann mit weißer
Glace bestrichen oder bespritzt.

955. Schnee=Confect.

4 Eiweiß werden zu einem steifen Schnee geschlagen,
½ Pfund Zucker und die Schale einer Citrone darunter
gerührt, Figuren davon auf Papier geformt, mit grobem
Streuzucker bestreut, und in einem abgekühlten Ofen ge=
backen, damit sie weiß bleiben.

956. Spanische Winde.

4 recht frische Eiweiß werden zu einem so festen
Schnee geschlagen, daß man ihn schneiden kann und unter
fortwährendem Schlagen ½ Pfund fein gesiebter Zucker
und mit Zucker fein gestoßene Vanille langsam darunter
gestreut; dieses mit einem Kaffeelöffel auf ein mit Wachs

bestrichenes Blech gesetzt, Zucker darüber gestreut und in
schwacher Hitze gebacken.

957. Schaum-Kopf.

Nimm den steifen Schnee von 10 Eiweiß, menge 6 Loth
gestoßenen Zucker und eine Tasse voll Hiefenmark oder
Aprikosenmarmelade darunter, schneide ein Blatt Oblaten
in der Größe eines Tellers, lege es auf ein Blech, gieb
den Schaum darauf, mache allerlei Verzierungen von
Eiweißschnee darüber, bestreue ihn dick mit Zucker und
backe ihn in der Röhre hellgelb, bestreue ihn nochmals
mit Zucker und servire ihn.

958. Nürnberger Marzipan.

Hierzu sind die Haupterfordernisse trockenes Mehl und
Zucker, welches man beides gesiebt an einen warmen Ort
stellt. Zu ¼ Pfund Stärkmehl und ½ Pfund feinem
Schwungmehl nimmt man 1 Pfund Zucker, 4 Eier, die
Schale einer ganzen und den Saft einer halben Citrone
und 2 Eßlöffel voll Rosenwasser oder Arac und knetet
hieraus einen nicht zu trocknen Teig, wobei man, sollte
derselbe zu trocken werden, mit Citronensaft nachhelfen
muß. Dann läßt man ihn eine Stunde stehen, nimmt
ihn stückweise, weil er sonst leicht zu trocken würde, auf
ein Nudelbrett, rollt ihn gut Messerrücken dick aus und
sticht mit blechernen Formen allerlei Figuren daraus, die
Abfälle davon nimmt man wieder zu einem Stück Teig,
welchen man ausrollt und aussticht, und fährt so fort,
bis der Teig verbraucht ist. Dann läßt man diese an
einem trockenen staubfreien Ort über Nacht oder einige
Stunden stehen, legt sie auf ein mit Wachs bestrichenes
und mit Anis bestreutes Blech, bedeckt sie mit leichtem
Papier und backt sie in einem ganz abgekühlten Ofen,
damit das Marzipan recht schön weiß bleibt. Durch das

hinzugeben von 2 Messerspitzen voll Pottasche wird dasselbe lockerer und geht mehr auf.

959. Zwieback.

1 Pfund Zucker wird mit 6 Eiern 1 Stunde gerührt und so viel Mehl dazu gegeben, daß es ein ganz steifer Teig wird. Von diesem werden nußgroße Häufchen auf ein mit Butter bestrichenes und mit Mehl bestreutes Blech gelegt und im Ofen gebacken. Man kann auch Anis oder Mandeln hinzugeben.

960. Mailänder oder Theekuchen.

Von ¼ Pfund Butter, ¼ Pfund Zucker, ¼ Pfund Mehl, 1 Ei und etwas Geschmack von Citronen oder Zimmet wird ein Teig gearbeitet, Messerrücken dick ausgerollt, mit einem Ausstecher wie eine Obertasse groß Kuchen daraus gestochen, dieselben schwach mit Eiern bestrichen, in groben Zucker getaucht, auf Papier gelegt und in gelinder Hitze gebacken.

961. Schweizer Chocolade-Brod.

Man rührt zu dem steifen Schnee von 3 Eiweiß 12 Loth Zucker, 4½ Loth gestoßene Mandeln und 3 Loth geriebene Chocolade, streicht diese Masse auf Oblaten, zerschneidet sie in längliche, schmale Stückchen und backt sie in schwacher Hitze.

962. Danziger Kaffeebrod.

¼ Pfund Butter wird in Stückchen zerpflückt und mit 1 Pfund Mehl, ½ Pfund Zucker, beides gesiebt, und 4 Eiern zu einem Teig gearbeitet und dieser über Nacht oder einige Stunden zum Ruhen hingelegt. Dann drückt man den Teig auseinander, streut ¼ Loth Hirschhornsalz darauf,

arbeitet es möglichst schnell durch und rollt den Teig stark
Messerrücken dick aus, sticht beliebige Figuren daraus und
backt diese auf einem mit Wachs bestrichenen Blech in
mittelmäßiger Hitze gelb.　　　　.

963. Citronen-Brod.

Man macht einen Teig von ½ Pfund gesiebtem Mehl,
12 Loth gesiebtem Zucker, Saft und Schale einer Citrone
und 2 Eiern, rollt diesen aus, bestreicht ihn mit Butter,
bestreut ihn mit Mandeln, Zucker und Zimmet, schneidet
kleine Stückchen daraus, backt sie gelb und zieht sie noch
heiß über ein Rollholz.

964. Zucker-Brod.

¼ Pfund Zucker wird mit 3 ganzen Eiern schaumig
gerührt und fein gehackte Citronenschale nebst ¼ Pfund
Mehl darunter gemengt, kleine Häufchen davon auf ein
mit Butter bestrichenes Blech gesetzt, diese mit Zucker bestreut, einige Zeit hingestellt und dann hellgelb gebacken.

965. Theebrod mit Vanille.

Es wird ¼ Pfund Butter leicht gerührt, hierauf 2
Eier und 2 Eidotter, ½ Pfund feiner Zucker nebst etwas
Vanille hinzu gerührt, dann 1 Pfund Mehl hinein gearbeitet;
dieser Teig wird in Finger lange und Finger breite
Bröbchen gerollt, dieselben mit Eiern bestrichen und in
einem mittelheißen Ofen gebacken.

966. Gebackenes in Form eines S.

Man macht im Kalten einen Teig von ½ Pfund
Mehl, 10 Loth Butter, 10 Loth Zucker, 1 Ei, etwas Citronenschale und Carbamom; rollt auf einem Nudelbrett
kleine Stückchen davon und läßt diese in obiger Form
auf einem Blech dunkelgelb backen.

967. Zucker-Gebackenes.

Von 3 Eiern das Weiße schlägt man mit 10 Loth Zucker schaumig, rührt 10 Loth Butter ab, gibt diese und 24 Loth Mehl nebst Gewürz nach Belieben, dazu, arbeitet es zu einem Teig, rollt ihn aus, sticht Figuren daraus, und backt sie schön.

968. Sand-Gebackenes.

Man arbeitet einen Teig von 1 Pfund Mehl, ¹/₂ Pfund Zucker, ¹/₂ Pfund Butter und 5 Eidottern, rollt ihn aus, sticht Figuren daraus und backt sie auf einem Blech in mittelmäßiger Hitze.

969. Basler-Gebackenes.

1 Pfund Mehl wird mit ¹/₄ Pfund Butter auf dem Nudelbrett gerieben, 6 Eidotter mit ¹/₂ Pfund feinem Zucker gut gerührt, 1 Eßlöffel voll Rosenwasser, Anis und das Mehl mit der Butter sowie von 6 Eiweiß der Schnee dazu gegeben; dieses zu einem Teig gearbeitet, ausgerollt, Figuren daraus gestochen und im Schmalz gebacken.

970. Hobelspäne.

Mache einen Teig von ¹/₄ Pfund Mehl, 4 Eiern, 4 Loth Butter und 2 Löffeln voll Zucker, rolle ihn Messer=rücken dick aus, schneide Finger breite und Messerklingen lange Streifen daraus, biege dieselben an einem Ende in die Höhe und am andern hinunter, backe sie in heißem Schmalz schön gelb und bestreue sie mit Zucker.

971. Sehr gutes Backwerk.

Es wird 1 Pfund gestoßener Zucker mit 4 Eidottern eine Stunde gerührt und 1 Pfund feines Mehl hinzu gegeben, dieses auf dem Nudelbrett zu einem Teig gear=

beitet, derselbe Messerrücken dick ausgerollt, kleine runde Plätzchen daraus gestochen, solche auf ein mit Butter be= strichenes und mit Mehl bestreutes Blech gelegt, über Nacht stehen gelassen und hierauf in mittelmäßiger Hitze gebacken.

972. Pfeffernüsse.

4 Eier, 1 Pfund feiner Zucker, ½ Loth Nelken und Zimmet und etwas fein gehackte Pomeranzenschale werden zusammen 1 Stunde geschlagen, so viel Mehl dazu gegeben, als der Teig annimmt und bis den andern Tag liegen gelassen. Dann wird derselbe Finger dick ausgerollt, Plätzchen in der Größe eines halben Gulden daraus gestochen, auf ein Blech die untere Seite nach oben gelegt, wenn sie ge= backen werden, wieder umgewendet, mit frischem Wasser betupft und schön gebacken.

973. Pfeffernüsse anderer Art.

Nimm 1 Pfund Zucker, 6 Eier, 1 Loth Zimmet, ein wenig Citronenschale, ein wenig Pfeffer und rühre und schlage es recht tüchtig mit einander; gib dann 1 Pfund Mehl hinein und arbeite es zu einem Teig, rolle ihn aus, stich Plätzchen daraus und backe sie wie oben.

974. Pfeffernüsse anderer Art.

4 Eier werden mit 1 Pfund feinem Zucker, 6 Loth Citronat, der Schale einer Citrone, 1 Muskatnuß, 1 Eß= löffel voll Zimmet, 1 Kaffeelöffel voll gestoßenen Nelken und ½ Loth gereinigte Pottasche gut gerührt, dann auf dem Nudelbrett mit 1 Pfund Mehl zu einem Teig ge= arbeitet, kleine Kugeln daraus geformt und langsam ge= backen.

975. Pfeffernüsse anderer Art.

Es werden 4 Eier und 4 Eibotter mit 1 Pfund fein gestoßenem Zucker eine Stunde gerührt, hierauf 16 Loth abgezogene, fein gestoßene Mandeln, 8 Loth fein geschnittener Citronat und Pomeranzenschale, ein kleiner Kaffeelöffel voll feiner Zimmet und eben so viel gestoßene Nelken dazu gegeben und 1 Pfund Mehl gut darunter gemengt. Nun wird dieser Teig 2 Finger dick ausgerollt, kleine runde Plätzchen daraus gestochen, dieselben auf ein bestrichenes mit Mehl bestreutes Blech gelegt und in mittelmäßiger Hitze gebacken.

976. Mandel-Kolatschen.

Man rührt 10 Loth Butter mit 1 Ei und 2 Eibottern gut ab, gibt dann 8 Loth Zucker und 1 Loth gestoßene bittere Mandeln hinzu und mischt ½ Pfund Mehl durch die Masse, formt kleine Klöße davon auf ein mit Wachs bestrichenes Blech, bestreut sie mit Mandeln und Zucker, und backt sie in mittelmäßiger Hitze.

977. Französische Kolatschen.

¼ Pfund Butter wird mit 1 Ei, 1 Eibotter und 4 Loth Zucker gut gerührt, und ⅓ Tasse voll Franzbranntwein oder Rum und 14 Loth Mehl hineingerührt; hiervon kleine Klöße auf ein mit Wachs bestrichenes Blech gesetzt, mit gestoßenem Candiszucker bestreut und in einer Mittelhitze gebacken.

978. Aepfel in Schlafrock.

Es werden 6 Aepfel geschält und geschnitzt, und in Zucker und ein wenig Wein und Wasser weich gedämpft, so daß sich Alles mit einander vereinigt und nicht zu viel Saft daran bleibt. Nun wird dieses durch's Haarsieb

gestrichen, 4 Loth fein gestoßene Mandeln hinzu gegeben,
sowie das Mark und die fein gehackte Schale einer Citrone
und so viel Zucker, bis die Masse süß genug ist. Unter=
dessen wird ein Butterteig Messerrücken dick ausgerollt,
viereckige Stückchen davon geschnitten, ein Löffel voll von der
Aepfelfarce darauf gethan, der Teig zusammen geschlagen
und auf ein Blech gesetzt, den glatten Theil nach oben;
dann mit Eiern bestrichen, mit Zucker und Mandeln be=
streut und in einer guten Hitze gebacken.

979. Süße Kolatschen.

Man rührt 8 Loth Butter mit 4 Loth Schmalz recht
schaumig, rührt nach und nach 3 Eidotter daran, nebst
8 Loth Zucker, worauf eine Citrone abgerieben wurde, so=
wie den Saft derselben und rührt zuletzt 20 Loth Mehl
ganz langsam hinein. Dann macht man kleine runde
Kugeln daraus, legt sie auf ein Blech, drückt in die Mitte
jeder Kugel mit dem Finger ein Loch, füllt ein Kaffee=
löffelchen voll Aprikosen=Marmelade hinein und backt sie
schön.

980. Couverts.

Man schneidet von gutem Butterteig viereckige Stück=
chen, füllt sie mit einer Mandelmasse, welche aus ¼ Pfund
gestoßenen Mandeln, ¼ Pfund Zucker, 3 Eiern und Cit=
rone gemacht worden, schlägt von jedem Stückchen die vier
Ecken zusammen, legt in die Mitte statt des Siegels ein
rothes Zuckerzeltchen, bestreicht die Couverts mit Eiern
und backt sie auf einem mit Mehl bestäubten Blech.

981. Aepfel in Blätterteig.

Gute, mürbe Aepfel werden geschält, ausgebohrt und
einige Stunden vorher mit Arac oder Rum begossen und
mit Zucker und Zimmet bestreut. Nachdem der Teig dünn

ausgerollt und in viereckige Stücken geschnitten, werden
die Aepfel mit eingemachten Johannisbeeren, wozu einige
gestoßene Mandeln oder Macronen, gewaschene und wieder
getrocknete Weinbeeren, Zucker und Citronenschale gemischt
wurde, gefüllt; jedes Mal ein Apfel auf ein Stückchen
Teig gesetzt, die vier Ecken nach der Mitte zusammen ge=
schlagen, oben in geklopftes Ei, dann in Mandeln und
Zucker gedrückt und in starker Mittelhitze gebacken.

982. Gebackene Zwetschgen.

Gedörrte Zwetschgen werden mit halb Wein, halb
Wasser und einem Stückchen Zucker nicht zu weich gekocht.
Wenn sie erkaltet sind, nimmt man die Kerne heraus,
steckt in jede Zwetschge einen Mandelkern und macht fol=
genden Teig dazu: 6 Eßlöffel voll Mehl und 2 Löffel voll
Zucker werden mit 3 Eiweiß und etwas kaltem Wein an=
gerührt, die Zwetschgen in dem Teig umgewendet, in heißem
Schmalz gelb gebacken und mit Zucker und Zimmet bestreut.

983. Gefüllte Kuchen.

Ein Blätter= oder mürber Teig wird dünn ausgerollt,
recht dicker Zwetschgen= oder Aepfelbrei mit einem Kaffee=
löffel darauf gelegt, mit ausgerolltem Teig bedeckt und
mit einem Glase ausgestochen. Hierauf werden diese Kuchen
mit Eiern bestrichen, mit gehackten Mandeln und Zucker
bestreut und in starker Hitze gebacken.

984. Quitten-Würstchen.

Die Quitten kocht man im Wasser weich, treibt sie
durch ein Sieb und nimmt so viel Zucker als Quittenbrei,
röstet dieses auf dem Feuer steif, würzt es mit gehackten
Mandeln, Citronat, Orangenschale, Zimmet und Nelken,
drückt es in gut gereinigte Därme und theilt es zu kleinen
Würstchen ab.

985. Tyroler Krapfen.

Man macht ¼ Pfund fein gestoßene Mandeln, ¼ Pfund Butter, ¼ Pfund Mehl, 6 Loth Zucker, ein wenig Anis und die feingehackte Schale 1 Citrone mit 2 Eidottern und einem Löffel voll Wein zu einem Teig; rollt ihn Finger dick aus, schneidet breieckige Stückchen daraus, bestreicht sie mit Eiern, bestreut sie mit Zucker und backt sie schön.

986. Butter-Krapfen.

Rühre ½ Pfund Butter schaumig, rühre 8 Eidotter nach und nach hinein, nebst ½ Pfund Mehl, ein wenig Salz, ein wenig süßen Rahm und nach Belieben auch etwas Zucker, sowie zuletzt den Schnee der 8 Eiweiß. Nun bestreiche kleine Förmchen mit Butter oder Schmalz, fülle die Masse hinein und backe sie.

987. Rohr-Krapfen.

1 Pfund Mehl, ½ Pfund Zucker, ½ Pfund Butter, 2 Eier und etwas feine Citronenschale wird zu einem Teig gearbeitet, bis er recht glatt ist und über Nacht stehen gelassen. Den andern Tag wird er mit dem Rollholz dünn ausgerollt, mit einem Rädchen in viereckige Stücke geschnitten, über Blechrollen in der Röhre schön gelb gebacken und mit Zucker und Zimmet bestreut.

988. Nonnen-Kräpfchen.

Nimm 20 Loth fein gestoßenen und gesiebten Zucker und rühre ihn mit 4 Eidottern und 2 Eiern so lange, bis er Blasen wirft, dann mische so viel feines Mehl darunter, bis der Teig dick genug ist, rolle ihn aus und bestreiche ihn mit folgender Farce: Reibe 8 Stück ordinäre Lebkuchen das Stück zu 1 kr. fein, gib etwas Honig, einige

Löffel voll guten Wein, eine fein geschnittene Citronen=
schale, 4 Loth Pomeranzenschale, ½ Loth Nelken, 1 Loth
Zimmet, Alles fein gestoßen hinzu, und koche dieses mit
einander. Ist es erkaltet, gebe es auf obigen Teig, be=
decke es wieder mit dem Teig und backe es schön.

989. Nonnen-Semmel.

Man rührt ½ Pfund fein gestoßenen Zucker mit 4
Eidottern ¾ Stunden, gibt ½ Pfund feines Mehl, für
1 kr. Anis und den Schnee der Eier dazu, rollt diesen
Teig auf dem Nudelbrett leicht aus, sticht nußgroße Kügel=
chen daraus, legt sie auf ein mit Butter bestrichenes und
mit Mehl bestreutes Blech, immer 2 an einander gesetzt
und backt sie in mittelmäßiger Hitze.

990. Schneeballen.

Man lasse ¼ Maß Wasser mit 4 Loth Butter kochen,
streue ½ Pfund Mehl hinein und rühre es auf dem Feuer
bis es trocken ist und sich vom Tiegel löst. Wenn es ab=
gekühlt ist, rühre man 8 bis 9 Eier hinein und schlage
den Teig mit einem Löffel, bis er recht zart und fein ist.
Alsdann mache man Ballen davon, backe sie im Schmalz
schön gelb und bestreue sie heiß mit Zucker und Zimmet.

991. Waffeln.

Man rühre ¼ Pfund Butter mit 3 ganzen Eiern und
3 Eidottern recht schaumig, gebe zu jedem Ei einen Eß=
löffel voll Mehl hinzu, 1 Schoppen dicken sauren Rahm,
und zuletzt den Schnee der 3 Eier. Dann mache man ein
Waffeleisen heiß, bestreiche dasselbe mit Speck, fülle von
dem Teig hinein und backe ihn. Sind die Waffeln fertig,
bestreue man sie mit Zucker und nach Belieben mit fein
gestoßenem Zimmet.

992. Waffeln anderer Art.

1 Pfund Mehl, ¹/₂ Pfund Butter, 12 Loth Zucker, 1 Ei, Zimmet und etwas rothe Farbe werden zu einem Teig gewirkt, derselbe ausgerollt, in Stückchen geschnitten und in die Formen gedrückt, der übrige Teig abgeschnitten, dann auf ein mit Butter bestrichenes Blech gelegt und gebacken.

993. Kleine Wasser-Kuchen.

Man läßt ¹/₄ Pfund Butter mit 1 Pfund Wasser kochen und streut und rührt ¹/₂ Pfund Mehl hinein, bis sich die Masse vom Tiegel löst. Nachdem diese nicht mehr zu heiß ist, schlägt man unter beständigem Rühren 8 Eier nach und nach hinein nebst etwas Muskatblüthe oder Citronen= schale. Dann legt man von der Masse mit einem in frisches Wasser getauchten Löffel nußgroße Häufchen auf ein mit Mehl bestäubtes Blech, jedoch nicht zu nahe an einander, stellt dieses, ohne es einen Augenblick stehen zu lassen, sogleich in eine stark geheizte Röhre und läßt die Kuchen gelb backen. Sie sind schnell fertig, werden mit Zucker bestreut und servirt.

994. Kleine Rahm-Kuchen.

¹/₂ Pfund Mehl, 10 Loth Butter, 1 Ei, 4 Loth durch= gesiebter Zucker und 2 Eßlöffel voll dicker saurer Rahm wird zu einem Teig gearbeitet, ausgerollt, mit einem Glase kleine Kuchen daraus gestochen, dieselben mit gelbbrauner Butter bestrichen, mit Zucker und Zimmet bestreut und auf einem Blech in der Röhre gebacken.

995. Eschoden.

Man lasse 1 Schoppen Milch mit ¹/₄ Pfund Butter in einer Pfanne kochen, rühre dann 20 Loth feines Mehl

hinein und trockne es auf dem Feuer, bis es sich von der
Pfanne löst; dann gebe man es in eine Schüssel, rühre
nach und nach 9 Eier hinein, ein wenig Salz, 2 Loth Zucker
und die fein gehackte Schale einer halben Citrone. Nun
bestreue man ein Blech mit Mehl, lege die Masse, zu
kleinen Stritzeln formirt, mit Eiern bestrichen und mit fein
gehackten Mandeln und Zucker bestreut, darauf, und backe sie
in mittelmäßiger Hitze. Wenn sie fertig sind, müssen sie
hohl sein und werden mit Aprikosen=Marmelade gefüllt.

996. Strauben.

Man macht einen Schoppen Milch kochend, gibt $\frac{1}{4}$
Pfund Mehl dazu und rührt dieses so lange auf dem
Feuer, bis sich der Teig von der Pfanne löst; nach einigem
Erkalten rührt man 5 Eier und ein wenig Salz dazu,
füllt den Teig in eine Spritze oder läßt ihn durch einen
Trichter in nicht zu heißes Schmalz laufen, worin die
Strauben schwimmen müssen. Sind sie auf einer Seite
schön rothgelb, so werden sie umgewendet, und sind sie
fertig, auf Fließpapier, oder auf ein reines Tuch, oder
ein Haarsieb gelegt, und noch warm mit feinem Zucker
bestreut.

997. Zucker=Strauben.

Man rühre $\frac{1}{2}$ Maß Mehl mit ein wenig süßem
kochenden Wein und 1 Löffel voll zerlassenes Schmalz gut
ab, schlage dann 5—6 Eier daran, daß es ein nicht zu
dünner Teig wird, rühre 6 Loth auf Citrone abgeriebenen
Zucker, nach Belieben auch Vanille oder Zimmet darunter,
und schlage den Teig ab, bis er recht fein ist. Hierauf
lasse man Schmalz heiß werden, fülle ein trichterartiges
mit 3 Löchern versehenes Modell mit dem Teig und lasse
ihn in das Schmalz laufen und schön backen; nehme die
Strauben heraus, biege sie heiß über ein Rollholz, damit

sie krumm werden, bestreue sie mit Zucker und servire sie sogleich.

998. Weiße Lebkuchen.

Man rühre 9 Eier und 9 Eidotter mit 1½ Pfund fein gesiebten getrockneten Zucker 1 Stunde, gebe dann 1⅛ Pfund fein gesiebtes getrocknetes Mehl und 12 Loth Stärkmehl dazu, und nachdem dieses ½ Stunde gerührt ist, den Schnee von 9 Eiweiß, 2 Loth Zimmet, 2 Quint Nelken, 2 Quint Muskatblüthe, 1 Quint Carbamom, Alles gröblich gestoßen, 4 Loth Pomeranzenschale, 4 Loth Citronat und 1 Pfund Mandeln, Alles gröblich geschnitten, darunter, menge es gut unter einander, gebe, wenn der Teig noch zu flüssig ist, ein wenig Stärkmehl hinzu, sowie etwas Pottasche zum Gehen. Man streiche diese Masse auf Oblaten, lasse sie Nachts in guter Wärme stehen und backe sie hierauf in mäßiger Hitze.

999. Braune Lebkuchen.

Man läßt 3 Pfund Syrup so lange kochen, bis er so dick ist, daß, wenn man einen Tropfen auf einen Teller gießt, derselbe stehen bleibt und nicht aus einander rinnt. Alsdann schüttet man ihn sogleich nach und nach in 3 Pfund Mehl, rührt ihn gut durch einander und läßt diesen Teig 8—14 Tage stehen. Wenn man dann die Lebkuchen backen will, weicht man 3 Loth fein geriebene Pottasche in so viel Wasser, daß dieselbe kaum bedeckt ist, läßt sie 24 Stunden unter öfterem Umrühren, damit sie sich völlig auflöst, stehen und schüttet sie zur Masse; wirkt noch 1½ Pfund geschnittene Mandeln, ¼ Pfund klein geschnittenen Citronat, ¼ Pfund Pomeranzenschale, 1 Loth gestoßenen Zimmet, Nelken und Carbamom, ein wenig Pfeffer und Ingwer unter den Teig und arbeitet ihn gut; rollt ihn aus, drückt ihn in mit Mehl bestreute Formen, legt die Lebkuchen

auf ein mit Mehl bestreutes Brett und läßt sie einige
Stunden liegen, legt sie dann auf ein Blech und backt sie
in nicht zu starker Hitze. Sobald sie fertig sind, bestreicht
man sie mit Honigwasser.

1000. Macronen-Lebkuchen.

Von 7 Eiern das Weiße wird zu Schnee geschlagen
und mit 1 Pfund braunen Farinzucker 1 Stunde gerührt,
6 Loth Citronat, 6 Loth Pomeranzenschale, fein würfelig
geschnitten, 1 Loth Zimmet, 1 Quint Nelken, 1 Quint
Carbamom, 1 Quint Muskatblüthe, Alles gröblich gestoßen,
die abgeriebene Schale einer Citrone und 1 Pfund unge=
schälte auf einem Reibeisen geriebene Mandeln hinzu gerührt.
Nun schneidet man einen großen Finger lange, 3 Finger
breite Oblaten, streicht die Masse klein Finger dick darauf
und läßt sie in gelinder Hitze backen. Nachher bestreicht
man sie mit einer weißen Glace, bestreut sie mit Streu=
zucker und trocknet sie in der Röhre.

1001. Basler Lebkuchen.

Man läßt 20 Loth gekochten Honig einmal aufkochen,
gibt ½ Pfund Farinzucker hinzu und läßt beides gut kochen.
Alsbann läßt man es abkühlen, rührt hierauf ½ Loth feine
Pottasche darunter nebst 4 Loth in kleinen Würfeln ge=
schnittenen Citronat und Pomeranzenschale, die Schale einer
Citrone, 3 Quint Zimmet, 1 Quint Nelken und 1 Quint
Carbamom, Alles gröblich gestoßen, 8 Loth abgezogene fein
geschnittene Mandeln, 1 Glas voll Kirschengeist oder Rosen=
wasser, 2 Eier und 1 Pfund Mehl, arbeitet dieses zu einem
Teig, bis man kein Mehl mehr sieht, rollt ihn halb Finger
dick aus, bestaubt die Model mit Mehl, schneidet Stücke,
so groß die Model sind, drückt sie hinein, bestreut ein
Blech mit Mehl, legt die Lebkuchen darauf und backt sie
in einer Mittelhitze. Unterdessen wird ¼ Pfund Zucker

mit ein wenig Wasser auf dem Feuer gekocht und abge=
schäumt; wenn die Lebkuchen gebacken und abgekühlt sind,
mit der halb erkalteten Glace überstrichen und in einer
warmen Stube getrocknet.

1002. Gebackene Rosen.

Es wird ½ Schoppen saurer Rahm mit 3 Eiern gut
verrührt und dann so viel Mehl hinzu gerührt, bis man
den Teig wirken kann. Hierauf rollt man ihn Messerrücken
dick aus, schneidet ¼ Pfund Butter darauf, schlägt den Teig
zusammen und rollt ihn wieder aus. Nun sticht man mit
einer Rosenform Stückchen daraus, bestreicht solche in der
Mitte mit Eiweiß, setzt 4 davon auf einander, daß sie
Rosen ähnlich sehen, legt sie in heißes Schmalz, backt sie
schön gelb und bestreut sie mit Zucker.

1003. Gebackene Rosen anderer Art.

Man rührt 2 Löffel voll feines Mehl mit etwas Milch
glatt an, gibt dann 3 Eier, ein wenig Salz und 2 Loth Zucker
dazu, daß der Teig etwas dicker als Pfannkuchenteig ist
und rührt Alles zusammen noch recht gut. Hierauf stellt
man ein Roseneisen in heißes Schmalz, bis es recht heiß
ist, nimmt es heraus, taucht es in den Teig und stellt es
wieder in heißes Schmalz, hebt das Eisen nach einigen
Augenblicken in die Höhe, so daß die Rose in dem Schmalz
bleibt, backt diese schön gelb, fährt so fort, bis aller Teig
gebacken ist, legt die Rosen auf ein Haarsieb, füllt sie mit
Rahmschnee und bestreut sie mit Zucker.

Hefen-Bäckereien.

1004. Hefenteig.

Man stellt 2 Pfund feines Mehl in einer Schüssel an einen warmen Ort, macht, wenn es ein wenig lau geworden, in der Mitte eine Vertiefung, gibt 3 Löffel voll gute Hefe und eben so viel lauwarme Milch hinzu, macht daraus einen Teig und läßt ihn an einem warmen Ort stehen bis er um die Hälfte höher und größer geworden ist. Dann rührt man ½ Pfund Butter oder Schmalz, 4 Eier und etwas Salz an den Teig und zu bem übrigen Mehl und sollte derselbe noch zu dick sein, gießt man noch lauwarme Milch hinzu und arbeitet und schlägt den Teig so lange, bis er recht fein ist und sich von der Schüssel und dem Löffel löst. Alsdann läßt man ihn zugedeckt an einem warmen Orte gehen und verwendet ihn zum beliebigen Gebrauch.

1005. Kuchen von Hefen-Butterteig.

Mache von 1 Schoppen süßen Rahm, 2 Löffeln voll guter Hefe und Mehl einen Teig an und lasse ihn an einem warmen Ofen gehen. Dann gib 1 Ei, ein wenig Salz und 1 Tasse voll Rahm, in welchem ein Stück Butter zerlassen wurde, dazu, schlage den Teig recht fein ab, rolle ihn auf dem Nudelbrett aus, schlage ½ Pfund Butter hinein und rolle ihn so oft aus, bis der Teig die Butter ganz angenommen hat und derselbe recht glatt und fein ist. Dann rolle ihn halb Finger dick aus, bestreiche ihn mit zerlassener Butter, bestreue ihn mit Rosinen und Weinbeeren, rolle ihn zusammen und lege ihn in eine mit Butter bestrichene Kranzform, lasse ihn gehen, backe ihn dann und stürze ihn.

Man kann den Kuchen auch auf ein Blech legen, mit Eiern bestreichen und backen, dann mit geläutertem Zucker begießen und noch ein paar Minuten in den Ofen stellen. Auch kann man Darm= und Mandelkuchen, sowie kleine Bäcke= reien zum Thee daraus machen.

1006. Priorsch.

Man macht von ½ Pfund Mehl, guter Hefe und Rahm einen Teig an und läßt ihn gehen; derselbe muß jedoch so dick, wie ein dicker Spatzenteig sein. Unterdessen knetet man ½ Pfund Butter unter 1 Pfund Mehl nebst ein wenig Salz, und 1 Löffel voll gestoßenen Zucker, schlägt 6 Eier hinzu und arbeitet den Teig auf dem Nudelbrett so lange, bis Alles einander angenommen hat, gibt dann den Hefen= teig dazu und arbeitet und rollt ihn so lange aus, bis er ganz glatt und fein ist; dann stellt man ihn zugedeckt über Nacht an einen kühlen Ort. Andern Tags rollt man ihn aus, macht kleine Bäckereien oder große Kuchen und Kränze daraus, läßt sie an einem warmen Orte gehen, bestreicht sie mit Eiern und backt sie schön.

1007. Wohlfeiler Gugelhopfen.

8 Loth Butter werden schaumig gerührt, 5 Eier, ½ Pfund feines Mehl, 4 Loth Zucker, ein paar Körnchen Salz und 2 Löffel voll gute Hefe dazu gethan, der Teig recht fein gerührt und geschlagen, in eine bestrichene Form ge= füllt, zum Gehen an einen warmen Ort gestellt und ge= backen.

1008. Gugelhopfen mit Arac.

Hiezu macht man einen Priorschen=Teig, bestreicht eine Form mit Butter, bestreut sie mit Zucker und ganz wenig feinem Weckmehl und füllt sie bis zur Hälfte mit dem Teig, läßt sie dann zugedeckt an einem kühlen Orte über Nacht stehen und backt den Teig andern Tags, wenn er noch einmal so hoch aufgegangen ist, im Ofen recht schön. Unterdessen kocht man ein Stück Zucker mit etwas Wasser auf, gibt 2 Löffel voll Arac hinzu, und begießt damit den Gugelhopfen, wenn er gestürzt ist.

1009. Kaiser-Gugelhopfen.

Man rührt ½ Pfund Butter recht schaumig, rührt 12 Eier und zu jedem Ei einen Löffel voll Mehl hinzu nebst ein wenig Salz, 3 Löffel voll Zucker, 3 Löffel voll Hefe und die fein gehackte Schale einer Citrone. Alles schlägt man noch recht gut ab, bestreicht eine Form mit Butter, bestreut sie mit fein gehackten Mandeln, füllt den Teig hinein, läßt ihn gehen und backt ihn dann langsam. Wenn er aus dem Ofen kommt, muß er noch eine Viertelstunde in der Form bleiben, ehe man ihn stürzt.

1010. Gefüllter Gugelhopfen.

Man rührt ½ Pfund Butter und ½ Pfund Schmalz schaumig, dann nimmt man 14 Eier und 1½ Pfund Mehl, welche man auf folgende Art verwendet: Man gibt jedes Mal 1 Ei und 2 Löffel voll Mehl zu der abgerührten Butter und fährt so fort bis Eier und Mehl darunter gerührt sind. Dann gibt man 1 Tasse voll Hefe, 1 Tasse voll Milch, etwas Salz und 4 Loth auf 1 Citrone abgeriebenen Zucker dazu und schlägt den Teig recht fein ab. Zu der Farce rührt man ⅛ Pfund abgezogene fein gestoßene Mandeln, 4 Loth Citronat, 4 Loth fein geschnittene Pomeranzen- und Citronenschale, 2 Loth Zucker, etwas Zimmet, 1 Eidotter und das zu Schnee geschlagene Eiweiß gut unter einander. Nun bestreicht man eine Form mit Butter, thut die Hälfte des Teiges hinein, legt die Farce Finger dick darauf herum, gibt die andere Hälfte des Teiges darüber, belegt ihn mit halben Mandeln, bestreut ihn mit Zucker

und Zimmet, läßt den Kuchen gehen und backt ihn schön.
Die Farce bereitet man, ehe der Kuchen abgerührt ist.

1011. Abgerührter Gugelhopfen.

Man macht von $^1/_4$ Pfund Mehl und Hefe nebst einer
kleinen Tasse voll süßem Rahm einen Teig und läßt ihn
gehen. Dann rührt man $^1/_4$ Pfund Butter mit 12 Ei=
bottern recht schaumig, gibt $^1/_4$ Pfund Mehl, 6 Loth Zucker,
die Schale einer Citrone und den gegangenen Teig hinzu
und rührt alles zusammen noch recht gut, füllt hierauf die
Masse in eine mit Butter bestrichene und mit Weckmehl be=
streute Form, läßt sie gehen und backt sie dann in mittel=
mäßiger Hitze.

1012. Abgerührter Gugelhopfen anderer Art.

Man rührt $^3/_4$ Pfund Butter recht schaumig, während
dessen man alle 3 Minuten 1 Ei, einen Löffel voll Rahm
und 2 Löffel voll Mehl hinzu rührt, bis 1 Pfund Mehl,
$^1/_2$ Maß Rahm und 8 Eier hinein gerührt sind; dann
rührt man 4 Löffel voll Hefe, einen halben Löffel voll
Salz und 2 Löffel voll Zucker an den Teig und ist dieser
gut abgeschlagen, füllt man ihn in eine bestrichene Form,
läßt ihn gehen und backt ihn dann. Man kann dem Teig
auch noch fein geschnittene Pomeranzenschale beifügen.

1013. Mandel-Gugelhopfen.

$^1/_2$ Pfund Butter wird mit 10 Eiern gut gerührt, 12
Loth gebrühte, abgezogene, fein gehackte Mandeln, 4 Eß=
löffel voll gute Hefe, etwas Salz, die Schale einer halben
Citrone, 1 Pfund Mehl und $^1/_2$ Schoppen lauwarme Milch
hinzu gerührt, Alles zusammen gut abgeschlagen und zum
Gehen an einen warmen Ort gestellt. Hat sich der Teig
gehörig gehoben, so wird 12 Loth fein gestoßener Zucker
hinein gegeben, derselbe nochmals gut abgeschlagen, in eine

mit Butter bestrichene Form bis zur Hälfte voll gefüllt, diese an einen warmen Ort zum Gehen gestellt und ist der Teig mit dem Rande der Form gleich, wird er mit ver= klopften Eiern bestrichen und schön gebacken.

1014. Mandel-Gugelhopfen anderer Art.

Man rührt 12 Loth Butter schaumig und rührt ab= wechselnd 3 Eier und 5 Eßlöffel voll Mehl hinein. Unter= dessen rührt man 10 Loth mit 1 Ei fein gestoßene Mandeln mit nicht ganz einem Schoppen Milch glatt an, rührt mit dieser Mandelmilch 1 Pfund feines Mehl ab, gibt obigen Butterteig hinzu, nebst 3 Löffeln voll Hefe, schlägt Alles zusammen tüchtig ab und stellt den Teig an einen warmen Ort zum Gehen. Hierauf gibt man etwas Salz und 12 Loth Zucker hinzu, schlägt den Teig nochmals gut ab, füllt ihn in eine bestrichene Form, läßt ihn wieder gehen und backt ihn schön.

1015. Saurer Rahm-Gugelhopfen.

Man rührt ½ Maß ganz dicken sauren Rahm mit 8 Eiern schaumig ab, oder nimmt ein wenig vorher ab= gerührte Butter, rührt mit dieser den sauren Rahm nebst Eiern schaumig, rührt nach und nach 1 Pfund Mehl hinzu sowie die auf Zucker abgeriebene Schale einer Citrone und 2 Löffel voll Hefe. Ist Alles zusammen recht tüchtig ge= rührt, füllt man es in eine gut bestrichene Form, läßt den Teig gehen und backt ihn sodann in mittelmäßiger Hitze.

1016. Gugelhopfen im Schmalz gebacken.

Hat man übrig gebliebenen Gugelhopfen, schneide man Finger dicke Stücke davon und mache daraus 2 Finger breite und 2 Mal so lange Stückchen, lege sie in eine flache Schüssel, schlage 3 Eier mit 1 Tasse voll süßem Rahm und

1 Löffel voll Zucker unter einander und gieße es über den Kuchen, daß er sich ganz davon ansaugen kann. Dann backe man ihn schnell in heißem Schmalz, bestreue ihn mit Zucker und Zimmet und servire ihn. Auch kann man eine Wein=sauce darüber geben.

1017. Süße Gugelhöpfchen.

Man rührt ¼ Pfund Butter, 9 Eier, 20 Loth Mehl, 2 Löffel voll Hefe, 4 Löffel voll Zucker und eben so viel Rahm ab, daß es einen dünnen Teig gibt. Diesen füllt man in kleine mit Butter bestrichene Förmchen, läßt ihn gehen und backt ihn schön.

1018. Rosinen=Kuchen.

¼ Pfund Schmalz und ¼ Pfund Butter wird mit 3 Eiern und 3 Eidottern recht schaumig gerührt, 1 Pfund Mehl dazu gerührt, Hefe mit Milch oder Rahm ange=macht so viel als nöthig ist, nebst 2 Loth bittere Mandeln, eine auf Zucker abgeriebene Citrone und für 6 kr. Wein=beeren und Rosinen dazu gethan, Alles noch recht gerührt und hingestellt zum Gehen; dann wird der Teig in eine gut bestrichene Form gefüllt, nochmals hingestellt zum Gehen und in mittelmäßiger Hitze gebacken.

1019. Hefen=Kuchen.

Man rührt 8 Loth Butter mit 6 Eidottern recht schaumig, gibt 16 Loth Mehl, 4 Löffel voll Milch, 2 Löffel voll gute Hefe und ein wenig Salz hinzu, schlägt den Teig recht fein ab und läßt ihn einige Minuten ruhen. Dann füllt man ihn in eine gut bestrichene Form, läßt ihn gehen, bestreicht ihn mit Eiern und bestreut ihn mit Zucker, Man=deln und Weinbeeren, welche man auch in den Teig geben kann. Man backt den Kuchen eine halbe Stunde in der

Röhre. Mit Speck, etwas Salz und Kümmel ist derselbe auch sehr gut, nur muß er dann warm gegessen werden.

1020. Hannover-Kuchen.

Man macht einen Teig von 1 Pfund Mehl, Milch und Hefe und läßt ihn gehen. Unterdessen rührt man ½ Pfund Schmalz oder Butter mit 4 Eiern ab und gibt es zu dem gegangenen Teig, sollte dieser dann noch zu dick sein, gießt man etwas lauwarme Milch hinzu und schlägt den Teig so lange, bis er sich von der Schüssel löst. Zuvor werden 6 Loth Rosinen, 6 Loth Weinbeeren, etwas Zimmet und klein geschnittene Citronenschale in Wein gekocht und Citronat und Pomeranzenschale, fein geschnitten, hinzu gethan. Nun wird der Teig, in der Mitte dicker als außen herum aus= gerollt, auf ein Blech gelegt, die Farce am Rande herum 3 Finger breit darauf gestrichen und eben so breit von dem zurückbehaltenen Teig ein Streifen darauf gemacht. Alsdann wird der Kuchen mit Eiern bestrichen, mit klein geschnittenen Mandeln und Zucker bestreut, an einen warmen Ort gestellt, bis er recht stark gegangen ist und in der Röhre gebacken.

1021. Apostel-Kuchen.

Von 1½ Pfund Mehl wird der vierte Theil mit 4 Eßlöffeln voll Hefe und einem kleinen Schoppen lauwarmen Wasser zu einem Teig angemacht und zum Gehen hingestellt. Hierauf gibt man das übrige Mehl, ¾ Pfund Butter, 6 Eier, 6 Eidotter, 2 Eßlöffel voll feinen Zucker, 2 Kaffee= löffel voll Salz und ½ Schoppen süßen Rahm dazu und arbeitet dieses zu einem ziemlich festen Teig, diesen stürzt man auf ein Nudelbrett, reißt ihn hier nach und nach in Stücken, legt sie wieder über einander, und fährt so fort, bis der Teig ganz fein und glatt ist, worauf er dann mit der Hand noch etwas gewirkt und zu einem Ballen geformt wirb; diesen schlägt man in ein mit Mehl bestäubtes Tuch, legt es in eine Schüssel und stellt sie zugedeckt über Nacht in den Keller. Nachdem der Teig um das Doppelte auf= gangen ist, legt man ihn auf ein Nudelbrett, nimmt ein klein wenig davon, woraus man einen Knopf bildet, formt den übrigen Teig mehr durch Drehen als durch Arbeiten zu einem runden, aber etwas breit gedrückten Laib, macht in dessen Mitte eine Vertiefung, drückt den Knopf hinein, legt ihn auf ein mit Butter bestrichenes Blech, bestreicht ihn mit Eiern, macht je drei Finger breit von einander mit dem Messer aufwärts gegen den Knopf Einschnitte, läßt ihn eine Viertelstunde gehen und backt ihn in einem heißen Ofen.

1022. Butter=Kuchen.

Man macht von Mehl, 3 Löffeln voll Hefe und eben so viel warmer Milch einen Teig und läßt ihn gehen. Unter= dessen gibt man 1¾ Pfund Mehl auf ein Backbrett, ver= mischt dieses mit ¾ Pfund in Stückchen zerpflückter Butter, macht dann in die Mitte desselben eine Vertiefung, gibt etwas Salz, 2 Eier und ½ Maß lauwarme Milch daran und zieht mit einem breiten Messer von allen Seiten das Mehl nach der Mitte, gibt noch den Hefenteig hinzu und schlägt Alles so schnell als möglich unter einander und wirkt den Teig äußerst wenig, was eine Hauptbedingung ist. Alsbann breitet man ihn Finger dick auf ein bestrichenes Blech und läßt ihn gehen. Hierauf zupft man den Kuchen mit 2 Fingern, legt in die entstandenen Vertiefungen ½ Pfund zu kleinen Stückchen zerschnittene Butter, oder legt die in Stückchen zerpflückte Butter stellenweise darauf hin, bestreut den Kuchen mit 4 Loth gröblich geschnittenen Mandeln, 20 Loth gröblich gestoßenem Zucker und ⅛ Loth Zimmet und backt ihn in guter Hitze.

1023. Zwieback.

Man nimmt 3 Pfund Mehl, macht einen Teig mit Hefen (für 2 kr.) und ungefähr 1 Schoppen Milch, und läßt ihn gehen. Dann rührt man ½ Maß süßen Rahm, worin ein Stück Butter zergangen ist und 1 Ei daran und schlägt den Teig so lange, bis er sich von der Schüssel löst; nun thut man ¼ Pfund gestoßenen Zucker, ¼ Pfund länglich geschnittene Mandeln, 4 Loth Citronat, 4 Loth Pomeranzenschale und Anis hinzu, rührt Alles gut unter einander, formt 3 Stollen daraus, legt sie auf ein Blech, läßt sie gehen und backt sie schön. Sind sie erkaltet, schneidet man sie in Schnitten, taucht sie in gestoßenen Zucker und bäht sie.

1024. Zwieback anderer Art.

Man macht von 2 Löffeln voll guter Hefe, 1 Schoppen Milch und Mehl einen Teig an und läßt ihn gehen. Dann rührt man ¼ Pfund Butter und einen Löffel voll Schmalz recht schaumig, gibt 3 Eier, ein wenig Salz, 4 Loth gestoßenen Zucker, für 2 kr. Anis, so viel Mehl, als man nöthig hat und den gegangenen Teig hinzu, nach Belieben auch noch ein wenig Milch, schlägt den Teig recht fein ab, wirkt ihn auf dem Nudelbrett aus und formirt 3 Stollen daraus, welche man auf dem Blech gehen läßt, dann mit Eiern bestreicht und schön backt. Andern Tags schneidet man sie zu Schnittchen, wickelt sie in Zucker ein und bäht sie schön gelb. Man kann auch gestoßene Mandeln in den Teig geben.

1025. Ulmer Brod.

Man rühre von 1 Pfund feinem Mehl, 3 Schoppen lauwarmer Milch und 4 Eßlöffeln voll guter Hefe einen Teig an und lasse ihn gehen. Alsdann gebe man ½

Pfund feinen Zucker, ¹/₂ Pfund Butter, 1 Loth fein ge=
schnittenen Citronat, 1 Loth fein geschnittene Pomeranzen=
schale, die fein gehackte Schale einer Citrone, ¹/₂ Loth
Anis und zuletzt noch so viel Mehl hinzu, daß es einen
festen Teig gibt, wirkt diesen auf dem Nudelbrett so lange,
bis der Anis anfängt, heraus zu fallen und formt nun
2 große Wecken daraus, welche man auf ein mit Mehl
bestäubtes Blech legt und an einem warmen Ort nochmals
gehen läßt, alsdann bestreicht man sie mit verklopften
Eiern, macht der Länge nach einen Schnitt hinein und
backt sie in mittelmäßiger Hitze.

1026. Zucker=Brod.

Von einer halben Maß lauwarmer Milch, 4 Eßlöffeln
voll Hefe und Mehl mache man einen Teig und lasse ihn
gehen. Unterdessen rühre man ¹/₂ Pfund Butter schaumig,
gebe 6 Eier hinzu nebst 4 Loth Citronat, 4 Loth Pomeran=
zenschale, Alles fein geschnitten, die fein gehackte Schale
einer halben Citrone, ¹/₂ Pfund feinen Zucker, etwas Salz
und Anis, gebe den Hefenteig dazu und noch so viel Mehl,
daß es einen festen Teig gibt, welchen man auf dem Nudel=
brett so lange wirkt, bis derselbe recht zart und glatt ist.
Alsdann rollt man ihn Finger dick aus, sticht runde Blätt=
chen daraus, welche man in der Mitte zusammen biegt und
auf ein mit Butter bestrichenes Blech dicht an einander setzt,
so daß sie aufrecht stehen, das Zusammengebogene nach
unten, und das Ganze einen langen Wecken ähnlich sieht,
gegen welchen man unten und oben etwas Schweres legt,
damit der Teig fest zusammen bleibt, was man jedoch vor
dem Backen wieder wegnimmt. Ist derselbe gut gegangen,
bestreicht man ihn mit Eiern, bestreut ihn mit Zucker, macht
in der Mitte der Länge nach einen tiefen Schnitt und backt
das Brod in einem heißen Ofen.

1027. Hutzel-Brod.

1 Pfund gedörrte Zwetschgen und 1 Pfund gedörrte Birnen werden halb weich gekocht, damit sie nicht zu viel Saft an sich ziehen, dann die Kerne von den Zwetschgen heraus genommen und die Birnen einmal entzwei geschnitten. In der Brühe werden 8—10 Stücke Feigen ebenfalls halb weich gekocht, in Würfel geschnitten und der übrige Saft auf einen Schoppen eingekocht. Lauwarm wird davon mit 3 Löffeln voll Hefe, für 2 kr. Sauerteig und Mehl ein Teig angemacht und zum Gehen hingestellt. Unterdessen werden ½ Pfund Mandeln geschält, aus 100 welschen Nüssen die Kerne herausgenommen, 4 Loth Citronat und 4 Loth Pomeranzenschale, Alles in kleine Würfel geschnitten, unter den Teig gearbeitet nebst 4 Loth Weinbeeren, 4 Loth Rosinen, für 2 kr. Zimmet, ein wenig Salz und einige Messerspitzen voll Nelken, sowie 1 Pfund Mehl. Nun wird ein Stollen aus dem Teig geformt, derselbe an einen warmen Ort zum Gehen gestellt, mit frischem Wasser bestrichen und in einer Stunde fertig gebacken. Man kann auch eine Tasse voll Kirschengeist in den Teig geben.

1028. Früchten-Kuchen von Hefenteig.

Man macht von ½ Schoppen süßem Rahm, 2 Löffeln voll Hefe und Mehl einen Teig an und läßt ihn gehen. Unterdessen rührt man ¼ Pfund Butter schaumig, gibt 4 Eidotter einen nach dem andern hinein, etwas Salz, ½ Pfund Mehl, einen Löffel voll Zucker, den Hefenteig und so viel Rahm, bis der Teig wie ein Gugelhopfenteig ist; denselben schlägt man ½ Stunde bis sich Blasen bilden und er recht fein und glatt ist. Dann bestreicht man eine Springform mit Butter, gibt die Hälfte von dem Teig hinein, legt halb Finger dick eingemachte Früchte darauf und bedeckt diese mit dem übrigen Teig; läßt ihn gehen,

bestreicht ihn dick mit Eiern, bestreut ihn mit grob gesto=
ßenem Zucker, backt ihn schön, und bestreut ihn dann mit
feinem Zucker.

1029. Früchten=Kuchen anderer Art.

Mache einen Hefen=Butterteig, rolle ihn halb Finger
dick aus, schneide ihn rund, belege ihn mit Aprikofen=
Marmelade und gebe von dem Teig eben so groß einen
Deckel darauf, lege den Kuchen auf ein Blech, lasse ihn
gehen, mache von dem Teig noch allerlei Verzierungen
darauf, bestreiche ihn dann mit schaumig geschlagenen Eiern
und Zucker, backe ihn und bestreue ihn, wenn er kalt ist,
nochmals mit Zucker.

1030. Aepfel=Kuchen.

Man macht mit ½ Schoppen Rahm, 2 Löffeln voll
Hefe und Mehl einen Teig und läßt ihn gehen, gibt dann
6 Loth mit ein wenig Rahm zerlassene Butter, etwas Salz
und 2 Eier hinzu und schlägt es zu einem feinen Teig, rollt
ihn auf dem Nudelbrett zu einem runden Platz, läßt ihn
gehen, legt geschälte, zu Schnitzchen geschnittene, jedes
Schnitzchen in zerlassene Butter getauchte Aepfel darauf,
bestreicht den Rand mit Eiern und backt ihn schön. Wenn
er aus dem Ofen kommt, wird er gleich mit Zucker und
Zimmet bestreut. Auch kann man vor dem Backen Wein=
beeren und gehackte Mandeln darüber streuen.

1031. Aepfel=Kuchen anderer Art.

Der Teig wird wie der vorhergehende gemacht, halb
Finger dick ausgerollt, ein Finger breiter Rand herumge=
legt und die geschnitzten Aepfel, welche zuvor in Wein und
Wasser, Zucker, Zimmet und Citronenschale weich gedämpft
wurden, ohne Saft darauf gethan, von dem Teig ein
Deckel darüber gemacht, von Teig allerlei Verzierungen

darauf gelegt, und an einem warmen Ort gestellt zum Gehen. Dann verrührt man 1 Ei und 1 Eidotter mit einigen Löffeln voll Zucker, bestreicht den Kuchen damit, backt ihn schön und bestreut ihn mit Zucker.

1032. Zwetschgen-Kuchen.

Eine Anzahl Zwetschgen kernt man aus, macht einen Kuchen von einem hier angegebenen Teig, legt die halben Zwetschgen darauf, bestreut sie mit Weckmehl, backt den Kuchen und bestreut ihn dann mit Zucker und Zimmet.

1033. Heidelbeer-Kuchen.

Nachdem man einen Hefenteig dünn ausgerollt und mit einem Rande versehen hat, bestreut man ihn mit Weck= mehl, legt die vorher erwärmten Heidelbeeren dick darauf, bestreut sie mit Zucker und Zimmet, läßt den Kuchen gehen und backt ihn in starker Hitze, damit er nicht aus= trockne.

1034. Käse-Kuchen.

Man macht einen beliebigen Kuchenteig und rollt ihn Messerrücken dick aus. Unterdessen reibt man süßen Käse, schlägt einige Eier hinein, schüttet zerlassenes Schmalz darüber, gibt sauren Rahm, Rosinen, Weinbeeren, Zucker und ein wenig Mehl dazu, rührt es gut unter einander, und streicht es auf den Kuchen, bestreut ihn mit Zimmet und backt ihn schön.

1035. Englischer Kuchen.

Mache einen Teig von Hefe, Mehl und Milch und lasse ihn gehen. Unterdessen rühre ¼ Pfund Butter und 4 Loth Schmalz recht schaumig, gib 1 Ei, ¼ Pfund fein gestoßenen Zucker, 1¼ Pfund feines Mehl, ein wenig Salz und den Teig hinzu nebst ein wenig süßen Rahm und 4

Loth Rosinen; schlage den Teig eine Stunde, daß er recht glatt und fein wird und so steif ist, wie ein Schnecken-nudelteig; rolle ihn auf dem Nudelbrett halb Finger dick aus, bestreiche ihn mit Butter, schneide zwei Finger breite, ⅓ Elle lange Streifen daraus, rolle sie zusammen, setze sie in eine gut bestrichene Form an einander, lasse sie gehen, backe sie und stürze sie dann.

1036. Fastnachtskrapfen.

8 Loth Butter werden leicht gerührt, 6 Eidotter, 2 Eier, 3 Eßlöffel voll gestoßener Zucker, 1 Kaffeelöffel voll Salz, ein Pfund erwärmtes, fein gesiebtes Mehl und 3 Eßlöffel voll gute Hefe hinzu gegeben, dieses mit 1 Schoppen süßen Rahm zu einem Teig angemacht, derselbe recht fein abgeschlagen und zugedeckt und an einem warmen Ort zum Gehen gestellt. Dann wird er auf ein mit Mehl bestäubtes Nudelbrett gegeben, mit bemehlter Hand leicht ausgezogen und mit dem Rollholz 2 Messerrücken dick aus-gerollt. Nun werden mit einem Ausstecher in dem Um-fange eines weiten Trinkglases Blättchen daraus gestochen, diese auf ein bemehltes Tuch gelegt, die Hälfte davon mit zerkleppertem Ei bestrichen, in die Mitte eines jeden Blättchens ein Kaffeelöffel voll eingemachte Johannisbeeren oder eine beliebige Marmelade gegeben, die andere Hälfte der Blättchen passend darauf gedeckt, rings herum leicht angedrückt und mit einem Tuch bedeckt. Sind die Krapfen noch etwas aufgegangen, wobei Acht gegeben werden muß, daß sie nicht zu viel aufgehen, weil sie sonst beim Backen wieder zusammen fallen würden, werden sie auf die obere Seite zuerst in heißes Schmalz gegeben, einige Minuten mit einem Deckel zugedeckt, dann umgewendet und unbe-deckt auch auf der andern Seite schön gelb gebacken. Nun legt man sie auf Fließpapier oder ein Haarsieb, doch so,

daß sie einander nicht drücken und zusammen fallen, und bestreut sie noch heiß mit Zucker und Zimmet.

1037. Fastnachtskrapfen gewöhnlicher Art.

Man rührt 6 Loth Butter ab, gibt 4 Eier, 3 Eß= löffel voll Zucker, etwas Salz, 1½ Pfund fein gesiebtes erwärmtes Mehl, und drei Löffel voll Hefe dazu und macht es mit ¼ Maß Milch zu einem Teig an, welchen man gut abschlägt und an einen warmen Ort zum Gehen stellt. Wenn er zur Hälfte aufgegangen ist, gibt man ihn auf ein mit Mehl bestreutes Nudelbrett, rollt ihn zwei Messerrücken dick aus und verfährt im Ueberigen auf die vorhergehende Weise.

1038. Reiskrapfen.

Man kocht ¼ Maß Milch mit ¼ Pfund Reis recht weich und läßt ihn erkalten, rührt dann 2 Loth Butter mit 2 Eiern gut ab, gibt den Reis dazu nebst 2 Löffeln voll Hefe mit ein wenig Rahm angemacht. Dann läßt man den Teig einige Zeit stehen, sticht mit einem Eßlöffel Krapfen heraus, backt diese in nicht zu heißem Schmalz, bestreut sie mit Zucker und Zimmet oder gibt ein Com= pot dazu.

1039. Zopf=Nudeln.

Man macht von 1½ Pfund Mehl, ½ Maß süßem Rahm, ¼ Pfund zerlassener Butter, 4 Löffeln voll guter Hefe und ein wenig Salz einen Teig, schlägt 4 Eier und 6 Eidotter daran, schlägt den Teig recht fein ab, und deckt ihn zu, bis er gegangen ist. Dann macht man kleine Nudeln davon, wie die welschen Nüsse, rollt sie länglich aus, flechtet vierfache Zöpfe und backt sie, nachdem am Ende die vier Theile zusammen gedrückt wurden, sogleich auf beiden Seiten in heißem Schmalz und gibt sie zur Tafel.

1040. Waffeln.

Man rührt ½ Pfund Mehl mit 2 Löffeln voll guter Hefe, etwas Salz und lauwarmer Milch zu einem Teig und läßt ihn gehen. Unterdessen rührt man ¼ Pfund Butter recht schaumig, rührt nach und nach 6 Eier, welche zuvor in warmen Wasser gelegen, daran, sowie den ge= gangenen Teig, und rührt und schlägt Alles gut durch einander. Dann macht man das Waffeleisen heiß, be= streicht es mit Schmalz oder Speckschwarte, legt 1 Löffel voll von dem Teig hinein, macht das Eisen langsam zu, und backt die Waffeln auf dem Feuer auf beiden Seiten schön gelb. Wenn einige gebacken sind, bestreicht man das Eisen wieder mit Schmalz oder Speckschwarte und fährt so fort, bis der Teig zu Ende. Dann bestreut man die Waffeln mit Zucker und Zimmet und servirt sie.

1041. Kolatschen.

¼ Pfund Butter wird schaumig gerührt, hierauf fünf Eidotter nach und nach daran gerührt nebst 2 Loth Zucker, Citronenschale, 1 Tasse saurem Rahm, 2 Löffel voll in Milch aufgelöste Hefe und ¾ Pfund feines erwärm= tes Mehl. Von dieser Masse setzt man nußgroße Klöße auf ein bestrichenes Blech, läßt sie gut gehen, legt auf jede Kolatsche eine eingemachte Hiefe, Kirsche oder Rosine, bestreicht sie mit geschlagenem Eiweiß, bestreut sie mit grob gestoßenem Zucker und backt sie in starker Hitze 10 Minuten.

1042. Mandelkränze.

Man zerpflückt 1 Pfund Butter in kleine Stückchen und vermischt sie mit 2 Pfund Mehl, wovon ein Theil

zum Ueberstreuen zurück bleibt. Hierauf rührt man 2
Löffel voll Hefe mit ¼ Maß warmer Milch und 2 Eibottern daran und arbeitet dieses zu einem weichen Teig,
der jedoch nicht an der Hand kleben darf. Von diesem
nimmt man kleine Stücke, rollt sie lang und biegt sie
rund zusammen, bestreicht sie mit geschlagenem Eiweiß,
drückt sie in eine Mischung von 12 Loth grob gestoßenen
Mandeln, Zucker und Zimmet und legt sie nicht zu dicht
an einander auf ein Blech. Nachdem sie schön, jedoch
langsam gegangen sind, backt man sie in starker Mittelhitze dunkelgelb.

Verschiedenes Obst einzumachen und zu trocknen.

1043. Regeln beim Einmachen.

Das Aufbewahren alles Eingemachten muß an kühlen,
trockenen Orten und da, wo es nicht friert geschehen.
Auch muß man öfters darnach sehen und sollte man finden,
daß durch irgend ein Versehen Früchte, welche mit Zucker
eingemacht sind, sich verändert hätten, so koche und schäume
man etwas Essig und Zucker und lasse sie darin aufkochen.
Fehlt es jedoch nicht an Saft, so ist das Heißmachen mit
einem Zusatz von französischem Branntwein und Zucker
hinreichend. Alsdann füllt man sie wieder in Gläser
oder Büchsen, welche man nach völligem Erkalten fest
zubindet und dann aufhebt. Legt man vor dem Zu-
binden ein passendes Stück Papier stark mit Arac oder

Franzbranntwein angefeuchtet auf die Früchte, halten ſie
ſich ſehr gut.

Fruchtſäfte bewahre man in halben Flaſchen oder
Medicingläſern, indem eine angebrochene Flaſche ſich nie
lange hält. Auch hier dient zum Erhalten derſelben,
einen Kaffeelöffel voll Arac oder Franzbranntwein darauf
zu ſchütten. Alsdann werden ſie mit neuen Korken ver=
ſchloſſen, jedoch vorſichtig, damit ſolche nicht mit Saft an=
gefeuchtet werden, verlackt oder mit Papier zugebunden
und ohne ſie zu ſchütteln aufrecht ſtehend an einem trock=
nen, kühlen, etwas dunklen Ort aufbewahrt.

1044. Zucker zu läutern.

Die Hälfte von einem Eiweiß wird mit ¼ Maß
friſchem Waſſer in einer meſſingenen Pfanne mit einem
Schneebeſen tüchtig geſchlagen, dann 1 Pfund in Stücke
geſchlagener Zucker hinzugethan; iſt dieſer vergangen, wird
es zum Feuer geſtellt und unter beſtändigem Bewegen
aufgekocht. Steigt der Zucker in die Höhe, wird er mit
3 Eßlöffeln voll friſchem Waſſer abgeſchreckt, daß er ſich
wieder ſetzt und ruhig wird, dann der Schaum, in wel=
chem ſich das Unreine ſetzt, abgenommen, der Zucker lang=
ſam fortgekocht und während deſſen noch einige Mal mit
friſchem Waſſer abgeſchreckt und abgeſchäumt, bis er ganz
klar iſt; worauf derſelbe durch eine naßgemachte Serviette
in eine Porzellanſchüſſel gegoſſen wird. Da zum Ein=
machen der Früchte ſehr viel auf das Läutern des Zuckers
ankommt, ſo folgen hier die verſchiedenen Proben.

1045. Zucker zum kurzen und langen Faden.

Iſt der Zucker geläutert, ſo ſetzt man ihn aufs Feuer,
läßt ihn unter öfterem Umrühren mit einem ſilbernen
Löffel kochen und probirt ihn auf folgende Art: Man
nimmt mit dem Löffel ein wenig Zucker in die Höhe, iſt

der Faden kaum zu bemerken, so ist es die Probe des kurzen Fadens; zieht sich hingegen der Faden in die Länge, ohne daß er zerreißt oder zähe wird, so ist es die Probe zum langen Faden.

1046. Zucker zur Blase.

Man kocht den Zucker, nachdem man allen Schaum abgenommen hat, so lange, bis sich, wenn man ihn mit einem Schaumlöffel durch einander rührt und von demselben der Zucker abgelaufen ist, kleine Blasen bilden, indem man in die Löcher des Schaumlöffels bläst, welches dann der Beweis ist, daß der Zucker den rechten Grad der Stärke hat.

1047. Aprikosen in Zucker.

Man schält reife Aprikosen, entfernt die Kerne, indem man sie am Ende des Stieles herausdrückt, zerschlägt und schält diese, kocht sie in Zucker und steckt sie wieder in die Aprikosen. Nun läutert man 1 Pfund Zucker, gibt 1 Pfund Aprikosen hinein und läßt sie einige Mal mit aufkochen, nimmt sie heraus, legt sie zum Abtropfen auf ein Haarsieb, kocht den Saft dick und gießt ihn erkaltet über die in ein Glas gelegten Aprikosen. Sollte er nach einigen Tagen flüssig sein, kocht man ihn nochmals dick ein.

1048. Halbe Aprikosen in Zucker.

Die nicht ganz reifen Aprikosen werden geschält, halbirt, die Kerne herausgenommen, blanchirt, eine Viertelstunde in kaltes Wasser und dann zum Abtrocken auf ein reines Tuch gelegt. Nun läutert man auf ein Pfund Aprikosen ein Pfund Zucker, kocht dieselben einige Mal darin auf, gibt sie zum Ablaufen auf ein Haarsieb, kocht den Saft dick ein, schäumt ihn gut ab, läßt ihn erkalten, thut die Aprikosen hinein, stellt sie bis zum andern Tag

hin, gibt dieselben dann in Gläser, kocht den Saft noch=
mals auf und gießt ihn erkaltet darüber. Auch kann man
die Kerne abschälen und mit kochen. Sollte der Saft in
einiger Zeit flüssig werden, wird er wieder aufgekocht.

1049. Aprikosen in Dunst.

Die reifen, aber nicht zu weichen Aprikosen schält
man, halbirt sie, nimmt die Kerne heraus und legt sie
mit 8 Loth gestoßenem Zucker dazwischen gestreut, in
Gläser. Diese bindet man mit Leinwand und Schweins=
blasen fest zu, stellt sie mit Heu umwickelt in einen Hafen,
gießt kaltes Wasser daran, läßt es einige Mal aufkochen,
nimmt den Hafen vom Feuer, thut die Gläser jedoch nicht
eher heraus, bis das Wasser kalt ist, und rüttelt sie 14
Tage alle Tage ganz vorsichtig, daß der Saft die oberen
Aprikosen bedeckt. Man gibt sie mit Zucker überstreut als
Compot oder gebraucht sie zu Torten.

1050. Aprikosen in Büchsen einzumachen.

Die Aprikosen müssen reif, aber nicht zu weich sein;
diese werden geschält, halbirt, die Kerne herausgenommen
und lagenweise mit fein gestoßenem Zucker ganz dicht in
die Büchsen gelegt, bis dieselben voll sind. Zu einer Maß
Obst nimmt man 8—10 Loth Zucker und nach Belieben
ein Stückchen Zimmet. Ein mit Franzbranntwein ge=
tränktes Papier über die Früchte gelegt, gibt besonders
dem Kernobst einen angenehmen Geschmack und dient zum
Erhalten. Dann läßt man die Büchsen zulöthen, wie
beim Einmachen der Gemüse angegeben wird, stellt sie
in einen Kessel mit kaltem Wasser, kocht sie ungefähr eine
halbe Stunde und läßt sie in dem Wasser erkalten, ehe
man sie herausnimmt. — Auf diese Weise kann man
alles gute Kern= und Steinobst einmachen; doch legt man

Zwetschgen, Mirabellen, Kirschen, Reineclaudes ꝛc. ganz in die Büchsen.

1051. Aprikosen in Arac.

1 Pfund nicht zu weiche, schön gelbe Aprikosen werden geschält, blanchirt, in frisches Wasser und dann auf ein Tuch zum Abtrocknen gelegt. Unterdessen wird ³/₄ Pfund Zucker geläutert, erkaltet 1 Schoppen Arac dazu gethan und dieses über die Aprikosen gegossen.

1052. Aprikosen-Marmelade.

Reife Aprikosen werden geschält und so lange gekocht, bis man sie durch's Haarsieb treiben kann. Nun läutert man zu 1 Pfund durchgetriebener Marmelade 1 Pfund Zucker, kocht beides recht gut mit einander und schäumt es öfter ab, bis es recht hell und klar ist. Da die Marmelade mitunter flüssig wird, so ist es nöthig, sie nach kurzer Zeit noch ein wenig einzukochen.

1053. Aprikosen-Marmelade anderer Art.

Man schält Aprikosen, nimmt die Kerne heraus, und gibt zu 1 Pfund derselben 1 Pfund fein gestoßenen Zucker, läßt dieses über Nacht stehen und kocht es dann in einem reinen Tiegel unter fleißigem Rühren, damit es recht fein wird und seine gehörige Dicke bekömmt.

1054. Geschälte Pfirsiche.

Geschälte, in Viertel geschnittene Pfirsiche werden gewogen, zu 1 Pfund derselben 1¹/₄ Pfund Zucker geläutert, beinahe kalt, die Pfirsiche hinein gethan und bis zum andern Tag hingestellt. Dann nimmt man sie wieder heraus, kocht den Saft auf, schäumt ihn ab, gibt die Pfirsiche etwas wärmer als das erste Mal hinein und läßt sie

bis zum britten Tage stehen, worauf man sie einmal mit
aufkocht, nach Belieben etwas Arac bazu thut und aufhebt.

1055. Pfirsiche in Arac.

Schäle gute, reife, nicht zu weiche Pfirsiche mit einem
scharfen Messer recht dünn, blanchire sie, lege sie über
Nacht in frisches Wasser und hierauf zum Abtrocknen auf
ein Tuch. Unterdessen läutere 1¼ Pfund Zucker, erkaltet
gib 1 Pfund Pfirsiche hinein und lasse sie bis zum andern
Tag stehen. Hierauf lasse dieselben in dem Zucker heiß
werden, gib dann die Pfirsiche mit einem Schaumlöffel
zum Abtropfen auf ein Haarsieb, koche und schäume den
Saft, bis er recht hell ist, und erkaltet gib 1 Schoppen
Arac hinzu. Die Pfirsiche stelle schön in Gläser, gieße
den Saft darüber und binde sie mit Schweinsblasen zu.

1056. Reineclaudes in Zucker.

Schöne zeitige, jedoch feste Reineclaudes mit den Stielen sticht man mit der Nadel einige Mal. Alsdann
läutert man so viel Obst, so viel Zucker, bis er Faden
zieht, läßt ihn abkühlen, bis er noch gut warm ist, thut
die Reineclaudes hinein, damit auch sie warm werden und
läßt sie bis zum andern Tag stehen. Hierauf kocht man
den Saft wieder auf, schäumt ihn gut, gibt warm die
Reineclaudes hinein, und läßt sie bis zum dritten Tag
stehen, worauf man nochmals auf dieselbe Weise verfährt
und sie dann aufhebt. Man kann auch etwas Arac bazu
thun, oder damit warten, bis man das erste Mal davon
gebraucht hat und ihn dann hinein gießen.

1057. Reineclaudes anderer Art.

Reineclaudes, welche zwar zeitig, jedoch noch hart
und grün sind, werden mit einem Tuch abgetrocknet, mit
einer hölzernen Nadel einige Mal hinein gestochen und mit

kaltem Waſſer, in welches eine Hand voll Salz gegeben,
zum Feuer geſtellt. Fangen Sie an zu kochen und in die
Höhe zu ſteigen, ſo nimmt man ſie gleich heraus, legt ſie
in friſches Waſſer und zum Abtrocknen auf ein reines
Tuch und verfährt im Uebrigen wie in der vorigen Nr.
angegeben wurde.

1058. Reineclaudes in Arac.

Dieſe werden reif, jedoch nicht zu weich in kochendem
Waſſer einige Male aufgekocht, bis ſich die Haut abziehen
läßt, dann einige Stunden in friſches Waſſer und hierauf
zum Abtrocknen auf ein Tuch gelegt. Unterdeſſen wird
auf 1 Pfund Obſt ½ Pfund Zucker geläutert, iſt dieſer
abgekühlt, 1 Schoppen Arac dazu gethan und über die
Reineclaudes geſchüttet.

1059. Mirabellen in Zucker.

Nimm 400 ſchöne Mirabellen, halte ſie einige Augen=
blicke in kochendes Waſſer und lege ſie dann ſogleich in
friſches Waſſer, damit ſie nicht braun werden, und ſind ſie
erkaltet, auf ein reines Tuch. Unterdeſſen läutere 2 Pfund
Zucker, laſſe die Mirabellen bis zum andern Tag darin
ſtehen, nimm ſie hierauf mit dem Schaumlöffel zum Ab=
tropfen auf ein Haarſieb, koche den Saft dick und ſchäume
ihn gut; thue die Mirabellen in ein Glas, gieße den
Saft erkaltet darüber, ſtreue etwas geſtoßenen Zucker da=
rauf, bedecke ſie mit einem mit Arac durchgenäßten Papier
und binde das Glas mit Papier gut zu.

1060. Mirabellen in Arac.

Dieſe werden, wie die Mirabellen in Zucker, blanchirt,
dann in friſches Waſſer und auf ein Tuch gelegt. Zu 200
Mirabellen wird ½ Pfund Zucker geläutert, iſt dieſer er=

kaltet, 1 Schoppen Arac dazu gegeben und dieses über die Mirabellen gegossen.

1061. Zwetschgen in Essig.

Schneide von 70 guten Zwetschgen die Stiele zur Hälfte, entferne mit großer Vorsicht die Kerne, damit es nicht so große Löcher gibt und stecke statt dessen einen Mandelkern und ein wenig Citronat und Pomeranzen= schale in jede Zwetschge. Dann läutere 1 Pfund Zucker, gib für 1 kr. ganzen Zimmet, 10 Nelken, beides in ein Fleckchen genäht, und 1 Schoppen Weinessig dazu, gieße es erkaltet über die Zwetschgen und lasse sie bis zum andern Tag stehen. Nun gib sie zum Abtropfen auf ein Haarsieb, koche und schäume den Saft nochmals auf und gieße ihn erkaltet über die in Gläser gegebenen Zwetschgen. Sollte der Saft nach einiger Zeit flüssig werden, koche man ihn auf, was aber selten nöthig ist.

1062. Zwetschgen anderer Art.

Man schneidet von 150 Zwetschgen die Stiele ein wenig, sticht sie einige Mal mit einer starken Nadel und thut sie in einen steinernen Hafen. Nun kocht man ½ Maß Wein, ½ Maß Weinessig, 2 Pfund Zucker, ½ Loth Zimmet und Nelken mit einander, gießt es erkaltet über die Zwetschgen und läßt sie bis zum andern Tag stehen, kocht hierauf den Saft nochmals auf, gießt ihn wieder er= kaltet über die Zwetschgen und läßt sie bis zum dritten Tag stehen. Hierauf macht man die Zwetschgen mit dem Saft heiß, nimmt erstere heraus, kocht den Saft auf, schäumt ihn gut ab und gießt ihn heiß über die Zwetschgen.

1063. Zwetschgen in Essig dritter Art.

Man kocht zu 3 Pfund Zwetschgen 1 Pfund Zucker mit 1 Maß Weinessig und gießt ihn kochend über die

Zwetschgen, welche statt den Stielen mit Zimmet und Nelken besteckt worden sind. Andern Tags, sowie den dritten Tag kocht man den Saft nochmals auf, gießt ihn kochend über die Zwetschgen und hebt sie in einem steinernen Hafen mit Papier zugebunden auf.

1064. Zwetschgen in Dunst.

Man schält die Zwetschgen, halbirt sie und entfernt die Kerne daraus, thut sie dann in Gläser, durchstreut sie auf eine Maß Obst, mit 6—8 Loth feinem Zucker, bindet sie fest zu mit Leinwand und Schweinsblasen, umwickelt die Gläser mit Heu und kocht sie mit kaltem Wasser zum Feuer gebracht wie die Aprikosen.

1065. Zwetschgen in Blechbüchsen einzumachen.

Man läutert zu 8 Pfund Zwetschgen 7 Pfund Zucker, legt die unbeschädigten Zwetschgen locker in Blechbüchsen, gießt den kochenden Zucker darüber, läßt die Büchsen zu= löthen, wie beim Einmachen der Gemüse angegeben wird, kocht sie ½ Stunde in einem großen Hafen mit Wasser und stellt die Büchsen an einen kalten, trockenen Ort. — Beim Gebrauch wird die Sauce kochend über die Zwetsch= gen geschüttet und erkaltet zur Tafel gegeben.

1066. Zwetschgen=Marmelade.

Die Zwetschgen werden geschält, halbirt, die Kerne entfernt, in einem reinen Tiegel gut verkocht und durch's Haarsieb gerührt. Dann zu 1 Pfund Zwetschgen ½ Pfund Zucker geläutert und die Zwetschgen unter fleißigem Ab= schäumen damit gekocht, bis es ganz dick ist.

1067. Zwetschgen=Marmelade mit Quitten.

Man kocht 200 ausgesteinte Zwetschgen mit 4 ge= schälten, von den Kernen befreiten und in Scheiben ge=

schnittenen Quitten so lange mit einander, bis alles ganz weich ist, treibt die Masse durch ein Haarsieb und läutert zu 6 Pfund Früchten 1 Pfund Zucker mit 1 Schoppen Weinessig, gibt das Durchgetriebene hinein und kocht es auf schwachem Feuer mit ganzem Zimmet und Nelken noch eine Weile. Diese Marmelade hält sich durch den Essig besonders gut.

1068. Zwetschgen-Gelee.

Abgeriebene entsteinte Zwetschgen stelle man in einem steinernen Hafen in kochendes Wasser und lasse dieses so lange kochen, bis Saft genug entstanden ist. Dann tauche man auf 1 Pfund Saft 12 Loth Zucker in Weinessig, koche ihn hell, schütte den Saft hinzu und koche ihn, beim Abnehmen des Schaumes, bis einige Tropfen erkaltet zu Gelee geworden sind.

1069. Gute Marmelade.

Schneide 6 Pfund abgeschälte Zwetschgen, 3 Pfund geschälte Birnen und 3 Pfund gelbe Rüben in feine Scheiben. Hierauf läutere 3 Pfund Zucker mit 1 Glas Weinessig und 2 Gläsern Wasser, koche darin die gelben Rüben eine kurze Zeit, gib dann die Zwetschgen und Birnen dazu und lasse Alles kochen bis es eine gute saftige Marmelade ist. Diese ist zu Auflauf, Torten und Kuchen sehr gut.

1070. Weichseln in Essig.

Man nimmt schöne unaufgesprungene Weichseln, schneidet die Stiele kurz ab und legt sie in einen steinernen Hafen. Nun kocht man 1 Maß Weinessig mit 1½ Pfund Zucker, ½ Loth Zimmet und Nelken und gießt ihn erkaltet über die Weichseln. Dieses wiederholt man 3 Tage hinter einander und hebt sie dann auf.

1071. Weichseln in Essig anderer Art.

Hierzu nimmt man auch schöne trockene Weichseln, schneidet die Stiele kurz ab, gibt davon eine Lage in ein Glas, gibt nach Gutdünken gestoßenen Zucker, etwas ganzen Zimmet und Nelken darüber, hierauf wieder eine Lage Weichseln und fährt so fort, bis das Glas nicht zu voll ist, schüttet guten Weinessig darüber, bindet dasselbe zu, stelle es 14 Tage zum Destilliren in die Sonne, schüttet hernach den Essig ab, läßt ihn unter beständigem Schäumen aufkochen und gibt ihn kochend über die Weichseln, welche man vorher in eine reine Schüssel thut, damit das Glas nicht zerspringt. Erkaltet füllt man sie wieder in das Glas, bindet sie gut zu und hebt sie an einem kühlen Ort auf.

1072. Weichseln in Essig dritter Art.

Man nimmt ein Obstglas, bestreut den Boden recht dick mit fein gestoßenem Zucker, legt eine Lage Weichseln ganz dicht und fest zusammen darüber, gießt ein wenig Weinessig darauf, streut wieder eine Lage feinen Zucker darüber, dann eine Lage Weichseln, etwas Weinessig und fährt so fort, bis das Glas nicht zu voll ist, nun bindet man es gut zu, stellt dasselbe in die Sonne und läßt es 8—12 Wochen destilliren.

1073. Kirschen in Zucker.

Große schwarze Herzkirschen werden ausgesteint, einen Tag und eine Nacht in Essig gelegt und zum Ablaufen auf einen Seiher geschüttet. Dann werden sie lagenweise mit Zucker, Zimmet und Nelken in ein Glas gelegt und an die Sonne gestellt. Wenn der Zucker ganz vergangen ist, gießt man den Saft in einen Tiegel, läßt ihn kochen und die Kirschen darin aufkochen, füllt sie wieder in das

Glas und gießt den Saft, wenn er dicklich gekocht worden
ist, erkaltet über die Kirschen.

1074. Kirschen in Dunst.

Man pflücke gute reife, jedoch nicht aufgesprungene
Frühkirschen von den Stielen, gebe sie in Gläser und binde
sie mit Leinwand und Schweinsblasen fest zu. Alsdann
umbinde man die Gläser mit Heu, stelle sie in Häfen,
gieße kaltes Wasser hinein und lasse sie auf dem Feuer
eine gute halbe Stunde kochen, stelle sie hierauf vom Feuer,
nimm die Gläser jedoch nicht eher heraus, bis Alles er=
kaltet ist, und schüttle sie nun 14 Tage lang alle Tage
um, damit der Saft über die Kirschen geht. Will man
Herzkirschen dazu gebrauchen, werden sie ausgekernt und
eben so eingemacht.

1075. Weichseln in Dunst.

Diese werden ebenso behandelt wie die Kirschen.

1076. Weichselsaft.

Kerne 6 Pfund Weichseln aus und verrühre sie gut
in einer Schüssel, stoße die Kerne in einem Mörser, ver=
menge beides mit einander und lasse es bis zum andern
Tag im Keller stehen. Hierauf presse es durch ein Tuch,
läutere zu 1 Pfund Saft ³/₄ Pfund Zucker, gib denselben
dazu, koche ihn bis er ganz hell und klar ist, fülle ihn
erkaltet in Flaschen und hebe dieselben an einem kühlen
Ort auf.

1077. Kornel-Kirschen.

Diese werden einige Mal mit einer feinen Nadel ge=
stochen und auf 1 Pfund Kirschen 1 Pfund Zucker ge=
läutert; ist dieser etwas erkaltet, die Kirschen hinein ge=
than und bis zum andern Tag hingestellt. Dann werden

sie herausgenommen, der Zucker dick gekocht, abgeschäumt, die Kirschen wieder hineingegeben und einmal mit aufgekocht. Sollten sie nach einigen Tagen etwas flüssig werden, kocht man sie nochmals auf.

1078. Kirschen-Marmelade.

Zu 4 Pfund süßen, saftigen, schwarzen Kirschen ohne Stiele und Steine läutert man 1 Pfund Zucker, gibt die Kirschen mit etwas Zimmet und Nelken hinein und kocht dieses so lange, bis der Saft nicht mehr flüssig ist, belegt die Marmelade mit einem Branntweinpapier und bindet sie gut zu.

Auch kann man 2 Pfund Weichseln mit 4 Pfund Kirschen in 1 Pfund geläuterten Zucker kochen.

1079. Quitten-Schnitz in Essig.

Schäle die Quitten, schneide jede zu 6 Schnitzen und lege sie in frisches Wasser, damit sie nicht schwarz werden. Unterdessen läutere 1 Pfund Zucker mit 1 Schoppen Wasser und 1 Schoppen Weinessig, mit welchem etwas ganzer Zimmet und Nelken, in ein Fleckchen gebunden, gekocht wurden; koche dann 1½ Pfund Quittenschnitz nach einander in diesem Saft weich und hebe sie auf.

1080. Quitten-Schnitz in Wein.

Die Quitten werden geschält, geschnitzt und in Wasser weich gekocht, herausgenommen und in frisches Wasser gelegt, bis sie kalt sind, hierauf auf ein trockenes Tuch zum Trocknen gelegt. Nun kocht man auf 1 Pfund Quitten ½ Pfund Zucker mit 1 Maß Wein, gibt die Quitten hinein, läßt sie einige Mal aufkochen, nimmt sie heraus und kocht und schäumt den Saft so lange, bis er recht hell ist, dann gießt man ihn über die Quitten und hebt sie auf. Sollte nach einigen Tagen der Saft wieder flüssig sein, so kocht man ihn nochmals auf.

1081. Quitten-Schnitz in Zucker.

Diese werden geschält, in große Schnitz geschnitten und im Wasser ganz weich gekocht; hierauf einige Stunden in frisches Wasser und dann zum Abtrocknen auf ein Tuch gelegt. Zu 1 Pfund Schnitz wird 1 Pfund Zucker geläutert, dieselben einige Mal mit aufgekocht und bis zum andern Tag hingestellt, alsdann wieder herausgenommen, der Saft dick eingekocht und erkaltet über die Schnitz gegossen, nun legt man ein mit Arac durchnäßtes Papier darauf und bindet sie zu. Sollte der Saft wieder flüssig werden, kocht man ihn nochmals auf.

1082. Quitten-Brod.

Man kocht die geschnitzten Quitten ganz weich und treibt sie durch ein Haarsieb. Hierauf kocht man 1 Pfund Quittenmark mit 1 Pfund fein gestoßenem Zucker, fein gehackter Citronenschale, Zimmet, Citronat, Pomeranzenschale und einigen Tropfen Cochenille, damit es eine schöne Farbe bekommt, bis es ganz steif und trocken ist. Alsdann bestreicht man Formen mit Wachs, drückt die Masse hinein, und läßt sie 8—14 Tage stehen, bis sie trocken ist und man sie schneiden kann, worauf man sie in Schnittchen schneidet und mit Zucker bestreut aufhebt. — Man kann das durchgepreßte Mark von der Gelee, sowie den Schaum vom Zucker auch dazu verwenden.

1083. Quitten-Gelee.

Die geschälten in dünne Schnitzchen geschnittenen Quitten werden mit den Kernen in einer reinen Pfanne mit so vielem Wasser, daß es dieselben gerade bedeckt, ganz weich gekocht und durch ein Tuch gepreßt. Nun wird, so schwer wie der Saft, Zucker in kleine Stückchen geklopft, mit demselben unter öfterem Abschäumen gekocht, bis er dick ist und heiß in erwärmte Gläser gefüllt.

1084. Quitten-Marmelade.

Die mürbe gewordenen Quitten werden rein gewaschen, Blüthen und Stiele abgeputzt, dann mit Wasser bedeckt und mit einigen Nelken und ganzem Zimmet ungefähr eine Stunde gekocht, bis sie weich sind. Dann werden sie zerdrückt, durch ein Sieb gerührt, zu 1 Pfund Quitten= mark ¹/₂ Pfund Zucker geläutert und zu einer Marmelade eingekocht.

Das Wasser, worin die Quitten gekocht wurden, kann man mit Zucker zur Gelee einkochen.

1085. Gelbe Rüben in Zucker.

Die gelben Rüben werden fein geschnitzt und im Was= ser weich gekocht. Dann läutert man auf 1 Pfund gelbe Rüben ³/₄ Pfund Zucker, bis er hell ist und Faden zieht, und läßt die Rüben darin aufkochen, nimmt sie nun wieder heraus, kocht den Saft dick ein, schäumt ihn gut ab, gibt die Rüben hinein und hebt sie auf.

1086. Grüne Bohnen in Zucker.

Man kocht die Bohnen im Wasser weich und behan= delt sie eben so wie die gelben Rüben.

1087. Grüne Bohnen in Zucker anderer Art.

Große grüne Bohnen, die sogenannten Schwertbohnen, werden, wenn sie ausgewachsen, jedoch nicht holzig sind und keine Kerne haben, von den Fäden befreit, der Länge nach gespalten, die innere weiße Haut leicht ausgeschabt und 8 Tage in stark gesalzenes Wasser gelegt, wobei man

sie mit einem Holzteller beschwert, damit sie mit Salz=
wasser bedeckt bleiben. Nun wird Wasser zum Kochen ge=
bracht, die Bohnen mit dem Salzwasser hinein gethan
und nicht zu weich gekocht, bis sie sich noch fest anfühlen
lassen, worauf sie mit dem Schaumlöffel herausgenommen
und in kaltes Wasser gelegt werden, welches öfter des
Tages abgegossen und durch frisches ersetzt wird. Nach
einigen Tagen, wenn das Salz gänzlich herausgezogen,
werden die Bohnen auf ein Tuch zum Abtrocknen gelegt;
dann zu ½ Pfund Bohnen 1 Pfund Zucker geläutert,
dieser erkaltet über die Bohnen gegossen und bis zum an=
dern Tag in den Keller gestellt. Hierauf wird der Saft
unter öfterem Schäumen etwas dicker gekocht, kalt über
die Bohnen gegossen und bis zum dritten Tag hingestellt,
worauf der Saft nochmals unter öfterem Abschäumen
dicker gekocht und erkaltet über die Bohnen geschüttet wird.
Diese sind dann fertig und werden aufgehoben. Die Boh=
nen verwendet man zu Verzierungen auf Torten und müssen
sie schön grün bleiben.

1088. Pomeranzenschale in Zucker.

Die Schale wird in 4 Theilen von der Frucht ab=
gezogen, in Wasser beinahe weich gekocht, 1 Stunde in
frischem Wasser ausgewässert und abgetrocknet. Nachdem
läutert man auf 1 Pfund gekochte Schalen ¾ Pfund
Zucker, gießt ihn heiß über dieselben und läßt die Schalen
24 Stunden damit stehen. Am folgenden Tage kocht man
solches dick ein, läßt es einige Tage offen stehen und wieder=
holt dieses so lange, bis sich keine Flüssigkeit mehr bildet,
worauf man die Schalen auf Papier in der Luft trocknet.

1089. Nüsse einzumachen.

Die Nüsse werden um Johanni abgepflückt, mit einer
hölzernen Nadel einige Mal gestupft, 9 Tage lang, jeden

Tag in frisches Wasser gelegt, hierauf in reines Wasser einige Mal aufgekocht, abermals in frisches Wasser gelegt, bis sie kalt sind, dann abgetrocknet, gewogen und mit ganzem Zimmet und Nelken gespickt. Auf 1 Pfund Nüsse läutert man 1¼ Pfund Zucker, bis er Faden zieht, läßt ihn abkühlen, damit die Nüsse nicht schrumpfen, thut sie hinein und läßt sie bis zum andern Tag stehen, nimmt sie wieder heraus, kocht den Zucker auf, schäumt ihn ab und gibt die Nüsse, wie das erste Mal wieder hinein, läßt sie bis zum dritten Tag stehen, verfährt nochmals so, nur gibt man die Nüsse in den etwas heißeren Zucker und hebt sie an einem kühlen Ort auf. — Sollte der Saft nicht über die Nüsse gehen, muß man noch ein Stück Zucker läutern und mit demselben vermischen.

1090. Bergamott-Birnen.

Läutere 1 Pfund Zucker mit ½ Maß Weinessig, gib etwas ganzen Zimmet und Nelken dazu und koche 2 Pfund geschälte und in 8 Stücke geschnittene Birnen darin weich. Dann nehme sie heraus, koche den Saft dick ein, und gieße ihn über dieselben.

1091. Hagebutten oder Hiefen in Zucker.

Man nehme hierzu nur große schöne Hiefen, lasse ihnen den größten Theil des Stieles, öffne sie oben mit einem Federmesser, ziehe alle Kerne und Fasern bis auf das Fleisch heraus, bringe sie in kochendes Wasser, nehme sie jedoch gleich wieder heraus und lege sie auf einen Seiher, damit kein Wasser daran bleibt. Dann wird auf 1 Pfund Hiefen ¾ Pfund Zucker geläutert, die Hiefen hinein gegeben und so lange gekocht, bis sie leicht durch= stochen werden können, sodann aus dem Saft genommen und in Gläser gethan. Den Saft lasse man mit Zimmet unb einigen Nelken bick einkochen unb gieße ihn erkaltet über die Hiefen.

1092. Hiefenmark.

Die recht reifen ausgelernten Hiefen stelle man einige Tage in ben Keller, bamit sie recht weich werben unb treibe sie bann burch ein Haarsieb. Nun läutere man zu 1 Pfund Mark 1 Pfund Zucker, rühre ben etwas erkalteten Zucker in bas Mark, verrühre es gut mit einanber unb fülle es in Gläser. — Kocht man bas Mark mit bem Zucker, verliert es seine schöne rothe Farbe.

1093. Melonen in Zucker.

Man schäle bieselben, nehme mit einem silbernen Löffel bas Mark unb bie Kerne heraus, schneibe sie zu schönen Schnitzchen, stelle sie mit kaltem Wasser zum Feuer unb koche sie langsam weich. Hierauf gebe man sie gleich zum Abkühlen in frisches Wasser unb bann zum Abtrocknen auf ein Haarsieb ober Tuch. Zu 1 Pfund Melonen läutere man 1 Pfund Zucker, gieße ihn erkaltet über bieselben unb lasse sie über Nacht zugebeckt stehen. Anbern Tags gieße man ben Saft ab, koche unb schäume ihn, gieße ihn erkaltet über bie Melonen unb lasse sie bis zum britten Tage stehen. Dann koche man beibes mit einanber, bis es ganz hell ist, gebe nun bie Melonen in ein Glas, koche ben Saft mit bem Saft unb ber auf Zucker abgeriebenen Schale einiger Citronen bick unb gieße ihn kalt über bie Melonen. Ist ber Saft nach einigen Wochen flüssig geworden, koche man ihn nochmals auf.

1094. Melonen in Essig.

Die nicht zu reifen Melonen schneibe in schöne Schnitze, nimm mit einem silbernen Löffel bie Kerne heraus, lege sie in eine Schüssel, gieße so viel guten Weinessig barüber, daß die Melonen damit bedeckt sind und lasse sie einige Stunden stehen. Hierauf koche auf ein Pfund Melonen ein Pfund Zucker mit dem Essig, worin dieselben gelegen, schäume ihn gut ab, gieße ihn erkaltet über die Melonen, und lasse sie bis zum andern Tag stehen; gib dieselben nun in ein Glas, koche unter Abschäumen den Saft mit Nelken und ganzem Zimmet in ein Fleckchen gebunden, gut durch, und gieße ihn erkaltet über die Melonen.

1095. Ananas einzumachen.

Dem Ananas schneidet man die Spitzen ab, blättert sie auf und wiegt sie. Zu einem Pfund derselben läutert man 1 Pfund Zucker, bis er Perlen wirft, läßt die Ananas einige Mal darin aufkochen, kühlt sie ab und hebt sie in Gläsern auf.

1096. Erdbeer-Marmelade.

Zerdrücke schöne reife Erdbeeren zu einem Brei und treibe sie durch's Haarsieb. Hierauf nimm so viel fein gestoßenen Zucker als es Mark ist, rühre es 1 Stunde mit einander und fülle es dann in Krüglein.

1097. Erdbeer-Gelee.

Schöne reife Erdbeeren werden zerdrückt und durch ein Tuch gepreßt, auf ½ Pfund Erdbeersaft 1¼ Pfund Zucker geläutert, der Saft hinzu gegeben und so lange gekocht, bis er recht hell und klar ist und 1 Tropfen auf einem Teller gesteht; hierauf wird er heiß in Gläser gefüllt und aufgehoben.

1098. Trauben in Essig.

Man pflückt schwarze Trauben ab und läutert auf zwei Pfund Trauben 1 Pfund Zucker mit 1 Schoppen Weinessig und kocht etwas Zimmet und Nelken, in ein

Fleckchen gebunden, damit. Nun läßt man den Zucker abkühlen, gibt die Trauben hinein und läßt sie über Nacht stehen. Andern Tags nimmt man dieselben wieder heraus, kocht den Saft ein paar Mal auf, schäumt ihn ab und läßt ihn erkalten, thut die Trauben wieder hinein und läßt sie nochmals über Nacht stehen. Den dritten Tag nimmt man die Trauben abermals heraus, läßt den Saft, während dem man ihn öfters abschäumt, recht hell kochen, gießt ihn erkaltet über die Trauben und hebt sie auf.

1099. Trauben in Zucker.

Die Trauben müssen zeitig, jedoch darf noch kein Reif über sie gekommen sein. Sie werden abgepflückt, die Stiele abgeschnitten und einige Mal mit einer feinen Nadel gestochen. Man läutert auf 1 Pfund Beeren 1 Pfund Zucker, läßt ihn erkalten, gibt dann die Beeren hinein, läßt sie über Nacht stehen, nimmt sie andern Tags heraus auf ein Haarsieb zum Abtropfen, kocht den Saft auf und schäumt ihn gut ab; wenn er erkaltet ist, gibt man die Beeren wieder hinein, läßt sie nochmals über Nacht stehen, verfährt den dritten Tag, wie den zweiten und hebt sie auf.

1100. Heidelbeeren.

Recht reife Heidelbeeren werden in gut gereinigte, ganz ausgetrocknete, am besten geschwefelte Flaschen gefüllt, die eine weite Oeffnung haben und solche unverkorkt in einem Kessel mit kaltem Wasser auf ein rasches Feuer ge=stellt, doch muß der Boden mit Heu bedeckt und auch Heu zwischen die Flaschen gelegt sein, damit sie sich nicht be=rühren. Man läßt sie vom Sieden an ³/₄ Stunden kochen und im Kessel kalt werden. Da die Heidelbeeren beim Kochen sehr zusammenfallen, so nimmt man nun eine der Flaschen und füllt die anderen damit, bis auf zwei Finger breit, voll, schüttet einen Kaffeelöffel voll Arac ober Rum barauf, verkorkt die Flaschen mit neuen Korken, versiegelt sie oder bindet ein Stück Blase über den Kork und bewahrt sie aufrecht stehend, im Keller an einem dunkeln Ort auf.

Beim Gebrauch rührt man entweder etwas Zucker durch oder man kocht das Compot in einem irdenen Tiegel mit etwas Zucker und Zimmet auf.

1101. Heidelbeeren anderer Art.

Die Beeren werden ausgelesen, gewaschen und zum Ablaufen auf einen Seiher geschüttet. Hierauf kocht man sie in einem irdenen Tiegel weich, indem man sie öfter durchrührt. Vorher aber muß man für gut gereinigte, trockene Flaschen mit weiter Halsöffnung gesorgt haben, in welche man die gekochten Beeren füllt. Alsdann gießt man auf jede bis obenhin angefüllte Flasche 2 Kaffeelöffel voll Rum oder Arac, korkt sie fest zu, bindet ein doppeltes Stück Papier darüber und stellt sie aufrecht an einen trockenen kalten Ort.

Beim Gebrauch gibt man den nöthigen Zucker dazu oder kocht sie wie im Vorhergehenden auf.

1102. Heidelbeeren in Essig.

8 Maß Heidelbeeren werden gelesen, gewaschen und in einen Seiher zum Ablaufen geschüttet. Dann läßt man 4 Pfund Zucker in ½ Maß Weinessig zergehen, die Beeren einige Male aufkochen und rührt ¼ Loth feinen Zimmet hinzu. Am folgenden Morgen rührt man die Beeren nochmals durch, füllt sie in kleine Töpfe oder Gläser, legt ein Rumpapier darüber und bindet sie zu.

1103. Stachelbeeren in Essig.

Die Stachelbeeren dürfen nicht überzeitig sein. Man sticht dieselben mit einer Nadel, läutert auf 1 Pfund

Beeren ¹/₂ Pfund Zucker mit 1 Schoppen Essig, womit man etwas ganzen Zimmet und Nelken, in ein Fleckchen gebunden, kocht, schüttet dieses erkaltet über die Beeren, läßt sie bis zum andern Tag stehen, verfährt abermals auf diese Weise und kocht den dritten Tag die Beeren ein Mal mit auf.

1104. Stachelbeeren in Zucker.

Die Beeren werden einige Mal mit der Nadel gestochen. Auf 1 Pfund Beeren 1 Pfund Zucker geläutert, wenn er noch warm ist, dieselben hinein gethan, und bis zum andern Tag hingestellt; dann die Beeren auf ein Haarsieb zum Ablaufen gegeben, der Saft dick gekocht und abgeschäumt, die Beeren noch warm hinein gethan und aufgehoben. Sollte der Saft jedoch nach einigen Tagen flüssig werden, so kocht man sie nochmals auf. Die Stachelbeeren sind besonders sehr gut in süße Gelee einzulegen.

1105. Johannisbeeren in Zucker.

1 Pfund Zucker läutert man, läßt ihn etwas abkühlen, gibt 1 Pfund von den Stielen befreite Johannisbeeren hinein und läßt sie bis zum andern Tag stehen. Hierauf macht man sie warm, gibt sie auf ein Haarsieb zum Abtropfen, kocht den Saft dick ein, schäumt ihn gut, damit er recht hell wird, läßt die Beeren noch einige Mal mit aufkochen, füllt sie in Gläser und hebt sie auf. Dieselben müssen ihre rothe Farben behalten und schön ganz bleiben.

1106. Johannisbeeren in Essig.

Man thut die von den Stielen befreiten Johannisbeeren in eine Schüssel, gibt auf 1 Pfund derselben ¹/₂ Pfund fein gestoßenen Zucker, schüttelt es gut unter einander und gießt so viel Weinessig daran, daß dieser die Beeren gerade bedeckt. Nun stellt man sie bis zum andern

Tag in den Keller, gibt das ganze in einen reinen Tiegel
und läßt sie einige Mal aufkochen, thut hierauf die Beeren
zum Abtropfen auf ein Haarsieb, kocht den Saft mit etwas
ganzem Zimmet und Nelken in ein Fleckchen gebunden, bis
er recht hell ist, und gießt ihn mit Zimmet und Nelken
über die in Gläser gegebenen Beeren.

1107. Johannisbeer-Gelee.

Man läutert 1 Pfund Zucker, bis er Faden zieht,
gibt 1 Pfund abgeputzte Johannisbeeren hinein und läßt
sie einige Mal aufkochen, bis sie schrumpfen. Nun nimmt
man sie heraus, kocht den Saft dick ein, schäumt ihn recht
hell und gießt ihn heiß über die Beeren.

1108. Johannisbeer-Gelee anderer Art.

Die sehr reifen, trocken gepflückten, von den Stielen
befreiten Johannisbeeren werden in eine reine Schüssel gethan, mit den Händen gut zerquetscht und in einen Sack
von Beuteltuch gegeben, aus welchem der Saft in ein
Porcellan-Gefäß, welches vorher gewogen wurde, laufen
kann; doch darf derselbe nicht gedrückt werden, damit nichts
Trübes hinein kommt. Hierauf wird eben so schwer wie
der Saft, fein gestoßener Zucker darunter gethan, dieses
in einer reinen Pfanne gegeben und so lange mit einem
hölzernen Löffel gerührt, bis er einige Mal aufgekocht hat,
und abgeschäumt. Ist die Gelee recht hell und bleibt ein
Tropfen auf einem Zinnteller stehen, so füllt man sie heiß
in gewärmte Gläschen.

1109. Himbeer-Gelee.

Bereitet man ebenso wie die Vorhergehende.

1110. Rosafarbiges Johannisbeer-Gelee.

Nimm 2 Pfund rothe und 2 Pfund weiße abgepflückte
Johannisbeeren in einen Tiegel, gib 1 Schoppen Wasser

hinzu und stelle dieses zugedeckt auf schwaches Feuer, bis
die Johannisbeeren anfangen zu platzen, kochen dürfen
sie jedoch nicht. Hierauf presse sie durch eine Serviette,
klopfe zu 1 Pfund Saft 1 Pfund Zucker in kleine Bröck=
chen, gib sie in den Saft, koche und schäume diesen, bis
er recht hell und klar ist und ein Tropfen auf einem
Teller steht. Dann fülle ihn noch heiß in die zum Auf=
heben bestimmten Gläser.

1111. Rohes Johannisbeer-Gelee.

Die Johannisbeeren werden zerdrückt und durch ein
Tuch gepreßt, dann 1 Pfund heller Saft mit 1¼ Pfund
gestoßenem Zucker 1½ Stunde gerührt, bis er zur Gelee
geworden ist, in Gläser gefüllt und aufgehoben.

1112. Johannisbeer=Saft.

1 Pfund Johannisbeeren gibt man in ein Haarsieb,
gießt 1 Pfund geläuterten Zucker heiß darüber, läßt dieses
durchtropfen und hebt den Saft, welcher sehr fein und gut
ist, auf.

1113. Himbeer-Saft.

Zu 1 Maß Himbeeren gibt man in einen steinernen
Hafen ½ Schoppen Weinessig und läßt es 3 Tage und
3 Nächte im Keller stehen, während dem man es jeden
Tag öfter umrührt. Nun preßt man die Himbeeren durch
ein Tuch, kocht mit 1 Pfund Saft 1 Pfund Zucker unter
fleißigem Abschäumen, bis er recht hell ist, füllt ihn in
Flaschen und hebt ihn auf.

1114. Ausgegohrener Himbeer-Saft.

Nachdem die Beeren zerquetscht und ausgepreßt wor=
den, stelle man den Saft 5—6 Tage ruhig hin, wo die
Gährung erfolgt sein wird. Nun nehme man die schimm=

lige Haut davon, gieße das Klare von dem darunter stehenden trüben Saft vorsichtig ab, lasse zu 20 Loth klarem Saft 1 Pfund Zucker gut durchkochen, wobei der Schaum abgenommen wird, und fülle den Saft in saubere ganz trockene kleine Flaschen oder Gläser.

1115. Ausgegohrener Johannisbeer-Saft.

Wird wie der Himbeersaft bereitet.

1116. Dreisaft.

1 Pfund Himbeersaft, 1 Pfund Johannisbeersaft und 1 Pfund saurer Kirschsaft wird mit 1 Pfund Zucker wie Johannisbeersaft gekocht und aufgehoben.

1117. Preißelbeeren gewöhnlicher Art.

Man wäscht die Beeren in frischem Wasser, wo die schlechten zu Boden fallen, und gibt die guten auf einen Seiher zum Ablaufen. Hierauf thut man sie in einen steinernen Topf, worin sie aufgehoben werden, gibt ein Stück Zucker und ganzen Zimmet dazu, kocht sie gut ein, läßt sie erkalten und hebt sie auf. Will man davon ge= brauchen, streut man gestoßenen Zucker darauf und gießt etwas Arac hinzu.

1118. Preißelbeeren in Zucker.

Werden ebenso eingemacht wie die Johannisbeeren, und sind sehr gut.

1119. Preißelbeer-Saft.

Recht reife Beeren werden gut gelesen, gewaschen, weich gekocht und in ein Tuch geschüttet. Der durchgelaufene Saft wird nach dem Erkalten vom Bodensatz abgeschüttet, zu 3 Maß Saft 1 Pfund Zucker genommen, beides ge= schäumt, gut gekocht und aufgehoben.

Der Preißelbeersaft wird schnell dick und braucht deß=
halb kaum 10 Minuten zu kochen.

1120. Preißelbeer=Gelee.

Die Beeren werden wie im Vorhergehenden gekocht,
der Saft vom Bodensatz geschüttet und zu jeder Maß
Saft 1 Pfund Zucker genommen. Dieses wird auf dem
Feuer bei fortwährendem Schäumen ohngefähr 15 Minu=
ten gekocht, dann vom Feuer genommen, nach einer Weile
der sich zeigende Schaum abgenommen und der Saft in
Gläser gefüllt. Durch zu langes Kochen verliert derselbe
sein schönes Roth, muß jedoch ganz fest werden, damit
man die Gelee in beliebige Figuren schneiden kann, weß=
halb man zur Probe einige Tropfen Saft auf einem
Teller erkalten läßt.

1121. Aepfel=Gelee.

Man schält 50 Borsdorfer Aepfel, schneidet sie zu
kleinen Schnitzchen und kocht sie in 1½ Maß Wasser und
1 Schoppen gutem alten Wein ganz weich, schüttet Alles
auf eine ausgespannte Serviette, läßt, ohne zu rühren,
den Saft ganz langsam durchlaufen, schüttet diesen in ein
Kesselchen, gibt die Schale einer Citrone, ganzen Zimmet
und zu 2 Pfund Saft 1 Pfund Zucker hinzu, läßt ihn
langsam kochen, bis er anfängt dick zu werden, nimmt
den Zimmet heraus, gibt den Saft von 2 Citronen hinein,
läßt ihn vollends dick kochen und füllt ihn heiß in Gläser.

1122. Aepfel=Gelee mit Vanille.

Diese bereitet man wie Obige, nur nimmt man zu 2
Pfund Saft 1 Pfund Zucker, klopft 1 große Stange Va=
nille, zupft sie und läßt sie eine Nacht in ¼ Maß kochen=
dem Wasser, gut zugebunden, an einem warmen Ort

stehen, drückt dieses dann durch eine Serviette und kocht das Vanille-Wasser mit dem Saft zur gehörigen Dicke.

1123. Süße Gurken.

Gurken mittlerer Größe werden geschält, in runde Stücke geschnitten, die Kerne heraus genommen und in halb Wasser und halb Essig halb weich gekocht. Hierauf läutert man auf 1 Pfund Gurken ¹/₂ Pfund Zucker mit ¹/₂ Maß Weinessig, kocht etwas ganzen Zimmet, Nelken und Citronenschale in ein Fleckchen genäht damit, gibt die Gurken hinein, läßt sie einige Mal mit aufkochen und hebt sie auf.

1124. Zucker-Gurken.

Man wäscht Gurken mittlerer Größe, trocknet sie mit einem Tuche rein ab, schneidet sie der Länge nach in 4 Theile, nimmt die Kerne heraus und legt sie über Nacht in Essig, wo sie ihre Farben ändern. Hierauf spickt man sie mit ganzem Zimmet und Nelken, indem man zu 2 Pfund Gurken 1 Loth Nelken, 1 Loth Zimmet, 1 Maß Essig und 2 Pfund Zucker rechnet, kocht den Essig mit dem Zucker auf, gießt ihn erkaltet über die Gurken und läßt sie 24 Stunden stehen. Alsdann kocht man die Gurken einige Mal mit auf, schäumt sie gut ab und hebt sie auf.

1125. Senf-Gurken.

Hierzu nimmt man Gurken mittlerer Größe, schält und spaltet sie, macht die Kerne heraus, schneidet jede Hälfte in 4 Stücke, legt sie über Nacht in Salz und trocknet sie mit einem reinen Tuche ab. Nun legt man eine Lage Gurken in einen steinernen Topf, hierauf eine Lage ganzen Pfeffer, Nelken, Lorbeerblätter, Estrachon, Chalotten, zwei Kaffeelöffel voll Senfmehl, ein wenig Knoblauch und Gurkenkraut, dann wieder eine Lage Gurken und so abwechselnd fort, bis der Topf voll ist. Unterdessen kocht man Weinessig, läßt ihn erkalten und gießt ihn über die Gurken, beschwert dieselben mit einem Schiefer= stein und bindet sie zu.

1126. Senf-Gurken anderer Art.

Schon etwas gelb gewordene Gurken sind hierzu am besten, dieselben schält und schneidet man der Länge nach durch, nimmt mit einem silbernen Löffel das Kerngehäuse und alles was nicht fest ist, heraus, bestreut sie mit Salz und läßt sie über Nacht stehen. Gut abgetrocknet schneidet man sie zu Finger langen Streifen und läßt sie einige Tage in gewöhnlichem Essig liegen. Hierauf legt man die Gurken mit Meerrettig, Chalotten, ganzem Pfeffer, Nelken, Lorbeerblättern, Gurkenkraut und etwas gelbem Senfsamen lagenweise in einen Topf, schüttet gekochten, jedoch wieder erkalteten Weinssig darüber, so daß derselbe die Gurken reichlich bedeckt, macht von reiner Leinwand einen Beutel, in der Größe, daß alle Gurken damit bedeckt sind, füllt ihn halb Finger dick mit Senfsamen, bindet den Topf mit Papier zu und hebt sie auf. Diese Gurken halten sich durch den Senfbeutel sehr gut.

1127. Salz-Gurken.

Gurken mittlerer Größe werden 3mal 24 Stunden in Salzwasser gelegt, hierauf mit einem Tuch abgetrocknet und dann lagenweise mit Pfeffer, Nelken, Lorbeerblättern, Gurkenkraut und gewürfeltem Meerrettig in einen steiner= nen Topf gelegt. Unterdessen wird Salzwasser gekocht und erkaltet über die Gurken geschüttet, diese mit Trauben= blättern bedeckt und mit Schieferstein beschwert. Sollte nach einiger Zeit das Salzwasser trüb und schmutzig wer= den, gießt man frisch gekochtes, erkaltetes darüber, und nimmt man Gurken zum Gebrauch heraus, legt man sie Abends zuvor in Essig.

1128. Ganze Gurken in Essig.

Lege kleine Gurken 3mal 24 Stunden in Salzwasser und gib sie zum Ablaufen auf einen Seiher. Nun mache einen ordinären Essig kochend und lasse die Gurken darin kochen bis sie grün werden, oder lasse sie 8 Tage in ungekochtem Essig liegen, lege sie dann zum Trocknen auf ein reines Tuch und hierauf lagenweise mit ganzem Pfeffer, einigen Nelken, Gurkenkraut, Lorbeerblättern, und in Würfeln geschnittenem Meerrettig in einen steinernen Topf; koche Weinessig, gieße ihn erkaltet darüber, lege Traubenblätter darauf, beschwere sie mit Schieferstein und binde sie zu.

1129. Birnen zu trocknen.

Die Birnen werden sehr gut, wenn man solche, nachdem sie erst vom Liegen etwas mürbe geworden sind, in kochendem Wasser ein wenig kochen läßt, abschält und die Blume heraus sticht. Hierauf werden sie in einem mäßig geheizten Ofen sehr langsam, nicht hart getrocknet.

1130. Brünellen zu machen.

Große reife Zwetschgen werden mit einem Seiher einige Minuten in kochendes Wasser getaucht, die Haut abgezogen, die Steine heraus gemacht, die Oeffnung wieder zugedrückt und wie im Vorhergehenden langsam getrocknet. Sie müssen etwas weich bleiben, werden dann auseinander gelegt, an der Luft noch ein wenig nachgetrocknet und in Schachteln aufbewahrt.

1131. Zwetschgen ohne Steine zu trocknen.

Sind dieselben halb trocken geworden, so drücke man an der Stielseite den Stein durch und setze sie wieder in den nicht zu heißen Ofen, doch müssen sie nicht zu lange darin sein und an der Luft etwas nachtrocknen.

1132. Aepfel zu trocknen.

Man nehme reife, vom Liegen etwas mürbe gewordene Aepfel, schäle und bohre das Kernhaus heraus, oder schneibe sie in die Mitte durch und trockne sie in einem mäßig geheizten Ofen.

1133. Heidelbeeren zu trocknen.

Gut ausgesuchte Beeren werden dünn auseinander gelegt und in der Sonne getrocknet.

1134. Quitten zu trocknen.

Diese werden, wenn sie vom Liegen etwas mürbe geworden, geschält, in acht Theile geschnitten, getrocknet. Hiervon können einige Stücke unter getrocknete Aepfel und Birnen gekocht werden, wodurch solche für Manche einen angenehmen Geschmack erhalten.

1135. Champignons zu trocknen.

Dieselben werden rein abgeputzt, auf einen Faden gezogen und an der Sonne oder in einem halb abgekühlten Ofen ganz langsam getrocknet. Man kann sie neben ihrer gewöhnlichen Anwendung auch fein gestoßen als Ragout-Gewürz benutzen.

1136. Kürbis zu trocknen.

Man mache aus einem reifen Kürbis, nachdem dieser geschält ist, das Kerngehäuse, schneide ihn zu länglichen Stücken, trockne sie an der Sonne oder in einem mäßig geheizten Ofen und koche sie unter getrocknetem Obst.

Verschiedene Gemüse einzumachen und zu trocknen.

––––––

1137. Vom Einmachen junger Gemüse in Blechbüchsen.

Die zum Einmachen geeigneten Gemüse sind: Körbelerbsen, grüne Bohnen, gelbe Rüben, Blumenkohl und Spargel. Diese Gemüse werden mit Ausnahme von Blumenkohl und Spargel in gesalzenem Wasser halb fertig gekocht, wobei weder reichlich Salz noch Wasser genommen wird. Erbsen werden in nicht zu viel Brühe, ohne Salz, nicht über ¼ Stunde gekocht und mit der Brühe eingefüllt. Spargel, welcher recht schön sein muß, wird gut abgewaschen, nicht gekocht, dicht und senkrecht in die Büchsen gethan, und mit kochendem Wasser bedeckt. Die andern Gemüse werden ebenfalls recht dicht und so lange sie noch heiß sind, in die Büchsen gefüllt. Unter dem Deckel muß noch ein leerer Raum von der Breite eines kleinen halben Fingers bleiben. Hierauf gieße man in jede so viel von der Brühe, worin die Gemüse gekocht worden sind, daß die Oberfläche eben damit bedeckt ist. Alsdann läßt man die heiß angefüllten Büchsen gut zulöthen, denn die kleinste Oeffnung würde das Verderben der Gemüse bewirken; stellt sie dann in einen Kessel mit kochendem Wasser, worin sie ununterbrochen zwei Stunden kochen und dann darin erkalten müssen. Ist der Boden und Deckel leicht nach innen gebogen, so sind sie gut; sind hingegen dieselben nach außen gebogen, so hat die Büchse Luft und muß von neuem gelöthet und gekocht werden. Beim Einstellen der Büchsen in kochendes Wasser beobachte man diese eine Weile, zeigen sich kleine aufsteigende Luftblasen, so sind die Büchsen nicht fest gelöthet. Diese werden an einem kühlen trockenen Ort aufgehoben. Nach 14 Tagen sehe man nochmals nach, sind sie dann nach außen gebogen, muß der Inhalt gleich gebraucht werden, was jedoch selten der Fall ist. Das Aufmachen geschieht entweder durch Einschlagen des Deckels mittelst eines Beiles oder mit einem glühenden Bügelstahl, welchen man darauf legt. Die Gemüse werden wie die frischen bereitet, nur dürfen sie nicht mehr kochen, sondern kochend heiß werden, wo sie kaum von frischen zu unterscheiden sind.

1138. Grüne Bohnen in Dunst.

Zu diesen nimmt man ganz junge zarte Bohnen, putzt und schneidet sie, wie zu einem gewöhnlichen Gemüse und legt sie in frisches Wasser. Unterdessen läßt man in einem Tiegel ein Stück Butter zergehen, gibt ein wenig Zucker und die Bohnen, aus dem Wasser genommen, hinein, wende sie öfter um, bis sie schön grün sind und sich brechen lassen, daß man sie recht fest in die Büchsen drücken kann, läßt die Büchsen zulöthen und kocht sie wie in der vorhergehenden Nr. angegeben wurde 4 Stunden.

1139. Bohnen einzumachen.

Man zieht von den jungen Bohnen die Fäden ab, schneidet sie ganz fein, setzt sie mit kochendem, etwas gesalzenem Wasser aufs Feuer und läßt sie einige Mal aufkochen. Dann thut man sie heraus, kühlt sie mit kaltem Wasser ab und schüttet sie auf ein reines Tuch zum Abtrocknen. Hierauf belegt man den Boden eines Fasses mit Traubenblättern, streut Salz darauf, legt eine Lage Bohnen darüber, drückt diese fest hinein, dann wieder Salz und fährt so fort, bis das Faß voll ist. Die letzte Lage

Bohnen muß mit Salz bedeckt werden. Nun bedeckt man sie mit einem reinen Tuch, steckt dieses rings herum hinein und legt einen Deckel darauf, den man mit Steinen beschwert. Alle 14 Tage nimmt man die sich oben darauf befindende Unreinigkeit ab, reinigt den Deckel, wäscht das Tuch aus, gießt frisches Salzwasser darüber und bedeckt Alles wie zuvor. Will man von den Bohnen kochen, legt man sie Abends zuvor in frisches Wasser, und sollten sie noch zu stark gesalzen sein, wechselt man dieses einige Mal.

1140. Saure Bohnen.

Nachdem ganz zarte Böhnchen im Salzwasser weich gekocht, abgeseiht und wieder erkaltet sind, werden sie in einen steinernen Topf mit etwas ganzem Pfeffer dazwischen, gethan. Unterdessen wird Weinessig gekocht, erkaltet darüber gegossen, die Bohnen mit Traubenblättern bedeckt, mit Schieferstein beschwert und zugebunden.

1141. Bohnen zu trocknen.

Nachdem die Bohnen abgezogen, fein geschnitten und in kochendem Wasser halb fertig gekocht sind, gießt man das Wasser davon ab, breitet sie in Sieben auseinander und setzt sie damit in einen leicht geheizten Ofen, trocknet sie nicht zu stark, damit sie hellgrün bleiben und nicht brechen. Auch kann man sie ausgebreitet an der Luft trocknen, doch dürfen sie der Sonne nicht ausgesetzt werden, weil sie sonst den guten Geschmack verlieren. Sind die Bohnen gehörig getrocknet, so hängt man sie in einem Säckchen an einen trockenen Ort auf.

Vor dem Kochen müssen die Bohnen Abend zuvor in lauwarmem Wasser geweicht werden.

1142. Spargel in Essig einzumachen.

Man schneidet das Zarte von den Spargeln, gibt diese in eine Schüssel, schüttet Essig, der zuvor gekocht

wurde und wieder kalt ist, darüber und läßt sie einige
Zeit darin stehen; legt sie dann auf ein reines Tuch zum
trocken werden und hierauf in einen steinernen Topf, gießt
frischen Essig darüber, sowie ein wenig Oel und bindet
den Topf gut zu. Beim Gebrauch kocht man den Spargel
weich und macht ihn mit Essig und Oel an.

1143. Champignons, Morcheln ꝛc. einzumachen und zu trocknen.

Wenn dieselben gereinigt sind, bringt man sie in
kochendes Salzwasser, läßt sie darin einige Mal aufkochen
und nachher auf einem Tuch trocken ablaufen, worauf sie
dann mit gutem Oel in ein Geschirr gebracht werden.
Auch können sie in der Sonne oder bei gelinder Ofenwärme
getrocknet werden.

1144. Champignons einzumachen anderer Art.

Hierzu nimmt man ganz junge geschlossene Champignons, welche man, nachdem die Stiele abgeschnitten
und dieselben in frischem Wasser gewaschen wurden, in Salzwasser eine halbe Viertelstunde kocht und sie dann zum
Ablaufen auf einen Seiher schüttet. Unterdessen läßt man
Weinessig mit einigen ganzen Pfefferkörnern, Lorbeerblättern und ein wenig Basilikum eine halbe Viertelstunde
kochen, legt dann die Champignons hinein und läßt sie
ein Mal aufkochen. Erkaltet füllt man sie in ein Glas
und hebt sie im Keller auf. Sie werden zu Rindfleisch
gegeben oder zu Saucen verwendet.

1145. Vom Trocknen aller Arten Küchenkräuter und Gemüse.

Das Trocknen der Kräuter und Gemüse ist sehr nütz-
lich, da sie ihre wässerigen Theile verlieren; an langer

Dauer gewinnen und viel schneller fertig gekocht werden.
Man verfährt dabei wie folgt: Die weniger saftigen Ge=
würzkräuter, als Thymian, Basilicum, Pfefferkraut u. s. w.
werden gewaschen, in kleine Büscheln gebunden und in
die Luft, aber nicht an die Sonne zum Trocknen aufge=
hängt. Andere Kräuter, Salate, Kohlarten und Wurzel=
werke werden gereinigt und geputzt, wie zum Kochen fein
geschnitten und im Wasser sauber gewaschen. Dann läßt
man das Wasser gut ablaufen und breitet die Gewächse
auf Sieben oder Brettern aus, damit alles Wasser ab=
läuft, hierauf setzt man sie auf den warmen Ofen oder
an denselben oder in einen mäßig warmen Backofen, wo
man sie fleißig umwendet. Man trocknet sie so lange bis
die Stiele leicht zerbrechen, wenn man sie biegt, und bis
man die Blätter zwischen den Fingern zu Pulver reiben
kann. Alsdann bringt man sie so lange in den Keller,
bis sie sich wieder zusammendrücken lassen, ohne zu zer=
brechen. Nun macht man Papierdüten, wie die Tabacks=
paquete und stampft die Blätter oder Wurzelschnitten fest
hinein. An einem trockenen Ort halten sie sich viele Jahre.
Will man Gebrauch davon machen, so nimmt man un=
gefähr 1 Loth auf die Person, brüht es mit kochendem
Wasser an und läßt es ein paar Mal damit aufkochen.
Alsdann gießt man es ab, gibt Fleischbrühe daran und
verfährt damit, wie mit frischen Gewächsen. Auch ist
es gut, Wurzelwerk, Spargel, Erbsen u. dgl. vor dem
Gebrauch über Nacht in frischem Wasser weichen zu lassen,
wodurch sie besser aufquellen.

Getränke.

1146. Mandel-Milch.

¼ Pfund süße Mandeln werden abgezogen und in kaltes Wasser gelegt, damit sie schön weiß bleiben, dann abgeschüttet und im Mörser mit etwas Wasser gestoßen, hierauf 3 Schoppen Wasser und ¼ Pfund fein gestoßener Zucker daran gerührt und das Ganze durch eine Serviette gepreßt. Die zurückgebliebenen Mandeln werden nochmals im Mörser gestoßen, 1 Schoppen Wasser daran gegossen, zum zweiten Mal durch eine Serviette gedrückt und die sämmtliche Mandelmilch in eine Flasche gefüllt, dieselbe einige Zeit in kaltes Wasser gestellt und hierauf in Gläsern servirt.

1147. Mandel-Milch-Essenz.

Zu 1 Flasche nimmt man 1 Pfund Zucker mit Wasser ganz dick geläutert, stößt 1 Pfund Mandeln, worunter 1 Loth bittere sein müssen, mit etwas Wasser recht fein, läßt sie mit dem Zucker einige Mal aufkochen, preßt sie durch ein Tuch, und ist dieses erkaltet, so füllt man es in die Flasche und korkt sie zu.

1148. Limonade-Essenz.

1 Pfund Zucker wird geläutert und gut abgeschäumt, dann das Gelbe von 3 Citronen auf Zucker abgerieben, sowie der Saft und das Mark derselben, woraus jedoch die Kerne entfernt wurden, in den heißen Zucker gerührt, dieses durchgeseiht, erkaltet in Flaschen aufbewahrt, und zum Gebrauch mit frischem Wasser verdünnt.

1149. Limonade-Essenz anderer Art.

Man reibt die Schale von 3 Citronen auf ½ Pfund Zucker ab, gibt den Saft von 3—4 Citronen hinzu, daß es so viel wie ein Schoppen ist, gibt dann noch ¾ Pfund Zucker hinein und läßt dies ein Mal aufkochen. Hierauf seiht man die Limonade durch ein Tuch, läßt sie abkühlen und füllt sie in eine trockene Flasche. Zum Gebrauch nimmt man zu einem Glase Wasser einen guten Löffel voll Essenz.

1150. Warme Limonade.

12 Loth Zucker und die fein abgeschälte Schale einer halben Citrone werden mit 1 Maß Wasser aufgekocht; dann der Saft von 2 Citronen daran gegeben, das Ganze durch eine Serviette gegossen, in Gläser gefüllt und servirt.

1151. Kalte Limonade.

1 Citrone wird an 12 Loth Zucker abgerieben und in eine Porzellanschüssel gethan, dann 1 Maß Wasser darauf gegossen und der Saft von 2 Citronen daran gegeben; ist der Zucker ganz aufgelöst, Alles durch eine Serviette gegossen, in Gläser gefüllt und servirt.

1152. Erdbeer-Wasser

¼ Pfund Erdbeeren und eben so viel Himbeeren werden in einer Schüssel unter einander gemengt, 3 Schoppen Wasser daran gegossen, das Ganze durch eine Serviette gepreßt, dann mit ¼ Pfund feinem Zucker versüßt und servirt.

1153. Himbeer-Wasser.

Man zerquetscht gute, reife Himbeeren in einer irdenen Schüssel, drückt den Saft durch ein Tuch, gibt zu einer

Maß Saft 2 Maß Wasser und den Saft einer Citrone, versüßt ihn nach Gutdünken mit Zucker und läßt ihn durch eine Serviette laufen.

1154. Warmer Hoppelpoppel.

Vier Eidotter treibe man mit 4 Loth gestoßenem Zucker ab, bis sie dicklich werden und quirle 4 Löffel voll Arac und ½ Maß kochendes Wasser daran, bis es schäumt; dieses trinkt man dann warm.

1155. Kalter Hoppelpoppel.

Vier Eidotter und etwas geriebene Muskatnuß werden mit ½ Maß süßem Rahm angerührt, dann ¼ Maß Arac oder feiner Rum hinzu gerührt und mit Zucker versüßt.

1156. Hafergrütze zum Getränk für Kranke.

Man nimmt zu 2 Maß Wasser eine Hand voll Hafergrütze, eben so viel Weinbeeren und 2 Loth Candiszucker, kocht es eine halbe Stunde, gießt es ab und gebraucht es abgekühlt als kühlendes, zugleich auch nährendes Getränk.

1157. Ein sehr gutes Getränk bei Diarrhoe.

Es wird ¼ Pfund guter Reis abgebrüht, mit 1 Loth Zimmet in einem irdenen Hafen zu 1½ Maß kochenden Wassers gegeben, bis zu 1 Maß eingekocht, ohne Rühren durch ein Sieb geschüttet und mit oder ohne Zucker den Tag hindurch getrunken und solches bis zur gänzlichen Besserung fortgesetzt.

1158. Molken.

Mit 2 Maß frisch gemolkener Milch werden 2 Eßlöffel voll Weinessig oder der Saft einer Citrone gekocht.

Wenn die Milch geronnen ist, seihet man sie durch eine Serviette und versüßt die durchgelaufene Flüssigkeit nach Belieben mit Zucker.

1159. Milch-Chocolade.

Man thut ½ Maß Milch in einen Topf und setzt sie auf's Feuer. Sobald dieselbe anfängt zu kochen, schüttet man 8 Loth geriebene Chocolade und etwas Zucker hinein und läßt es gehörig kochen. Nun rührt man einige Eidotter mit der kochenden Chocolade an und servirt sie. — Auch kann man die Chocolabetafeln mit wenig Milch auf's Feuer stellen, nachdem sie ganz weich geworden, gut verrühren und die übrige Milch dann hinzugeben.

1160. Wasser-Chocolade.

Wird ebenso bereitet wie die Milch-Chocolade, nur nimmt man statt Milch Wasser, jedoch muß dieselbe wenigstens ¼ Stunde kochen und gerührt werden, wodurch sie sich bindet. Eier läßt man hiezu ganz weg.

1161. Warmes Bier.

Man koche ½ Maß Bier mit ohngefähr 6 Loth Zucker, schäume es einige Mal ab, koche eben so viel gute Milch oder Rahm und lasse beides einige Minuten abstehen. Unterdessen werden 5—6 Eidotter verkleppert, das Bier unter fortwährendem Rühren langsam daran gegossen, dann die abgekochte Milch oder Rahm und Alles noch einige Minuten gesprudelt, damit es recht fein und schaumig wird.

1162. Reformirter Thee.

In eine halbe Maß kochender Milch schüttet man einen reichlichen Kaffeelöffel voll guten Thee, und läßt ihn nebst gestoßenem Zimmet, 3—4 Nelken und hinlänglichem

1179. Grog.

Man vermischt 2 Theile kochendes Wasser mit 1 Theil Arac oder Rum und Zucker nach Belieben.

1180. Veilchen-Essig.

Man thut 2—3 Hand voll blaue, wohlriechende Veil= chen, ohne Stiele, in eine Flasche, füllt sie mit Weinessig und läßt sie gut verkorkt einige Zeit in der Sonne oder an einem warmen Ofen stehen, schüttet den Essig durch ein Fließpapier und hebt ihn in einer Flasche zum Ge= brauch auf. — Es wird davon ½ Kaffeelöffel in ein Glas Wasser geschüttet und mit Zucker versüßt. Auch ist dieser Essig eine feine Würze an Saucen und Ragouts.

1181. Himbeer-Essig.

5 Maß Himbeeren werden etwas verrührt, mit 1 Maß gutem Weinessig 24 Stunden hingestellt und aus= gepreßt. Am andern Tag wird der klare Saft abgeschüt= tet, zu jeder Maß Saft 1 Pfund Zucker genommen, dieses auf's Feuer gesetzt, gut geschäumt und abgekühlt in Fla= schen gefüllt, welche gut verkorkt und versiegelt werden. Man hebt den Essig an einem kühlen Ort auf; derselbe ist ein guter Erfrischungstrank.

1182. Obst-Essig.

Hierzu kann man alles schlechte Obst anwenden. Die= ses wird klein gestampft, in reine hölzerne Gefäße gethan und nach der Masse mit kochendem Wasser übergossen. Hierauf deckt man es zu, stellt es an einen warmen, der Luft nicht ausgesetzten Ort und läßt es in Gährung kom= men, wozu ungefähr 5—6 Tage erforderlich sind. Dann wird die Flüssigkeit durch ein Sieb oder reines Tuch von dem Obste abgesondert, in Weinfäßchen gefüllt und an einen warmen Ofen gestellt. So hat man in einigen Wochen einen recht guten sauren Essig, welchen man in Flaschen aufhebt.

1183. Guter Wein-Essig.

Zu 4 Maß Weinessig nimmt man 1 Teller voll Estrachon, 4—5 kleine Chalotten, 2 Stückchen Knoblauch, ½ Loth weißen Pfeffer, 5 Nelken, 1 Kaffeelöffel voll Salz, 1 Finger langes in Würfel geschnittenes Stück Meerrettig, und 20—25 süße Weichseln, stellt dieses 4 Wochen in die Sonne, seihet es ab und füllt es in Krüge.

1184. Nußansatz.

100 Stück Nüsse werden fein gehackt, 1 Pfund Zwiebel, am besten Chalotten, fein geschnitten und dieses mit 1 Pfund Salz, 4 Loth Pfeffer und 1½ Maß Weinessig 8—14 Tage in die Sonne gestellt, während dem man es täglich herumrührt; hierauf preßt man es durch und füllt es in Flaschen. Einen Löffel voll davon in Sauce gegeben ist sehr gut.

Liqueure.

1185. Vanille-Liqueur.

Man gießt 2 Maß gut gereinigten Weingeist oder Franzbranntwein in ein Einmachglas, gibt 1 Loth Vanille mit Zucker fein gestoßen, ½ Loth feinen Zimmet, die klein geschnittene Schale einer Citrone, 1½ Pfund Zucker, 1½

Quint Cochenille, zu rothem Pulver gerieben und 2½ Gran Alaun dazu, gießt 2 Maß Wasser daran, bindet das Glas mit Leinwand fest zu, schüttelt die Masse täglich einmal tüchtig durch, filtrirt sie nach 10—14 Tagen durch Fließpapier, und hat der Liqueur eine schöne hellrothe Farbe, hebt man ihn in Flaschen auf.

1186. Citronen-Liqueur.

Zu 2 Maß gereinigtem Weingeist oder Branntwein gibt man 2 Maß Wasser, 1½ Pfund feinen Zucker, die Schale von 4 Citronen auf Zucker abgerieben, sowie den Saft einer Citrone, gibt dem Liqueur eine gelbe Farbe mit einigen Kaffeelöffeln voll holländischem Syrup, schüttelt die Masse gut unter einander, läßt sie 14 Tage stehen und filtrirt sie dann.

Diesen Liqueur kann man statt Punsch-Essenz verwenden, wenn man etwas gebrühten grünen Thee dazu nimmt.

1187. Zimmet-Liqueur.

½ Pfund Zucker läutert man mit 1 Maß Wasser und läßt ihn erkalten. Nun gibt man einige Tropfen Zimmetöl auf einen Teller, rührt ½ Eßlöffel voll Zucker gut barunter; um es aufzulösen und zu verdünnen gießt man einige Eßlöffel voll Weingeist daran, füllt dieses in eine Flasche, gießt 1 Maß Weingeist, 30 Gran schwer Gewicht, und das Zuckerwasser dazu, schüttelt es gut durch einander und filtrirt es durch Fließpapier.

1188. Kümmel-Liqueur.

Diesen bereitet man wie den vorigen, nur nimmt man statt Zimmetöl, Kümmelöl.

1189. Pfeffermünz-Liqueur.

Wird ebenfalls wie der obige bereitet, nur nimmt man Pfeffermünzöl, reibt mit demselben und mit dem Zucker noch einen Eßlöffel voll Spinattropfen oder für einige Kreuzer grüne Farbe aus der Apotheke, damit der Liqueur die nöthige grüne Farbe erhält.

1190. Pomeranzen-Liqueur.

Hierzu nimmt man einige Tropfen Pomeranzenöl, einige Tropfen Nelkenöl und einige Tropfen Citronenöl und gibt, damit der Liqueur eine schöne Farbe bekommt, etwas gebrannten Zucker dazu, im Uebrigen verfährt man wie bei dem Zimmetliqueur.

1191. Anis-Liqueur.

Mit diesem verfährt man wie mit dem Zimmetliqueur, nur nimmt man dazu statt Zimmetöl Anisöl und 1 Kaffeelöffel voll Zuckerjus.

1192. Chocolade-Liqueur.

1 Maß Weingeist oder Franzbranntwein wird mit 12 Loth geriebener Chocolade vermischt, in eine Flasche gefüllt, diese zugebunden 8 Tage an einen warmen Ort gestellt und täglich einmal aufgeschüttelt. Hernach werden 12 Loth Zucker mit 1 Schoppen Wasser gekocht, dieses erkaltet mit dem Uebrigen vermischt und durch Fließpapier filtrirt. Sollte der Liqueur zu stark sein, kann man noch etwas reines Brunnenwasser hinzu gießen.

1193. Nuß-Liqueur.

Man schneidet grüne Nüsse vor Johanni, zu Anfang des Sommers in kleine Würfel, gibt zu 1 Pfund Nüsse 1 Maß guten Branntwein oder Weingeist und läßt dieses zugebunden an einem warmen Ort 14 Tage stehen, während es alle Tage ein wenig gerüttelt wird. Hierauf gießt man es durch ein Tuch oder Sieb, läutert zu 1 Maß Branntwein 1 Pfund Zucker mit 1 Schoppen Wasser, gibt ½ Loth geschnittenen Citronat, ½ Loth Pomeranzenschale, ½ Loth ganzen Zimmet und ¼ Loth Nelken, letzteres beides in ein Fleckchen gebunden, dazu, füllt Alles in eine Flasche, stellt diese, während dem man sie alle Tage schüttelt, 14 Tage in die Sonne, filtrirt den Liqueur durch Fließpapier und hebt ihn zum Gebrauch in Flaschen auf.

Will man den Liqueur geringer machen, so nimmt man nur ½ Pfund Zucker und 1 Maß Wasser dazu.

1194. Kirschen-Liqueur.

In eine Flasche gebe man 1 Pfund fein gestoßenen Candiszucker, 1 Loth Zimmet, 30 Nelken, ¼ Pfund Citronat und Pomeranzenschale, 20 zerstoßene, gedörrte Kirschen, 1½ Maß guten Hefen-Branntwein oder Weingeist und Wasser, je nachdem der Liqueur stark sein soll; schüttelt Alles gut unter einander und stellt es 4 Wochen an einen warmen Ort oder in die Sonne, während man es alle Tage einige Mal schüttelt. Nun gießt man den Liqueur durch ein reines Tuch, filtrirt ihn dann durch Fließpapier und hebt ihn in Flaschen auf.

1195. Quitten-Liqueur.

Man reibt reife Quitten auf einem Reibeisen und preßt sie durch ein Tuch. Dann gibt man zu 2 Maß Quittensaft 2 Maß guten Branntwein oder Weingeist, 2 Loth Muskatblüthe, 1 Loth feinen Zimmet, 1 Loth Gewürznelken, 8 Loth bittere Mandeln und 1 Pfund Zucker, letzteres fein gestoßen, füllt Alles in eine Flasche, schüttelt es gut unter einander und läßt es zugebunden 14 Tage an einem kühlen Ort stehen. Hierauf gießt man es durch ein Tuch, filtrirt es durch Fließpapier und hebt den Liqueur in Flaschen auf. Will man ihn süßer haben, nimmt man ¹/₂ Pfund Zucker mehr.

1196. Weichsel-Branntwein.

Man gibt 3—4 Hand voll gestoßene Weichselkerne in eine Flasche, gießt 6 Maß Frucht-Branntwein darüber, bindet die Flasche zu und stellt sie 14 Tage an einen warmen Ort, während dem man sie alle Tage schüttelt. Hierauf gießt man den Branntwein durch ein Tuch, filtrirt ihn, und hebt ihn in Flaschen auf.

1197. Französischer Erdbeer-Liqueur.

Man fülle eine Liqueurflasche zur Hälfte mit reifen Erdbeeren und halb mit gestoßenem Candiszucker und gieße sie dann voll feinen Arac oder Franzbranntwein, stelle sie täglich an die Sonne, gieße nach Verlauf von einigen Monaten den Inhalt durch ein Flanelltuch und der Liqueur ist fertig.

1198. Rossoli.

4 Loth frisches Süßholz, 2 Loth Anis, 2 Loth Nelken, 2 Loth Cardamom und eben so viel Muskatblüthe wird gröblich gestoßen und mit 4 Maß gutem Franzbranntwein übergossen. Dieses wird 8 Tage in einer Flasche oder einem Glase an einen lauwarmen Ort gestellt und bisweilen umgerührt. Alsdann preßt man die Flüssigkeit aus, gibt 3 Loth feinen Zucker hinein und filtrirt sie zuletzt.

Vom Tranchiren.

1. Im Allgemeinen.

Der Zweck des Tranchirens besteht hauptsächlich darin, dem gekochten, gebratenen oder gedämpften Fleisch ein schönes An=sehen zu geben, denn es ist sehr unappetitlich, ein schlecht ge=schnittenes Fleisch oder Geflügel auftragen zu sehen. Es ist bei den meisten Fleischsorten, besonders aber bei dem Rindfleisch darauf zu sehen, daß dasselbe mit einem dünnen, scharfen Mes=ser quer über die Fasern in passende Stücke geschnitten wird, was schnell und mit einer Leichtigkeit geschehen muß, denn durch das feste Aufdrücken mit dem Messer drückt sich das Fleisch zu=sammen, und die einzelnen Fasern reißen ab. Die geschnittenen Stücke werden jedes Mal, fettes und mageres Fleisch zusammen in schöner Ordnung auf eine Platte gelegt. Das Tranchiren muß stehend verrichtet, und das Fleisch mit einer starken zwei=zinkigen Gabel, nicht zu weit von sich entfernt, festgehalten wer=den. Auch dürfen die verschiedenen scharfen Messer, theils dünn und lang, theils sehr stark, nicht fehlen. Die einzelnen Schnitten des Fleisches werden, wie sie auf einander folgen, nahe an ein=ander gelegt, so daß sie das Ansehen eines Ganzen behalten.

2. Gekochtes Rindfleisch.

Nachdem man das Rindfleisch aus der Fleischbrühe auf ein Tranchirbrett gelegt hat, schneidet man es in schöne halbe Finger dicke Scheiben, legt diese kranzförmig, das Fette nach außen auf eine runde Platte und garnirt sie mit Petersilie. Ist das Fleisch auf einer langen Platte anzurichten, wird es geschnitten wieder zu einem ganzen Stück geordnet.

3. Englischer Braten oder Roastbeef.

Der Braten wird zuerst seiner Länge nach in der Mitte durchschnitten, diese Stücke dann vom Knochen losgelöst, indem man mit einem großen Messer hart am Rückgrat herunter schneidet, und in die Quere in dünne Schnitten getheilt, fettes und mageres Fleisch auf eine Platte gelegt, mit dem Saft begossen, mit ausgestochenen Kartoffeln garnirt und aufgetragen.

4. Lendenbraten.

Dieser wird ebenfalls in schöne Stücke geschnitten, in seiner natürlichen Lage auf einer langen Platte angerichtet, auf beiden Seiten mit verschiedenen Gemüsen abwechselnd garnirt und mit dem Saft begossen.

5. Kalbsnierenbraten.

Die Rückgratknochen werden schon, ehe der Braten gebraten wird, durchgehackt. Beim Tranchiren schneidet man zuerst die Niere heraus, theilt sie in schöne Scheiben und schneidet dann den Braten über die Quere in passende Stücke, legt sie zierlich auf eine Platte und auf jedes Stück Braten ein Stück Niere; oder es wird die Niere in 2 Theile geschnitten und in die Mitte des Bratens gelegt.

6. Kalbsbrust.

Die Kalbsbrust muß schon roh ausgebeint und die harten Brustknochen herausgenommen werden. Die Brust wird zuerst der Länge nach in 2 Theile getheilt, dann die Knorpeln blattweise, damit jedes Stück einen Theil Farce bekommt, sowie auch die Rippen, wo man zwischen jeder noch 1—2 Stücke heraus schneidet, damit dieselben nicht zu groß werden.

7. Kalbs=, Schweine=, Hirsch=, Reh= und Hammelschlegel.

Die Gabel wird beim Gelenk eingestochen und mit dem Messer am Ende vom Schlegel bis auf den Knochen durchschnitten, die obere Hälfte nochmals durchschnitten, der Deckel auf's Tranchirbrett gelegt, in die Quere 2 Messerrücken dicke Schnitten daraus geschnitten, dieselben in gehöriger Ordnung wieder zusammen gestellt, der Braten auf eine Platte gegeben, das geschnittene Obertheil wieder an seine vorige Stelle gelegt, damit der Braten seine natürliche Form behält und mit guter Bratensauce übergossen.

8. Hirsch- und Rehziemer.

Das Fleisch wird auf beiden Seiten vom Rückgrat gelöst, der Länge nach in Finger lange Stücke geschnitten, jedes Stück in 4—5 dünne Schnitten getheilt, die Schnitten wieder auf den Braten an ihren vorigen Platz gelegt und mit dem Saft begossen.

9. Schinken.

Am Ende desselben schneidet man alles Schwarze rund herum weg, zieht dem Schinken noch warm die Schwarte rückwärts gegen das Knie herunter und schneidet sie ab. Ist er erkaltet, tranchirt man ihn wie einen Schlegel, ordnet ihn auf einer Platte, daß er wieder seine ganze Form erhält, macht eine zierlich geschnittene Manschette von rothem und weißem Papier um den Knochen und verziert ihn mit saurer Gelee. Man kann auch den Schinken der Länge nach in 2—3 Stücke vom Knochen schneiden, ein jedes Stück in feine Blätter, diese zierlich auf eine Platte anrichten und in geschmackvoller Abwechslung mit zweifarbiger Gelee garniren.

10. Gebratener Hase.

Die Schenkel werden zuerst abgehackt und das Fleisch davon in passende Stücke abgeschnitten, jedoch so viel wie möglich die Stücke wieder in ihre vorige Lage zusammen gelegt. Den Rücken theilt man mit einem starken Messer, wobei man jedes Mal das Gelenk treffen muß, quer in zwei Finger breite Stücke und legt den Hasen auf eine Platte wieder in seiner ganzen Form.

11. Kapaunen oder Hahnen.

Wenn der Hals abgeschnitten, wird die Gabel an der Brust angesetzt, die Schlegel abgelöst und solche im Gelenk in 2 Theile getheilt. Hierauf durchschneidet man beide Flügel zunächst am Gelenk, etwas von der Brust daran lassend, löst den Brustknochen von dem Rücken ab, schneidet das Brustfleisch in schöne Schnittchen und theilt den Rücken in drei Stücke.

12. Junge Hühner.

Die noch ganz jungen Hühner werden in 4 Theile getheilt, indem man sie der Länge nach in der Mitte spaltet und die beiden Hälften dann querüber an den Schenkeln durchschneidet.

13. Tauben.

Werden wie die jungen Hühner in 4 Theile geschnitten.

14. Wachteln, Lerchen, Krammetsvögel.

Diese werden nicht geschnitten, sondern ganz servirt.

15. Schnepfen.

Zuerst wird der Kopf mit dem Hals am Rumpf abgeschnitten, dann die Schenkel losgelöst, die Flügel an ihren Gelenken abgeschnitten, die Brust wird ganz gelassen oder ist sie groß, der Länge nach gespalten und beim Auflegen auf eine Platte der Kopf oben darauf gelegt und das Schnepfenbrod rings herum.

16. Rebhühner.

Diese werden in 6 Stücke zerlegt, zuerst die Schenkel abgelöst, die Flügel durch das Gelenk durchschnitten, so daß noch von der Brust etwas daran bleibt, die Brust dann der Länge nach gespalten und quer durchschnitten.

17. Welscher Hahn.

Zuerst wird der Kopf abgeschnitten, alsdann die Schenkel losgelöst und im zweiten Gelenk durchschnitten, eben so die beiden Flügel im Gelenk und jeder Schenkel und Flügel in 2 Theile getheilt. Hierauf wird das Brustfleisch der Länge nach vom Gerippe abgelöst und in schöne Stückchen zertheilt, der Rücken ebenfalls mit einem scharfen Messer in Stücke gehauen und Alles auf eine Platte in schöner Ordnung, die weißen Bruststückchen oben darauf, gelegt.

18. Gefüllte Gans oder Ente.

Diese tranchirt man wie den welschen Hahnen, nur werden die Brustücke, nachdem sie geschnitten, der Länge nach auf eine Platte gelegt, in die Mitte die Farce gegeben und unten und oben jeden in 2 Theile getheilten Schenkel.

19. Spanferkel.

Bei einem gebratenen Ferkel ist die rösche Haut das Schmackhafteste und muß das Tranchiren so schnell wie möglich geschehen. Zuerst wird der Kopf dicht am Halse abgeschnitten, in der Mitte von einander gespalten und das Gehirn mit Salz und Pfeffer bestreut. Dann wird das Ferkel der Länge nach gespalten, die beiden Border= und Hinterschenkel abgelöst, jeder in 2 Theile getheilt und von den übrigen beiden Seiten kleine Stücke geschnitten. Der Kopf wird dann in die Mitte der Platte gelegt, das übrige Fleisch in schöner Ordnung darum gereiht, wobei die Hautstückchen oben auf zu liegen kommen.

20. Fische.

Bei den größeren Fischen, wie bei den Salmen, Hechten, Karpfen u. s. w. wird, wenn sie ganz auf den Tisch kommen, mit einem Fischlöffel am Rückgrat der Länge nach herunter gefahren, das Fleisch dann mit dem Löffel nach dem Bauche hin von den Gräten losgelöst, ohne jedoch dieselben zu durchstoßen, und über die Quere in passende Stücke getheilt.

Speise=Zettel.

1.

Sago=Suppe mit Jus.
Häring in kalter Sauce mit Gelee garnirt.
Gebratenes Rindfleisch mit Sauce und süßen Gurken.
Rothes Kraut mit gebratenen Feldhühnern und Bratwurst.
Carviol mit Cotelettes und dürrer Zunge.
Hühner=Ragout mit Butterteig=Kranz.
Bechamelle=Auflauf mit Früchten eingelegt.
Gebratener Aal mit Citronenschnitz.
Gebratener Indian mit Aepfel=Compot.
Brod=Pudding mit rother Weinsauce.
Rehbraten mit eingemachten Weichseln.
Maraschino=Creme.
Schinken mit Salat.
Süße Gelee mit Früchten eingelegt.
Torten, Bisquit und mehrere Bäckereien.
  Kaffee.

2.

Wirsing=Suppe mit Butterbisquitschnittchen.

Aal in saurer Gelee.

Rindfleisch mit kaltem Meerettig und Sauce.

Lendenbraten mit gerösteten Kartoffeln und Sauce.

Eingesetztes Hechtkraut mit Bratwürsten und Erbsen.

Gelbe Rüben mit Cotelettes.

Wildes Enten=Ragout mit abgerührten Klößchen garnirt.

Gebrühter Pudding mit Hiefenmarksauce.

Kapaunen mit eingemachten Zwetschgen.

Schwarz=Brod=Pudding mit rother Weinsauce.

Hasenbraten mit eingemachten Melonen.

Maraschino=Creme.

Schinken mit Salat.

Burgunder Gelee.

Torten.

3.

Französische Suppe und Lebersuppe.

Gebratener Hecht mit kleinen Kartoffeln.

Rindfleisch mit süßem Meerettig und süßen Gurken.

Gebratenes Rindfleisch mit Sauce und Bohnen=Salat.

Blaukraut mit Schweinscotelettes und Salami.

Carviol mit gebackenen Hühnern und Zunge.

Vries=Ragout mit Butterteig=Rand.

Bisquit=Auflauf mit Wein=Creme.

Indian mit Aepfel=Compot und eingemachten Weichseln.

Gebratener Aal mit Citronen.

Rehbraten mit gezuckerten Pomeranzen.

Russischer Creme.

Schinken mit Salat.

Süße Gelee.

Torten.

4

Nudelsuppe.

Lachs mit Butter.

Rindfleisch mit Sardellensauce, Gurkensalat und kaltem Meer=
rettig.

Rosenkohl mit Cotelettes und Bratwürsten.

Englisches Tauben=Ragout.

Mandel=Pudding mit Wein=Creme.

Kapaunen mit Compot.
Gebratener Aal mit Citronen.
Maraschino=Creme.
Rehbraten mit Salat.
Torten.

5.

Lerchen=Suppe mit gebähten Schnitten.
Kartoffeln=Pastetchen mit Farce.
Rindfleisch mit Meerettig und Kresse.
Blaukraut mit Bratwürsten und Zunge.
Feldhühner=Ragout mit Butterteig=Schnittchen.
Schwarz=Brod=Pudding mit Kirschen=Sauce.
Hasenbraten mit Salat.
Torte.

6.

Wirsing=Suppe mit gebähten Schnittchen.
Hecht mit Kartoffeln und zerlassener Butter.
Englisches Rindfleisch mit Senf=Gurken und Sauce.
Wirsing mit Zunge und gefüllten Pfannkuchen.
Schnepfen=Ragout mit gebähten Schnittchen garnirt.
Bechamelle=Auflauf mit Aprikosen.
Hasenbraten mit Salat.
Aepfel=Compot mit Wein=Creme mit Früchten und Gelee garnirt.

7.

Krebs=Suppe mit Klößchen.
Macaroni im Form.
Rindfleisch mit Sauce und rothen Rüben.
Sauerkraut mit Erbsen und Schweinebraten.
Hühner=Ragout mit Champignon garnirt.
Eingesetzte Pfannkuchen.
Gansbraten mit Salat.
Torte.

8.

Jus=Suppe mit Eierkäse und gebähten Schnitten.
Italienische Macaroni.
Rindfleisch mit süßen Gurken und warmem Meerettig.
Sauerkraut mit gerührtem Kartoffelbrei und gedörrtem Schweine=
    fleisch.
Schwarzwildpret=Ragout.

Strudel.
Rehbraten mit Salat.
Chocolade-Torte.

9.

Hirn-Klößchen-Suppe.
Gefüllte Kalbsbrust.
Rindfleisch mit Senfsauce und kaltem Meerrettig.
Gefülltes Kraut mit kleinen Bratwürsten.
Zungen-Ragout mit gebähten Brod-Schnittchen garnirt.
Bechamelle-Auflauf.
Schweinebraten mit Salat.
Torten.

10.

Reis-Suppe mit Jus.
Kalbsbriese in saurer Gelee.
Gebratenes Rindfleisch auf englische Art mit Sauce, ausgestochenen Kartoffeln und süßen und sauren Gurken.
Carviol mit dürrer Zunge, Blaukraut mit Schweinscotelettes.
Hühner-Ragout mit Butterteig-Kranz.
Brand-Pudding mit Weincreme.
Enten-Braten mit Birn-Compot.
Torten.

11.

Jus-Suppe mit Leberklößen und gebähten Schnitten.
Fleisch-Pastete.
Rindfleisch mit Sardellensauce und eingemachten Gurken.
Gebratenes Rindfleisch mit Macaroni und Sauce.
Spargel mit Cotelettes.
Ragout von Briesen und Kalbsohren mit Morcheln garnirt.
Gansbraten mit Salat.
Creme, Torten.

12.

Lebersuppe mit gebackenen Erbsen von gebrühtem Teig.
Gerollter Schinken mit Butter.
Lendenbraten mit gerösteten Kartoffeln und Sauce.
Wirsing mit Cotelettes.
Reis-Pudding mit Vanille-Sauce.
Hühnerbraten mit Aepfel-Compot.
Fruchttorte von Butterteig.

13.

Nudelsuppe mit Jus.
Kartoffel=Pastetchen.
Rindfleisch mit warmem Meerrettig und Gurken=Salat.
Winterkohl mit Kastanien und Leberwürsten.
Kalbsfricandeau als Ragout.
Süße Omeletts mit Aprikosen=Marmelade.
Rehbraten mit Salat.

14.

Grüne Erbsensuppe mit ausgestochenen Pfannkuchen.
Schellfisch mit kleinen Kartoffeln und zerlassener Butter.
Rindfleisch mit Gurkensauce und gelben Rüben=Salat.
Bohnen mit Bratwürsten.
Strudel.
Kapaunen=Braten mit Salat.
Gefrorenes.

15.

Wildpret=Suppe.
Sardellen=Brödchen.
Rindfleisch mit Kartoffeln=Salat und Sardellen.
Spinat mit gefüllten Pfannkuchen.
Reis=Auflauf mit gedämpften Aepfeln.
Enten=Braten mit Quitten=Compot.
Schwarze Brod=Torte.

16.

Sago=Suppe.
Häring in kalter Sauce mit Capern garnirt.
Rindfleisch mit 3 Gemüsen garnirt und Sauce.
Erbkohlraben mit Schweinefleischwurst und englisches Tauben=
　　Ragout mit Champignons.
Schwarzbrod=Pudding mit Kirschensauce.
Hasenbraten mit italienischem Salat.
Torten, Confect.

17.

Französische Suppe.
Blaugesottener Hecht mit Kartoffeln und zerlassener Butter.
Rindfleisch mit Sauce und eingemachten sauren Johannisbeeren.
Weinkraut mit Frankfurter Bratwürsten.

Kalbsbrust-Roulade iu Ragout.
Hirschbraten mit Salat.
Vanille-Creme.

18.

Endivien-Suppe.
Rindfleisch mit Sauce und Macaroni.
Gelbe Rüben mit gebackenen Kalbsfüßen.
Hühnerbraten mit Kirschen-Compot.
Saure Rahm-Strudel.

19.

Suppe mit Butterbisquit.
Rindfleisch mit Kräuter-Sauce.
Pflückerbsen mit Schnee-Pfannkuchen.
Enten-Braten mit Salat.
Reis-Pudding mit Chocolade-Sauce.

20.

Sauerampfer-Suppe.
Rindfleisch mit Sellerie-Salat.
Eingesetztes Kartoffel-Gemüse mit Bratwürsten.
Regenwürmer.

21.

Jus-Suppe mit Eierkäse und gebähten Schnitten.
Rindfleisch mit gelben Rüben-Salat.
Schwarz-Wurzeln mit Hirnpasteten.
Hasen-Ragout.

22.

Suppe mit Speckklößen.
Rindfleisch mit Gurkensauce und Senf.
Weißes Kraut-Gemüse mit Schweinscotelettes.
Fricandeau mit Trüffeln.

23.

Legirte Reissuppe mit Parmesankäse.
Rindfleisch mit Kartoffelsauce und rothen Rüben.
Wirsing mit Croket.
Süße Pfannkuchen.

24.

Sago-Suppe mit Jus.
Rindfleisch mit Spätzchen und Sauce.

Gefülltes Kraut mit Schinken.
Süße Omeletts.

25.

Schwarze Brodsuppe mit Eiern.
Rindfleisch mit Bohnensalat und Sauce.
Weiße Rüben mit Hammel=Cotelettes.
Saure Rahm=Mehlspeise.

26.

Schildkröt=Suppe.
Rindfleisch mit Kartoffeln=Salat und Sardellensauce.
Salatgemüse mit gebackener Leber.
Raumel=Mehlspeise.

27.

Jus=Suppe mit gebackenen Fleischklößchen.
Rindfleisch mit kleinen Rettigen und warmer Sauce.
Nudelgemüse mit einer alten Henne.
Zwetschgenkuchen von mürbem Teig.

28.

Sauerampfer=Suppe.
Rindfleisch mit süßen Gurken und Kräutersauce.
Kohl mit Kastanien und Leberwürsten.
Hammelsbraten mit Salat.

29.

Legirte Reißsuppe.
Rindfleisch mit Senfsauce und Gurkensalat.
Kartoffelgemüse mit Hammelscotelettes.
Schinkennudeln.

30.

Panadel=Suppe.
Rindfleisch mit Häringssauce und gerösteten Kartoffeln.
Spargel mit Omelettes und Schinken.
Sauerampfer=Puree mit Kalbscotelettes.

31.

Erbsensuppe mit Reis.
Beitzfleisch mit Klößen.
Spinat mit Nierenschnitten.
Hühner=Braten mit Salat.

32.

Einlauf=Suppe.
Rindfleisch mit Zwiebelsauce.
Gehackter Wirsing mit gebratenen Tauben.
Wildpret=Ragout.

33.

Geriebene Suppe.
Rindfleisch mit Senffauce und Kartoffeln.
Bohnen mit gebratenen Feldhühnern.
Spritzen=Gebackenes.

34.

Kartoffeln=Suppe mit geschnittenen Pfannkuchen.
Rindfleisch mit Carviolfalat und Sauce.
Eingesetztes Hechtkraut mit Lerchen.
Bries=Pudding mit Sauce.

35.

Gersten=Suppe.
Rindfleisch mit Kartoffeln=Salat und Meerrettig.
Kohl mit Leberwürsten.
Hammelsbraten mit Salat.

36.

Pfannkuchen=Suppe.
Rindfleisch mit sauren eingemachten Johannisbeeren.
Weinkraut mit gebratenen Wachteln.
Kleine Dampfnudeln mit Vanille=Sauce.

37.

Durchgetriebene Kalbfleischsuppe mit Brodschnittchen.
Rindfleisch mit eingemachten Gurken.
Erdkohlraben mit Schweineknöchlein.
Hafenbraten mit Salat.

38.

Suppe mit Spätzchen.
Rindfleisch mit Kartoffeln=Salat.
Kohlraben mit gebackener Leber.
Rahm=Auflauf.

39.

Gersten=Suppe.
Rindfleisch mit Wirsing.
Chocolade=Auflauf.

40.

Schwarze Brodsuppe mit Bratwürsten.
Rindfleisch mit Spätzchen und Sauce.
Hühner=Braten mit Quitten=Compot.

41.

Suppe mit Gries=Spätzchen.
Rindfleisch mit geriebenem Rettig=Salat.
Bohnen mit Bratwürsten.

42.

Leber=Suppe.
Rindfleisch mit rothen Rüben und Sauce.
Wirsing mit Hasenbraten.

43.

Kartoffeln=Suppe.
Rindfleisch mit Sauce und Carviolsalat.
Wirsing mit Nierenschnitten.

44.

Wirsing=Suppe.
Rindfleisch mit Senfgurken und Sauce.
Weißes Kraut mit Schweinscotelettes.

Speise-Zettel an Fasttagen.

1.

Froschschenkel=Suppe.
Lachs mit Butter.
Eingesetztes Sauerkraut mit Schnecken.
Karpfen in Petersiliensauce.
Macaroni im Form mit Parmesankäse.
Gebratener Hecht mit Sauce und Kartoffeln.
Chocolade=Creme.
Torten.

2.

Schnecken-Suppe.
Forellen mit kleinen Kartoffeln.
Gefüllter Wirsing mit Fisch-Cotelettes.
Frosch-Ragout mit Butterteig.
Reis-Pudding mit Vanille-Sauce und Arac angebrannt.
Gebratener Karpfen mit Salat.
Torten.

3.

Jus-Suppe von Fischen mit Spätzchen.
Aal in saurer Gelee.
Schellfisch mit Kartoffeln und zerlassener Butter.
Eingesetztes Hechtkraut mit gebackenen Karpfen.
Reis-Auflauf mit Aepfeln.
Blaugesottene Forellen mit Salat.

4.

Fisch-Suppe mit Klößchen.
Gebratener Hecht mit Kartoffeln und Sauce.
Weinkraut mit gebackenen Froschschenkeln.
Gebratener Aal mit Citronen.
Strudel.

5.

Chocolade-Suppe.
Gerührte Eier.
Eingesetztes Kartoffelngemüse mit harten Eiern.
Saure Rahm-Mehlspeise.
Gefüllter gebratener Karpfen mit brauner Sauce und Klößchen
    garnirt.

6.

Eiergersten-Suppe.
Sardellen-Butter mit kleinen Rettigen.
Endivien-Gemüse mit gebackenen Forellen.
Reiskrapfen mit Aprikosen-Marmelade.
Gebratener Hecht mit Kartoffeln und Sauce.

7.

Kartoffeln-Suppe.
Macaroni im Form.
Fisch-Ragout mit Butterteig-Schnittchen.
Zwetschgen-Kuchen von mürbem Teig.

8.

Linsen=Suppe.
Schwarze Sauce mit verlornen Eiern.
Wirsing mit Schnittchen.
Mandel=Pudding mit Wein=Creme.

9.

Saure Rahm=Suppe.
Linsengemüse mit kleinen Spätzchen.
Hefen=Strudel mit gekochten Birn=Schnitzen.
Backfisch mit Salat.

10.

Panabel=Suppe.
Italienische Macaroni.
Spinat mit gebackenen Froschschenkeln.
Aepfelkuchen mit Hefenteig.

11.

Erbsensuppe mit Reis.
Häring in kalter Sauce.
Spinat mit Pfannkuchen.
Backfisch mit Salat.

12.

Butter=Suppe.
Schwarze Sauce mit verlornen Eiern.
Weiße Rüben mit gebähten Schnitten.
Verlorne Henne.

13.

Saure Rahm=Suppe.
Kartoffeln=Pollend.
Hefenstrudel.
Hecht im Ragout.

14.

Geröstete geriebene Suppe.
Eierspeise im Form.
Bohnen mit Fisch=Cotelettes.
Dampfnudeln in Kirschensauce mit Weichselcompot.

15.

Erbsensuppe mit Nudeln.
Stockfisch mit Kartoffeln und Erbsen.

Kohl mit gebackenen Karpfen.
Reis=Pudding mit Chocolade=Sauce.

16.

Linsen=Suppe.
Sardellen=Brödchen.
Bohnen mit gebackenen Eiern.
Dampfnudeln mit Vanille=Sauce.

17.

Butter=Suppe.
Eierbecherlein mit Sardellen.
Carviol mit Pfannkuchen.
Gebratener Karpfen mit Kartoffeln.

18.

Froschschenkel=Suppe.
Häring in kalter Sauce.
Erdkohlraben mit gebackenem Hecht.
Schwarze Karpfen mit gebackenen Nudeln.

19.

Erbsen=Suppe mit abgerührten Spätzchen.
Pasteten mit Fisch=Ragout.
Carviol mit gebackenem Aal.
Aepfel=Torte von Butterteig.

20.

Mandel=Suppe.
Sauerampfer-Puree mit verlornen Eiern.
Gelbe Rüben mit Schnittchen von gebrühtem Teig.

21.

Wein=Suppe.
Aufgezogene Eierspeise.
Dampfnudeln mit Vanille=Sauce.

22.

Krebssuppe mit Erbsenbrühe.
Stockfisch mit Kartoffeln.
Gebackene Nudeln mit Zwetschgen=Marmelade.

Anhang.

Vom 1. Januar 1872 wurde das bisher übliche Gewicht aufgehoben und tritt von diesem Tage an das metrische Gewicht allein in Geltung.

Das Maß und Gewicht ist jedoch im Kochbuche nach altem bayerischem Gebrauche und dienen daher folgende Angaben zur Kenntnißnahme des Verhältnisses.

Die Einheit des Gewichtes ist das Kilogramm. Dieses wird in 1000 Gramme getheilt. 10 Gramme heißen Dekagramm oder Neuloth. Der zehnte Theil eines Grammes heißt Decigramm, der hundertste Centigramm, der tausendste Milligramm. Ein halbes Kilogramm oder 50 Neuloth ist = 1 Pfund, 50 Kilogramm oder 100 Pfund ist = 1 Zentner.

Das alte und neue Gewicht verhalten sich folgendermaßen:

1 Quint	=	4¼ Gramme.	
1¼ „	=	5 „	
2 „	=	9 „	
2½ „	=	10 „	oder 1 Neuloth.
1 Loth	=	18 „	
2 „	=	35 „	
3 „	=	52 „	
4 „	=	70 „	oder 7 Neuloth.
5 „	=	88 „	
6 „	=	105 „	
7 „	=	122 „	
8 „	=	140 „	oder 14 Neuloth.
9 „	=	158 „	
10 „	=	175 „	

1 bayer. Pfund = 560 Gramme oder 56 Neuloth.

Bei dem neuen Maß ist der Liter die Einheit. 100 Liter heißen 1 Hektoliter, 1000 Liter = 1 Kiloliter, 1/10 Liter = 1 Deciliter, 1/100 Liter = 1 Centiliter.

Das alte und neue Maß verhält sich wie folgt:

1 bayer. Schoppen ist beiläufig $\frac{1}{4}$ Liter.

1 bayer. Maß $=$ $1\frac{1}{10}$ Liter.

$3\frac{3}{4}$ „ $=$ 4 Liter.

$7\frac{1}{2}$ „ $=$ 8 „

15 „ $=$ 16 „

30 „ $=$ 32 „